여러분의 합격을 응원하는
해커스공무원의 특별 혜택

FREE 공무원 국제법 **동영상강의**

해커스공무원(gosi.Hackers.com) 접속 후 로그인 ▶ 상단의 [무료강좌] 클릭 ▶
좌측의 [교재 무료특강] 클릭

 해커스공무원 온라인 단과강의 **20% 할인쿠폰**

6B5EF77229EF978N

해커스공무원(gosi.Hackers.com) 접속 후 로그인 ▶ 상단의 [나의 강의실] 클릭 ▶
좌측의 [쿠폰등록] 클릭 ▶ 위 쿠폰번호 입력 후 이용

* 등록 후 7일간 사용 가능(ID당 1회에 한해 등록 가능)

합격예측 **모의고사 응시권 + 해설강의 수강권**

4EA947A39944FUAK

해커스공무원(gosi.Hackers.com) 접속 후 로그인 ▶ 상단의 [나의 강의실] 클릭 ▶
좌측의 [쿠폰등록] 클릭 ▶ 위 쿠폰번호 입력 후 이용

* ID당 1회에 한해 등록 가능

쿠폰 이용 관련 문의 **1588-4055**

단기 합격을 위한
해커스 커리큘럼

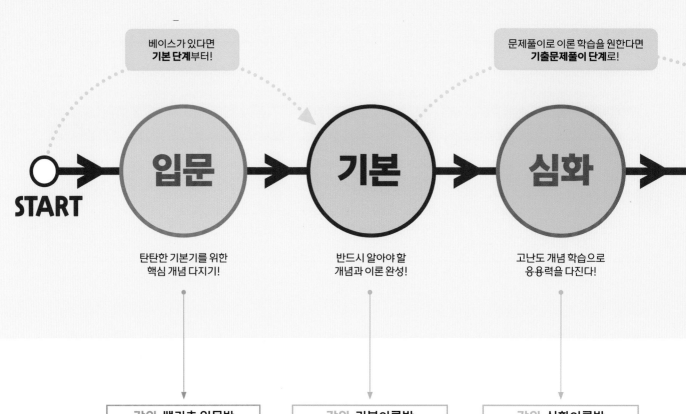

베이스가 있다면 **기본 단계부터!**

문제풀이로 이론 학습을 원한다면 **기출문제풀이 단계로!**

START

입문
탄탄한 기본기를 위한
핵심 개념 다지기!

기본
반드시 알아야 할
개념과 이론 완성!

심화
고난도 개념 학습으로
응용력을 다진다!

강의 쌩기초 입문반
이해하기 쉬운 개념 설명과 풍부한
연습문제 풀이로 부담 없이 기초를
다질 수 있는 강의

강의 기본이론반
반드시 알아야할 기본 개념과 문제풀이
전략을 학습하여 핵심 개념 정리를
완성하는 강의

강의 심화이론반
심화이론과 중·상 난이도의 문제를
함께 학습하여 고득점을 위한 발판을
마련하는 강의

단계별 교재 확인 및
수강신청은 여기서!
gosi.Hackers.com

* 커리큘럼은 과목별·선생님별로 상이할 수 있으며, 자세한 내용은 해커스공무원 사이트에서 확인하세요.

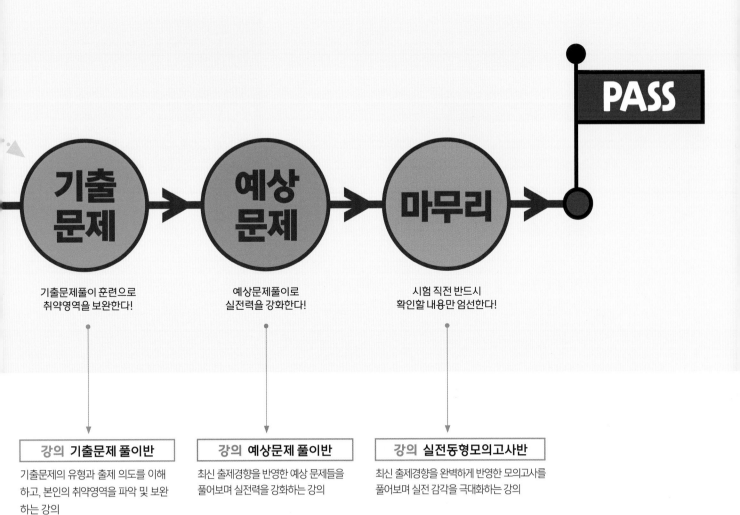

PASS

기출
문제

예상
문제

마무리

기출문제풀이 훈련으로
취약영역을 보완한다!

예상문제풀이로
실전력을 강화한다!

시험 직전 반드시
확인할 내용만 엄선한다!

강의 기출문제 풀이반

기출문제의 유형과 출제 의도를 이해
하고, 본인의 취약영역을 파악 및 보완
하는 강의

강의 예상문제 풀이반

최신 출제경향을 반영한 예상 문제들을
풀어보며 실전력을 강화하는 강의

강의 실전동형모의고사반

최신 출제경향을 완벽하게 반영한 모의고사를
풀어보며 실전 감각을 극대화하는 강의

강의 봉투모의고사반

시험 직전에 실제 시험과 동일한 형태의
모의고사를 풀어보며 실전력을 완성하는 강의

해커스공무원

패권

국제법

기본서 | 국제경제법

이상구

약력

성균관대학교 졸업
서울대학교 대학원 졸업

현 | 해커스공무원 국제법·국제정치학 강의
현 | 해커스 국립외교원 대비 국제법·국제정치학 강의
현 | 해커스 변호사시험 대비 국제법 강의
전 | 베리타스법학원 국제법·국제정치학 강의
전 | 합격의 법학원 국제법 강의

저서

해커스공무원 패권 국제법 기본서 일반국제법
해커스공무원 패권 국제법 기본서 국제경제법
해커스공무원 패권 국제법 조약집
해커스공무원 패권 국제법 판례집
해커스공무원 패권 국제법 핵심요약집
해커스공무원 패권 국제법 단원별 핵심지문 OX
해커스공무원 패권 국제법 단원별 기출문제집
해커스공무원 패권 국제법 단원별 적중 1000제
해커스공무원 패권 국제법 실전동형모의고사
해커스공무원 패권 국제법개론 실전동형모의고사
해커스공무원 패권 국제정치학 기본서 사상 및 이론
해커스공무원 패권 국제정치학 기본서 외교사
해커스공무원 패권 국제정치학 기본서 이슈
해커스공무원 패권 국제정치학 핵심요약집
해커스공무원 패권 국제정치학 단원별 핵심지문 OX
해커스공무원 패권 국제정치학 기출+적중 1900제
해커스공무원 패권 국제정치학 실전동형모의고사

공무원 시험
합격을 위한 필수 기본서!

공무원 공부, 어떻게 시작해야 할까?

최근 국제법 시험 출제경향의 가장 큰 특징은 지문의 길이가 점차 길어지고, 익숙하지 않은 조문이나 판례 문제가 출제되는 등 난도가 상승하고 있다는 점입니다. 따라서 국제법을 고득점 전략과목으로 삼고 있는 수험생들은 보다 철저한 대비가 필요합니다. 특히, 국제경제법 비중이 다소 높아지고 있으므로 논점들이 누락되지 않게 보다 신중하고 철저하게 정리해야 할 것입니다.

이에 『해커스공무원 패권 국제법 기본서 국제경제법』은 다음과 같은 특징을 가지고 있습니다.

첫째, 조문과 판례를 강화하는 데 초점을 맞추었습니다.
주요 다자조약의 전체 조문은 『해커스공무원 패권 국제법 조약집』을 통해 학습할 수 있으므로, 본 교재에서는 이전에 출제되었거나 앞으로 출제될 가능성이 높은 필수조문을 중심으로 수록하였습니다.

둘째, 국제법학계에서 중요하게 다루어지고 있는 논점들을 수록하였습니다.
국제법 시험의 난도가 높아지고 있으므로 논점들을 간결하게 정리하여 보완하였습니다.

셋째, 최근 무역원활화협정 등 도하개발아젠다협상(DDA)이 일부 타결되어 추가된 조약에 대해서도 별도의 챕터를 구성하여 상세하게 서술하였습니다. 출제가능성이 높지는 않지만 기본 논점들은 숙지해야 할 것입니다.

넷째, 이론학습을 점검할 수 있도록 주요 기출문제를 선별하여 수록하였습니다.
이를 통해, 각 단원 끝에서 학습한 내용을 체크해 볼 수 있습니다.

더불어, 공무원 시험 전문 사이트 해커스공무원(gosi.Hackers.com)에서 교재 학습 중 궁금한 점을 나누고 다양한 무료학습 자료를 함께 이용하여 학습 효과를 극대화할 수 있습니다.

『해커스공무원 패권 국제법 기본서 국제경제법』이 공무원 합격을 꿈꾸는 모든 수험생 여러분에게 훌륭한 길잡이가 되기를 바랍니다.

저자 **이상구**

목차

제1편 | 국제경제법 총론 및 WTO설립협정

제2편 | WTO설립협정 부속서 1A

이 책의 **구성**

『해커스공무원 패권 국제법 기본서 국제경제법』은 수험생 여러분들이 국제법 과목을 효율적으로 정확하게 학습하실 수 있도록 상세한 내용과 다양한 학습장치를 수록·구성하였습니다. 아래 내용을 참고하여 본인의 학습 과정에 맞게 체계적으로 학습 전략을 세워 학습하기 바랍니다.

---

01 이론의 세부적인 내용을 정확하게 이해하기

최신 출제경향과 판례를 반영한 이론

1. 철저한 기출분석으로 도출한 최신 출제경향을 바탕으로 자주 출제되거나 출제가 예상되는 내용 등을 엄선하여 교재 내 이론에 반영·수록하였습니다. 이를 통해 방대한 국제법의 내용 중 시험에 나오는 이론만을 효과적으로 학습할 수 있습니다.

2. 교재 내 관련 이론에 최신 판례를 꼼꼼히 반영하여 실전에 빈틈없이 대비할 수 있습니다.

---

02 핵심 내용에 맞춰 학습방향 설정하기

단원의 출제경향을 알 수 있는 출제 포커스 및 학습방향

각 단원의 도입부마다 해당 단원의 출제경향을 알 수 있는 출제 포커스 및 학습방향을 수록하였습니다. 이를 적극적으로 활용한다면 본격적인 학습 전, 스스로 학습목표를 설정하고 중점을 두어 학습할 부분을 미리 파악할 수 있습니다.

03 다양한 학습장치를 활용하여 이론 완성하기

한 단계 실력 향상을 위한 다양한 학습장치

1. 필수조문
출제가능성이 높은 조문의 내용을 관련된 이론과 함께 수록하여, 조문과 이론을 함께 효율적으로 학습할 수 있습니다.

2. 관련 판례
학습에 필수적인 관련 판례의 내용을 원문 그대로 수록하여, 시험에 동일하게 출제되는 판례 내용을 직접 확인할 수 있습니다.

3. 참고
본문 내용 중 더 알아두면 좋을 개념이나 이론들을 '참고'에서 추가로 설명하여 주요 내용들을 보다 쉽게 이해할 수 있도록 했습니다. 이를 통해 본문만으로 이해가 어려웠던 부분의 학습을 보충하고, 심화된 내용까지 학습할 수 있습니다.

04 기출문제를 통하여 학습한 이론 확인하기

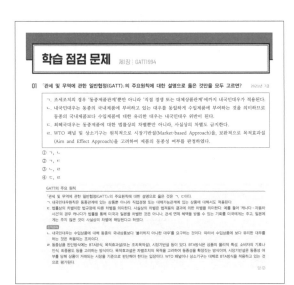

실력 향상 및 학습 내용 이해를 위한 학습 점검 문제

1. 기출문제로 문제풀이 능력 키우기
7급 외무영사직과 7·9급 출입국관리직의 주요 기출문제 중 재출제될 수 있는 우수한 퀄리티의 문제들을 선별하여 수록하였습니다. 이를 통해 학습한 내용을 정확하게 숙지하였는지 점검할 수 있으며, 어떤 내용이 문제로 출제되었는지 확인하여 응용력을 키울 수 있습니다.

2. 해설과 키워드를 통하여 다시 한 번 이론 확인하기
해설과 키워드를 통해 관련 단원과 정답 또는 오답인 이유를 확인하고 정확히 이해할 수 있습니다. 이를 통해 문제풀이 과정에서 실력을 한층 향상시킬 수 있으며, 복습을 하거나 회독을 할 때에도 내용을 바르게 이해할 수 있습니다.

공무원 **국제법** 길라잡이

시험분석

공무원 국제법 과목은 국가직 9급 출입국관리직 시험에 응시하고자 하는 수험생들이 국어, 영어, 한국사, 행정법총론과 함께 학습하여야 하는 과목입니다. 국제법 과목을 선택한 수험생 여러분이 응시한 직렬의 시험을 한눈에 파악할 수 있도록 하단에 9·7급 출입국관리직 시험에 대한 정보를 수록하였으니, 학습 전략을 세우는 데에 참고하시기 바랍니다.

* 사이버국가고시센터(gosi.kr) 참고

1. 대표 직렬 안내

> 9·7급 출입국관리직에 합격하면 국가직 법무부 소속으로 공항이나 항만 등의 세관 또는 출입국관리 사무소에서 내국인·외국인 체류에 관한 심사, 입국요건 확인, 각종 물품검사와 승인, 출입국관리법 범법자들의 단속 및 인계 등의 업무를 담당합니다.

참고

7급 외무영사직의 경우 국가직 2차 필기시험의 전문과목으로 국제법이 채택되어 있습니다. 외무영사직의 업무는 외교통상직과 외무행정직, 외무 정보관리직으로 구분됩니다.

2. 합격선 안내

다음의 그래프는 지난 3년간 9·7급 국가직 출입국관리직의 필기시험 합격선을 나타낸 것입니다. 2013년부터 2021년까지 시행된 9급 공채 출입국관리직군 시험과목에 고교 이수과목 등의 선택과목이 포함되어 있었습니다. 따라서, 9급은 난이도 차이 보정을 위해 조정점수제가 도입되어 5개 응시과목의 총득점으로 합격선 및 합격자를 결정하였으며, 7급의 경우 기존과 같이 평균 점수로 합격선을 결정하였습니다. 따라서 급수에 따른 합격선 기준이 다름을 참고하여 그래프를 확인하시기 바랍니다.

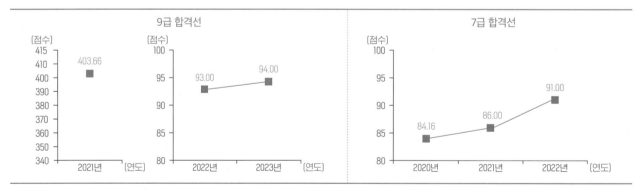

참고

1. 조정점수제란, 서로 다른 선택과목을 응시한 수험생들의 성적을 동일한 척도상에서 비교할 수 있도록 해당 과목의 평균과 표준편차를 활용하여 과목 간 난이도 차이를 보정할 수 있는 제도입니다.
2. 2022년부터 선택과목이었던 고교이수과목(사회, 과학, 수학)이 제외됨에 따라 조정점수제는 폐지되었으므로, 학습에 참고하시기 바랍니다.

커리큘럼 *학습 기간은 개인의 학습 수준과 상황 및 시험 일정에 따라 조절하기 바랍니다.

기본이론
2개월

탄탄한 기본 다지기

국제법의 기초를 잡고 큰 골격을 세운다는 느낌으로 접근하여, 국제법 이론의 주요 개념 및 사건들과 익숙해지면서 탄탄하게 기본기를 다지는 단계입니다.

TIP 모든 개념을 암기하려고 하기보다는 전체적인 국제법 이론의 흐름을 파악하고 이해하는 것을 목표로 삼고 학습하는 것이 좋습니다.

깊이 있는 이론 정립

탄탄한 기본기를 토대로 한층 깊이 있는 심화이론을 학습하여 고득점을 위한 발판을 마련하고, 이론에 대한 이해도를 높임으로써 실력을 확장시키는 단계입니다.

심화이론
2개월

TIP 기본이 되는 주요 개념들의 복습과 함께 조약집·판례집까지 연계하여 학습하고, 기본서를 단권화하는 등 스스로 이론을 정리하며, 효과적인 회독을 통해 반복학습하는 것이 좋습니다.

단원별 기출문제 및 예상문제 풀이

이론을 응용하여 문제를 푸는 방법을 학습하는 단계입니다. 다양한 형태의 예상문제들을 풀어봄으로써 취약한 단원을 집중적으로 보완하고, 기본 및 심화이론 단계에서 다루었던 문제들보다 더 복잡하고 까다로운 문제들을 통해 응용력과 이해력을 높이는 연습이 필요합니다.

문제풀이
4개월

TIP 학습한 이론이 어떻게 문제화되는지 확인하며, 부족한 부분과 자주 출제되는 부분을 확인하고 확실하게 정리하는 것이 좋습니다.

실전과 동일한 형태의 전 범위 모의고사 풀이

출제 가능성이 높은 개념과 유형의 문제만을 엄선한 예상문제를 실제와 가장 유사한 형태로 풀어보며, 마지막까지 부족한 부분을 점검하고 확인하여 실전감각을 기르는 단계입니다.

실전동형
2개월

TIP 전 범위를 기출문제와 유사한 형태의 문제로 빠르게 점검하고, 실전처럼 시간 배분까지 연습합니다. 모의고사를 통해 본인의 실력을 마지막까지 확인해서, 자주 틀리거나 취약한 부분은 기본서와 조약집, 판례집, OX문제집으로 보충하여 대비하는 것이 좋습니다.

학습 플랜

효율적인 학습을 위하여 DAY별로 권장 학습 분량을 제시하였으며, 이를 바탕으로 본인의 학습 진도나 수준에 따라 조절하여 학습하기 바랍니다. 또한 학습한 날은 표 우측의 각 회독 부분에 형광펜이나 색연필 등으로 표시하며 채워나가기 바랍니다.

* 1, 2회독 때에는 40일 학습 플랜을, 3회독 때에는 20일 학습 플랜을 활용하면 좋습니다.

40일 플랜	20일 플랜	학습 플랜		1회독	2회독	3회독
DAY1	DAY1	제1편 국제경제법 총론 및 WTO설립협정	제1장 국제경제법 총론 제1절 ~ 제2절	DAY1	DAY1	DAY1
DAY2			제1장 국제경제법 총론 제3절 ~ 제2장 WTO설립협정 ❸	DAY2		
DAY3	DAY2		제2장 WTO설립협정 ❹ ~ ❻	DAY3	DAY2	DAY2
DAY4			제1편 복습, 학습 점검 문제	DAY4		
DAY5	DAY3	제2편 WTO설립협정 부속서 1A	제1장 GATT1994 제1절	DAY5	DAY3	DAY3
DAY6			제1장 GATT1994 제2절	DAY6		
DAY7	DAY4		제1장 GATT1994 제3절 ❶ ~ ❸	DAY7	DAY4	DAY4
DAY8			제1장 GATT1994 제3절 ❹ ~ ❺	DAY8		
DAY9	DAY5		제1장 GATT1994 제3절 ❻ ~ 제4절	DAY9	DAY5	DAY5
DAY10			제1장 GATT1994 제5절	DAY10		
DAY11	DAY6		제1장 GATT1994 제6절 ~ 제7절, 학습 점검 문제	DAY11	DAY6	DAY6
DAY12			제2장 공정무역규범 제1절 ❶ ~ ❷	DAY12		
DAY13	DAY7		제2장 공정무역규범 제1절 ❸ ~ ❺	DAY13	DAY7	DAY7
DAY14			제2장 공정무역규범 제2절 ❶ ~ ❷	DAY14		
DAY15	DAY8		제2장 공정무역규범 제2절 ❸ ~ ❻	DAY15	DAY8	DAY8
DAY16			제2장 공정무역규범 제2절 ❼	DAY16		
DAY17	DAY9		제2장 공정무역규범 제3절, 학습 점검 문제	DAY17	DAY9	DAY9
DAY18			제3장 다자간상품무역협정 제1절 ❶ ~ ❹	DAY18		
DAY19	DAY10		제3장 다자간상품무역협정 제1절 ❺ ~ 제2절 ❺	DAY19	DAY10	DAY10
DAY20			제3장 다자간상품무역협정 제2절 ❻ ~ 제3절 ❷	DAY20		

➡️ 1회독 때에는 처음부터 완벽하게 학습하려고 욕심을 내는 것보다는 전체적인 내용을 가볍게 익힌다는 생각으로 교재를 읽는 것이 좋습니다.

➡️ 2회독 때에는 1회독 때 확실히 학습하지 못한 부분을 정독하면서 꼼꼼히 교재의 내용을 익힙니다.

➡️ 3회독 때에는 기출 또는 예상 문제를 함께 풀어보며 본인의 취약점을 찾아 보완하면 좋습니다.

40일 플랜	20일 플랜	학습 플랜		1회독	2회독	3회독
DAY21	DAY11	제2편 WTO설립협정 부속서 1A	제3장 다자간상품무역협정 제3절 ❸ ~ ❼	DAY21	DAY11	DAY11
DAY22			제3장 다자간상품무역협정 제4절 ~ 제5절	DAY22		
DAY23	DAY12		제3장 다자간상품무역협정 제6절 ~ 제7절	DAY23	DAY12	DAY12
DAY24			제3장 다자간상품무역협정 제8절, 학습 점검 문제	DAY24		
DAY25	DAY13		제2편 복습 제1장	DAY25	DAY13	DAY13
DAY26			제2편 복습 제2장 ~ 제3장	DAY26		
DAY27	DAY14	제3편 WTO설립협정 부속서 1B 및 부속서 1C	제1장 서비스무역에 관한 협정(GATS) ❶ ~ ❸	DAY27	DAY14	DAY14
DAY28			제1장 서비스무역에 관한 협정(GATS) ❹	DAY28		
DAY29	DAY15		제1장 서비스무역에 관한 협정(GATS) ❺ ~ ❻	DAY29	DAY15	DAY15
DAY30			제2장 무역 관련 지적재산권협정(TRIPs) 제1절 ~ 제3절	DAY30		
DAY31	DAY16		제2장 무역 관련 지적재산권협정(TRIPs) 제4절 ~ 제5절	DAY31	DAY16	DAY16
DAY32			제3편 복습, 학습 점검 문제	DAY32		
DAY33	DAY17	제4편 WTO설립협정 부속서 2 및 부속서 4	제1장 분쟁해결양해(DSU) 제1절 ❶ ~ ❸	DAY33	DAY17	DAY17
DAY34			제1장 분쟁해결양해(DSU) 제1절 ❹ ~ ❻	DAY34		
DAY35	DAY18		제1장 분쟁해결양해(DSU) 제2절 ~ 제3절	DAY35	DAY18	DAY18
DAY36			제1장 분쟁해결양해(DSU) 제4절 ~ 제5절	DAY36		
DAY37	DAY19		제2장 복수국간무역협정(PTAs)	DAY37	DAY19	DAY19
DAY38			제4편 복습, 학습 점검 문제	DAY38		
DAY39	DAY20		총 복습	DAY39	DAY20	DAY20
DAY40			총 복습	DAY40		

제 **1** 편

국제경제법 총론 및 WTO설립협정

제1장 | 국제경제법 총론

제2장 | WTO설립협정

제1장 | 국제경제법 총론

제1절 | 국제경제법의 의의

1 정의

1. 국제경제법의 개념

국제경제법은 '국경 넘어 또는 달리 두 국가 이상에 대하여 함의를 갖는 상품, 자본, 무형재산, 기술, 선박 또는 항공기 등의 이동에 관련된 경제적 거래에 관한 모든 국제법과 국제협정'으로서 '개인이 아닌 국가의 행태를 규율하는 법규칙'으로 정의할 수 있다. 국제경제법은 국제통상법과 구분된다. 국제통상법은 국제경제관계에서 특히 통상관계를 규율하는 반면, 국제경제법은 보다 일반적으로 국제경제관계 전반을 규율한다. 다만 현실에서 통상관계가 국제경제관계의 주된 내용을 차지하고 있는 점을 고려하면 국제통상법은 사실상 국제경제법과 동일하다.

2. 국제경제법과 국제거래법의 구분

국제경제법과 국제거래법은 구분된다. 국제경제법이 국가 간 차원에서 경제정책의 조정과 협력을 목적으로 하는 법인 반면, 국제거래법은 사인 간 차원에서 상품의 생산, 운송, 보험 및 대금의 지불 등 실물경제활동에 관한 법이다. 국제경제법과 국제거래법은 성격, 주체, 객체 및 규율방법에서도 서로 다르기 때문에 양 법은 서로 명확하게 구별되는 독립된 법영역이다.

2 주체

국제경제법의 주체는 기본적으로 국가 및 국제기구이다. 국제경제법은 이들 상호간 관계를 규율한다. 국제경제법의 연구대상은 국제경제관계에서의 국가와 국제기구의 행위 및 그 규범이 된다. 이 점에서 국제경제법은 기업을 포함한 사인이 법적 주체인 국제거래법과 구별된다. 비정부간국제기구, 기업 등이 국제경제법의 주체로 인정되어야 한다는 주장도 있으나 현행법상 국제경제법의 주체로 인정될 수는 없다.

3 법원

1. 조약

국제경제법은 국제법의 일부 또는 국제법에서 분화된 법영역으로 이해되기 때문에 국제경제법의 법원은 국제법의 법원과 유사하다고 볼 수 있다. 국제법의 법원은 기본적으로 조약과 관습이며, 국제경제법 역시 조약과 관습이 법원이라고 볼 수 있다. 다만, 국제경제법은 주로 조약에 크게 의존한다는 점에서 국제법과 대비된다. 국제경제법의 법원으로서의 조약에는 양자조약과 다자조약이 있다. 국제경제관계를 규율하는 조약에서는 최저기준의 원칙(minimum standard), 최혜국대우원칙(most - favored - nation treatment), 내국민대우원칙(national treatment), 특혜대우원칙(preferential treatment) 등이 공통적으로 규정되기도 한다.

2. 관습

국제관습법은 국제법주체의 일정한 관행(practice)과 그러한 관행이 의무적이라는 법적확신(opinio juris)을 요구한다. 국제경제법에서 국제관습법의 중요도가 높다고 볼 수 없으나, 국가 간 주권평등, 국내문제 불간섭, 무력사용 금지, 국제분쟁의 평화적 해결, 자결권 존중, 신의성실의 원칙(pacta sunt servanda) 등은 국제경제관계에서도 준수되어야 한다.

3. 국제기구 결의

국제기구 결의는 일반적으로 권고적 성격을 가지나 국제기구 내부 문제에 대해서는 대체로 법적 구속력을 갖는다. 국제기구 결의는 법적 구속력이 없으나 장차 조약이나 관습법으로 성립하여 구속력을 가질 수 있다. 국제기구 결의는 연성법적 지위(soft law)를 갖는 것으로 설명되기도 한다. 연성법규는 조약과 단순한 정치적 선언의 사이에 위치하는 것으로 이해되며, 엄격한 의미에서 강제적인 법적 효력을 갖지 않는다. 그러나 연성법이 국제경제관계에서 국가 또는 기업 등의 행위에 대한 지침으로서 종국적으로 조약과 같은 국제법적 효력을 갖게 될 수 있음을 고려할 때 현실적으로 무시될 수는 없다.

제2절 | 국제경제법의 역사

1 제2차 세계대전 이전

1. 보호무역주의(protectionism)

제1차 세계대전 이후 미국을 비롯한 주요국들은 강력한 보호무역주의정책을 구사하기 시작하였다. 1920년대부터 근린궁핍화정책(beggar - thy - neighbor policies)을 취하여 수입품에 대한 수량제한을 부과하였다. 1929년 대공황의 발생은 보호무역주의를 한층 강화하였다. 미국은 1930년 스무트 - 홀리 관세법(Smoot - Hawley Tariff Act)을 제정하여 수입액의 60% 정도에 달하는 외국 상품에 고율관세를 부과하였다. 타국 역시 경쟁적 관세 인상과 평가절하정책을 결합한 강력한 근린궁핍화정책을 적용하였다.

2. 블록주의(block doctrine)

블록주의는 블록의 역내무역을 자유화하고 역외에서 블록으로 상품을 수출하는 것을 제한하는 것을 말한다. 블록주의를 최초로 도입한 국가는 영국이었다. 영국은 1931년 영연방국가(캐나다, 호주, 인도, 남아프리카공화국 등) 간 영연방특혜(Commonwealth preferences)를 형성하였다. 이 조치하에서 영연방국가 간 무역만 낮은 특혜관세가 적용되었다. 영국은 미국의 고율관세정책에 대응하기 위해 블록주의를 추진하였다. 블록주의는 독일, 프랑스, 일본 등에 의해서도 추진되었다.

2 GATT체제의 형성

1. 전후 무역체제의 원칙

전후 무역체제는 자유무역주의, 비차별주의, 다자주의를 기초로 하여 형성되었다. 이러한 원칙들은 미국에 의해 제안되었으며 대체로 미국의 이익을 실현하기 위한 원칙들이었다. 즉, 동 원칙들은 미국이 자국 상품을 자유롭게 다른 나라에 수출하고 세계시장을 지배하기 위해 제시된 원칙들이었다. 미국 국무차관 Sumner Welles는 '전후 통상정책'이라는 연설에서 각국이 취해 온 보호무역주의와 블록주의는 타국의 무역과 생활물자에 타격을 줄 뿐 아니라 자국의 수출도 축소시키는 어리석은 정책이라고 비판하고 비차별주의에 기초한 자유무역주의를 제시하였다.

2. ITO의 구상과 좌절

국제금융질서는 IMF와 IBRD를 중심으로 순조롭게 형성되어 이른바 브레튼우즈체제가 성립하였으나 국제무역질서를 전개해 나갈 목적으로 제안된 국제무역기구(International Trade Organization, ITO)는 성립되지 못하였다. 미국은 1945년 12월 ITO창설을 제안하였으며 1946년 3차례 검토회의가 개최되고 그 결과 1948년 쿠바 아바나에서 'ITO설립에 관한 아바나헌장'이 53개국 간 조인되었다. ITO설립에 관한 아바나헌장은 국제무역 이외에 고용정책, 국제상품협정, 경제개발, 기업의 제한적 거래관행 등에 관한 포괄적 규정을 담고 있었다.

그러나 ITO헌장은 발효되지 못했다. 헌장 비준국은 2개국에 불과하였으며 ITO설립을 주도하였던 미국에서도 의회의 반대로 비준하지 못하였다. 미국 국무부는 1950년 12월 ITO의 설립 무산을 공식 발표하였다.

3. GATT의 성립

관세와 무역에 관한 일반 협정(General Agreement on Tariffs and Trade, GATT)은 ITO가 무산된 이후 교섭을 통해 체결된 것이 아니다. ITO헌장의 교섭 및 조인과 GATT의 교섭은 시간적으로 병행하였다. 광범위한 문제를 규정하고 있는 ITO헌장의 발효 시까지 긴 시간이 필요할 것으로 본 주요국들은 ITO와 함께 관세와 무역에 특화된 협정을 같이 준비한 것이었다. 1945년에 미국이 작성한 초안을 중심으로 국가 간 협상을 거쳐 1947년에 GATT가 채택되었다. 교섭국 가운데 미국, 영국, 캐나다, 프랑스 등 8개국은 GATT의 잠정적용에 관한 의정서를 채택하여 GATT를 잠정적용하였다. GATT는 제29조 제2항에서 규정한 바와 같이 ITO가 설립되면 소멸될 운명이었으나 ITO설립이 무산되면서 효력을 유지하게 되었다.

3 GATT체제의 전개

1. GATT의 이론적 기초

GATT는 비교우위설(comparative advantage)에 기초한 자유무역을 지향하고 보호한다. 비교우위설에 의하면 각 국가는 상대적으로 저렴하게 생산할 수 있는 상품, 즉 비교우위에 있는 상품에 특화하여 생산하고 이를 국가 간 교역함으로써 교역국 모두가 이익을 얻을 수 있다. 미국은 비교우위설에 기초한 자유무역을 통해 자국의 국제경제적 우위를 지속하고자 하였다.

2. GATT의 원칙과 예외

GATT는 자유무역주의, 비차별주의 및 다자주의 등의 원칙에 기초하였으나 다양한 예외규정을 두었다. 비차별주의원칙인 최혜국대우에 대해서는 특혜관세, 지역무역협정, 의무면제, 반덤핑조치, 대항조치 등 광범위한 예외를 인정하였다. 자유무역주의를 위해 관세 인하와 수량제한금지를 명기하였으나 관세율 인상과 재교섭, 세이프가드 조치 등 예외를 인정하였다. 예외조치를 인정함으로써 GATT체제가 지속되면서 다양한 성과를 가져올 수 있었다.

3. GATT의 성과

GATT는 관세를 인하하고 비관세장벽을 규제해 나감으로써 자유무역을 확대하는데 기여하였다. GATT체제에서 국가들은 1947년 제네바 라운드를 시작으로 우루과이 라운드(1986~1994)까지 총 8회에 걸쳐 관세 인하 등을 위해 다자간협상을 전개하였다. 수량제한, 기준인증제도, 무역규제조치 등 다양한 비관세장벽에 대해서는 1967년 채택된 케네디 라운드협정(덤핑방지협정 등)에서 최초로 규율한 이래 1979년 도쿄 라운드에서는 기준인증, 덤핑, 상계조치, 수입허가, 관세평가 등 비관세장벽에 관한 규정을 채택하였다.

4. GATT의 한계

GATT는 관세 및 비관세장벽의 완화를 통한 무역자유화에 기여하였음에도 불구하고 다양한 한계를 노정하였다.

(1) GATT는 GATT 본문과 도쿄 라운드협정으로 구성되었으나 도쿄 라운드협정 가입은 국가들의 선택사항이었으며 가입국은 소수에 불과하였다.

(2) GATT의 규율대상은 오로지 상품무역(특히 공산품무역) 분야에 한정되어 있었다.

(3) GATT는 법인격을 가진 국제기구가 아니었다.

(4) 분쟁해결에 있어서 패널보고서의 채택이 포지티브 컨센서스 방식이었으므로 분쟁 당사국은 사실상 거부권을 가져 분쟁을 신속하고 효율적으로 해결할 수 없었다.

4 WTO체제의 형성 및 DDA 출범

1. WTO체제의 형성

WTO체제는 우루과이 라운드(UR)가 타결됨으로써 출범하게 되었다. 우루과이 라운드 최종 문서는 1993년 12월 15일 타결되고 1994년 4월 15일 모로코 마라케시 회의에서 조인되었다. 동 문서는 1995년 1월 발효됨으로써 WTO체제가 출범하게 되었다.

2. 뉴라운드의 출범

뉴라운드는 도하각료회의에서 출범하였으며 기존 협정의 실시 문제, 농업과 서비스와 같은 기설정 의제(built - in agenda), 비농산물 시장접근(NAMA), TRIPs협정의 일부, 싱가포르 어젠다(투자, 경쟁, 무역원활화, 정부조달의 투명성), 분쟁해결양해, 무역과 환경, 전자상거래 등을 의제로 한다. WTO규범이 선진국에 의해 주도됨으로써 선진국과 개발도상국 간 경제력 격차가 확대되었다는 반성에 기초하여 개발 관련 의제가 포함된 것이 중요한 특징이다.

3. DDA의 정체

DDA협상 개시 이후 몇 차례 각료회의가 개최되었으나 DDA협상은 진전을 보이지 못하고 있다. 농업 분야에서는 농산물 시장 개방을 놓고 선진국끼리 대립하고 있다. 싱가포르 어젠다(경쟁, 투자)의 경우 선진국과 개발도상국 간 대립이 지속되고 있다.

제3절 | WTO체제 개관

1 GATT · WTO체제 연혁

1. GATT체제

GATT(General Agreement on Tariffs and Trade: 관세 및 무역에 관한 일반 협정)는 ITO(International Trade Organization: 국제무역기구)창설과 병행하여 관세 인하를 위한 협정으로서 1947년 10월 30일 채택되었다. 당초 GATT는 ITO헌장에 부속될 것을 예정하였으나 ITO 창설이 무산되자 일부 국가들이 이를 잠정적용하기로 합의하였다. 그러나 GATT의 잠정적 지위에도 불구하고 ITO헌장의 일부 통상정책 조항을 포함하는 수정작업을 거쳐 지난 50여 년간 운영되어 왔다.

2. WTO체제

WTO체제는 1986년 9월 20일 우루과이의 푼타델에스테에서 개시된 우루과이 라운드 다자간무역협상(UR협상)을 통해 창설되었다. UR협상 결과 '우루과이 라운드 다자간무역협상의 결과를 담은 최종의정서'가 1994년 4월 15일 모로코의 마라케쉬에서 채택되었다. 최종의정서에는 세계무역기구 설립협정을 포함하여 28개의 협정이 담겨져 있으며, '국별 관세·서비스 양허표'가 첨부되어 있다. 그 밖에도 22개의 각료결정·선언, 1개의 금융서비스공약에 관한 양해, 네 개의 각료결정 등이 WTO체제를 형성하고 있다. WTO설립협정은 1995년 1월 1일 발효하였다.

2 WTO체제와 GATT체제의 비교

1. 단일화된 법적체제

WTO체제는 회원국들의 권리 및 의무관계에서 보다 단일화된 법적 체제를 구성한다는 점에서 GATT체제보다 더욱 발전된 국제무역규범을 형성한다. GATT체제에서는 여러 분야의 협정에 대해 가입 여부가 회원국의 재량에 맡겨져 있어서 권리의무관계가 분열되어 있었다. 그러나 WTO 회원국들은 GATT체제에서와 달리 WTO협정 및 동 부속서(PTA 제외)의 다자간무역협정을 모두 준수해야 하므로 WTO체제는 보다 체계화되고 단일화된 법적 구조를 형성하고 있다.

2. 시장접근에 있어서 법적 구조의 단일화

GATT체제에서 개발도상국들은 GATT의 기본적 요소인 관세 인하에 관한 의무를 충실하게 부담하지 않았고, 다른 체약국들은 개발도상국들의 이러한 무임승차를 용인하였다. 즉, 관세 인하에 있어서 국가 간 분열이 있었던 것이다. 그러나 WTO 회원국들은 상품무역에 관한 GATT1994에 양허표를, 서비스무역에 관한 GATS에 구체적 약속표를 부속시키도록 요구된다. 따라서 원칙적으로 개발도상국들도 WTO 회원국이 되기 위해서는 상품무역과 서비스무역에 있어서 시장접근에 관한 약속을 할 수밖에 없다. 따라서 WTO체제는 시장접근에 있어서 단일화된 법적 구조를 형성하게 되었다.

3. WTO협정의 직접적용

GATT체제에서 체약국들은 GATT를 직접적으로 수락하지 않고 잠정적용의정서(Protocol of Provisional Application: PPA)를 통해 간접적으로 수락하였다. 또한 대부분의 무역 관련 의무가 규정된 GATT II부는 PPA의 조부조항(grandfather clause)을 통하여 체약국들이 완전하게 이행하지 않을 수 있었다. 그러나 WTO협정은 그 자체로서 직접적으로 효력을 발생하였고, GATT체제에서와 같은 일반적인 조부조항은 원칙적으로 인정되지 않는다. 따라서 WTO체제는 모든 회원국들에 대하여 실질적으로 국제무역관계의 법의 지배(rule of law)를 실현하고 있다.

3 WTO체제의 법원

1. WTO협정

WTO법의 연원은 크게 WTO협정과 이에 부속된 협정 및 기타 각료선언과 결정으로 구분된다. WTO(설립)협정은 그 자체로서 WTO라는 국제기구를 창설하며, 국제무역에 관한 실체적 다자규범은 WTO협정의 부속서에 규정되어 있다.

2. WTO협정의 부속서

부속서는 총 네 개로 구성되어 있다. 부속서 1, 2, 3에 부속된 다자간무역협정은 WTO협정의 불가분의 일부로서 모든 WTO 회원국을 구속한다(제2조 제2항). 부속서 1은 A, B, C로 구분되어 있으며, 각각 '상품무역에 관한 다자간협정', '서비스무역에 관한 일반협정'(General Agreement on Trade in Services: GATS), '무역관련 지적재산권에 관한 협정'(Agreement on Trade - Related Aspects of Intellectual Property Rights: TRIPs협정)으로 구성된다. 부속서 2는 '분쟁해결에 관한 규칙과 절차에 관한 양해'(Understanding on Rules and Procedure Governing the Settlement of Disputes: DSU)이며, 부속서 3은 '무역정책검토제도'(Trade Policy Review Mechanism)이다. 한편 부속서 4는 '복수국간무역협정'(Plurilateral Trade Agreements: PTA)으로서 WTO 회원국 중 동 협정에 가입한 국가 간에 적용된다.

3. 각료선언과 결정

WTO체제에서 회원국들이 채택한 다양한 각료선언과 결정은 WTO 규범의 이해와 적용에 있어서 중요한 역할을 한다. WTO체제에서는 GATT 체약국단이 채택한 결정의 법적 지위는 두 가지로 나눠서 볼 수 있다.

(1) GATT1994에 포함된 GATT1947 체약국단의 '기타 결정'(other decisions)은 WTO 회원국 모두에게 법적 구속력을 갖는다. 이러한 결정에는 '차별적이고 보다 우호적인 대우와 호혜성 및 개발도상국의 보다 충실한 참여에 관한 결정', '국제수지 목적의 무역조치에 관한 결정', '개발목적의 세이프가드 행동에 관한 결정', '통고 협의 분쟁해결 및 감독에 관한 양해'가 있다.

(2) WTO 회원국은 WTO 창설 이전의 GATT1947체제의 체약국단과 동 체제에서 설치된 기관이 따르던 '결정, 절차 및 관행'(decisions, procedures and customary practices)을 따라야 한다(WTO설립협정 제16조 제1항). GATT1947체제와 WTO체제의 연속성을 확보하기 위한 조항이나, 패널은 이들 결정 등이 법적 구속력을 가지지 않는 지침(guidance)에 해당한다고 하였다.

4 무역정책검토제도

1. 의의 및 배경

무역정책검토제도(Trade Policy Review Mechanism: TPRM)는 WTO설립협정 부속서 3에 따라 만들어진 제도이다. UR협상 과정에서 회원국의 무역정책에 대한 정기적, 다자적 평가와 검토를 수행하는 제도의 필요성에 대한 공감대가 형성되었다. 무역정책 검토제도는 각국의 무역정책과 관행에 대한 투명성 제고 및 이를 통한 다자간 무역체제의 기능을 강화하기 위해 만들어졌다. 우루과이 라운드 GATT 기능강화분야 협상에서 조기 합의되었다. 1989년 4월 GATT 이사회의 결정에 따라 1989년 12월부터 시행 중이다.

2. 목적

무역정책검토제도의 목적은 다자간무역협정과, 적용가능한 경우 복수국간무역협정의 규칙, 규율 및 약속에 대한 모든 회원국의 준수를 개선하는 데 기여하고, 회원국의 무역정책 및 관행의 투명성 및 이에 대한 이해증진을 달성함으로써 다자간무역체제의 기능을 원활히 하는 데 기여하려는 것이다. 그러나, 무역정책검토제도가 WTO협정에 따른 특정한 의무의 집행 또는 분쟁해결절차의 기초로 사용되거나, 또는 회원국에게 새로운 정책 약속을 부과하려는 의도는 아니다. 검토제도의 기능은 회원국의 무역정책 및 관행이 다자간무역체제에 미치는 영향을 검토하는 데 있다.

3. 국내적 투명성

회원국은 무역정책사항에 관한 정부 의사결정의 국내적인 투명성이 회원국의 경제 및 다자간무역체제 양자에 대해 내재적인 가치가 있음을 인정하고, 자기나라의 제도 내에서의 투명성 확대를 장려하고 촉진한다.

4. 검토 주기

모든 회원국의 무역정책과 관행은 주기적인 검토의 대상이 된다. 최근 대표적 기간 중 세계무역에서 차지하는 비중으로 정의되는 다자간무역체제의 기능에 미치는 개별 회원국의 영향이 검토의 빈도를 결정하는데 결정적인 요인이 된다. 이렇게 정해진 4대 무역국가(구주공동체를 1개국으로 간주)는 2년마다 검토의 대상이 된다. 그 다음 16개국은 4년마다 검토된다. 그 밖의 회원국은 최빈개발도상국 회원국에 대하여 더 긴 기간이 설정될 수 있는 경우를 제외하고 6년마다 검토된다. 예외적으로 자기나라의 무역정책 및 관행의 변경이 무역 상대국에게 중대한 영향을 미칠 수 있는 경우, 관련 회원국은 차기 검토를 앞당기도록 협의를 거쳐 무역정책검토기구에 의해 요청될 수 있다.

5. 검토의 기초가 되는 문서

무역정책검토기구는 자신의 업무를 다음 문서에 기초한다. 첫째, 검토대상 회원국에 의해 제공되는 공식 문서. 둘째, 이용가능한 정보와 관련 회원국이 제공한 정보에 기초하여 사무국이 자신의 책임하에 작성할 보고서이다. 검토대상 회원국의 보고서와 사무국의 보고서는 무역정책검토기구의 각 회의 회의록과 함께 검토 후 신속히 공표된다. 동 문서는 각료회의에 제출된다.

6. 보고

최대한도의 투명성을 달성하기 위하여, 각 회원국은 무역정책검토기구에 정기적으로 보고한다. 정식보고서는 무역정책검토기구가 결정하는 합의된 양식에 기초하여 관련 회원국이 추구하고 있는 무역정책 및 관행을 기술한다.

7. 검토제도 평가

무역정책검토기구는 세계무역기구설립을 위한 협정의 발효 후 5년 이내에 무역정책검토제도의 운영에 대한 평가를 실시한다. 동 평가의 결과는 각료회의에 제출된다. 그 이후 무역정책검토기구는 자신이 결정할 주기에 또는 각료회의가 요청하는 바에 따라 무역정책검토제도에 대한 평가를 실시할 수 있다.

8. 기타

검토주기는 당초 교역 규모에 따라 2년, 4년, 6년이었다. 2년 주기에는 미국, 일본, EU, 캐나다가 포함되었고, 우리나라는 4년 주기였다. 이후 검토주기는 각각 3년, 5년, 7년으로 변경되었다. 3년 주기에 해당하는 나라는 미국, EU, 일본, 중국이다. 캐나다 대신 중국이 포함되었다. 우리나라는 5년 주기로 시행한다. 우리나라는 최초 2016년에 시행되었고, 5년 후인 2021년에 두 번째로 시행되었다.

제2장 | WTO설립협정

 출제 포커스 및 학습방향

WTO설립협정은 WTO의 근간을 이루는 핵심규범이기 때문에 대체로 매년 1문제 정도 출제가 된다. 기관, 법인격, 의사결정, 개정, 다른 협정과의 관계 등 설립협정이 전체적으로 출제된다고 보면 되며, 의결정족수 등은 필수 암기사항이다.

1 WTO의 법적 지위와 기능

1. 법적 지위(WTO설립협정 제8조)

WTO는 법인격을 가지며 WTO 회원국은 WTO의 임무 수행에 관한 법적 능력을 인정한다. WTO는 스위스 제네바에 소재하며 일반이사회는 1995년 5월 31일 스위스와 본부협정을 체결하였다. WTO 회원국은 WTO의 기능을 수행하는 데에 필요한 범위에서 특권과 면제를 부여하고, WTO의 관리와 다른 회원국 대표에게 필요한 범위 내에서 특권과 면제를 부여한다. WTO의 활동에 대한 특권과 면제는 1947년 11월 21일 UN총회에서 승인된 전문기구의 특권과 면제에 관한 협약의 내용과 유사하여야 한다. WTO는 UN의 전문기구가 될 수 있으나 현재 전문기구로서 UN과 관련을 맺고 있는 것은 아니다.

2. 기능(WTO설립협정 제3조)

(1) WTO는 WTO협정과 다자간무역협정의 이행 · 관리 · 운영을 촉진하고 그 목적을 증진하며, 또한 복수국간무역협정의 이행 · 관리 · 운영을 위한 틀을 제공한다.

(2) WTO는 회원국들의 다자간 무역관계에 관하여 그들 간 협상을 위한 토론의 장을 제공한다.

(3) WTO는 분쟁해결양해와 무역정책검토제도를 시행한다.

(4) WTO는 IMF, IBRD 및 그의 제휴기구들과 적절히 협력한다.

2 WTO의 회원국

1. 원회원국(WTO설립협정 제11조 제1항)

GATT1947 체약국은 WTO 원회원국이 될 수 있다. GATT1947은 대외통상관계와 GATT에서 정한 기타 사항에 대해 완전한 자치권을 보유하는 독자적 관세영역을 가진 정부도 가입할 수 있었다. EC는 GATT1947의 체약국이 아니나 원회원국이 될 수 있다.

2. 가입(WTO설립협정 제12조)

GATT1947의 체약국이 아닌 우루과이 라운드 참가국은 WTO협정을 수락하기 전에 먼저 GATT1947 가입교섭을 종결짓고 그 체약국이 되어야 한다. 원회원국이 될 자격이 없는 국가 또는 독자적 관세영역(separate customs territory)은 자신과 WTO 사이에 합의되는 조건에 따라 WTO협정에 가입할 수 있다(제12조 제1항). 가입은 각료회의에서 회원국 전체 3분의 2 이상 찬성으로 결정한다(제12조 제2항).

3. 탈퇴(WTO설립협정 제15조)

회원국은 WTO에서 탈퇴할 수 있다. 탈퇴는 WTO협정 및 다자간무역협정에 대해 적용되며, 서면탈퇴 통보가 WTO 사무총장에게 접수된 날로부터 6개월이 경과한 날 발효한다. 복수국간무역협정의 탈퇴는 당해 협정의 규정에 따른다.

3 WTO의 주요 기관

1. 각료회의(Ministerial Conference, WTO설립협정 제4조)

각료회의는 WTO의 최고기구로서 모든 회원국의 대표로 구성되며 최소 2년에 한 번 개최된다. 각료회의는 WTO의 기능수행을 위하여 필요한 조치를 취하며 다자간무역협정의 모든 사항에 대하여 결정한다. 각료회의는 일반이사회와 함께 WTO협정과 부속협정의 해석에 관한 배타적 권한을 행사한다(제9조 제2항). 또한 예외적인 경우에 WTO협정 또는 다자간무역협정 회원국의 의무를 회원국 4분의 3 다수결로 면제할 수 있다(제9조 제3항).

2. 일반이사회(General Council)

일반이사회는 모든 회원국의 대표로 구성되고 필요에 따라 개최되며 각료회의의 비회기 중에 각료회의의 기능을 수행한다(제4조 제2항). 또한 일반이사회는 필요한 경우 분쟁해결기구(DSB)와 무역정책검토기구(TPRB)로서 소집된다.

3. 전문이사회(Specialized Councils)

일반이사회 산하에 상품무역이사회, 서비스무역이사회, 무역관련지적재산권이사회가 설치되어 각각의 관련협정과 일반이사회에 의해 부여된 기능을 수행한다. 또한 각료회의는 무역개발위원회, 국제수지제한위원회 및 예산재정행정위원회 등을 설치한다. WTO 출범 이후 시장접근위원회, 무역환경위원회 및 지역무역협정위원회가 추가로 설치되었다.

4. 사무국

WTO 사무국은 각료회의가 지명하는 사무총장을 최고 책임자로 하며 사무총장의 권한, 임무 및 임기는 각료회의에서 채택되는 규정에서 정한다. 사무총장과 사무국 직원의 임무는 전적으로 국제적인 성격을 가지며 어떠한 정부나 기타 당국으로부터도 지시를 구하거나 받아서는 아니된다.

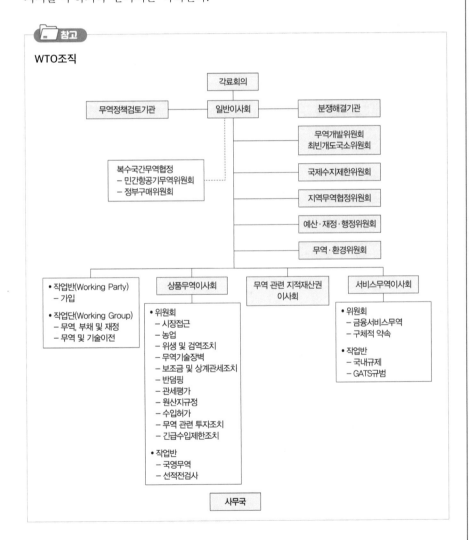

참고

WTO조직

각료회의와 일반이사회 구성 및 권한 비교

구분	각료회의	일반이사회
구성	전 회원국 대표	
개최시기	최소한 2년에 1회	필요에 따라 개최
주요 권한	• WTO기능 수행을 위해 필요한 조치, 즉 WTO설립협정과 다자간협정의 모든 사항에 대한 결정권 • 사무총장 임명 • 의무면제 결정 • 가입결정	• 각료회의가 비회기 중인 경우 각료회의 기능 수행 • DSB • TPRB • 연간 예산안 승인
산하 위원회	• 무역개발위원회 • 국제수지위원회 • 예산재정관리위원회 • 무역환경위원회 • 지역무역협정위원회 • 시장접근위원회	• 상품무역이사회 • 서비스무역이사회 • 무역관련지적재산권이사회
공동 권한	WTO설립협정 및 MTA에 대한 해석 권한	

4 WTO의 의사결정

1. 일반원칙

WTO에서는 GATT의 컨센서스 관행을 따르되 컨센서스에 의해 의사결정을 할 수 없는 경우 투표로 결정한다. 투표로 의결하는 경우 WTO협정 또는 다자간무역협정에서 달리 규정하고 있지 않는 한 각료회의와 일반이사회의 의사결정은 '일국일표'를 기초로 하여 투표수의 과반수로 결정된다. EU가 투표권을 행사하는 경우에는 WTO에 가입한 EU 회원국의 수와 동일한 투표권을 갖는다.

2. 해석

WTO협정과 이에 부속된 다자간무역협정의 해석에 관한 권한은 각료회의와 일반이사회가 배타적으로 행사한다(WTO설립협정 제9조 제2항). WTO협정과 이에 부속된 다자간무역협정의 해석에 대한 각료회의와 일반이사회의 결정은 회원국들 4분의 3 다수결에 의한다.

3. 의무면제(Waiver, WTO설립협정 제9조)

(1) 의의

WTO협정 또는 다자간무역협정상 회원국의 의무는 예외적인 상황에서 면제될 수 있다. 각료회의는 궁극적으로 회원국들 4분의 3의 다수결로 WTO협정과 다자간무역협정상 특정 회원국의 의무를 면제할 수 있다. GATT1947에서 의무면제 허가는 투표수의 3분의 2의 찬성을 요했으며 찬성 투표수는 전체 체약국들의 과반수를 초과하여야 했다.

(2) WTO설립협정에 대한 의무면제

WTO협정상의 의무면제의 허가의 경우 각료회의에 요청된 의무면제에 대해 90일 내의 검토기간을 거쳐 총의에 의해 결정되는 것이 원칙이나 동 기간 내에 총의가 도출되지 아니한 경우 회원국들 4분의 3의 다수결로 결정된다.

(3) 부속서에 대한 의무면제

WTO협정에 부속된 다자간무역협정에 대한 의무면제의 경우 관련 이사회에 제출되어 90일 동안 동 의무면제를 검토한 이후 각료회의에 보고한다. 각료회의는 절차규칙에 따라 총의에 의한 의사결정을 시도하고 총의가 도출되지 않는 경우 회원국들 4분의 3의 다수결로 의무면제를 결정한다.

4. DSB의 의사결정

DSB의 의사결정원칙은 총의제(consensus)이다. 또한, 분쟁해결양해(DSU)에 기초한 의사결정절차에서는 이른바 '역총의제'(reverse consensus)가 적용되고 있다. 역총의제란 당해 결정에 반대하는 컨센서스가 이루어지지 않는 한 동 결정을 채택한 것으로 간주하는 의사결정방식을 말한다. 분쟁해결양해(DSU)에 따르면 패널설치, 패널보고서 채택, 상소보고서 채택, 보복조치 승인 등에 있어서 역총의제가 적용된다.

5. 신규회원국의 가입승인

각료회의는 '전체 회원국'의 3분의 2에 의하여 신회원국의 가입조건에 관한 합의를 승인한다. 이 가입은 WTO협정과 다자간무역협정에 대해 적용되며 복수국간무역협정의 가입은 당해 협정의 규정에 의거하여 규율된다.

6. 개정(WTO설립협정 제10조)

(1) 개정안의 제출

WTO협정과 부속서 1의 다자간무역협정의 경우 개정안은 WTO 회원국 및 다자간무역협정을 관장하는 부문별 이사회가 각료회의에 제출할 수 있다. 각료회의는 90일 내에 개정안을 공식적으로 상정할지 여부를 총의에 의해 결정한다. 총의를 얻지 못한 경우 회원국들의 3분의 2 다수결에 따라 개정안 제출 여부를 결정한다.

(2) 만장일치로 개정하는 조항

WTO협정의 개정에 관한 조항(제10조), WTO의사결정에 관한 조항(제9조), 최혜국대우에 관한 조항(GATT 제1조), 관세양허에 관한 조항(GATT 제2조), 최혜국대우에 관한 GATS 조항(GATS 제2조), 최혜국대우에 관한 TRIPs 조항(TRIPs 제4조) 등은 만장일치에 의해 개정한다.

(3) 회원국 3분의 2 다수결

WTO설립협정의 개정조항 및 의사결정 조항을 제외한 다른 모든 WTO설립협정의 조항은 회원국 3분의 2 다수결에 의해 개정한다.

(4) 분쟁해결양해(DSU) 개정

분쟁해결양해(DSU)에 대한 개정은 총의에 의하여 결정되며, 각료회의의 승인을 얻어 모든 회원국들에게 효력을 갖는다.

(5) 무역정책검토제도 개정

무역정책검토제도에 대한 개정은 각료회의의 승인을 얻어 모든 회원국에게 효력을 갖는다. 이 경우 각료회의는 원칙적으로 총의에 의하여 개정을 승인하고, 총의가 이루어지지 않으면 과반수 다수결에 의하여 승인한다.

(6) 복수국간무역협정 개정

복수국간무역협정에 대한 개정은 해당 협정의 절차에 따른다.

 참고

WTO 의사결정

의사결정방식	해당사항
컨센서스	WTO 모든 의사결정에서 원칙적 방식 (WTO설립협정 제9조 제1항)
단순 다수결(출석과반수)	아래 이외의 모든 결정(WTO설립협정 제9조 제1항)
회원국 과반수 포함 3분의 2	재정규정 및 연간 예산안 채택 (WTO설립협정 제7조 제3항)
회원국 3분의 2	• 협정 개정(만장일치 개정 조항 이외 조항) (WTO설립협정 제10조 제3항) • 가입조건 승인(WTO설립협정 제12조 제2항)
회원국 4분의 3	• 의무면제(WTO설립협정 제9조 제3항) • 해석채택(WTO설립협정 제9조 제2항) • 개정반대국의 잔류(WTO설립협정 제10조 제3항)
컨센서스로만 결정	• 과도기간 동안 의무 불이행 시 의무면제 • 복수국간무역협정 추가 (WTO설립협정 제9조 제3항 주석)
모든 회원국의 수락	개정(WTO설립협정 제10조 제2항) (MFN, 관세양허, 의사결정규정, 개정절차규정)

5 WTO협정 상호관계

1. WTO협정의 구성

WTO협정에는 크게 두 부류의 다자조약, 즉 다자간무역협정과 복수국간무역협정이 부속되어 있으며 양자 모두 WTO협정의 구성부분이다. 이 중에서 다자간무역협정은 WTO협정의 불가결한 부분이므로 WTO의 모든 회원국에게 구속력이 있다. 이에 반해 복수국간무역협정은 그것을 수락한 국가에 있어서만 WTO협정의 일부를 구성하므로 그들에게만 구속력이 있다. 그러므로 복수국간무역협정을 수락하지 아니한 회원국에게는 여하한 권리나 의무도 창설하지 아니한다.

2. GATT1947과 GATT1994

GATT1994는 다양한 협정들을 포괄한다. ① WTO협정 발효 이전에 발효된 법률문서에 의해 수정된 GATT1947의 규정, ② WTO협정 발효 이전에 GATT1947하에서 발효된 '관세양허와 관련된 의정서와 증명서' 및 '가입의정서' 등, ③ GATT1994에 명시된 6개의 양해, ④ GATT1994에 대한 마라케시의정서로 구성된다. GATT1947과 GATT1994는 법적으로 별개이다. GATT1947은 1995년 한 해 동안 WTO협정과 공존한 뒤 1995년 12월 31일부로 소멸하였다.

3. WTO설립협정과 부속서의 상호관계

WTO설립협정과 다자간무역협정 사이에 충돌이 있는 경우 충돌의 범위 내에서 WTO설립협정이 우선한다(WTO설립협정 제16조 제3항). 그러한 의미에서 WTO설립협정은 WTO체제의 헌법에 해당한다고 볼 수 있다. 또한 GATT1994와 다자간무역협정이 충돌하는 경우에는 충돌범위 내에서 다자간무역협정이 우선한다(부속서 1A에 대한 일반 해석주).

6 WTO설립협정의 기타 규정

1. 유보

WTO설립협정의 어느 규정에 대해서도 유보가 허용되지 아니한다(WTO설립협정 제16조 제5항). 다자간무역협정의 규정에 대한 유보는 당해 협정에 규정된 범위 내에서만 할 수 있으며, 복수국간무역협정의 규정에 대한 유보는 당해 협정의 규정에 따른다.

2. 비적용(WTO설립협정 제13조)

특정 국가가 WTO 회원국이 되는 때에 다른 특정 회원국에 대한 적용에 동의하지 아니하는 경우, WTO협정 및 부속서 1과 2의 다자간무역협정은 이들 양 회원국 간에는 적용되지 아니한다. 비적용을 원하는 회원국은 각료회의가 가입조건에 관한 합의사항을 승인하기 이전에 각료회의에 그 같은 의사를 통보해야 한다.

3. 예산 및 분담금

WTO는 회원국의 정기적 분담금으로 운영된다. 사무총장은 WTO의 연간예산안과 재정보고서를 예산재정행정위원회에 제출하며, 이 위원회는 이를 검토하여 일반이사회에 권고한다. 일반이사회는 WTO 전체 회원국의 2분의 1을 넘는 3분의 2 다수결로 재정규정 및 연간예산안을 채택한다.

4. 규범 상호 간 관계

WTO설립협정의 규정과 다자간무역협정의 규정이 상충하는 경우 상충의 범위 내에서 설립협정의 규정이 우선한다. 또한, 각 회원국은 자기나라의 법률, 규정 및 행정절차가 부속 협정에 규정된 자기나라의 의무에 합치될 것을 보장한다.

5. 조약의 등록 및 공용어

WTO설립협정은 국제연합헌장 제102조의 규정에 따라 등록된다. 또한, 공용어는 영어, 프랑스어, 스페인어이다.

학습 점검 문제

제1편 | 국제경제법 총론 및 WTO설립협정

01 세계무역기구(WTO)에 대한 설명으로 옳지 않은 것은?

2021년 9급

① 국가가 아니면서 완전한 자치능력을 가진 독립된 관세지역의 경우에는 회원국 지위를 갖지 아니한다.

② WTO는 법인격을 가지며 각 회원국은 WTO에 필요한 특권과 면제를 부여한다.

③ 각료회의와 일반이사회는 WTO협정의 해석을 채택할 독점적인 권한을 가지고 있다.

④ WTO는 총의(consensus)와 투표를 결합한 의사결정 방식을 취하고 있다.

___

WTO

WTO설립협정에 의하면 독립된 관세지역도 회원이 될 수 있다.

선지분석

② WTO의 특권과 면제는 UN전문기구 특권과 면제에 관한 협약과 유사해야 한다.

③ 해석 채택은 총의제로 하고, 총의 불성립 시 전 회원국 4분의 3 이상 다수결로 의결한다.

④ 총의가 원칙이고 부결 시 투표제를 적용한다.

답 ①

02 세계무역기구(WTO)의 의사결정에 대한 설명으로 옳지 않은 것은?

2017년 9급

① WTO는 GATT체제와 같이 일차적으로 총의(consensus)로 의사결정을 한다.

② WTO는 총의로 결정하지 못하고 달리 규정되지 않은 경우에는 표결로 결정한다.

③ WTO 각 회원국은 각료회의와 일반이사회에서 국제교역량에 비례하여 투표권을 가진다.

④ 각료회의와 일반이사회는 WTO 설립협정과 다자 간 무역협정의 해석에 관한 권한을 독점한다.

___

WTO의 의사결정

WTO에서는 모든 회원국이 각 1표씩을 행사한다.

답 ③

03 세계무역기구(WTO)설립협정 부속서에 명시된 협정 중 다자 간 무역협정이 아닌 것은? 2019년 9급

① 관세평가협정

② 보조금 및 상계조치협정

③ 기술무역장벽협정

④ 정부조달협정

다자 간 무역협정

정부조달협정은 민간항공기구매협정과 함께 복수국 간 무역협정에 속한다. 복수국 간 무역협정은 WTO회원국 중 동 협약에 가입한 당사국 상호 간 적용된다. 이를 제외한 나머지 WTO협정은 다자 간 무역협정으로서 WTO 회원국 전부에 대해 적용된다.

답 ④

04 세계무역기구(WTO)설립협정상 WTO의 기능으로 옳지 않은 것은? 2015년 9급

① WTO는 WTO설립협정 및 다자 간 무역협정의 이행, 관리, 운영을 촉진한다.

② WTO는 WTO설립협정 부속서 3에 규정된 무역정책검토제도를 시행한다.

③ WTO는 WTO설립협정에 부속된 협정들에 관련된 다자 간 무역관계와 관련 회원국들 간의 협상의 장(forum)을 제공한다.

④ WTO는 세계경제 정책 결정에 있어서 일관성 제고를 위하여 UN 경제사회이사회와 협력한다.

WTO의 기능

WTO설립협정은 IMF나 IBRD와 같은 국제경제기구와 협력할 것을 규정하였다. 세계무역기구는 세계경제 정책 결정에 있어서의 일관성 제고를 위하여 적절히 국제통화기금(IMF)과 국제부흥개발은행(IBRD) 및 관련 산하기구들과 협력한다(WTO설립협정 제3조 제5항).

답 ④

MEMO

제**2**편

WTO설립협정 부속서 1A

GATT1994는 WTO협정 부속서 중에서 출제비중이 상당히 높은 협정이다. 최혜국대우원칙, 내국민대우원칙, 수량제한금지원칙 등 WTO의 원칙을 담고 있고, 이 원칙들이 출제 대상이다. GATT1994에는 다양한 규범들이 있지만, 앞서 언급한 원칙들 이외에 일반적 예외, 국가안보 예외, 제소사유, 지역무역협정 등이 빈번하게 출제되고 있다.

제1절 | 관세

1 의의

1. 개념

관세(tariff, customs)란 수입품에 대해 수입시점에 부과되는 재정적 부과금을 의미한다. 관세는 수출품에 부과되는 수출관세(export duties)도 존재하였으나, 수출관세(export duties)를 부과하는 국가는 거의 없으므로 관세는 대체로 수입관세(import duties)를 지칭한다.

2. 유형

관세는 과세방법에 따라 수입물품의 가격을 과세기준으로 세액을 산출하는 종가세(ad valorem duties), 수입물품의 수량을 과세기준으로 세액을 산출하는 종량세(specific duties), 종가세와 종량세가 혼합된 혼합세(mixed duties) 등으로 구분된다. 한편, 관세할당 또는 관세쿼터(tariff rate quota: TRQ)란 특정품의 수입에 대해 일정량까지는 저율의 관세를 부과하고 그것을 초과하는 수량에 대해서는 고율의 관세를 부과함으로써 수입수량의 과도한 증가를 방지하고 동종상품의 국내산업을 보호하고자 하는 이중과율제도이다.

3. 기능

관세는 국내산업 보호, 자원 배분, 재정수입 확보, 소득재분배, 소비 억제, 국제수지 개선 등의 기능을 한다.

2 관세양허

1. 의의

GATT1994 제2조에 입각한 관세양허(tariff concessions or tariff bindings)의무는 WTO 회원국의 주요한 의무이다. 관세양허란 관세협상에 참여한 국가들이 특정 상품에 대한 자국의 관세를 일정한 최고세율 이하로 제한하기로 한 약속을 의미하며 관세약속(tariff commitments)이라고도 한다. 관세양허표상 관세율은 '실행세율'이 아니라 '최고세율'이므로 회원국은 최고세율을 초과하여 관세를 부과할 수는 없으나 최고세율보다 저율 관세를 부과하는 것은 무방하다. MFN의무는 실행세율과 관련되므로 WTO 회원국이 원산지가 다른 수입상품에 대해 실행세율을 차별부과하면 MFN의무를 위반하게 된다.

> **GATT1994 제2조 제1항 - 관세양허표(Schedules of Concessions)**
>
> 1. (a) 각 체약국은 다른 체약국의 통상에 대하여 본 협정에 부속된 해당 양허표의 해당부에 규정된 것보다 불리하지 아니한 대우를 부여하여야 한다.
>   (b) 어느 체약국에 관한 양허표 제1부에 기재된 산품으로서 다른 체약국 영역의 산품은 동 양허표에 관련된 영역에 수입될 때에는 동 양허표에 규정된 조건 또는 제한에 따라 동 양허표에 규정된 관세를 초과하는 통상의 관세로부터 면제된다. 이러한 산품은 또한 수입에 대하여 또는 수입에 관련하여 부과되는 기타 모든 관세 또는 과징금이 본 협정일자에 부과되는 것 또는 동 일자 현재에 수입 영역에서의 유효한 법률에 의하여 그후 직접적이며, 의무적으로 부과가 요구되는 것을 초과하는 것으로부터 면제된다.
>   (c) 체약국에 관한 양허표 제2부에 기재된 산품으로서 제1조에 의하여 동 양허표에 관련된 영역에 수입될 경우에는 특혜 대우를 받을 권리가 부여된 영역의 산품은 동 영역에의 수입에 있어서 동 양허표에 규정된 조건 또는 제한에 따라 동 양허표 제2부에 규정된 관세를 초과하는 통상의 관세로부터 면제된다. 본 조의 어떠한 규정도 특혜세율에 의한 물품의 수입적격성에 관하여 체약국이 본 협정일자에 존재하는 요건을 유지하는 것을 방해하지 아니한다.

2. 관세양허표(Schedules of Concessions)

관세양허표는 제Ⅰ부와 제Ⅱ부로 구성된다. 제Ⅰ부에는 일반적으로 적용되는 최혜국대우상의 양허관세율(MFN rate)을 기재하고, 제Ⅱ부에는 최혜국대우의무의 예외로 인정된 여러 특혜제도에 적용되는 특혜관세율(preferential rate)을 기재한다. 양허관세율 기재시에는 '명목상의 관세'(ordinary customs duties)뿐 아니라 사실상의 관세의 성격을 지닌 '모든 종류의 관세 및 부과금'(other duties or charges of any kind)의 성격 및 비율을 함께 기재하고 이들을 총 합산한 비율을 양허율로 정해 기재해야 한다. 회원국은 양허율을 초과하여 관세를 부과할 수 없으며, 어떠한 명목으로도 추가적인 관세와 부과금을 신설할 수 없다[GATT1994 제2조 제1항 제(b)호, 제(c)호].

3. 관세양허의무의 적용범위

조세, 반덤핑관세 및 상계관세, 수입 관련 서비스 수수료는 관세양허의무의 범위에서 제외된다. 조세가 편의상 통관 시에 부과되는 경우도 있으나 관세는 아니므로 GATT 제2조의 적용대상이 아니디[제2조 제2항 제(a)호]. 반덤핑관세나 상계관세는 수입관세가 아니라 덤핑 또는 보조금에 대한 상계조치로 부과되는 것이므로 해당 수입품에 대해 부과된 관세가 양허세율을 초과하였는지를 판단하기 위한 합산에서 제외된다[제2조 제2항 제(b)호]. 해당 제품이 수입되는 과정에서 제공된 통관수수료 등의 정당한 '용역사용료'는 수입관세라 볼 수 없으므로 양허관세율과 관계없이 부과될 수 있다.

4. 관세양허 재협상

(1) 정기적 재협상

관세양허의무의 수정을 위해서는 GATT 제28조에 따라 관세 재협상을 거쳐야 한다. 정기적 재협상은 1958년 1월 1일을 기점으로 매 3년마다 양허관세율을 변경하기 위한 협상을 의미한다. 재협상을 요청한 국가와 당초 협상을 통해 관세를 양허한 국가인 '원협상국'이 협상을 통해 합의해야 한다. 또한 '최대공급국'과도 협상을 통한 합의를 요한다. 최대공급국이란 '당해 양허 제품을 양허국에 가장 많이 수출(principal supplying interest)하고 있는 국가'를 의미한다(GATT1994 제28조 해석에 대한 양해 제1항). 또한 해당 품목에 대해 양허국에서 상당한 시장점유율을 보유하고 있는 '실질적 이해관계국'과 '협의'(consultation)해야 한다. 재협상 실패시 요청국은 양허관세율을 일방적으로 변경하는 조치를 취할 수도 있으나 이 경우 원협상국, 최대공급국, 실질적 이해관계국 등은 보복조치를 취할 수 있다[제28조 제3항 제(a)호].

(2) 특별재협상 및 유보재협상

특별한 사정이 있는 경우 체약국단의 승인을 얻어 시행하는 것을 특별재협상이라 한다. 또한 정기적 재협상 사이에 양허 변경을 행할 수 있는 권한을 미리 통보하여 유보(reserve)해 두고 다음 정기재협상 기간에 이를 행사하는 것을 유보재협상이라 한다(제28조 제5항).

5. 판정례: Argentina - Textiles and Apparel

아르헨티나는 섬유류 및 신발류에 35%의 종가세를 부과하기로 양허했다. 그러나 이들 제품에 관세를 부과할 때, 35%의 종가세 또는 최소특정수입세라는 제도를 병행하여, 이 중 높은 관세를 실제로 부과하였다. 이 경우 최소특정수입세가 35%를 넘는 경우 더 높은 금액을 징수할 수 있어 협정 위반문제가 제기되었다. 미국은 아르헨티나의 조치가 GATT 제2조에 위반임을 주장했다. 이에 대해 패널은 관세양허표의 내용과 다른 유형의 관세를 부과한 점, 그리고 최소특정수입세 적용으로 35%를 넘는 관세를 부과할 수 있는 점이 모두 협정 위반이라고 판단했다. 상소기구는 관세양허표와 다른 유형의 관세를 부과하는 것은 금지되지 않는다고 하여 패널 판정을 파기하였다. 다만, 다른 형태의 관세 부과가 양허한 내용을 초과하는 경우 그 초과 범위에 한하여 GATT 제2조에 위반된다고 하여 이 부분은 패널 판정을 지지하였다.

3 관세 인하

1. 관세 인하방식

(1) 품목별 협상방식(The Item - by - Item Approach)

개별 체약국들이 수출국으로서 수입국들에 대해 양허품목과 양허관세율에 대한 요청서(request list)를 송부하고, 또한 수입국으로서 자국이 양허할 수 있는 품목과 양허세율을 기록한 제안서(offer list)를 상호 교환한 다음, 이에 기초하여 협상하고 결론을 도출하는 방식이다. 1947년 제1차 제네바 라운드에서 1961년 제5차 딜런 라운드까지 적용되었다.

품목별 협상방식은 절차가 번거롭고 시간이 많이 소요될 뿐 아니라 주요 교역국 관심품목 위주로 협상이 진행되어 중소교역국의 이익이 무시되는 경우가 많았다. 또한, 양허균형을 중시하여 관세 인하폭이 크지 않았다는 한계가 있었다.

(2) 일괄감축방식(The Linear Procedure)

개발도상국 및 1차 산품 생산국을 제외한 모든 산업국가들이 1차 생산품(primary product)을 제외한 모든 제품에 대해 일괄감축하는 방식으로, 제6차 케네디 라운드에서 적용되었다.

(3) 공식에 의한 감축방식

도쿄 라운드에서 적용된 방식으로서 고율관세가 부과되고 있는 품목에 대해 더 높은 감축율을 적용하기 위해 EC에 의해 제안되었다. 도쿄 라운드에서는 고관세 품목에 대한 가중감축과 국가별 상이한 가중치를 적용한 공식(formula)을 창안하여 이 공식에 따라 관세를 감축하였다.

(4) 분야별 · 품목별 협상방식

우루과이 라운드에서 사용된 방식이다. 우루과이 라운드에서는 협상 대상 품목을 여러 품목 분야별로 나누어 각각의 분야 내에서 별도로 국가 간 균형을 추구하는 방식을 도입하였다. 우루과이 라운드 관세협상의 결과는 'GATT1994에 대한 마라케쉬의정서'에 집약되었다.

2. 우루과이 라운드 관세협상과 마라케쉬의정서의 주요 내용

(1) 회원국 간 합의된 1986년 9월 기준 3분의 1 관세 인하는 원칙적으로 WTO협정 발효일로부터 5년간 매년 동일한 비율로 인하된다.

(2) 양허내용의 이행은 WTO 회원국들의 다자적 심사(multilateral examination)의 대상이 된다.

(3) 자국의 관세양허표를 GATT1994에 첨부한 국가는 그렇지 않은 국가에 대해 일정한 서면통보와 협의 절차를 거친 후 후자의 국가가 최대공급국인 품목의 관세양허를 보류하거나 철회할 수 있다.

4 관세분류

1. 관세부과절차

관세를 부과하기 위해서는 세 가지 결정이 선행되어야 한다. 첫째, 특정 상품이 관세표상의 어느 범주에 포함되는가? 둘째, 종가세를 적용하는 경우 해당 물품의 가액에 대한 평가. 셋째, 해당 상품의 원산지판정. 이러한 절차가 완료되어야 세관당국은 수입상품에 대한 정확한 관세액을 결정할 수 있다.

2. 품목분류

품목분류란 개개의 물품을 품목분류표상의 특정 품목으로 분류하는 절차를 말한다. 국가마다 상이한 품목분류제도는 그 자체가 무역장벽으로 기능할 수 있다. 따라서 통일되고 국제적으로 수락된 품목분류제도는 국제무역을 촉진하고 관세협상을 용이하게 한다. 1950년 체결된 관세협력이사회(Customs Cooperation Council: CCC) 설립협정에 따라 설립된 관세협력이사회는 1983년 '통일물품품목기호제도'(Harmonized Commodity Description and Coding System: Harmonized System)를 개발하였으며 1988년 1월 1일 발효하였다.
통일물품품목기호제도(HS)는 GATT에 의해 관세양허표 작성을 위한 기초로 채택되었으며, 1987년 '통일제도의 도입에 관한 GATT의정서'에 의해 GATT협정에 수용되었다.

3. 주요 의무

GATT에는 관세분류제도가 무역장벽으로 이용되지 않도록 하기 위한 규정을 두고 있다. GATT1994 제10조에 의하면, 체약국들은 관세분류에 관한 각종 법규 및 판정을 다른 체약국 정부와 무역업자들이 인지할 수 있는 방식으로 공표해야 한다(제10조 제1항). 또한 이러한 법규는 공평하며 합리적으로 운영되어야 하며, 관세분류판정에 대한 재심(review)절차를 마련하고 이를 독립적 기관이 담당하도록 해야 한다(제10조 제3항).

4. 분쟁해결

GATT1994 제2조에 의하면, 관세분류에 대한 GATT 체약국 간 이견이 있는 경우 양국이 협의할 것과, 만일 수입국이 관세분류에 오류가 있음을 인정하나 자국의 사법적 기관에 의해 판정이 이미 내려져서 오류를 수정할 수 없다고 선언하는 경우 실질적 이해관계에 있는 제3국의 참여하에 보상(compensatory adjustment)을 위한 협상을 즉시 개시할 것을 규정하고 있다(제2조 제5항).

5. 판정례: EC - Computer Equipment(1998)

이 사건은 EC의 LAN 어댑터 부품과 멀티미디어 기능이 있는 PC의 관세 재분류에 대한 분쟁이다. UR협상과정에서 EC는 동 제품들을 자동정보처리(ADP)기기 또는 부품으로 분류하였으나 이후 전기통신기기나 TV수신기로 재분류하여 결과적으로 고율 관세가 부과되자 미국이 제소하였다. 패널은 LAN장비가 상황에 따라 ADP나 전기통신기기로 볼 수 있다고 하면서, 회원국들은 현재의 관세분류 관행이 계속되리라는 가정하에, 미국(수출국)이 EC가 LAN장비를 ADP로 계속 분류할 것이라는 정당한 기대를 갖는 것은 합리적이라고 판시하면서 EC가 GATT 제2조를 위반했다고 하였다. 그러나, 상소기구는 이를 파기하였다. 상소기구는 GATT관련 규정 해석에 있어서 일방 당사자의 주관적 견해인 정당한 기대에 근거하는 것이 아니라 조약 당사자 간의 공통 인식을 확인하는 것이라고 전제하였다. 상소기구는 양허표 해석에 있어서 HS 표준 분류표와 주해서, 그리고 회원국들의 후속 관행도 참작해야 한다고 하였다. 이에 따를 때 EC의 관세 재분류는 GATT 제2조에 위배되지 않는다고 보고 패널 판정을 파기하였다.

5 관세평가

1. 의의

관세평가(customs valuation)란 수입품에 대해 종가세의 관세를 부과하는 경우에 과세표준으로 되는 수입품의 과세가격(customs value)을 결정하는 것을 말한다. 관세율이 동일하더라도 관세평가 방법에 따라 관세를 인상하여 비관세장벽이 될 수도 있다. 여러 차례 다자간협상을 통해 관세율이 대폭 인하되어 관세율 자체보다는 과세표준이 되는 관세가격이 보다 중요한 문제가 되고 있다.

2. 관세평가협정의 주요 내용

(1) 관세평가방법의 적용순서

수입품에 대한 관세평가의 일차적 기준은 실제로 지불되었거나 지불될 '거래가격'(transaction value)이다(제1조). 수입품의 거래가격을 산정할 수 없는 경우 '동종동질상품'(identical goods)의 거래가격이 과세가격이 되며(제2조), 동종동질상품의 거래가격을 산정할 수 없는 경우에는 '유사상품'(similar goods)의 거래가격이 과세가격이 된다(제3조). 상기 방법에 의해서도 거래 가격을 산정할 수 없는 경우 '역산방식'(deductive method)에 의해 수입 후의 판매가격에서 수입자의 이윤과 운송, 보험료 등을 포함한 관련 경비를 공제하여 과세가격을 결정한다(제5조). 역산방식에 의해서도 수입품의 과세가격을 결정할 수 없는 경우 생산비에 생산자의 이윤 및 기타 관련 경비 등을 가산한 '산정가격'(computed value)이 과세가격이 된다(제6조).

(2) 합리적 방법(reasonable means)에 의한 과세가격

이상의 방법에 의해서도 과세가격을 결정할 수 없는 경우 GATT1994 제7조와 본 협정에 부합되는 방법으로 수입국에서 입수가능한 자료에 의거하여 '합리적 방법'으로 과세기격을 결정한다.

(3) 조정액

수입품의 거래가격은 실제로 판매자에게 지불되었거나 지불될 '지불가격'에 조정액을 가산한 것이다. 조정액에는 수수료, 중개료, 인건비, 재료비, 물품 및 노무가격, 로얄티, 운임, 보험료 등이 포함된다(제8조).

(4) 환율

수입국의 관계당국에 의해 공표되고 수출입 당시 유효한 환율에 의거한다(제9조).

(5) 정보보호

관세평가의 결정과정에서 드러난 관련 영업비밀은 보호되어야 하며 정보를 제공한 당사자나 정부의 명시적인 허락 없이 공개할 수 없다(제10조).

(6) 이의제기

수입자는 관세가격의 결정에 대해 이의를 제기할 수 있는 권리를 가지며, 관세평가가 결정된 방법에 대해 수입국의 관세당국으로부터 서면설명을 요청할 수 있는 권리를 가진다(제11조, 제16조).

제2절 | 최혜국대우원칙(MFN)

1 개념 및 기능

1. 개념

최혜국대우원칙이란 관세, 과징금, 수출입에 관한 규칙 및 절차 등 통상관계에서 제3국에 부여하고 있는 대우보다 불리하지 않은 대우를 다른 국가에게도 부여해야 한다는 원칙이다(GATT 제1조 제1항). 예컨대, A국이 B국에 대해 최혜국대우를 부여하고 있는 상태에서 C국으로부터 A국으로 수입되는 C국 상품에 대하여 낮은 관세를 부과하였다면, A국은 B국과 그 국민에 대하여 그와 동일한 낮은 관세를 부여해야 하는 것이다.

2. 기능

첫째, 최혜국대우원칙에 의해서, 한 나라의 수입이 가장 효율적인 국제생산자에 의해 공급되는 것을 일반화한다. 즉, 모든 생산자들이 최혜국대우라는 동등한 조건하에서 경쟁하게 되므로 가장 효율적인 생산자의 제품이 경쟁력을 획득하게 되고, 결국 경제적 효율성에 의해 국제시장에서 모든 제품의 공급이 이루어지게 된다. 둘째, 최혜국대우는 관세양허의 가치를 보호하게 되고 관세양허의 결과를 다자 무역체제를 위해 일반화시키게 된다. 셋째, 국가 간 경제적 이익의 부여를 정치적 흥정의 도구로 사용하는 가능성을 줄여 주어, 차별적 정책의 국제적 적용으로 인한 국가 간 갈등가능성을 완화시켜 준다.

2 적용범위

GATT 제1조 제1항은 그 전반부에서 최혜국대우원칙의 적용범위를, 그 후반부에서 동 원칙상의 의무사항을 명시하고 있다. 최혜국대우원칙이 적용되는 사항은 다음과 같다. 첫째, 수출입관세, 수출입과징금, 관세 및 과징금의 징수방법. 둘째, 수출입에 관한 규칙과 절차. 셋째, 수입에 대해 직접 또는 간접으로 부과되는 내국세, 내국과징금. 넷째, 수입품의 국내 판매, 운송, 분배, 사용에 관한 법령 및 요건. 최혜국대우원칙은 상품의 수입뿐 아니라 상품의 수출(다른 WTO 회원국 상품의 수출)에도 적용된다.

관련판례

EC - Commercial Vessels 사건

EC는 2003년 6월 한국을 WTO에 제소하였고(Korea - Commercial Vessels 사건), 이에 앞서 2002년 WTO 패널 결정이 나올 동안 EC 조선업계를 보호한다는 구실 아래 한국과 경쟁하는 선종에 대해서는 한국 조선사와 수주 경합이 붙은 EC 조선사에게 수주가의 최대 6%에 해당하는 보조금을 제공한다는 규정을 채택하였고 독일, 덴마크, 프랑스 등 회원국은 국내이행규정을 마련하였다. 한국은 EC의 임시보호규정(Temporary Defense Mechanism: TDM)과 회원국의 이행규정이 GATT1994 제1조상의 MFN규정을 위반한 것이라고 주장하였다. 한국은 TDM규정이 ① GATT 제1조 제1항상의 '제3조 제2항과 제4항에 언급된 모든 사항'에 해당하고, ② 특정 입찰 계약에서 '한국과 경쟁하게 된 EC 조선사'로 지급 요건이 제한되어 있어 한국을 제외한 WTO 회원국에게 제1조 제1항상의 편의, 호의, 특권, 면제를 부여하는 것이고, ③ 이러한 특권 등이 한국에게는 즉시 그리고 무조건적으로 부여되지 않았으므로 최혜국대우 위반이라고 주장하였다. EC는 제3조 제8항 제(b)호에 따라 TDM규정은

제3조 제4항의 적용대상에서 면제되므로 '제3조 제2항과 제4항에 언급된 모든 사항'에 포함되지 않는다고 반박하였다. 패널은 EC의 주장을 받아들였다. 제3조 제8항 제(b)호에 합치되는 보조금은 제3조 제4항의 적용대상이 아니며 따라서 '제3조 제2항과 제4항에 언급된 사항'도 아니라고 결론 내리고 TDM규정과 회원국의 이행규정은 GATT 제1조 제1항에 불합치되지 않는다고 판정하였다.

 관련판례

인도네시아 - 자동차 사건

인도네시아는 소위 1993년 program을 통해 인도네시아산 부품을 일정 비율 이상 사용하는 자동차 제작에 사용되는 수입부품에 대해서는 그 자동차의 국산화율(local content)에 비례하여 수입관세를 경감하거나 지정된 국산품 사용(local content) 비율을 초과하는 자동차에 대해서는 사치세(luxury tax)를 경감하여 주었다. 또한 1996년 National Car Program을 통해 인도네시아 자동차 회사가 인도네시아 기업이 소유하는 생산시설에서 자동차를 국내 생산하고 인도네시아 국민이 소유한 브랜드를 부착할 경우 그 자동차 회사에 국민차 회사라는 지위를 부여하고 동 자동차 제작에 소요되는 외국산 부품에 대해서는 수입관세를, 자동차에 대해서는 사치세를 면제하여 주었다. 국민차 회사지위를 유지하기 위해서는 3년간에 걸쳐 국산화율을 증가시켜 나가야 했다. 1996 program은 또한 인도네시아 국민이 외국에서 제작하였고 국산화율을 충족한 차량은 국내에서 제작된 것과 동일하게 취급하였다. 단, 해외 생산자가 동 자동차 가격의 25%에 해당하는 인도네시아산 부품을 구매할 경우 20%의 국산화율을 충족하는 것으로 간주하였다. 제소국은 1996년 Program상의 사치세 및 관세 면제는 GATT 제1조 제1항의 최혜국대우의무 위반이라고 주장하였다. 패널은 동 조항 위반을 구성하기 위해서는 특혜가 있어야 하고, 동종상품에 대해, 무조건적으로 부여되지 않았어야 한다고 보았다. 패널은 조세 및 관세 면제는 특혜에 해당하는 것이 분명하고 다른 WTO 회원국이 생산한 자동차와 부품은 특혜대우를 받는 한국 기아자동차 부품과 동종상품이라고 판정하였다. 또한 그러한 특혜를 부여함에 있어서 인도네시아산 부품을 사용할 것을 조건으로 하고 있으므로 그러한 특혜는 '조건적으로' 부여되고 있으므로 인도네시아의 조치는 최혜국대우의무를 위반한 것으로 판정하였다.

3 내용

1. 기본의무

GATT 제1조 제1항 후반부는 "… 일방 체약국이 타국의 원산품이나 타국에 적송되는 상품에 관하여 부여하는 편의(advantage), 호의(favor), 특권(privilege), 면제(immunity)는 다른 모든 체약국의 동종원산품 및 동 체약국 영역에 적송되는 동종상품에 대해서도 즉시 그리고 무조건적으로 부여되어야 한다."라고 규정하고 있다. 편의 등에 대한 주석이나 보충규정은 존재하지 않는다.

2. 과세절차 판매 등에 있어서의 최혜국대우원칙

회원국은 모든 WTO 회원국 상품을 관세, 관세징수 절차, 수입절차, 내국세, 국내 판매, 운송, 국내배분, 사용 등에 대해 동등하게 취급해야 한다. 따라서 수입품의 통관시점뿐 아니라 통관 이후 운송, 판매, 사용시점에서도 최혜국대우원칙이 적용된다.

3. 무조건부 최혜국대우

회원국은 다른 WTO 회원국 상품에 대해 최혜국대우를 즉시 그리고 무조건적으로 부여해야 한다. 따라서 상대국이 자국 상품에 시장을 개방하는 것을 조건으로 하여 상대국 상품에 최혜국대우를 부여하는 상호주의(reciprocity)를 적용하지 않고 있다.

4. WTO 비회원국 상품에 대한 특혜의 회원국 상품에 대한 적용의무

MFN원칙은 특혜를 받는 상품이 비회원국 상품이라 하더라도 WTO 회원국 상호 간 적용된다. 비회원국에 대한 혜택을 포함한 것은 GATT 창설 당시 GATT에 대한 가입을 용이하도록 하기 위한 것이었다.

5. 법적 차별과 사실상의 차별 금지

최혜국대우원칙은 법적 차별(de jure discrimination)만 금지하는 것이 아니라 사실상의 차별(de facto discrimination)도 금지하는 원칙이다. 따라서 원산지에 기초한 명백한 차별이 아니어도 객관적 상황에서 특정국 상품에만 유리한 혜택이 주어지는 경우 사실상의 차별에 해당되어 MFN 위반이 될 수 있다. 사실상의 차별은 회원국의 통상조치가 특정 A국에서 수입된 상품의 전부 또는 대부분에 유리하게 적용되고, 타국 B국에서 수입된 상품의 전부 또는 대부분에 불리하게 적용되는 경우에 인정된다. 이 경우 B국 상품의 일부가 유리한 대우를 받아도 사실상의 차별은 상황에 비추어 확정된다. WTO 패널 및 상소기구는 캐나다 - 자동차 사건에서 캐나다가 미국산 자동차에 대해서는 관세 면제 혜택을 부여하면서도 EC나 일본산 자동차에 대해 수입 관세 면제 혜택을 부여하지 않은 것은 사실상 미국에 비해 EC나 일본산 동종자동차를 차별한 것(de facto discrimination)이라고 판정하였다.

 관련판례

캐나다 - 자동차 사건

캐나다는 1998년 제정된 Motor Vehicle Tariff Order(MVTO)를 통해 일정 조건을 충족하는 자동차 제작사에게 자동차를 무관세로 수입할 수 있는 수입 관세 면제 혜택을 부여하였다. 또한, 캐나다는 SRO(Special Remission Order)규정을 통해서도 자동차 제작사에게 수입 관세 면제 혜택을 부여하였다. SRO 역시 회사별로 생산 대 판매 비율과 CVA요건을 설정하였다. 자동차 제작사들은 CVA요건을 충족하겠다는 서약서(Letter of Undertaking)를 제출하였다. MVTO, SRO에 의거하여 수입 관세 면제 대상이 되는 기업은 1989년 이후 추가되지 않았다. 수입관세면제조치와 관련하여 제소국(일본, EC)은 캐나다의 조치가 최혜국대우의무를 위반한 것이며, GATT 제24조에 의해서도 정당화되지 않는다고 하였다. 이에 대해 패널과 상소기구는 제소국들의 주장을 인용하였다. 패널은 혜택부여에 있어서 특정 조건을 요구하는 것 자체가 MFN의무에 반하는 것은 아니나 특정 혜택을 모든 동종상품에 무조건부로 부여하지 않았을 때 동 의무를 위반하는 것이라고 하였다. 캐나다는 수입관세혜택을 일부 기업에 국한함으로써 특정 국가 자동차(대부분 미국 자동차)에 혜택을 부여하였고 이러한 혜택이 모든 회원국의 동종상품에 즉각, 무조건부로 부여되지 않았으므로 GATT 제1조 제1항을 위반하였다고 판정하였다. 상소기구도 패널 판정을 지지(uphold)하였다. 상소기구에 의하면, GATT 제1조 제1항은 'any advantage, any product, all other member' 등을 대상으로 한다. 그러나 캐나다가 해당 조치를 실제 운용한 양태는 'any advantage를

some member로부터 some product'에 공여한 것이므로 모든 회원국의 동종상품에 대해 즉시 그리고 무조건부로 같은 혜택을 부여해야 한다는 제1조 제1항의 의무를 준수하지 않은 것이라고 하였다. 즉, 캐나다는 사실상 미국에 비해 EC나 일본산 동종자동차를 차별한 것 (de facto discrimination)이라고 판정하였다.

4 동종상품(like product)

1. 쟁점

최혜국대우의무를 준수하고 있는지의 여부는 개별 동종상품별로 판단하기 때문에 최혜국대우의무 준수 여부 판단에 있어서 동종상품인가를 판단하는 것이 선결과제라 할 수 있다. 그러나 GATT초안 작성과정부터 동종상품과 기타 유사한 표현에 대한 정확한 정의가 이루어지지 않았기 때문에 이에 대해서는 해석을 통해 의미를 확정할 수밖에 없다.

2. 패널

동종상품 판단에 있어서 패널의 입장은 세 가지로 요약할 수 있다.

(1) 패널은 동종성을 판단함에 있어서 동종성 개념이 '경쟁하거나 대체 가능한'과는 구별된다는 것을 전제로 하였다.

(2) GATT 제1조 제1항은 관세양허의 이행과 양허효과를 보호하기 위하여 제정된 것이기 때문에 최혜국대우원칙 위반과 관련된 사례에서 중요하게 고려되는 사항은 관세분류의 문제였다. 특히 피제소국의 관세분류체계가 다른 국가의 관세분류체계와 유사한가 여부를 중요하게 고려하였다.

(3) 수입품 간 동종성을 판단하기 위해 상품의 물리적인 특성(physical characteristics), 최종용도(end use), 소비자 인식(consumer perceptions) 등이 고려되었다.

관련판례

스페인 - 볶지 않은 커피의 관세대우 사건(1981)

1979년 스페인이 정부 국왕령 제1764/79호를 통해 볶지 않고 카페인이 제거되지 않은 커피를 5개 관세등급으로 세분화하여 세 종류에 대해서는 7%의 관세를 적용하여 나머지에 대해서는 면세하였다. 7%의 관세가 적용되는 커피를 수출하는 브라질이 이에 대해 제소하였다. 패널은 볶지 않은 커피는 모두 동종상품이며 스페인의 관세 차별부과조치는 '사실상의 차별'에 해당한다고 판정하였다. 패널은 다음과 같은 이유로 볶지 않은 커피는 모두 동종상품이라고 판단하였다. 첫째, 볶지 않은 다양한 커피들 사이의 차이점은 주로 지역적 요소, 경작방법, 원두의 가공, 유전자적 요소 등의 차이점에 기인한 것으로 이와 같은 차이점은 차별적인 관세대우를 허용할 만한 이유가 되지 않는다. 둘째, 커피의 최종용도는 보편적으로 사람들의 음용이라는 실질적으로 동일한 목적을 가지고 있다. 셋째, 다른 어떤 체약국도 볶지 않고 카페인을 제거하지 않은 커피에 대해 다른 관세율을 적용하지 않는다. 한편, 스페인의 조치가 브라질 상품을 명시한 법적·형식적 차별에는 해당하지 않지만 결과적으로 동 조치는 브라질 상품을 고율 관세 품목에 분류하는 점에서 사실상의 차별에 해당한다고 하였다.

 관련판례

일본 - 가문비나무각재(SPF규격재)의 수입관세 사건(1989)

이 사건은 일본이 미국 등 다른 나라로부터 수입하는 각재에 대해서는 무관세 혜택을 부여하는 반면, 캐나다로부터 수입하는 가문비나무각재(spruce and pine and fir dimension lumber)에 대해서는 8%의 관세를 부과하여 발생하게 되었다. 패널은 수입국의 관세분류제도에 내재한 국내산업 보호목적과 관세분류가 여러 국가로부터의 수입형태 등에 미치는 영향을 동시에 고려하여 사안을 검토한 후 '캐나다 각재'(dimension lumber)라는 분류는 일본의 관세분류에는 없는 개념으로서 캐나다 산업에서 적용되는 기준인바, 이러한 개념은 관세분류 목적을 위한 범주로 볼 수 없을 뿐만 아니라 국제적으로 공인된 관세분류에 속하지도 않기 때문에 캐나다가 주장하는 각재는 GATT 제1조 제1항 소정의 동종상품에 해당하지 않는다고 판단하였다.

관련판례

EEC 쇠고기 수입 사건

유럽경제공동체(EEC)는 쇠고기 수입을 규율하기 위한 위원회 규칙을 제정하였다. 동 규칙에 따르면 미국 농림부의 초이스 또는 프라임 등급을 획득한 쇠고기는 동 규칙이 규정하고 있는 쇠고기의 질에 관한 요건을 자동으로 충족하는 것으로 규정하면서 이에 해당하는 쇠고기인지 여부는 부속서 2에 기재된 기관에 의하여 사실증명서를 발급받도록 하였다. 그런데 부속서 2에는 미국 농림부 산하 기관만이 유일한 인증기관으로 기재되어 있었다. 이에 대해 캐나다가 제소하였다. 패널은 EEC의 이러한 규칙을 최혜국대우 위반으로 판단했다. 미국산 쇠고기와 기타 국가의 쇠고기는 동종상품이 분명하다고 하였다. 그런데 미국 농림부로부터 초이스 또는 프라임 등급을 획득한 쇠고기에 대해서만 EEC가 제정한 규칙상의 쇠고기 질에 관한 요건을 자동적으로 충족시키는 것으로 간주하고 있음에 비해 다른 국가의 쇠고기에 대해서는 이런 내용의 규정을 두고 있지 않았으므로 미국산 쇠고기에 특혜를 준 것으로 판단했다. 따라서 EEC의 조치는 최혜국대우의무를 위반한 것이라고 하였다.

5 예외

1. 역사적 예외

GATT 출범 이전부터 존재해오던 특정 국가 간의 특혜관세제도, 예컨대 영연방 특혜, 프랑스 속령 특혜, 미국 - 필리핀 간 특혜, 프랑스 - 베네룩스 간 특혜 등은 예외적으로 허용하고 있다. GATT상 허용되는 역사적 특혜는 소위 조부조항(grandfather clause)의 한 예로서 GATT 제1조 제2항과 제3항에 근거를 두고 있다. 이는 최혜국대우원칙과 정면으로 상반되나 GATT 성립 이전부터 전통적으로 존재해 오고 있던 특정국 간의 특혜관세를 즉각 전면적으로 철폐한다는 것은 불가능하다는 점에서 일정 조건하에 예외를 인정하고 있다.

2. 지역무역협정

WTO 회원국들이 '자유무역지대'나 '관세동맹'을 맺는 경우 최혜국대우의무의 예외가 인정되어 동 지역협정의 회원국 간에만 특혜를 주고받는 것이 일정 조건하에 허용된다. 이는 무역자유화가 세계적 차원에서 실질적인 이익을 제공하여 준다면, 그와 같은 무역자유화를 촉진하기 위해 최혜국대우원칙으로부터 일탈하여 무역을 창출(creation)하는 것을 특별히 허용해야 한다는 점을 취지로 하고 있다.

3. 국경무역

GATT 제24조 제3항은 '국경지역 무역'(frontier traffic) 증진을 위해 '인접한 국가(adjacent countries) 간의 일정한 교역행위'에 대해 최혜국대우의무를 면제해 주고 있다. 특혜무역이 가능한 지리적 범위에 대해 명확한 정의 규정은 없으나, GATT 준비회의 과정에서 미국은 국경으로부터 15km 이내의 범위에서만 최혜국대우의무 면제가 인정된다는 견해를 피력하였다.

4. 의무면제

WTO각료회의에서 WTO 회원국 4분의 3 이상의 동의를 얻는 경우 WTO협정상의 특정 의무로부터 면제를 받을 수 있다(WTO설립협정 제9조 제3항). 의무면제의 부여에는 기한 및 조건 등의 제한이 있으며, 추후 매년 면제제도의 지속 필요성에 대한 각료회의의 심사를 받아야 한다(WTO설립협정 제9조 제4항). 또한 의무면제는 '예외적인 상황'(exceptional circumstances)하에서만 부여된다는 실체적 요건도 충족해야 한다(WTO설립협정 제9조 제3·4항).

5. 반덤핑 및 상계관세제도

덤핑생산 및 수출업자에 대한 반덤핑관세 부과 및 보조금을 지급받은 수입품에 대한 상계관세 부과조치 역시 최혜국대우의무에 대한 예외로 본다. 이 두 경우 판정대상이 된 특정 국가로부터 수입되는 물품에 대해서만 높은 관세가 부과되므로 원칙적으로 최혜국대우의무에 위반하여 관세를 부과하는 것이나 반덤핑 및 상계관세조치가 GATT 제6조 및 반덤핑협정이나 보조금 및 상계관세협정에 의해 허용되고 있으므로 합법적인 조치에 해당한다.

6. 국제수지 예외

국제수지의 어려움을 겪고 있는 상태에서 IMF와의 협의하에 수입에 대해 수량제한을 가하는 경우 GATT 제14조에 의거하여 최혜국대우의무의 면제가 허용된다. GATT 제13조에 따르면 국제수지의 어려움을 극복하기 위해 예외적으로 수량제한조치를 취하는 경우에도 최혜국대우원칙을 준수해야 하나, GATT 제14조는 IMF와의 협의를 요건으로 MFN의무로부터의 이탈을 허용하고 있는 것이다. 즉, 국가에 따라 선별적으로 수량제한조치를 취할 수 있다.

7. 보복조치

패소국이 합리적 이행기간 내에 판정을 이행하지 않고, 적절한 보상합의도 없는 경우, 승소국은 DSB의 승인을 받아 보복조치를 취할 수 있다. 이러한 보복조치는 패소국에 대해서만 차별적으로 취해지므로, MFN원칙의 합법적 예외라 볼 수 있다.

8. 개발도상국 우대조치

1979년 GATT 체약국단이 결정한 '개발도상국에 대한 특혜에 관한 허용조항'에 따라 선진국은 개발도상국에 대해 '차별적이고 유리한 대우'를 부여하는 것이 허용되며 일반특혜관세제도(Generalized System of Preferences: GSP)를 통한 관세상의 특혜 및 여타 비관세 분야에서의 특혜를 부여할 수 있다. GSP제도를 상설화시킨 동 결정을 '허용조항'(Enabling Clause)이라 통칭한다. 이는 특혜의 부여가 선진국의 의무가 아니라 권리인 점을 확인해 준다.

9. GATT 제20조(일반적 예외)

GATT 제20조는 공중도덕 보호, 인간이나 동식물의 생명이나 건강의 보호, 유한천연 자원의 보존 등을 위해 필요한 경우 등 몇 가지 사유를 규정하고 이에 해당하는 경우 GATT의무로부터 벗어날 수 있음을 규정하고 있다. 단, 이러한 예외를 원용하기 위해서는 관련조치가 '동일한 조건하에 있는 국가 간에 자의적이고 정당화될 수 없는 차별의 수단이 되거나 국제무역에 대한 위장된 제한이 되도록 적용되어서는 아니된다.'

10. 국가안보 예외(security exception)

GATT 제21조는 국가안보 예외를 규정하고 있다. 이 조항에 따라 취해진 국가안보 보호를 위한 조치는 최혜국대우의무의 구속을 받지 않는다.

 참고

남북교역과 최혜국대우문제

1. 문제의 소재
남북교역이 본격화되면서 법적·제도적 안정성 문제가 최혜국대우문제와 관련해서 제기될 수 있다. 따라서 안정적이며 국제적 지지를 받을 수 있는 국제법적 체제 구축이 요구되고 있다.

2. 민족 내부 거래의 개념과 국제법적 문제점
우리나라는 현재 남북 경협이 '민족 내부 거래'이므로 WTO협정이 적용되지 않는다는 입장을 취하고 있다. 1992년 '남북합의서'에서 남북한 무역거래는 남북 간의 '민족 내부 교류로서의 물자교류'로 규정하고 있다. 또한, '교류협력부속합의서'에 의하면 남과 북은 물자교류에 대해 관세를 부과하지 않으며, 남북 사이의 경제관계를 민족내부관계로 발전시키기 위한 조치를 협의할 것을 규정하였다. '남북교류협력에 관한 법률'은 북한으로부터 반입되는 상품에 대한 관세 면제를 규정하고 있다. 그러나, 이와 관련하여 한국의 최혜국대우 위반문제가 제기될 수 있다. GATT1994 제1조는 회원국 상호 간에만 적용되는 것이 아니라 회원국이 비회원국에 대해 부여하는 특혜에도 적용된다. 1991년 미국은 한국이 남북한 간 구상무역 형태로 쌀을 대북지원할 당시 GATT 의무면제(waiver)가 필요하다는 입장을 공식 전달한 바 있다. 현재 남북한 간 특혜교역은 국제적인 '묵인'하에 진행되고 있으나 남북경협이 본격화되고, 북한경제의 대외개방이 가속화되고 있어 이해당사국들이 문제를 제기할 가능성이 있다.

3. 남북한 무관세 거래에 대한 정당화 논리 및 한계
(1) 남북 간 거래는 국가 간 거래가 아니라는 주장
우리나라 헌법상 북한이 한국 영토의 일부분이고, '세계무역기구협정의 이행에 관한 특별법'도 "남북 간 거래는 민족내부 거래로서 협정에 의한 국가 간의 거래로 보지 아니한다."라고 규정되었다. 따라서, 남북한 간 거래는 국가 간 거래가 아니라는 주장이다. 그러나 조약법에 관한 비엔나협약 제27조 및 WTO설립협정 제16조 제4항의 규정에 비추어 보면, 타당하지 않다. 즉, 위 조항들은 국제법 우위를 확인하고 있으며, 국내법을 이유로 국제법 위반을 정당화할 수 없음을 규정하고 있기 때문이다.

(2) 국가승인론에 의한 정당화 논리
한국이 북한을 국가로 승인하지 않았으므로 한국이 부여한 특혜는 GATT 제1조상의 '타국가'(any other country)에 대한 특혜 부여는 아니라는 주장이 있다. 그러나 남북이 동시에 UN에 가입하고, 남북이 130여 국과 동시에 수교 관계를 맺고 있는 상황에서 한국이 북한의 '국가성'을 부인할 수 없다. 또한 WTO협정은 독립된 관세영역도 대상으로 한다.

(3) 민족자결권에 기초한 정당화 논리

남북 간 경제협력은 '민족자결권' 행사의 일환이며 UN헌장상 이러한 민족자결권이 UN회원국의 기본적 권리로 보호되고 있으므로 남북 간 경제경협은 정당하다는 주장이다. 그러나 주로 식민통치에 대한 저항을 정당화하기 위해 원용되는 민족자결권 개념이 남북한 간 특혜 교환을 합리화하는데 근거로 활용될 수 있다고 보기 어렵다. 그 이유는 첫째, 최혜국대우 위반과 민족자결의 실현 간 상관관계가 높다고 볼 수 없기 때문이다. 둘째, 확대해석되는 경우 WTO체제를 국가 간 체제가 아니라 민족 간 체제로 재편하여 현 국제 통상질서를 형해화할 우려가 있기 때문이다.

4. 국제법적 안정화 방안

(1) '허용조항'(Enabling Clause)

허용조항에 의하면 WTO 회원국은 개발도상국에게 '일반특혜관세'(GSP)를 부여할 수 있다. 북한은 개발도상국이며 한국은 동 조항에 입각하여 북한 상품에 대해 무관세대우를 부여할 수 있다. 그러나 이를 위해서는 WTO 사무국에 통보해야 하고 각종 관련정보를 제공해야 한다는 절차적 통제가 따른다. 또한 북한이 개발도상국인 경우에만 한시적으로 적용되고, 무관세대우 이외의 다른 특혜대우는 합리화될 수 없다는 한계가 있다.

(2) 남북한 '지역무역협정'(Regional Trade Agreement)의 체결

남한과 북한이 지역무역협정을 체결하여 MFN의무로부터 이탈할 수 있다. 지역무역협정은 실체적 요건만 충족시키면 되므로 의무면제에 비해 절차적으로 간소하다. 지역무역협정은 GATT 제1조상의 최혜국대우의무가 면제된다. 다만, 전제조건이 있다. 첫째, 한국과 북한이 지역무역협정 체결에 동의해야 한다. 둘째, 양국 간 경제의 기본구조가 유사해야 한다. 셋째, 지역무역협정 체결당사국 간의 상호 신뢰 회복이 확고하게 자리잡아야 한다. 넷째, 북한이 WTO에 가입해야 한다. 그러나, 이는 시간을 요하므로 자유무역협정 체결은 장기적 목표로 설정하는 것이 바람직하다.

(3) WTO협정상의 의무로부터의 면제(Waiver)

의무면제는 한국의 일방적 의사로 진행이 가능하다는 장점이 있다. 그러나 WTO설립협정 제16조 제3항에 의하면 전체 회원국의 4분의 3의 동의를 받아야 하는 절차상의 난점이 있다. 또한 한국이 남북교역에 대해 의무면제를 신청하는 경우 한국 스스로 민족 내부 거래 논리를 포기하는 것은 물론이고, 남북한 교역의 WTO협정 위반을 인정하는 것을 의미한다. 의무면제를 위한 협상비용을 고려해야 하며, 면제를 획득하는 경우에도 각종 기한 및 조건이 부과되고 회원국에 의한 연례적 심사가 진행된다는 점도 고려해야 할 것이다.

(4) 지역무역협정에 남북한 관계 조항 삽입

한국과 자유무역협정을 체결하는 나라들이 남북한 간의 특혜무역에 대해 이의를 제기하지 않는다는 국제법적 약속을 미리 받아두는 방안이다. 비록 양자적 효력을 갖는 한계가 있으나 한국이 지역무역협정 체결국을 늘려 감에 따라 '사실상의 다자적 효과'(de facto multilateral effect)가 발생하게 된다. 이러한 방안의 경우 다음과 같은 장점이 있다. 첫째, 남북한 관계 성숙을 기다릴 필요 없이 당장 적용할 수 있다. 둘째, 의무면제와 달리 실현가능성이 높다. 또한 의무면제의 경우 예상되는 파급효과도 없다. 셋째, 현행 한국의 국내법과 충돌가능성이 없다. 오히려 "남북 간 거래는 민족 내부 거래로서 협정에 의한 국가 간의 거래로 보지 아니한다."는 국내적 입장을 국제법적으로 구현하는 의의가 있다.

제3절 | 내국민대우원칙(NT)

1 서설

1. 개념

내국민대우(national treatment)란 국제교역에 있어서 국가는 외국, 외국 상품, 외국 서비스 또는 외국인에 대해 자국민, 자국 상품 또는 자국 서비스에 부여하는 대우보다 불리하지 아니한 대우를 부여해야 한다는 원칙을 의미한다. 최혜국대우원칙이 국가 간 횡적 균형(horizontal balance)을 의미하는 반면, 내국민대우원칙은 종적 균형(vertical balance)을 확보하는 것이 원칙이다. 과거 국제교역에 있어서 관심의 초점은 관세에 있었으므로 더욱 많은 상품에 대한 국제적 관세 감축을 위해 최혜국대우 의무의 적용에 있었으나, 관세수준이 상당히 저하된 현재는 상품무역에 있어서 내국민대우가 주목을 받고 있다. 내국민대우는 상품무역협정뿐 아니라, 서비스무역 및 무역관련지적재산권에도 적용되고 있다.

2. 목적

(1) 수입품의 시장접근을 확보하기 위한 것이다. 국산품에 비해 수입품이 불리한 대우를 받는 경우 수입품은 국내시장에 수입되기 어렵게 될 것이다.

(2) 관세양허로 인해 수입품의 시장접근이 강화될 수 있으나, 내국민대우규정이 없는 경우 관세양허의 효과는 무용지물이 될 수 있다. 즉, 내국세와 내국 규제가 비관세장벽이 될 수 있는 것이다. 내국민대우는 이를 방지하기 위한 것이다.

(3) 최혜국대우와 조화를 이루어 자유무역을 확장한다. 최혜국대우가 인정되어도 내국민대우가 부정된다면 최혜국대우를 통한 자유무역확대 취지는 무색해질 것이다. 반대로 내국민대우가 인정되어도 최혜국대우가 부정되는 것 역시 외국 상품의 시장접근을 방해한다. 경쟁력 있는 외국 상품에 고율관세를 부과하는 경우 내국민대우를 부여한다고 해도 외국 상품의 시장접근은 어려울 것이다.

3. 법률상 차별과 사실상의 차별

내국민대우는 사실상의 차별 금지를 포함한다. 법률상 차별은 상품이 국산품인지 여부에 따라 외국 상품에 내국세와 그 밖의 내국 규제를 불리하게 적용하는 경우 발생한다. 사실상의 차별은 법적·형식적 차별이 아니어도 사실상 국산품에 유리하고, 동종의 수입상품에는 불리한 규제가 이루어지는 경우 등을 말한다.

4. 차별조치와 차별효과

차별의 존재를 판단함에 있어서 차별조치로 인해 실제로 수입제한 효과가 발생했는지 여부 등의 차별효과를 따지지 않는다. 즉, 차별조치가 존재한다면 내국민대우 위반에 해당한다. 차별조치와 수입량의 증감이 반드시 상관관계를 가지는 것은 아니기 때문에 차별조치 이후에 수입이 오히려 증가할 수도 있다.

2 기본 원칙(제3조 제1항)

> **GATT1994 제3조 제1항**
> 체약국은 내국세, 기타 내국과징금과 산품의 국내 판매, 판매를 위한 제공, 구매, 수송, 분배 또는 사용에 영향을 주는 법률, 규칙 및 요건 그리고 특정한 수량 또는 비율의 산품의 혼합, 가공 또는 사용을 요구하는 내국의 수량적 규칙은 국내생산을 보호하기 위하여 수입산품 또는 국내산품에 대하여 적용하여서는 아니된다는 것을 인정한다.

동 조항은 법적 구속력이 있는 조항이 아니라 내국민대우의무의 기본 원칙을 선언한 조항이다. 이는 '도덕적 의무'를 의미하는 'should'를 사용한 점, 제3조 제2항 제2문이 제1항을 '원칙'(principle)이라 지칭하고 있는 점에 기초한 해석이다. 단, 동 조항은 그 자체로서 독립적인 구속력이 없다는 뜻이고, 제2항 제2문에서처럼 제1항의 법적 효력을 부여하는 규정이 있는 경우에는 이 규정에 의해 제1항이 법적 구속력을 가질 수 있다.

3 동종상품에 대한 재정적 차별금지의무(제3조 제2항 제1문)

> **GATT1994 제3조 제2항**
> 다른 체약국의 영역 내에 수입된 체약국 영역의 산품에 대하여는 동종의 내국산품에 직접 또는 간접으로 부과되는 내국세 또는 기타 모든 종류의 내국과징금을 초과하는 내국세 또는 기타 모든 종류의 내국과징금을 직접 또는 간접으로 부과하여서는 아니된다. 또한, 체약국은 본 조 제1항에 규정된 원칙에 위배되는 방법으로 내국세 또는 기타 내국과징금을 수입산품 또는 국내산품에 부과하여서는 아니된다.

1. 내국세

제3조 제2항의 내국세에는 판매세(sales taxes), 사치세(luxury taxes), 거래세(turnover taxes), 이용세 등이 해당된다. 한편, GATT 제3조는 상품(products)과 관련된 것이므로 소득세 등 직접세(direct taxes)의 경우에는 제3조 제2항이 적용되지 않는다. 오히려 직접세에 관한 규칙은 일종의 보조금으로 볼 여지가 많으며 따라서 보조금협정에 위반될 소지가 많다.

2. 초과과세 금지

제2항 제2문이 직접경쟁 및 대체가능상품에 대해 '유사하게'(similarly) 과세할 것을 요구하는 반면, 제1문은 동종상품에 대해 '초과하여'(in excess of) 과세하지 말 것을 요구하여 문언상 차이가 있다. 이에 대해 상소기구는 최소허용기준(de minimis level)의 적용 여부에 차이점을 두고 있다. 즉, 제1문은 어떠한 조세율의 차이도 허용하지 않겠다는 의지의 표현인 반면, 제2문은 최소허용기준을 넘지 않는 조세율의 미소한 차이는 허용된다는 것이다. 동종상품에 대해서 동일한 조세가 적용되지 않는 한 내국민대우를 위반하는 것이다.

3. 동종상품 판정방식

(1) BTA 방식(BTA Approach)

1970년 '국경과세조정보고서'(the border tax adjustment report: BTA Report)
이래로 GATT/WTO 패널이 주로 의존해온 방식을 BTA 방식이라 한다. 동 보고
서는 제품의 물리적 특성이나 성질, 제품의 최종용도 및 소비자의 기호나 습관 등
을 고려하여 같은 상품 여부를 판단할 것을 제시하고 있다. 동 보고서는 객관적
요소와 주관적 요소를 모두 고려요소로 제시하고 있으나, GATT/WTO 패널은 제
품의 물리적 특성 및 용도 등 객관적 요소에 그 심사를 한정해오고 있다. 'EEC -
동물사료 분쟁'에서는 관세분류, 단백질 함유량, 소비용도 등을 고려하였고, '미국 -
가솔린 분쟁'에서는 제품의 물리적 특성, 최종용도, 관세분류, 대체가능성에 의존
하였다. 한편, '일본 - 주세 분쟁'에서는 물리적 특성의 차이, 소비용도, 관세분류,
시장여건을 고려하였다.

(2) 조치목적설(the Aim - and - Effect Approach)

① **의의**: 조치목적설은 동종상품의 판단에 있어서 단순하게 물리적 특성이나 최종
용도 등 객관적 요소만을 기준으로 하는 것이 아니라 차별조치를 취한 목적을
반영해야 한다는 이론이다. 조치목적설은 뢰슬러(Frieder Roessler)에 의해 주
장되었다.

② **패널 판정례**: 1992년 '미국 - 주류 분쟁' 및 1994년 '미국 - 자동차 분쟁'에서 적
용되었다. '미국 - 주세 사건'의 경우 알코올 도수 3.2%를 기준으로 맥주를 구분
하고 차별대우하는 것은 정부의 재정수입 증대 또는 소비자의 건강보호와 같은
합법적 정책목적을 달성하기 위한 조치로서, 자국산 맥주상품을 보호하기 위한
목적과는 무관하므로 내국민대우원칙을 위반하지 않았다고 판단하였다.

③ **조치목적설의 논거**: 첫째, GATT 제3조의 목적은 서로 경쟁관계에 있는 상품
의 경쟁성을 왜곡하는 것을 방지하는 데에 목적이 있으므로 그러한 정책목적
을 검토하여 동종상품을 판단해야 한다. 둘째, 제3조의 해석에 있어서 제1항
의 일반원칙은 나머지 조항의 일부를 구성하는 것으로 보아 각 조항에 대한
위반 여부를 판단함에 있어서 특정의 국내조치가 국내생산을 보호하기 위한
것인지를 독립적인 요건으로 심사해야 한다.

④ **조치목적설의 장점**: 조치목적설은 GATT 제20조에서 한정적으로 열거된 국내
정책적 필요에 따른 규제조치의 범위를 확장시켜 WTO 회원국의 정당한 국
권행사의 영역을 증진시킬 수 있다는 장점이 있다.

⑤ **조치목적설의 한계**: 첫째, 문언적 근거가 약하다. 조치목적설은 제3조 제1항이
제3조 제2항 제1문의 해석에 적용된다고 보는 것이지만, 제1항이 독립적으로
법적 구속력을 가질 수 없고, 제2항 제1문에는 제2문과 같이 제1항에 법적 구
속력을 부여하는 문언이 없다는 점에서 한계가 있다.
둘째, GATT 제20조의 존재 의의를 상실시킬 위험이 있다. 즉, 동종상품의 판
단에 있어서 차별조치의 목적을 고려하는 경우 그 목적이 국내생산을 보호하
는 것이 아닌 경우 제3조에 위반되지 않으므로 제20조가 적용될 이유가 없게
된다.

셋째, WTO가 자유무역을 지향하는 것과 배치된다. 동종상품의 판단에 있어서 조치의 목적을 고려하는 경우 제소국은 차별조치가 국내생산을 보호하기 위한 것이라는 점도 입증해야 하므로 제소국의 입증부담이 가중된다. 이는 목적을 고려하지 않는 경우보다 제소국의 승소가능성을 낮출 것이다. 따라서, 국가들은 위장된 차별조치를 보호주의적 목적으로 적용할 유인이 생겨 자유무역주의에 역행할 가능성이 있다. 이러한 한계를 의식하여 WTO 패널은 상품성질설을 선호하는 것으로 볼 수 있다.

(3) 시장기반설(the Market - Based Approach)

시장에서 비교대상인 상품이 같은 상품으로 인식되는가를 판단기준으로 삼는 접근법이다. 즉, 두 상품이 놓여 있는 '시장 여건'(market condition)에 의해 같은 상품 여부가 결정되어야 한다는 것이다. 이러한 시장 여건을 좌우하는 가장 결정적인 요소는 해당 시장에서의 소비자의 판단이며, 결국 대상 상품이 거래되는 시장에서 소비자들이 두 상품을 같은 상품이라 보는지 여부에 의해 같은 상품 판정이 내려져야 한다고 본다. 이러한 시장 여건은 단기적이고 가변적인 소비자의 기호나 습관이 아니라 비교적 장기적이고 안정적으로 유지되어 오고 있는 기호나 습관을 의미한다. 최원목 교수는 'EC - 석면 분쟁'이 '조치목적설'에 기초한 것이 아니라 '시장기반설'에 기초한 것으로 평가한다. 상소기구는 패널이 같은 상품을 판정함에 있어서 '소비자의 건강에 대한 위협과 관련한 소비자의 기호나 습관에 있어서의 차이'를 고려하지 않고 두 상품을 같은 상품이라 판단한 것은 잘못이라 판정하였다.

(4) GATT/WTO 패널 판정례

GATT/WTO 패널 판정례에 따르면 목적효과접근법을 적용한 경우도 있으나 일반적으로 상품성질설에 따르고 있다.

 관련판례

일본 - 주세 사건

일본 - 주세 사건은 일본 정부가 국산 소주와 수입산 보드카 등에 대해 차별과세함으로써 제기된 사건이다.

패널에 따르면, 소주와 보드카는 '동종상품'이며 소주에 대한 세율보다 높은 세율로 보드카에 과세함으로써 일본은 제3조 제2항 제1문에 규정된 의무를 위반하였다. 패널은 제1문의 위반을 판단하기 위해서는 세 가지 요건이 필요하다고 보았다. 즉, 당해 상품 간 동종성이 있는지 여부, 다툼의 대상이 된 조치가 '내국세' 또는 '기타 내국 과징금'인지 여부(본 건에서는 다툼이 되지 않았다), 외국 상품에 부과된 조세가 국내 동종상품에 부과된 조세를 초과하고 있는지 여부를 판단해야 하는 것이다. 첫째, 소주와 보드카는 동종상품이다. 동종성 결정에 있어서 1992년 몰트 음료 사건(Malt Beverages Case)에서 패널이 적용한 '목적 - 효과 분석'(aim and effect test)은 제3조의 문언상 근거가 없고, 제소국 측에 입증책임을 가중시키므로 적용하지 않는다. 소주와 보드카는 상당히 많은 물리적 특성을 공유하고 있으므로 동종상품이다. 둘째, 일본은 소주보다 보드카에 높은 과세율을 적용하였다. '국내 동종상품에 … 적용되는 것을 초과하지 않도록'이라는 의미는 과세에 있어서 최소한 동일한 또는 좀 더 나은 취급을 의미하는 것으로 해석해야 한다. 일본이 소주에 대해 부과된 세금을 초과하여 보드카에 세금을 부과한 것은 명백하다(보드카: 알코올 함량 1도당 9,927엔, 소주: 알코올 함량 1도당 6,228엔).

상소기구는 소주와 보드카가 동종상품이라는 패널의 판정을 지지하였다. 동종상품 여부는 각 사안에 따라(case - by - case) 상품의 특질, 성질 및 품질뿐만 아니라 최종 소비자, 소비자의 기호 및 취향 등을 고려해야 하며 이러한 기호, 취향, 최종 소비자 등은 나라마다 시장마다 달라질 수 있다는 점도 고려해야 한다고 하였다.

 관련판례

캐나다 - 정기 간행물 사건

캐나다 국내 소비세법은 캐나다에서 배포되는 분리 발행 정기 간행물(split - run periodical)의 광고가치의 80%에 해당하는 국내소비세를 발행부수에 따라 부과하였다. 이에 대해 미국은 동종상품에 대한 차별과세로서 GATT1994 제3조 제2항 제1문에 위반된다고 주장하였다. 이에 대해 패널은 미국 측의 주장을 인용하였다. 즉, '수입간행물'과 '국내간행물'은 사용용도, 물리적 특성이 유사하므로 동종상품에 해당한다고 판시하였다. 그러나 상소기구는 이러한 판단을 파기하였다. 패널이 당사국이 제출한 증거에 기초하여 결정하지 않았기 때문이었다. 따라서 상소기구는 패널이 보고서에 기술한 증거가 불충분하므로 제3조 제2항 제1문 위반 여부에 대해서는 판단할 수 없다고 판시하였다. 그러나 상소기구는 동 조항 제2문에는 위반된다고 판정하였다. <u>상소기구는 국내 정기 간행물과 수입 정기 간행물 사이에 경쟁관계가 있으므로 DCSP에 해당한다고 판단하였다. 광고수입에 있어서 캐나다 출판업자들이 경쟁관계에 있게 된다고 본 것이다. 전체 광고가치의 80%에 해당하는 고율의 조세는 유사하게 과세되지 않은 것이고 국내 소비세법의 구조나 형태에 비추어 보았을 때 국내 생산 보호 목적이 있다고 판시하였다.</u>

 관련판례

인도네시아 - 자동차 사건

인도네시아는 소위 1993년 program을 통해 인도네시아산 부품을 일정 비율 이상 사용하는 자동차 제작에 사용되는 수입부품에 대해서는 그 자동차의 국산화율(local content)에 비례하여 수입관세를 경감하거나 지정된 국산품(local content) 사용 비율을 초과하는 자동차에 대해서는 사치세(luxury tax)를 경감하여 주었다. 또한 1996년 National Car Program을 통해 인도네시아 자동차 회사가 인도네시아 기업이 소유하는 생산시설에서 자동차를 국내 생산하고 인도네시아 국민이 소유한 브랜드를 부착할 경우 그 자동차 회사에 국민차 회사라는 지위를 부여하고 동 자동차 제작에 소요되는 외국산 부품에 대해서는 수입관세를, 자동차에 대해서는 사치세를 면제하여 주었다. 국민차 회사지위를 유지하기 위해서는 3년간에 걸쳐 국산화율을 증가시켜 나가야 했다. 1996년 program은 또한 인도네시아 국민이 외국에서 제작하였고 국산화율을 충족한 차량은 국내에서 제작된 것과 동일하게 취급하였다. 단, 해외 생산자가 동 자동차 가격의 25%에 해당하는 인도네시아산 부품을 구매할 경우 20%의 국산화율을 충족하는 것으로 간주하였다. 제소국은 사치세 면제가 GATT 제3조 제2항 위반이라고 주장하였다. 이에 대해 인도네시아는 제3조 제2항과 보조금협정이 상충되고 보조금협정이 적용되므로 제3조의 위반 문제는 없다고 반박하였다. 또한 인도네시아는 설령 제3조 제2항을 위반하였다고 하더라도 자국 조치에 의한 조세 또는 관세 혜택은 GATT 제3조 제8항 제(b)호에 의거, 용인되는 것이라고 주장하였다. <u>패널은 인도네시아의 조세차별조치는 GATT 제3조 제2항의 제1문과 제2문에 모두 위반된다고 판단하였다. 수입차 중 몇 종은 문제가 된 인도네시아의 자동차와 동종상품이나 국산 자동차에 대해서만 사치세가 면제되었으므로 제1문에 반한다고 판정하였다. 또한 수입산 자동차와 인도네시아산 자동차는 직접경쟁 또는 대체가능관계에 있고 인도네시아 국민차나</u>

국산화율 충족차량과 유사하게 과세되지 아니하였으며 큰 세금 편차를 고려해 보면 국내생산을 보호할 목적이 있는 것으로 판단할 수 있다고 하였다. 패널은 인도네시아의 내국민대우 위반조치는 GATT 제3조 제8항 제(b)호에 의해 정당화되지 않는다고 하였다. 패널은 인도네시아의 조세 또는 관세 감면조치가 보조금에 해당할 수 있으나, 제3조 제8항 제(b)호는 생산자에게 직접 제공되는 보조금 지급조치에 대해서만 원용될 수 있다고 판정하였다.

4 직접경쟁 또는 대체가능상품에 대한 유사하지 아니한 과세 금지의무 (제3조 제2항 제2문)

GATT1994 부속서 1(주석 및 보충규정) Ad Article Ⅲ 제2항
제2항의 최초의 문장의 요건에 합치하는 조세는 과세된 산품을 일방으로, 유사한 방법으로 과세되지 아니한 직접적 경쟁산품 또는 대체산품을 타방으로 하여 양자 간에 경쟁이 있는 경우에 한하여 제2의 문장의 규정에 모순되는 것으로 간주한다.

1. 입법취지

GATT1994 제3조의 내국민대우는 양허협상에 의한 관세 인하의 효과가 내국세의 차별과세로 인해 그 효과가 잠탈되는 것을 방지하기 위한 규범이다. 그러나 좁은 의미의 동종상품만을 대상으로 하는 경우에는 이러한 입법취지를 달성하는 데 한계가 있다. 만약 경쟁관계에 있는 두 상품이 동종상품이 아니라고 판명되는 경우에는 차별이 정당화되기 때문이다. 이러한 한계를 극복하기 위해 제3조 제2항 제2문이 존재하게 된 것이다. 제2문으로 인해서 내국민대우의무의 범위가 확대되는 것이다.

2. 제2문의 위배 판단 기준

위에서 언급한 조문에 비춰보면 제2문의 위배 판단 기준은 첫째, 제1항에 명시된 원칙에 반하는가? 둘째, 비교되는 상품이 직접경쟁 및 대체가능상품에 해당하는가? 셋째, 유사하지 아니하게 과세되었는가?

(1) 제1항에 명시된 원칙에 반하는가? (국내생산 보호)

① **의의**: 직접경쟁 및 대체가능상품에 대한 유사하지 아니한 과세가 국내생산 보호목적이 있는 경우 제2문에 위배된다. 상소기구는 국내생산 보호의 의미를 내국세의 구조와 적용을 포괄적이고 객관적으로 분석하여 찾아낼 수 있는 보호주의적 적용(protective application)이라고 판단하였다.

② **보호주의적 적용의 판단 기준**: 보호주의적 적용은 내국세의 구도(design), 구성(architecture) 및 드러난 구조(revealing structure)에 의해 판단한다.

　㉠ **구도**: 내국세를 부과하려는 정부의 정책 목적으로부터 발견될 수 있는 사전의 계획을 의미한다. 정책 목적은 내국세 부과의 '주관적 목적'이 아니라 '객관적으로 분석된 목적'을 말한다.

　㉡ **구성**: 내국세법의 형태를 말한다.

ⓒ **드러난 구조**: 내국세의 부과 결과 나타나는 보호주의적 적용이라 할 수 있다. 내국세법규의 적용 결과 직접경쟁관계의 국내상품에 비해 수입상품에 미치는 영향이 막대한 경우 이는 보호주의적 적용으로 내국민대우 위반이 된다.

③ **판정례**: '일본 - 주세 사건'에서는 수입상품과 내국상품에 차별적으로 부과된 내국세의 '중대한 차이'는 국내생산 보호를 위한 것이라 판단하였다. '한국 - 주세 사건'의 패널은 저율의 내국세가 적용되는 부류는 거의 배타적으로 국내 주류만을 포함하고 있으며 고율의 내국세가 부과되는 부류는 거의 수입주류를 포함하는 국내 주세법의 구조를, 내국세의 부과가 국내생산 보호를 위한 것으로 판단하는 근거라고 판시하였다.

(2) 직접경쟁 또는 대체가능상품

직접경쟁 또는 대체가능상품은 동종상품을 포함하는 넓은 개념이나 직접경쟁성을 평가하는 기준에 관한 문언규정은 존재하지 않는다. GATT/WTO 패널 절차에서 경쟁성의 판정은 동종성의 판정기준에 더해 상품에 대한 시장에서의 경쟁상태와 시장에서의 대체가능성의 정도에 초점을 맞추어 이루어지고 있다. 따라서 경쟁성의 판정도 동종성의 판정과 마찬가지로 사례별로 유연하게 실시된다. '한국 - 주세 사건'에서 상소기구는 직접경쟁성 판단에 있어서 '소비자의 인식'이 기준이 된다고 판단하였다. 즉, 두 상품이 소비자의 특별한 수요 또는 기호를 만족시킬 수 있는 대체관계에 있는 것으로 소비자가 인식한다면 양자는 직접경쟁관계에 있다. 이러한 소비자의 인식은 상품의 물리적 특성, 최종용도, 소비자의 기호, 유통경로 및 판매지점, 가격 등을 비교하여 판단하여야 한다. 또한 직접경쟁관계가 있는지 판단함에 있어서 교차가격탄력성, 다른 시장으로부터의 증거 등도 고려할 수 있다.

(3) 유사하지 아니한 과세

① **의의**: 유사하지 아니한 과세의 의미는 첫째, 수입상품에 부과된 내국세가 내국상품에 적용되는 내국세보다 무겁고, 둘째, 두 상품 간의 내국세 차이가 미미한 수준(de minimis level) 이상이어야 한다는 것이다. 미미한 수준은 각각의 시장에 기초하여 사안별로 결정되어야 한다(case by case rule). 제3조 제2항 제1문이 미미한 수준을 허용하지 않는 반면, 제2문은 이를 허용한다.

② **판정례**: 미미한 수준을 벗어나는 차별과세의 정도에 대한 일반적인 기준은 존재하지 않는다. '일본 - 주세 사건'에서 패널은 일본산 소주에 비해 6배 이상의 내국세가 수입주류에 부과되는 것은 미미한 수준을 초과한 것으로 보았고, '한국 - 주세 사건'에서는 한국산 소주에 비해 3배 이상의 내국세가 수입주류에 부과된 것이 유사하지 아니한 과세라 보았다. '칠레 - 주세 사건'의 경우 칠레산 피스코에 적용되는 내국세에 비해 약 70% 이상의 주세가 수입주류에 부과된 것 역시 미미한 수준을 초과한 것으로 보았다.

관련판례

한국 - 주세 사건(GATT 제3조 제2항)

피제소 당시 한국의 주세법은 위스키, 브랜디에 대해서는 총 130%, 증류식 소주는 55%, 희석식 소주는 38.5%, 럼·진·보드카 등 일반증류주는 104%의 주세를 각각 부과하고 있었다. 일본의 차별주세제도에 대해 제소하여 승소한 EC와 미국은 한국 주세법체계가 WTO협정에 위반된다고 보고 제소하였다.

<u>패널은 소주, 위스키, 브랜디, 꼬냑, 럼, 진, 보드카, 데킬라, 리큐르와 혼합주가 직접경쟁 혹은 대체가능한 상품이고, 한국은 수입품을 국산품과 유사하지 않게 과세하였으며, 그 차이는 미미하지 않았고, 국내생산을 보호하려는 목적으로 적용되었으므로 GATT1994 제3조 제2항에 위반된다고 평결하였다.</u> 첫째, 패널은 보드카와 소주가 '동종상품'이라는 제소국의 주장은 증거불충분을 이유로 기각하였다. 그러나 계쟁 대상이 된 상품이 직접경쟁 및 대체가능상품에는 해당한다고 판단하였다. 패널은 소주와 수입양주가 그 제조방법의 차이에도 불구하고 근본적인 물리적 유사성이 있으며, 소주와 양주 간에 직접경쟁 혹은 대체가능성을 지탱하는데 충분할 정도로 양 제품의 최종용도에 있어서 현재적·잠재적 중복이 있고, 소주와 양주의 판매·유통방식이 상당 부분 중첩되며, 현재 소주와 양주 간에 상당한 가격차이가 있으나 그 차이가 경쟁관계를 부인할 만큼 결정적 요인이 아니고 가격 변화시 소비자 수요 패턴에 변동이 올 수 있으므로 수입양주와 소주 간에는 직접경쟁 또는 대체가능성이 있다고 판단하였다. 둘째, 희석식 소주에는 38.5%, 증류식 소주와 리큐르에는 55%, 보드카·진·럼·데킬라와 그 혼합주에는 104%, 위스키, 브랜디, 꼬냑에는 130%의 세금이 부과되어 있는데 희석식 소주에 비해 위스키에는 3배 이상의 세금이 부과되었다. 3배 이상의 세금 차이는 명백하게 미미한 수준(de minimis level)을 넘는다. 셋째, 패널은 세액의 큰 차이와 함께 한국 주세관련법의 구조가 주류를 분류함에 있어서 소주를 비롯한 국산품을 한편으로 분류하고 이와 거의 유사한 수입주를 따로 분류해서 고율의 과세를 하는 것은 국내생산을 보호하려는 것이라고 판정하였다. 한국은 '직접경쟁 또는 대체가능상품'의 해석에 있어서 '직접'(directly)이라는 문언의 간과, '보호하려는 목적으로'의 해석상 오류 등에 대해 상소하였으나 상소기구는 한국의 주장을 모두 기각하고 패널 평결을 지지하였다. 한국은 패널이 '잠재적 경쟁관계'를 고려한 것은 GATT1994 제3조 제2항을 확대해석한 것이라고 주장하였으나 상소심 재판부는 패널이 직접적 경쟁관계가 없는 것을 극복하기 위해서 잠재적 경쟁의 개념을 이용한 것이 아니라 이미 충분히 입증된 현재의 경쟁관계에 대해 보충적으로 잠재적 경쟁관계를 원용하였으며 이는 '직접경쟁 또는 대체가능상품'의 범위가 '동종상품'보다 넓다는 점과 보호주의의 억제, 평등한 경쟁 조건 달성, 평등한 경쟁관계에 대한 기대의 보호라는 제3조의 목적에 비추어 적절한 것이라고 하였다.

 관련판례

멕시코 - 청량음료 사건

멕시코는 사탕수수당(cane sugar)을 가당제로 사용하지 않은 음료와 청량음료(soft drinks)의 수입에 대해 가액의 20%에 해당하는 음료세(soft drinks tax)를 부과하였다. 또한, 동 음료의 유통과 관련된 각종 서비스(commission, mediation, brokerage 등)에 대해서도 20%의 유통세(distribution tax)를 부과하는 한편, 관련 조세 납부 의무자는 각종 장부를 유지해야 했다(bookkeeping requirements). 미국은 음료세 등은 수입음료 및 수입음료에 첨가된 가당제에 '간접적으로' 부과되는 조세이며 멕시코는 동종상품인 사탕수수당과 사탕 무당에 각각 다른 조세를 부과하였으므로 제3조 제2항 제1문을 위반하였다고 주장하였다.

또한 사탕무당을 사용한 음료에 대해서만 음료세와 유통세를 부과하였으므로 이 역시 제3조 제2항 첫 번째 문장에 위반된다고 하였다. 패널은 이를 인용하였다. 패널은 사탕수수당과 사탕무당은 외형, 화학적 성분, 최종용도 등을 종합적으로 검토할 때 동종상품이라고 판정하였다. 또한 음료세가 가당제에 직접 부과되는 것은 아니나 비사탕수수당 가당제의 함유가 음료세 부과를 촉발하고 조세부담은 일정 부분 가당제에 부과되는 것이므로 비사탕수수당 가당제는 간접적으로 음료세의 대상이 되었다고 하였다. 또한 동종상품인 사탕수수당에는 조세가 부과되지 않는 반면, 사탕무당에는 조세가 부과되므로 제3조 제2항 제1문에 위반된다고 하였다.

한편, 미국은 HFCS와 사탕수수당은 직접경쟁 또는 대체가능상품으로서 멕시코의 조치는 제3조 제2항 제2문에 위반된다고 주장하였다. 패널은 미국의 주장을 인용하였다. 양자는 직접경쟁 또는 대체가능상품이며 20% 과세 차이는 최소허용수준을 넘어서서 유사하지 아니하게 과세된 것으로 판정하였다. 또한 음료세와 유통세는 대부분 수입 가당제에만 영향을 미치고 그 조세 차이가 크며 국내생산보호를 위해 의도된 조치라는 점이 멕시코 정부 자료에 시사되어 있으므로 국내생산보호 의도가 있다고 판단하였다.

5 동종상품에 대한 비재정조치로 인한 차별금지의무(제3조 제4항)

GATT1994 제3조 제4항

체약국 영역의 산품으로서 다른 체약국의 영역에 수입된 산품은 동 국내에서의 판매, 판매를 위한 제공, 구입, 수송, 분배 또는 사용에 관한 모든 법률, 규칙 및 요건에 관하여 국내 원산의 동종 산품에 부여하고 있는 대우보다 불리하지 아니한 대우를 부여하여야 한다. 본 항의 규정은 교통수단의 경제적 운영에 전적으로 입각하였으며 산품의 원산국을 기초로 하지 아니한 차별적 국내 운송요금의 적용을 방해하지 아니한다.

1. 동종상품

제3조 제4항이 적용되기 위해서는 비교대상이 되는 상품이 동종상품이어야 한다. 그러나 이 때의 동종성은 제3조 제2항 제1문상의 동종성보다 훨씬 넓은 개념이다. 동종성은 국내외 상품의 경쟁관계에 근거해 판정된다. 따라서, 물리적 성질이 다른 상품도 시장에서의 경쟁관계에 비추어 제3조 제4항상의 동종상품으로 간주될 가능성이 있다. 천연의 설탕과 유전자 변화의 인공감미료는 물리적 특질, 성분, 제조법이 다르지만 용도가 같다면(소프트드링크 원료로서 사용) 동종성이 인정될 수 있다. 따라서, 제3조 제2항에서는 경쟁상품으로 간주되는 사탕수수 설탕과 인공감미료가, 제3조 제4항에서는 동종상품으로 간주된다.

2. 국내판매 등에 영향을 주는 법률·규정·요건

패널과 상소기구는 제4항의 법규를 매우 넓게 해석한다. 미국이 수입상품의 특허권 침해시 국내상품에 대한 연방지방법원 소송절차와는 별도로 미국무역위원회에서의 소송절차를 두는 법률을 제정하자, 이에 대응하여 EC가 GATT에 제소한 사건에서 패널은 'GATT 제3조 제4항의 법률, 규칙, 요건은 실체적인 법률, 요건, 규칙뿐 아니라 절차적인 법률, 규칙, 요건도 포함하는 것이므로 미국의 조치가 GATT 제3조 제4항에 위반된다'고 판단하였다. 또한, 패널은 민간부문의 조치라 할지라도 동 조치의 시행이 정부의 간섭이나 지도에 의지하고, 동 조치를 유지하는 것이 민간부문에 정부로부터의 이익 또는 불이익을 초래하면 제4항의 조치에 포함된다고 판단하였다. 한편, '인도 - 자동차 사건'에서 패널은 '요건'이란 특정 회사가 법적으로 수행해야 하는 의무, 또는 특정 회사가 정부로부터 특혜를 받기 위해 자발적으로 수임한 의무가 있을 경우에 '요건'의 구성요건을 충족한다고 보았다. 이에 기초하여 패널은 인도 정부의 특정 공고(공고 60호)와 양해각서는 부품형태의 차량수입권이라는 특혜를 조건으로 국산화율의무를 부과한 것이므로 요건에 해당한다고 판정하였다.

3. 불리한 대우

불리한 대우를 부여하였는가는 '경쟁조건'에 미치는 영향을 중심으로 판단한다. 한편 불리하지 아니한 대우는 같은 대우를 의미하는 것이 아니므로 수입품에 대한 우대조치는 제3조 제4항에 위반되지 아니한다. 패널은 '한국 - 수입쇠고기 사건'에서 한국이 한우와 수입쇠고기를 구분판매한 제도는 한우와 수입쇠고기의 경쟁에 있어서 수입쇠고기에 대해 불리하게 경쟁조건을 변경시키기 때문에 제3조 제4항 위반이라 판단하였다.

⚖️ 관련판례

한국 - 쇠고기 사건(GATT 제3조 제4항)

한국이 수입쇠고기와 국산쇠고기(한우)에 대해 구분판매제도를 실시하자 쇠고기 수출국들이 제소하였다. 제소국은 수입쇠고기 전문 판매점(약 5,000개)과 국산쇠고기 판매점(약 45,000개)의 수가 현격히 차이나는 것은 국내제품과 수입품의 공정한 경쟁을 방해하는 것이며, 따라서 수입육 구분 판매제도가 GATT 제3조 제4항의 내국민대우에 위반된다고 주장하였다. 한국은 구분판매제도와 관련 국산쇠고기에 대해서도 동등한 규제를 시행하고 있으므로 내국민대우 위반에 해당되지 않는다고 반박하였다. 패널 및 상소기구는 쇠고기 구분판매제도가 GATT 제3조 제4항에 위반되며, 제20조 제(d)호에 의해 정당화될 수 없다고 판정하였다.

패널은 수입쇠고기와 국산쇠고기가 동종상품이라는 데는 다툼이 없었으므로 GATT 제3조 제4항상의 '불리한 대우'(less favorable treatment)가 있었는지에 대해 집중 검토하였다. 패널은 동 조항은 보호주의를 차단하는 데에 그 목적이 있고 거래량에 대한 기대보다는 경쟁 조건에 대한 기대를 보호하기 위한 원칙이므로 법령이나 규칙으로 인하여 내국시장의 수입 상품에 불리한 효과가 실제로 발생하였는지 여부는 중요하지 않다고 판단하였다. 패널은 구분판매제도는 수입쇠고기에 불리한 방향으로 시장에서의 경쟁조건을 변경하였다고 판정하였다. 그 이유는 첫째, 구분판매제도로 인해 소비자가 수입육과 한우를 직접한 장소에서 비교할 수 없으므로 수입육은 한우와의 직접경쟁기회를 상실한다. 둘째, 구분판매제도하에서 수입육이 판매처를 확보하기 위해서는 소매업자가 한 품목의 수입육 대체로 한 품목의 한우만이 아니라 한우 품목 전체를 포기해야 하는데, 이는 시장 점유율이 낮은 수입육의 경우 한층 더 불리하게 작용할 수 있다. 셋째, 쇠고기와 같이 일(日)단위로 구매되는 일상적 상품의 경우 소비자들은 여기저기 돌아다니며 비교하는 구매행태를 보이지 않으므로 한우 취급점이 절대 다수인 현실에서 수입쇠고기를 배제하는 구분판매제도는 수입쇠고기의 잠재적 판매 기회를 제한한다. 넷째, 한우는 기존의 소매 판매망을 계속 이용할 수 있는 반면, 수입육은 새로운 판매점을 개설해야 하므로 구분판매제도는 결과적으로 수입육에 더 과도한 비용을 부과한다. 다섯째, 구분판매제도는 동종상품인 수입쇠고기와 한우가 다르다는 편견을 부추김으로써 상품 자체와 직접 관련되지 않은 척도로 한우가 수입육과의 경쟁에서 유리하게 해 준다. 여섯째, 구분판매제도는 수입육과 한우와의 가격차이를 유지할 수 있도록 해 한우에 유리하다.

상소기구도 패널의 판정을 지지하였으나 다만, 판정 이유에 있어서는 패널과 약간의 차이를 보였다. 상소기구는 국적(nationality)이나 원산지(origin)에 근거한 구분정책, 즉 수입품과 국산품과의 분리 자체가 내국민대우 위반이라는 패널의 판단에 동의하지 않았다. 상소기구에 의하면 외형상의 분리 그 자체만으로 반드시 수입품이 불리하게 대우받는다는 결론에 이르지 못한다는 것이다. 대신, '불리한 대우'의 유무를 결정하기 위해서는 그러한 구분조치가 수입품에 불리한 방향으로 경쟁의 조건을 변경시켰는가를 조사해야 한다고 판단하였다. 이러한 전제에 기초하여 <u>상소기구는 한국의 구분판매제도를 검토하였는바 한국이 종전의 단일판매제도에서 구분판매제도로 변경함으로써 수입쇠고기가 기존의 판매망으로부터 이탈되는 효과가 발생하여 수입육이 소비자에게 판매될 수 있는 상업적 기회가 극적으로 감소했다고 판단하였다. 즉, 수입육에 불리한 방향으로 경쟁조건을 변경한 것으로 판단한 것이다.</u> 한국은 소매판매업자들이 수입쇠고기와 한우 간의 선택을 자유로이 할 수 있으므로 경쟁조건에 부정적 영향을 주지 않았다고 반박하였으나 상소기구는 그러한 선택을 강제한 것은 정부의 조치였으며 제한된 범위에서만 선택이 가능하였으므로 수입상품에 불리한 경쟁조건을 형성하였다는 추정을 번복할 수 없다고 하였다.

 관련판례

EC - 석면 사건

1996년 12월 24일 프랑스 정부는 석면 및 석면함유제품의 생산, 수입 및 판매 금지 법안(Decree No.96 - 1133 of 24 December)을 채택하였으며, 1997년 1월 1일부로 이를 시행하였다. 동법에서는 노동자와 소비자들을 보호하기 위하여 석면 또는 석면류를 포함하는 상품 등의 제조, 판매, 수입, 수출, 유통 등을 포괄적으로 금지하였으며, 예외적으로 온석면의 경우 산업재해의 위험이 보다 적은 기술적으로 입증된 적절한 대체물이 없는 경우에 한시적으로 사용을 허용하였다. 이 조치로 인해 석면에 대한 대체재의 소비가 급격하게 증가하였다. 이에 대해 캐나다는 동 조치가 GATT1994 제3조 제4항에 위반된다고 주장하며 프랑스를 WTO에 제소하였다. <u>패널은 동 조치가 제3조 제4항에 위반되나, GATT 제20조 제(b)호에 의해 정당화된다고 판정하였다. 상소기구는 협정 위반 부분은 파기하였으나, GATT 제20조 제(b)호에 의한 정당화 판정은 지지하였다.</u> 패널은 석면과 석면 대체재는 최종용도가 같고 물리적 특성이나 성질이 유사하여 동종상품이라고 판정하였다. 특히 '인체유해성' 여부는 동종상품 결정기준으로 채택할 수 없다고 하였다. 프랑스 국내법은 동종상품에 대해 차별적 조치를 취하고 있으므로 제3조 제4항을 위반하였다고 판정하였다. 그런 상소기구는 패널의 평결을 파기하였다. 상소기구는 석면과 여타 대체상품은 동종상품이 아니라고 판단하였다. <u>상소기구는 상품에 내재된 건강에의 유해가능성(health risks)이 상품의 물리적 특성이나 소비자의 기호에 관련되어 있으므로 이를 동종상품 여부 판단 시 고려할 수 있다고 판시하였다.</u> 이러한 판단에 기초하여 인체 유해성이 적은 대체상품과 석면은 같은 상품이라고 볼 수 없고 따라서 제3조 제4항에 위반되지 아니한다고 판단하였다.

관련판례

인도 - 자동차 사건

1997년 인도 정부는 대외무역발전 및 규제법(Foreign Trade Development and Regulation Act)에 의거, 인도 자동차 업체에 일정 국산화율 달성과 자동차 수출입 균형의무를 부과하는 공고 60호를 공고하였다. 공고 60호는 구체적으로 외국 자동차를 부품형태로 수입(SKD: Semi Knock Down, CKD: Completely Knock Down)하려는 인도 승용차 제작사는 특정 기간 내 일정 국산화율을 달성하겠으며 수입차량 가액에 상응하는 액수의 차량을 수출하겠다는 내용의 양해각서를 인도 대외무역부와 체결토록 하였으며 동 의무를 준수하지 못했거나 양해각서를 체결하지 않은 회사는 외국 차량수입권을 배정받지 못하도록 하였다. 미국과 EC는 공고 60호의 국산화율의무와 수출입 균형의무는 GATT 제3조 제4항 및 제11조 제1항에 위반된다고 주장하였다. 패널은 국산화율 달성의무는 GATT 제3조 제4항에 위반된다고 하였다. 패널은 문제가 된 상품이 자동차 부품이라는 점에서 같으며, 인도도 국내외 상품 간의 동종성에 대해 이의를 제기하지 않았으므로 국내외 상품이 동종 상품인 것은 자명하다고 판단하였다. 또한, 패널은 공고 60호와 양해각서는 부품형태의 차량수입권이라는 특혜를 조건으로 국산화율의무를 부과한 것이므로 요건에 해당한다고 판정하였다. 나아가, 인도의 국산화율 달성의무는 국내 상품을 구매해야 하는 유인을 제공하므로 국내외 상품 간의 경쟁 관계에 영향을 미친 점이 분명하다고 하였으며, 국산화율 달성의무는 수입 자동차 부품사용에 대해 자제하도록 하여 수입 상품이 국내상품과 동등한 처지에서 경쟁할 수 없게 하므로 수입상품이 덜 유리한 대우를 받는 것이 분명하다고 판단하였다. 패널은 이상의 분석을 토대로 공고 60호와 양해각서상의 국산화율 달성의무는 제3조 제4항의 위반에 해당한다고 판시하였다. 또한, 패널은 수출입균형의무 역시 GATT 제3조 제4항에 위반된다고 판단하였다. 제소국인 미국과 EC는 수출입균형의무로 인해 양해각서를 체결한 업체는 인도 국내시장에서 수입차량부품을 구매할 경우 그 가액만큼 수출의무를 부담하게 될 것이므로 수입차량부품을 구매하지 않을 것이라고 설명하고 이는 수입상품에 대해 덜 유리한 대우를 부과하는 것으로 제3조 제4항 위반이라고 주장하였으며 패널은 이를 인정하고 수출입 균형의무는 제3조 제4항 위반임을 확인하였다.

 관련판례

미국 - 휘발유 사건

본 건은 1990년 수정된 미 대기청정법(Clean Air ACT: CAA)과 미 환경보호국이 제정한 Gasoline 규정에 관한 것이다. 미국은 오존 오염이 악화되는 것을 방지하기 위하여 오염이 심한 지역에 대해서는 '개질휘발유'(reformulated gasoline)만 판매하도록 하고 상대적으로 오염이 덜 심한 지역에서는 '재래식 휘발유'(conventional gasoline)도 같이 판매하도록 하였다. 또한, 미 환경보호국의 Gasoline 규정은 휘발유의 품질을 평가하는 다양한 방식을 규정하고 있었으나 국내 정유업체 및 수입업체가 휘발유 품질을 평가할 때 적용할 수 있는 평가방식 및 기준을 다르게 적용하도록 하였다. 국내 정유업체의 경우 세 가지 평가방식을 사용하여 휘발유 품질을 평가할 수 있었고, 1990년도 자료가 존재하는 경우 '법정기준'을 사용하지 못하도록 하였다. 그러나 수입업체의 경우 개별적 평가방식 적용에 있어서 추가적인 제한이 있었고, 개별적 평가방식 적용이 곤란한 경우 반드시 '법정기준'에 따라 평가하도록 하였다. 수입업자가 개별적 평가방식을 적용할 수 있기 위해서는 1990년도에 그 외국에 소재한 정유소에서 생산된 휘발유 중 적어도 75% 이상을 미국으로 수입해야 한다는 요건을 충족해야 했다(75% rule). 이에 대해 제소국들은 동 조치가

GATT1994 제3조 제4항 위반이라고 주장하였다. 패널은 미국이 제3조 제4항을 위반하였다고 평결하였다. 첫째, 화학적으로 동일한(chemically identical) 수입휘발유와 국산휘발유는 정확히 같은 물리적 특성, 최종용도, 관세분류상의 지위를 가지고 있고, 완전히 대체 가능한 것으로서 제3조 제4항의 의미의 동종제품에 해당한다. 둘째, 휘발유 규칙이 수입품의 수입국 내에서의 판매, 판매를 위한 제공, 구입, 운송, 분배 또는 사용에 영향을 주는 법률, 규칙이나 기타 요건에 해당하는지 여부에 대해서는 당사국 간 이견이 없다. 셋째, '보다 불리하지 않은 대우'는 '수입품에 대한 실질적인 기회의 균등'을 의미한다. 그러나 기준수립방법에 있어서 수입휘발유는 국산휘발유보다 불리한 대우를 받고 있다. 수입업자는 개별기준을 이용할 수 없으나 판매자는 개별기준을 이용할 수 있으므로 국내정유업자가 혜택을 누리고 있다. 개별기준으로 평가할 경우 개질휘발유로 평가받을 수 있는 수입휘발유가 보다 엄격한 '법정기준'을 충족하지 못하는 경우 이 휘발유는 보다 낮은 가격으로 수입되게 될 것이므로 수입휘발유는 경쟁관계에서 불리한 대우를 받고 있다.

6 수량규칙과 내국민대우원칙(제3조 제5항 및 제7항)

1. 의의

GATT1994 제3조 제5항 및 제7항은 혼합상품에 대해 규율하고 있다. 즉, 특정한 수량이나 비율에 의한 상품의 혼합, 가공, 사용 등에 있어서 자국산의 특정의 수량이나 비율을 사용해야 할 의무를 부과해서는 아니되며 특정의 수량이나 비율을 국외의 공급원 사이에 할당하는 방법으로도 사용할 수 없다는 것을 규정하고 있다. 이러한 혼합요건(mixing regulations)은 수입제한 효과를 가져오거나 국내상품에 대한 보호효과를 초래하기 때문에 금지된다.

> **GATT1994 제3조 제5항**
> 체약국은 특정한 수량 또는 비율에 의한 산품의 혼합, 가공 또는 사용에 관한 내국의 수량적 규칙으로서 그 적용을 받는 산품의 특정한 수량 또는 비율을 국내의 공급원으로부터 공급하여야 함을 직접 또는 간접으로 요구하는 규칙을 설정 또는 유지하여서는 아니된다. 그 외에도, 체약국은 제1항에 규정된 규칙에 위배되는 방법으로 내국의 수량적 규칙을 적용하여서는 아니된다.

2. 판정례

패널은 EEC가 일정 종류의 수입사료를 구입하고자 하는 자국 내 농부들로 하여금 사료뿐만 아니라 사료로 사용될 수 있는 EEC산 건유(dried milk)를 일정량 구입하도록 하는 규칙, 자동차 부속품의 80%를 국내상품으로 사용하도록 하는 규칙 등이 제3조 제5항에 위반한 것이라 판단한 바 있다. 또한 외국인 투자가의 캐나다 국산부품 사용약속을 허가조건으로 규정한 캐나다 외국인 투자검토법 역시 제3조 제4항과 제5항에 위반되는 것이라 판단하였다.

7 내국민대우원칙에 대한 예외

1. 영화필름에 관한 의무

영화필름에 대한 규제는 경제적 측면이나 국제무역에 관한 고려보다는 국내문화정책과 보다 밀접한 관계를 가지고 있기 때문에 내국민대우의무에서 제외되었다. GATT1947 제4조는 필름에 대한 국내쿼터제 실시를 허용하고 대신 최혜국대우원칙은 준수되어야 한다는 특별한 예외를 규정하고 있다.

2. 정부조달

GATT 제3조 제8항 제(a)호는 "상업적 재판매 또는 상업적 판매를 위한 물품생산에 사용하지 않고 정부목적(for governmental purpose)으로 구매하는 상품의 정부기관에 의한 조달을 규율하는 법률, 규칙, 요건에는 적용되지 않는다."라고 규정함으로써 정부조달과 관련하여 국내상품을 우선적으로 구입할 수 있도록 하고 있다. 정부조달 예외는 복수국간무역협정으로 존재하는 정부조달협정 가입국 상호 간에는 적용되지 않는다. 따라서 정부조달협정 당사국들은 정부조달에 있어서도 내국민대우원칙을 준수해야 한다.

3. 국내보조금

(1) 의의

GATT1994 제3조 제8항 제(b)호는 "제3조의 규정은 본조의 규정에 합치하여 부과되는 내국세나 내국과징금에 의한 수입으로 국내생산업자에게 지급하는 교부금과 국내물품의 정부구매에 의하여 결과되는 보조금을 포함한 국내생산업자에 한하여 지급되는 보조금의 교부를 막지 않는다."라고 규정하여 국내생산업자들에게만 지급되는 보조금을 허용하고 있다.

> **GATT1994 제3조 제8항 제(b)호**
> 본 조의 규정은 본 조의 규정에 합치하여 부과하는 내국세 또는 내국과징금에 의한 수입과 국내상품의 정부구매에 의하여 생기는 보조를 포함하여 국내생산업자에 한하여 보조금을 지불함을 방해하지 아니한다.

(2) 패널 판정례

GATT 패널은 GATT 제3조 제8항 제(b)호를 매우 제한적으로 해석하였다. 1958년 이탈리아가 자국법을 통하여 국산 트랙터의 구매자에게 저리의 특별대부를 인정하자 이에 대해 영국이 제소한 사건에서 패널은 "구매자에게 보조금을 지급하는 행위가 결과적으로 생산자에게 보조금을 지급하는 행위와 동일한 효과가 있다 하더라도 구매자에게 보조금을 지급하는 행위는 허용되지 아니한다."라고 평결하였다. 또한 패널은 보조금을 생산업자가 아닌 가공업자(processors)에게 지급하는 경우도 이를 허용하지 아니하였다. 한편 패널은 이 규정은 국내생산업자에 대한 직접적인 보조금의 지급을 허용하고 있는 것이지 세금환급이라든가 세금감면과 같은 간접적인 보조금을 허용하는 취지가 아니라고 보고 있다.

4. 기타 예외

GATT 제20조는 일반적 예외를, 제21조는 안전보장을 위한 예외를 인정하고 있다. 또한, 의무면제에 의한 예외도 인정된다.

제4절 │ 수량제한금지원칙

1 의의

수량제한, 즉 쿼터제(Quota)란 일정 기간 동안에 일정 상품에 대해 정해진 수량이나 가액만큼만 수입될 수 있도록 하는 일종의 행정명령을 의미한다. 수량제한의 경우 수출국의 수출증대 노력을 원천 봉쇄하므로 무역확대라는 WTO 기본목적을 심각하게 침해한다. 수입허가제(License)가 실시되는 경우 수입허가서의 발급방법, 수입허가의 남용문제가 제기되었다. 수입수량제한은 수입금지가 수입수량할당의 형태를 취한다. 수입수량할당하에서는 기업이 국가의 허가를 얻어 일정한 수량을 수입하거나 국영무역형태로 수입이 행해진다.

2 GATT상의 기본의무

GATT1994 제11조 제1항 - 수량제한의 일반적 폐지

1. 체약국은 다른 체약국 영역의 산품의 수입에 대하여 또는 다른 체약국 영역으로 향하는 산품의 수출 또는 수출을 위한 판매에 대하여, 할당제나 수입허가 또는 수출허가 또는 기타 조치에 의거하는지를 불문하고 관세, 조세 또는 기타 과징금을 제외한 금지 또는 제한을 설정하거나 유지하여서는 아니된다.

1. 적용범위

수입뿐만 아니라 수출 관련 조치도 금지 대상이다.

2. 금지되는 조치

(1) 수출을 효과적으로 제한하는 WTO 회원국 조치는 법적으로 구속력이 있는가와 관계없이 금지된다.

(2) 최저수입가격제도는 금지된다.

(3) 수입독점이나 국영무역에 대해 가해지는 수입제한에도 제11조가 적용된다.

(4) 자동적으로 갱신되지 않는 수입면허제도는 수량제한금지원칙에 위배된다.

(5) 낮은 가격으로 상품을 수출하는 것을 금지하는 조치도 수량제한금지의무에 위배된다. 일본의 반도체 무역에 관한 사건에서 GATT 패널은 낮은 가격으로 반도체 수출을 제한하는 일본정부의 비강제적(non-mandatory)조치가 GATT 제11조 제1항의 제한조치에 해당한다고 평결하였다. 수출을 효과적으로 제한하는 조치라면 국내법적으로 구속력이 없는 조치라 할지라도 금지된다고 하였다.

(6) 수입쿼터가 외국으로부터의 수입을 실질적으로 방해하지 않더라도 금지되는 수입제한조치에 해당된다. 1990년 EEC의 유지종자사건에서 GATT 패널은 GATT 총회가 제한적인 무역조치에 관한 GATT의 기본규정을 경쟁조건을 확립하는 규정으로 일관되게 해석했다고 전제하고, 수입쿼터가 외국으로부터의 수입을 실질적으로 방해하던 방해하지 않던 간에 GATT 제11조 제1항의 수입제한에 해당한다고 판정했다.

(7) 사실상(de facto)의 제한조치도 금지된다.

(8) 수입쿼터 및 수출쿼터는 금지된다.

(9) 쿼터를 부과하는 정부의 조치는 금지된다.

3. 허용되는 조치

(1) 자동으로 갱신되는 수입허가는 수량제한금지의무에 위배되지 않는다.

(2) 관세, 조세, 기타 과징금은 수량제한금지원칙과 무관하게 허용된다.

3 쿼터 금지의무에 대한 예외

1. 식량 등의 부족상태 해소를 위한 수출 제한[제11조 제2항 제(a)호]

식량 또는 수출국에 불가결한 기타 상품의 위급한 부족을 방지 또는 완화하기 위해 일시적으로 과하는 '수출' 제한을 인정한다. 예컨대, 기근에 의한 곡물 결핍 등의 경우 수출제한조치를 취할 수 있다. 중국 - 원자재 사건에서 중국이 동 예외를 원용하였으나 인정되지 않았다.

2. 분류 또는 규격과 관련된 제한[제11조 제2항 제(b)호]

국제무역에 있어서 상품의 분류, 등급, 판매에 관한 기준 또는 규칙의 적용을 위해 필요한 수출 및 '수입'의 금지 또는 제한이 인정된다. 예컨대, 조악품에 대한 수출 금지가 인정된다. 이러한 조치는 무역의 정상적 발전을 위해 필수적 수단이므로 인정이 되는 것이다.

3. 농수산물의 수출입 제한[제11조 제2항 제(c)호]

(1) 의의

농업 또는 어업제품에 대한 수입 '제한'으로서 수입형태 여하를 불문하고, ① 판매 또는 생산을 허용한 동종상품 또는 직접대체가능한 상품의 수량을 제한하기 위한 정부조치 실시에 필요한 것, ② 동종국내상품 또는 직접대체가능상품의 일시적 과잉(temporary surplus)상태를 무상 또는 낮은 가격으로 국내소비자집단에 제공함으로써 제거하기 위한 정부조치의 실시에 필요한 것, ③ 대부분 수입에 의존하는 동종상품의 국내생산이 미미할 때 그 생산을 제한하기 위한 정부조치의 실시에 필요한 것은 허용된다. 해석상 수입 '금지'는 허용되지 않는다. 가공단계(early stage of processing)에서의 수입도 포함된다(명태 수입이 제한된다면 마른 명태 수입도 제한됨). 수량제한조치는 정부조치에 종속되므로 정부조치가 종료되면 수입제한조치도 당연히 종료되어야 한다.

(2) 관련 분쟁 사례

첫째, EEC의 사과 수입제한조치에 대한 미국의 제소에서 패널은 EEC가 가격지지제도에 따른 국내 사과의 과잉생산문제 해결을 위해 일시적으로 취한 사과수입제한조치는 제11조 제2항 제(c)호의 예외사유에 해당하지 아니한다고 하였다. 둘째, 캐나다의 미국산 요구르트와 아이스크림에 대한 수입제한조치 사건에서 패널은 캐나다가 제11조 제1항을 위반했다고 판정하였다. 캐나다는 우유판매시장을 보호하기 위해 수량을 제한했다고 항변하였으나, 패널은 아이스크림, 요구르트와 우유는 동종상품이나 직접대체가능상품이 아니고, 아이스크림의 수량제한이 우유의 생산제한 이행에 필요한 것이라 볼 수 없다고 판단하였다.

4. 국제수지 옹호를 위한 제한(제12조, 제14조)

회원국은 자국의 대외자금 상황 및 국제수지를 옹호하기 위해 수입품에 수량제한을 신설하거나 유지하거나 강화할 수 있다(제12조).

그러나 자국의 화폐준비의 현저한 감소의 예방 또는 저지, 또는 화폐 준비가 낮은 회원국의 경우에는 그 화폐 준비의 합리적인 비율에 의한 증가를 위해 필요한 한도 내에서 수량제한이 인정된다. GATT 제12조 원용국에 대해 국제수지제한위원회가 매년 상세한 심사를 하고 수량제한의 완화 또는 폐지를 권고한다.

5. 개발도상국이 행하는 수입제한(제18조)

첫째, 경제상태가 저생활수준에 머물러 있고 개발 초기 단계에 있는 저개발국에 대해서는 '국제수지 옹호를 위한 수입제한' 및 '특정 산업보호를 위한 수입제한'을 인정한다. 둘째, 개발도상국이지만 저개발국이 아닌 개발도상국에 대해서는 '특정 산업의 확립을 위한 수입제한'만 허용한다. 셋째, 한국의 미국산 쇠고기에 대한 수입금지조치 사건에서 패널은 한국이 더 이상 국제수지를 이유로 한 개발도상국의 수량제한조치[제18조 제(b)호]가 필요하지 않다는 국제수지위원회의 견해를 수용하여 쇠고기 수량제한이 국제수지를 이유로 정당화되지 않으며, 제11조 제1항을 위반하였다고 판정하고, 한국은 수량제한의 단계적 철폐를 위한 일정표를 마련하여야 한다고 판단하였다.

6. 긴급수입제한조치(제19조)

긴급수입제한조치(safeguard)란 어떤 상품의 수입이 급증하고 그 상품과 경합하는 상품의 국내생산자에게 심각한 피해(serious injury) 또는 피해의 위협(threat)이 발생한 경우 긴급피난으로서 취할 수 있는 무역제한조치를 말한다. 관세 인상, 관세할당, 수입과징금의 부과, 수입수량할당, 수입허가발급제 등이 있다. 노르웨이가 홍콩이 수출자율규제에 동의하지 않았음을 이유로 홍콩산 섬유류 수입에 대해 세이프가드를 발동한 사건에서, 패널은 제13조상의 수량제한의 비차별적 적용의무는 제19조상의 세이프가드에도 적용되며 따라서 홍콩에게도 수출자율규제를 약속한 6개국에 부여한 국가별 쿼터를 부여해야 한다고 판단하였다. 즉, 제13조 위반이라 판단하였다.

7. 대응조치로서의 수입제한(제23조)

다른 체약국의 GATT의무 불이행으로 피해를 입은 체약국은 체약국단이 인정하는 범위 내에서 보복조치를 취할 수 있는바, 보복조치의 일환으로 수입을 제한할 수 있다.

8. 의무면제(Waiver)에 의한 수입제한(제25조 제5항)

체약국은 GATT협정에 별도로 규정되지 아니한 예외적인 사정하에서 GATT협정에 의해 체약국에 부과하고 있는 의무를 면제할 수 있도록 하였다.

9. 일반적 예외

(1) 의의

GATT 제20조의 일반적 예외에 해당하는 경우 수량제한조치를 취할 수 있다. 그러나 제20조 전문의 요건과 본문의 요건을 모두 충족해야 하므로 일반적 예외를 인정받는 것은 상당히 어렵다.

(2) 미국 - 참치 사건 I

미국은 1972년 해양포유동물보호법(Marine Mammal Protection Act)에 근거해 돌고래 보호를 목적으로 한 수입제한조치를 취하고 GATT 제20조 제(b)호 및 제(g)호에 의해 정당화된다고 주장하였으나, 패널은 멕시코의 주장을 받아들여 미국의 조치가 돌고래를 보호하기 위해 필요한 조치가 아니고, 자국 영역 외의 보호를 이유로 하는 일방적 조치는 타국의 권리를 침해하기 때문에 일반적 예외조항에 의해 정당화될 수 없다고 하였다. 이후 EC와 네덜란드가 다시 미국을 상대로 제소한 '미국 - 참치 사건 II'에서도 패널은 미국의 수입제한조치가 동물의 생명을 보호하기 위해 필요한 조치가 아니고, 유한천연자원의 보존을 주목적으로 하고 있지 않기 때문에 일반적 예외조항에 의해 정당화될 수 없다고 판정하였다.

(3) 미국 - 자동차용 스프링 사건

미국의 자동차용 스프링의 수입금지조치가 GATT 제20조 제(d)호에 의해 정당화된다고 본 판례이다. 미국은 특정 수입 스프링이 미국의 특허법에 위반된다고 보고 수입을 금지하였다. 패널은 미국의 조치가 미국 특허법에 위반되는 모든 수입품을 대상으로 하고 있어서 자의적이거나 부당한 차별이 아니라고 하였다. 또한 미국의 제한이 공표되어 있고 국경에서 미국 세관에 의해 실시되고 있으며, 제한은 미국 내 유효한 특허권에 위반되는 수입품을 대상으로 하고 있고, 제한의 발동에 앞서 특허권의 유효성과 외국 생산자에 의한 특허 위반이 확증되어야 하며, 미국 특허권자에게서 라이센스를 얻은 미국 외 생산자의 제품은 수입금지의 대상이 되지 않는다는 점을 고려하여 국제무역에 대한 위장된 제한에도 해당하지 않는다고 판정하였다.

10. 국가안보 예외

GATT 제21조에 의하면, 회원국은 자국의 안전보장상 중대한 이익의 보호를 이유로 수입수량제한조치를 정당화할 수 있다. 안전보장조치로서 핵분열물질, 무기, 군수품의 제한이나 전시 또는 그 밖의 긴급사태 시 제한조치를 취할 수 있으며, 국제 평화와 안전을 유지하기 위해 UN헌장에 기초하여 취해지는 제한도 여기에 포함된다. 안전보장상 중대한 이익의 정의에 대해서는 규정되어 있지 않다.

4 수량제한의 비차별 적용

1. 의의

예외적인 수량제한조치가 허용되어도 제13조상의 의무, 즉 최혜국대우의무, 수입허가량 배분에 관한 규칙 및 공고 및 협의의무를 준수해야 한다.

2. 최혜국대우의무(제13조 제1항)

'모든' 제3국에 대한 수출, 또는 모든 제3국으로부터의 수입되는 동종상품에 다 같이 금지되거나 제한되지 아니하는 한 체약국은 어떠한 금지나 제한을 과할 수 없다. GATT 제1조의 최혜국대우의무로부터는 수량제한의 비차별원칙이 도출될 수 없기 때문에 제13조의 존재 이유가 있다.

3. 수입허가량의 공평배분을 위한 구체적인 규칙(제13조 제2항)

가능한 한 공급국별 할당 대신 '총량쿼터'(global quota)를 실시하고, 가능한 한 수입허가제는 피해야 하며, 수입허가제가 실시되어야 하는 경우에도 특정 국가 또는 특정 공급원이 명기되어서는 안 된다. 또한, 쿼터 할당시에도 각 체약국과 할당량 배정에 관해 합의해야 하며, 합의가 불가능한 경우 '특별한 요인'을 고려하고 '과거 대표적인 기간' 동안의 수입량에 대한 비율에 의해 할당한다.

4. 공고 및 협의(제13조 제3 · 4항)

수량제한을 실시하는 국가는 수입허가서의 발급상황, 쿼터의 국가별 할당량 등을 당해 상품의 무역에 이해관계가 있는 체약국에게 공고해야 한다. 또한, 수량제한 국가는 실질적인 이해관계가 있는 체약국과 협의해야 한다.

제5절 | 일반적 예외

1 의의

GATT 제20조는 회원국이 특정한 상황에서 GATT의 일반적인 의무에서 면제되는 것을 허용한다. 제20조는 전문(chapeau)과 10개의 구체적 예외로 구성되어 있다. 제20조의 규정들은 WTO 회원국이 GATT1994의 규칙에 위반되는 조치를 적용하는 것을 허용하고 있는 바, 이러한 조치들이 제20조에 열거된 예외에 해당해야 하고, 제20조 전문에 규정된 요건을 충족해야 한다.

2 GATT 제20조 전문의 규정

> **GATT1994 제20조 전문(Chapeau)**
> 본 협정의 어떠한 규정도 체약국이 다음의 조치를 채택하거나 실시하는 것을 방해하는 것으로 해석되어서는 아니된다. 다만, 그러한 조치를 동일한 조건하에 있는 국가 간에 임의적이며 불공평한 차별의 수단 또는 국제무역에 있어서의 위장된 제한을 과하는 방법으로 적용하지 아니할 것을 조건으로 한다.

1. 의의

전문은 정당화를 구하는 조치 그 자체 또는 조치의 구체적 내용에 관한 것이 아니라 조치가 적용되는 방법을 언급하고 있다. 전문은 각 호에 규정된 예외사유의 남용방지를 목적으로 하며 판단기준으로 자의적 차별, 정당화될 수 없는 차별, 국제무역에 대한 위장된 제한을 제시하고 있다.

2. 조치의 범위

정당성이 검토되는 조치는 일반협정의 다른 의무에 위반된 것으로 판정된 조치와 그 범위가 같다. 제한적인 사유로 인해 다양한 정책목적을 추구하는 국가현실을 충분히 반영하지 못한다는 비판이 있다. 특히 국내환경 보호를 위한 조치를 일반협정 위반으로 판단할 가능성이 많아 WTO가 환경보호론자들의 비판대상이 되고 있다.

3. 정당성의 판단기준

(1) 자의적 또는 정당화될 수 없는 차별(arbitrary unjustifiable discrimination)

자의적 차별은 주로 절차적 측면에서 상대국에 공식적인 청문의 기회가 주어지지 않고, 서면에 의한 개별 통지도 없으며, 차별철회의 요청이 거부되었으나 재검토 또는 항소 기회가 부여되지 않는 경우이다. 여러 수출국의 의견을 수렴하지 않은 경우에도 자의적 차별에 해당된다. 한편, 동일한 조건하에 있는 국가를 다르게 취급하거나, 조치의 적용에 있어서 수출국의 상황에 대해 일체의 고려가 없는 경우 정당화될 수 없는 차별이다.

(2) 국제무역에 대한 위장된 제한

위장된 제한에 해당된다고 판단하기 위해서는 조치가 적용되는 방식을 평가하고, 조치가 국제무역에의 제한이 되는 방식으로 적용되고, 그러한 제한이 위장된 것이어야 한다. 1996년 미국 - 개질휘발유 사건에서 패널은 위장된 제한이란 위장된 차별을 포함하는 것으로 국제무역에 있어서 '숨겨진 또는 비공개된' 제한이나 차별을 의미하는 것이라고 하였다. 어떠한 통상조치가 위장된 통상제한인지를 구분하는 것은 쉬운 일은 아니나, 환경보호를 위해 필요한 정도와 범위를 초과하여 취해지는 통상규제, 과학적 근거에 입각하지 않은 통상규제, 자의적이고 부당한 차별적 통상규제 등은 위장된 통상제한으로 간주된다.

3 GATT 제20조 본문의 예외사유 및 해석

1. 예외사유

제20조는 10개의 구체적 사유를 열거하고 있다. 그러한 조치로는 공중도덕을 보호하기 위하여 필요한 조치(a), 인간 및 동식물의 생명이나 건강을 보호하기 위하여 필요한 조치(b), 금 또는 은의 수입 또는 수출에 관한 조치(c), 세관행정, 지적재산권의 보호와 기만적 관행의 방지에 관한 법률 또는 규칙의 준수를 보장하기 위하여 필요한 조치(d), 교도소 노동상품에 관한 조치(e), 미술적 가치, 역사적 가치 또는 고고학적 가치가 있는 국보의 보호를 위하여 적용되는 조치(f), 유한 천연자원의 보존에 관한 조치가 국내의 생산 또는 소비에 대한 제한과 관련하여 실시되는 경우(g), 정부 간 상품무역협정에 의한 의무에 따라 취하는 조치(h), 국내가격이 정부의 안정계획의 일환으로 국제가격보다 낮게 유지되고 있는 국내가공산업에 불가결한 수량의 국내원료를 확보하기 위하여 국내원료의 수출을 제한하는 조치(i), 일반적으로 또는 지역적으로 공급이 부족한 산품의 획득 또는 분배를 위하여 불가피한 조치(j)가 있다. 다음에서는 쟁점이 되고 있는 몇 가지 예외사유를 검토한다.

GATT1994 제20조 본문 전체

(a) 공중도덕을 보호하기 위하여 필요한 조치

(b) 인간, 동물 또는 식물의 생명 또는 건강을 보호하기 위하여 필요한 조치

(c) 금 또는 은의 수입 또는 수출에 관한 조치

(d) 관세의 실시, 제2조 제4항 및 제17조에 따라 운영되는 독점의 실시, 특허권, 상표권 및 저작권의 보호 그리고 사기적인 관습의 방지에 관한 법률과 규칙을 포함하여 본 협정의 규정에 반하지 아니하는 법률 또는 규칙의 준수를 확보하기 위하여 필요한 조치

(e) 교도소 노동산품에 관한 조치

(f) 미술적 가치, 역사적 가치 또는 고고학적 가치가 있는 국보의 보호를 위하여 적용되는 조치

(g) 유한 천연자원의 보존에 관한 조치. 다만, 동 조치가 국내의 생산 또는 소비에 대한 제한과 관련하여 유효한 경우에 한한다.

(h) 체약국단에 제출되어 부인되지 아니한 기준에 합치하는 정부 간 상품협정 또는 체약국단에 제출되어 부인되지 아니한 정부 간 상품협정에 의한 의무에 따라 취하는 조치

(i) 국내원료의 국내가격이 정부의 안정계획의 일부로서 국제가격보다 저가격으로 유지되고 있는 기간 중, 국내 가공산업에 필수적인 수량의 원료를 확보하는데 필요한 국내원료의 수출에 제한을 과하는 조치. 다만, 동 제한은 이러한 국내산업의 산품의 수출을 증가시키거나 또는 이러한 국내산업에 주어진 부호를 증대하도록 운영되어서는 아니되며, 또한 무차별대우에 관한 본 협정의 규정으로부터 이탈하여서는 아니된다.

(j) 일반적으로 또는 지역적으로 공급이 부족한 산품의 획득 또는 분배를 위하여 불가결한 조치. 다만, 이러한 조치는 전 체약국이 해당 산품의 국제적 공급에 있어서 정당한 몫을 공급받을 권리를 가진다는 원칙에 합치하여야 하며, 또한 본 협정의 다른 규정에 반하는 이러한 조치는 이를 야기한 조건이 존재하지 아니하는 때에는, 즉시 정지하여야 한다. 체약국단은 1960년 6월 30일 이전에 본 규정의 필요성에 관하여 검토하여야 한다.

2. 공중도덕 보호를 위한 조치 - 제(a)호

공중도덕을 보호하기 위해 필요한 조치는 예외로서 인정된다. 이 조항은 음란물의 수입을 금지하는 국경조치에 관한 것이다. 미국 국내법에 의하면 미국 세관은 미국에 수입된 음란물을 압수하고 미국에 대하여 반역과 반란을 옹호하는 서적을 압수할 권한이 있다. 공중도덕 보호를 위한 예외는 GATS 제14조에서도 인정되고 있으나, 동 조항은 공중도덕뿐 아니라 공공질서 유지를 위해 필요한 조치도 예외로 인정하고 있다. 미국 - 도박 서비스 사건이나 중국 - 출판물 및 시청각 제품사건에서 패널은 공중도덕이란 공동체 또는 국가에 의해서나 공동체 또는 국가를 대신해서 유지되는 옳고 그른 행위의 기준으로 해석했다. 한편, WTO패널은 회원국에 의해 원용된 '사회적 기준(social standards)'을 광범위하게 존중하는 접근방식을 취하고 있다. 중국 - 출판물 및 시청각 제품사건에서 패널은 공중도덕 예외를 적용함에 있어서 회원국은 스스로 공중도덕 개념을 스스로 정의하고 적용하는 약간의 재량권이 부여되어야 한다고 하였다.

EC - 바다표범(seal)제품 수입 및 판매 금지 사건(2013)

1. 의의

2009년 EU는 바다표범 제품의 판매와 관련하여 일정한 요건을 부과하였는데, 이뉴잇 (inuit)족 또는 토착민이 생존을 위해 사냥한 바다표범으로 만든 제품(IC condition)이 나 해양자원관리 차원에서 사냥한 바다표범으로 만든 제품(MRM condition)이 아닌 경우 EU 시장 내에서 판매를 금지하는 조치를 단행하였다. 이러한 EU의 바다표범 규 제조치에 따라 캐나다와 노르웨이산 바다표범 제품의 판매 및 수입을 제한하는 결과를 가져오게 되었다.

2. 제소국의 주장

캐나다와 노르웨이는 동 조치가 GATT협정상 '비차별' 규정(제I조 제1항과 제III조 제4항) 과 TBT협정상 '비차별' 규정(제2조 제1항) 그리고 '불필요한 무역장애금지' 규정(제2조 제2항) 등에 위배된다고 주장하였다.

3. TBT협정 위반 관련

WTO 패널은 TBT협정 위반 여부와 관련하여, EU가 캐나다산 바다표범 제품에 대한 "유해한 효과"가 "정당한 규제적 구분"으로부터 온전히 기인한다는 것을 증명해내지 못하였기에 EU의 바다표범 규제조치상 "IC 예외" 규정과 "MRM 예외" 규정은 제2조 제1항 '비차별의무' 위반이라고 결정하였다. 그러나 EU의 바다표범 규제조치가 어느 정도 바다표범의 보호에 관한 "EU 공공의 도덕적 관심을 표명"하고 있으며, 규제 목적 을 달성하기 위한 동등한 기여를 할 수 있는 대안이 존재하지 않으므로 제2조 제2항 '불필요한 무역장애금지의무'를 위반하지 않았다고 결정하였다.

4. GATT협정 관련

GATT협정 위반 여부와 관련하여, EU의 바다표범 규제조치는 경쟁기회의 변경에 따른 "유해한 효과"를 야기하며, 캐나다와 노르웨이산 바다표범 제품에 대하여 동종의 그린 란드산과 EU산 제품보다 '불리한 대우'를 부여하고 있으므로 제I조 제1항 '최혜국대우 의무'와 제III조 제4항 '내국민대우의무' 위반이라고 결정하였다. 그리고 EU가 바다표 범 규제조치상 "IC 예외"와 "MRM 예외" 규정의 차별적 효과가 제XX조 (a)에 따라 정 당화된다는 것을 입증해내지 못하였다고 결정하였다.

3. 인간 또는 동식물의 생명이나 건강을 보호하기 위한 조치 - 제(b)호

회원국의 조치가 인간이나 동식물의 생명이나 건강을 보호하기 위해 필요한 조치로 인정되는 경우 예외적으로 허용된다. GATT 패널에 의하면 동 조항의 합치성 판단기 준은 세 가지이다. 첫째, 무역제한조치가 인간 및 동식물의 건강을 보호하기 위한 것 인지 여부, 둘째, 그러한 조치가 인간이나 동식물의 생명이나 건강을 보호하는 데에 필요한가 여부, 셋째, 이러한 조치가 제20조 전문과 합치하는지 여부이다. '필요한 조치'인지 여부에 대해 패널은 '만족스러우며 효과적인 대체조치의 존부'(미국 - 자동 차 부품 수입 사건)에 따라 판단하였다. 참치수입제한 사건에서 패널은 협정에 위반 되지 않는 가능한 모든 조치를 취했는지 여부, 즉 최후수단성 기준을 제시하기도 하 였다. 브라질 - 재생타이어 사건(2009)의 상소기구는 대안조치가 합리적으로 이용 가 능하지 않은 경우에는 필요성 요건이 충족된다고 판정하였다.

관련판례

EC - 석면 사건

1996년 12월 24일 프랑스 정부는 석면 및 석면함유제품의 생산, 수입 및 판매 금지 법안 (Decree No.96 - 1133 of 24 December)을 채택하였으며, 1997년 1월 1일부로 이를 시행하였다. 동법에서는 노동자와 소비자들을 보호하기 위하여 석면 또는 석면류를 포함하는 상품 등의 제조, 판매, 수입, 수출, 유통 등을 포괄적으로 금지하였으며, 예외적으로 온석면의 경우 산업재해의 위험이 보다 적은 기술적으로 입증된 적절한 대체물이 없는 경우에 한시적으로 사용을 허용하였다. 이 조치에 대해 캐나다는 GATT 제3조 제4항에 위반된다고 주장하였다. 패널은 GATT 제3조 제4항 위반은 인정하였으나, GATT 제20조에 의해 정당화된다고 판정하였다. 상소기구는 GATT 제3조 제4항에 위반되지 않으며, 또한 GATT 제20조 제(b)호에 의해서도 정당화된다고 하였다. 패널은 GATT 제20조 제(b)호의 원용요건으로 조치의 목적이 제20조에 명시된 목적에 부합할 것, 목적달성을 위해 필요한 조치일 것, 전문의 요건에 합치할 것을 제시하였다. 패널은 석면이 발암성을 갖는다는 것은 입증된 사실이며, 인간 건강 보호를 위해서는 석면 사용을 전면 금지하는 것 이외에는 달리 대안이 없음을 인정하였다. 또한, 프랑스 국내법이 원산지와 관련된 어떠한 차별도 규정하지 않았고, 캐나다가 차별적 적용의 증거를 제시하지 못했다고 판단하였다. 나아가 프랑스 국내법은 국제무역에 대한 위장된 제한, 즉 보호주의적 목적을 갖지 아니한다고 보고, 전문 및 본문의 요건을 모두 충족한다고 판정하였다. 상소기구 역시 패널 평결을 지지하였다.

 관련판례

브라질 - 재생타이어 수입제한조치 사건(2007)

브라질 - 재생타이어 수입제한조치 사건은 브라질이 재생타이어(retreaded tyres) 수입과 관련하여 취한 여러 조치들에 대한 분쟁사건이다. 타이어는 수명이 다하면 폐타이어로 버려지게 되는데 이렇게 축적된 폐타이어는 황열모기의 서식처를 제공하는 등 공중보건 및 환경 문제를 야기한다. 브라질 정부는 이러한 폐타이어 문제 해결책의 일환으로 2000.9.25 개발상공부 고시(Portaria SECEX 8/2000)를 통해 재생타이어 및 중고타이어 수입을 금지하였다. 그러자, 2005.11.17 EC는 브라질 재생타이어 수입금지 조치가 WTO 규범에 위반된 조치라고 주장하며 WTO 패널설치를 요구하였고, 2007년 패널 및 상소보고서가 채택되었다. 분쟁대상조치는 재생타이어에 대한 수입금지 조치(MERCOSUR회원국은 제외), 재생타이어 수입 또는 수입된 재생타이어의 유통, 운송, 보관 및 저장에 400 레알의 벌금부과 조치 등이다. EC는 GATT 제11조 제1항(수량제한금지의무), 제13조 제1항(수량제한에 있어서 비차별의무), 제1조 제1항(최혜국대우), 제3조 제4항(내국민대우의무) 등의 위반을 주장했다. 브라질은 해당 조치들의 상기 GATT 규정 위반 여부에 대해 반박하지 않았으나, 재생타이어 수입금지 조치 및 관련 조치들은 인간, 동식물의 생명 및 건강을 보호하기 위한 조치이므로 GATT 제20조 제(b)호 예외로 정당화되며, MERCOSUR 면제규정은 관세동맹인 MERCOSUR 협정상 의무를 이행하기 위한 것이므로 GATT 제24조로 정당화된다고 항변하였다. 결론적으로, 패널은 브라질 정부의 조치는 수량제한조치에 포함되어 GATT 제11조 제1항 위반이라고 하였다. GATT 제20조 제(b)호의 경우 패널과 상소심은 모두 본문의 요건은 충족했으나, 전문요건은 충족하지 못했다고 판정하였다. 한편, 벌금부과조치의 경우 벌금부과 자체가 수입제한의 유형에 포함된다고 보기는 어렵지만 이번 사건에서는 벌금부과가 수입행위를 제재하는 조치라는 점에서 제XI조 1항의 수입제한(import restriction)에 해당된다고 판단하였고, 벌금부과 조치 역시 GATT 제20조 제(b)호를 원용할 수 없다고 하였다.

4. 국내법의 준수를 확보하기 위해 필요한 조치 - 제(d)호

> **GATT1994 제20조 제(d)호**
>
> 관세의 실시, 제2조 제4항 및 제17조에 따라 운영되는 독점의 실시, 특허권, 상표권 및 저작권의 보호 그리고 사기적인 관습의 방지에 관한 법률과 규칙을 포함하여 본 협정의 규정에 반하지 아니하는 법률 또는 규칙의 준수를 확보하기 위하여 필요한 조치

(1) 의의

제20조 제(d)호는 일반적 예외사유의 하나로서 WTO협정에 위반되지 아니하는 국내법의 준수를 확보하기 위해 필요한 조치를 규정하고 있다. 요건은 WTO협정에 반하지 아니하는 법률 또는 규칙, 동 법률 또는 규칙의 준수를 확보하기 위한 조치, 필요한 조치이다.

(2) 법령 등

멕시코 - 청량음료 사건의 패널 및 상소기구는 제20조 제(d)호에 언급된 법령 및 규정(laws and regulations)은 국내규정을 의미하는 것이지 국제조약을 포함하는 것은 아니라고 하였다.

(3) 법률 준수 확보

캐나다 - 정기 간행물 사건의 패널은 '법률의 준수를 확보'한다는 의미에 대해 '법률의 목적을 달성하는 조치'라는 캐나다 측 주장을 기각하고 '법률하의 의무를 시행하기 위한 조치'라는 미국 측 입장을 수용하였다. 또한, 멕시코 - 청량음료 사건의 패널은 준수를 '확보한다'의 의미를 준수를 '강제한다'의 의미로 해석하였으나, 상소기구는 '준수를 확보한다'(to secure compliance)는 의미가 반드시 확실성이나 강제성을 의미하는 것은 아니며 준수를 확보하는데 '기여'할 수 있는 정도면 충분하다고 해석하였다.

(4) 필요성

필요성 요건은 조치의 목적 달성을 위한 효과적 대체수단의 존부의 관점에서 해석되고 있다. 즉, 효과적 대체수단이 존재한다면 필요성 요건은 충족되지 못하는 것이다. 한국 - 쇠고기 사건에서 한국은 쇠고기 구분판매제도가 수입쇠고기의 한우로의 둔갑판매 방지를 위해 필요한 조치라고 항변하였으나, 패널 및 상소기구는 다른 수입상품 분야에서는 구분판매제도가 도입되지 않았고, 조사, 회계기록 보존, 벌금 등 WTO협정에 합치되는 대안적 조치들도 둔갑판매를 억제할 수 있다고 보고 한국의 조치가 필요성 요건을 충족하지 못한다고 판정하였다.

한국 - 쇠고기 사건

이 사건에서 패널과 상소기구는 한국이 수입쇠고기와 국산쇠고기를 구분판매하도록 강제한 조치가 GATT1994 제3조 제4항에 위반된다고 판정하였다. 한국은 구분판매제도가 설사 제3조 제4항에 위반된다 하더라도 이 제도는 수입쇠고기의 국산쇠고기로의 둔갑판매 방지를 목적으로 하는 불공정경쟁법상의 규제로서 GATT 제20조 제(d)호에 의거, 허용된다고 주장하였다. 이에 대해 제소국들은 구분판매제도는 수입육과 한우와의 현격한 가격차이를 고착 또는 악화시킴으로써 둔갑판매의 가능성을 오히려 증가시키므로 그러한 속임수를 중지시키기에 적합한 조치가 아니며, 둔갑판매를 방지하기 위한 다른 대안이 있고 다른 상품 분야에서는 유사한 조치가 취해지지 않고 있으므로 '필요한 조치'가 아니라고 반박하였다. 패널은 구분판매제도가 다소 문제를 내포하고 있는 조치이기는 하나 불공정경쟁법상 둔갑판매를 방지하기 위한 목적의 범위 내에서 적용되는 한 이는 GATT규정에 부합하는 조치라고 보았다. 그러나 패널은 동 조치가 반드시 필요한(necessary) 조치라고는 보지 않았다. 패널은 이러한 판단에 있어서 기만행위가 발생하는 다른 경제 분야에서 구분판매제도의 도입 사실이 없다는 점, 구분판매제도 이외의 다른 조치는 기만행위를 방지할 수 없다는 한국의 주장에 대한 입증이 미흡하다는 점을 고려하였다. 패널은 조사, 회계기록 보존, 벌금 등 WTO협정에 합치되는 대안적 조치들도 둔갑판매를 억제할 수 있다고 보았고 구분판매제도만이 기만행위 방지 목적을 효과적으로 달성할 수 있다는 한국의 주장은 근거가 부족하다고 판단하였다. 상소기구는 패널 판정을 지지하였다. 상소기구는 구분판매제도가 다른 품목에서는 시행되고 있지 않으며, 다른 품목에서는 둔갑판매를 규제하는 다른 제도가 시행되고 있고 한국이 다른 제도를 통해서는 둔갑판매 방지를 달성할 수 없다는 점을 충분히 입증하지 못하였다고 지적하고 패널의 판정을 지지하였다.

 관련판례

캐나다 - 정기 간행물 사건

캐나다는 수입되는 정기 간행물에 대해 캐나다 내 시장을 주된 목표로 하는 광고를 포함하고, 원산지에서 발행된 것과 다른 특별판이며, 캐나다 시장을 목표로 하는 광고 내용이 전체 광고의 5%를 넘으면 수입을 금지하였다. 동 수입금지조치가 GATT 제11조 제1항 위반임에는 다툼이 없었으므로 동 조치가 GATT1994 제20조 제(d)호에 의해 정당화되는지가 문제되었다. 패널은 제20조 제(d)호 요건으로서 GATT에 위반되지 아니하는 법률 또는 규칙의 준수를 확보하기 위한 조치일 것, 그 법률 또는 규칙의 준수를 위해 필요한 조치일 것, 전문의 요건에 합치할 것을 제시하였다. 패널은 캐나다의 수입금지조치가 캐나다 소득세법의 준수를 확보하기 위한 조치가 아니라고 판단하였다. 따라서 캐나다의 수입금지조치는 GATT1994 제20조 제(d)호에 의해 정당화될 수 없는 조치로 판정하였다.

5. 유한천연자원의 보존을 위한 조치 - 제(g)호

> **GATT1994 제20조 제(g)호**
> 유한천연자원의 보존에 관한 조치. 다만, 동 조치가 국내의 생산 또는 소비에 대한 제한과 관련하여 유효한 경우에 한한다.

동 조항에 해당하는지 여부에 대해서는 세 가지 판단기준이 있다. 우선, 유한천연자원에 관한 조치여야 하고, 둘째, 문제가 된 조치는 유한천연자원의 보존에 관련된 조치이어야 하며, 셋째, 국내생산 및 소비제한조치와 문제가 된 조치가 관련성이 있어야 한다. 패널 판정에 의하면 동 조항은 고갈된 자원의 보호가 아니라 고갈될 수 있는 자원의 보호를 목적으로 한다. 유한천연자원으로 보존대상이 되기 위해서는 보존의 필요성에 대한 국제적 합의를 요한다. 한편, 회원국의 조치는 유한천연자원의 보존에 관한(relating to) 조치이어야 한다. 패널은 문제가 되는 '조치'가 이를 통해 달성하려는 합법적 정책을 '주된 목적'(primarily aimed at)으로 해야 한다고 판정하였다(캐나다의 가공되지 않은 청어와 연어의 수출금지조치 사건, 1987). 또한, 국내생산 및 소비제한조치와 규제조치의 관련성(in conjunction with restrictions on domestic production or consumption)이 있어야 한다. 유한천연자원을 보존하기 위한 조치는 국내 생산 또는 소비에 대한 제한조치와 관련하여 취해져야 하며, '관련하여'는 이 조치가 자국 내에서 취한 제한조치를 효과적으로 만들기 위한 것을 의미한다. 즉, 유한천연자원 보존을 위한 규제조치는 국내상품과 수입상품에 동등하게 부과되어야 한다. 미국의 '캐나다산 참치수입 금지 사건' 패널은 미국의 수입제한조치에 대하여 국내생산제한조치가 없는 것을 이유로 제20조 제(g)호의 적용을 배척하였다. 이를 '동등성 접근법'(even - handed approach)이라 한다.

 관련판례

미국 - 새우 사건

미국은 새우 어획과정 중 우연히 포획(incidental capture)되어 죽는 바다거북을 보호하기 위하여 1973년부터 멸종생물법(Endangered Species Act of 1973)을 제정하여 '거북제외장치(Turtle Excluder Devices: TEDs)'를 자국 내 모든 바다에서 의무적으로 사용하도록 하였다. 또한 미국은 1989년 Section609 등 국내법을 제정하여 TEDs를 사용하지 않고 어획한 새우 또는 미국으로부터 수입승인을 받지 못한 국가로부터 수입되는 새우의 수입을 금지하였다. 이에 대해 인도, 말레이시아, 파키스탄, 태국 등이 제소하였다. 패널은 미국의 조치는 GATT 제11조 제1항(수량제한금지의무)을 위반하였다고 판정하고, GATT1994 제20조에 의한 정당화 여부를 검토하였으나 전문(chapeau)의 요건을 충족하지 못했다고 판정하였다. 상소기구는 이를 지지하였다.
패널은 전문부터 적용하여 전문의 요건을 충족하지 않는다고 보고 본문은 검토할 필요가 없다고 보았다. 그러나 상소기구는 본문부터 검토해야 한다고 보고 제(g)호의 요건을 충족하는지 검토하였다. 상소기구는 미국의 조치가 '본문'의 요건은 충족한다고 판단하였다. 첫째, 바다거북은 '유한천연자원'이다. 천연자원에는 생물자원뿐 아니라 비생물자원이 포함된다. 바다거북은 CITES 부속서 1에 포함되어 있으므로 유한한(exhaustible) 자원이다. 바다거북이 대부분은 미국의 관할권 내에 있으므로 미국이 GATT 제20조를 바다거북에 적용하기에 충분한 연계(nexus)가 있다.

둘째, 미국의 조치는 '보존에 관한'(relating to the conservation) 조치이다. 즉, Section609의 일반체계 및 구조(general structure and design of the measure)와 그것이 추구하는 정책목적(policy goal)인 바다거북 보호와 밀접하게 연관되어 있다. 셋째, 미국의 조치는 미국 내 생산 또는 소비에 대한 제한과 관련하여 실시되었다. 상소기구는 이 문언은 '수입상품과 국내상품에 대한 동등성'(even - handedness)을 요구한다고 보고 미국이 국내적으로 TEDs 사용을 의무화하고 위반 시 처벌을 하고 있으므로 동 문언상의 요건을 충족한다고 판정하였다.

패널은 다음과 같은 이유로 미국의 조치는 전문의 요건을 충족하지 못한다고 판단하였다. 첫째, 미국의 조치가 미승인국에게는 미국의 조치와 상응하는 수준의 TEDs 사용에 관한 포괄 요건을 충족하거나 바다거북이 없는 어장에서만 전적으로 새우 어획을 한다는 조건 하에서만 수입이 허용되고 그 이외에는 수입이 금지되므로 동일한 조건하에 있는 국가 간(between the countries where the same conditions prevail)에 부당한 차별(unjustifiable discrimination)에 해당한다. 둘째, 시장접근에 대한 조건으로 타국에 정책변경을 요구하는 것은 회원국의 자주권(autonomy)을 침해하고 다자무역체제를 위협하는 것으로서 인정될 수 없다. 셋째, 바다거북은 전세계 공통자원으로서 미국이 조치를 취할 이해관계를 갖는다고 하더라도 일방적 조치보다는 국제협정을 통해 해결해야 한다. 넷째, 미국과 제소국들이 공동으로 가입한 CITES조약이 바다거북의 보호와 TEDs 사용 및 수입제한에 대해 규정하고 있으나, 미국의 조치는 바다거북이 아니라 '새우' 수입금지에 관한 것이므로 동 조약을 근거로 새우수입금지조치를 정당화할 수 없다. 요컨대, 미국의 조치는 부당한 차별조치로서 GATT 제20조 전문의 요건을 충족하지 못하였다.

상소기구 또한 미국의 조치는 자의적이고 부당한 차별이라고 판시하였다. 첫째, 미국의 조치는 '부당한'(unjustifiable) 차별에 해당한다. 미국이 미승인 국가에 대해서는 TEDs를 사용하여 어획하더라도 수입을 금지한 점, 미국이 진지한 다자간 협상노력을 기울이지 아니한 점, 적응기간을 카리브해 연안국에게는 3년을 부여하면서도 제소국들에 대해서는 4개월만을 부여한 점 등이 부당한 차별의 증거라고 판단하였다. 둘째, 미국의 조치는 '자의적'(arbitrary) 차별이다. 미국이 상대국의 상황을 고려하지 않고 유일의 경직적이고 비탄력적인 요건(single, rigid and unbending requirement)을 부과하는 제도를 운영한 점, 승인받기 위한 절차가 투명하지 않고 예측 가능하지 아니한 점, 일방적인(ex parte) 질문과 심리, 반론기회를 제공하지 아니한 점, 개별적 서면통보절차의 미비, 재심과 상소의 부정 등이 자의적 차별의 증거라고 판단하였다.

⚖️ 관련관례

미국 - 휘발유 사건

1990년 수정된 미 대기청정법(Clean Air ACT: CAA)과 미 환경보호국이 제정한 Gasoline 규정에 관한 사건이다. 미국은 오존 오염이 악화되는 것을 방지하기 위하여 오염이 심한 지역에 대해서는 '개질휘발유'(reformulated gasoline)만 판매하도록 하고 상대적으로 오염이 덜 심한 지역에서는 '재래식 휘발유'(conventional gasoline)도 같이 판매하도록 하였다. 또한, 미 환경보호국의 Gasoline 규정은 휘발유의 품질을 평가하는 다양한 방식을 규정하고 있었으나 국내 정유업체 및 수입업체가 휘발유 품질을 평가할 때 적용할 수 있는 평가방식 및 기준을 다르게 적용하도록 하였다. 국내 정유업체의 경우 세 가지 평가방식을 사용하여 휘발유 품질을 평가할 수 있었고, 1990년도 자료가 존재하는 경우 '법정기준'을 사용하지 못하도록 하였다. 그러나 수입업체의 경우 개별적 평가방식 적용에 있어서 추가적인 제한이 있었고, 개별적 평가방식 적용이 곤란한 경우 반드시 '법정기준'에 따라

평가하도록 하였다. 수입업자가 개별적 평가방식을 적용할 수 있기 위해서는 1990년도에 그 외국에 소재한 정유소에서 생산된 휘발유 중 적어도 75% 이상을 미국으로 수입해야 한다는 요건을 충족해야 했다(75% rule). 이에 대해 제소국들은 동 조치가 GATT1994 제3조 제4항 위반이라고 주장하였고, 패널은 이를 인정하였다. 한편, 미국은 GATT1994 제20조 제(g)호에 의해 정당화된다고 항변하였으나, 기각되었다. 패널은 미국이 제(b)호의 요건을 입증하지 못하였다고 평결하였다. 패널은 휘발유의 소비로부터 야기되는 대기오염을 감축하는 것은 인간과 동식물의 생명·건강 보호를 위한 정책임은 인정하였으나 휘발유 규칙이 '필요한' 조치라는 점은 인정하지 않았다. 패널은 'GATT에 위배되지 않는 대체적인 조치가 존재할 경우에는 어떤 특정한 조치는 필요한 조치로 정당화될 수 없다'고 판단하였다. 이에 기초하여 패널은 '제품의 생산자와 연결된 개별기준에 의하여 국산휘발유에 부여되고 있는 것과 같은 정도의 호의적 판매조건을 수입휘발유로 하여금 향유하지 못하게 하는 방법이 휘발유규칙에서 정한 목표를 달성하는 데 필수적인 것은 아니'라고 평결하였다.

관련판례

중국 - 원자재 사건

중국은 원자재(raw materials)에 대해 2009년 1월부터 수출세, 수출쿼터, 수출허가, 최저 수출가격요건 등 다양한 수출제한조치를 취했고, 이에 대해 미국, EU, 멕시코가 제소했다. 패널은 중국의 수출제한 조치는 GATT 제11조 제1항 및 가입의정서에 위반되고, GATT 제20조 (b), (g)호에 의해 정당화될 수 없다고 판정하였다. (b)호와 관련하여 패널은 동 수출제한조치가 중국인들의 건강을 보호하려는 목적에 실질적으로 기여하고 있음을 중국이 입증하지 못했으며, 수출제한조치보다 덜 무역제한적이고 WTO협정에 부합되는 대체수단을 중국이 사용하지 못한 이유를 설명하지 못했다는 이유로 정당화되지 못한다고 하였다. 한편, (g)호와 관련하여 패널은 중국의 수출제한조치가 천연자원의 보존과 관련되었다고 볼 수 없고, 중국의 국내생산과 소비에 대한 제한과 결부되어 부과되지 않았으며, 무엇보다 (g)호는 그 목적이나 효과가 유한천연자원의 보존을 명목으로 해외경쟁으로부터 국내 생산업자들을 격리 및 보호하려는 목적이나 효과를 갖는, GATT에 부합되지 아니하는 조치를 정당화하기 위해 원용될 수는 없다고 평결하였다.

4 일반예외조항의 적용방법상의 문제

1. 제한해석

관행상 패널은 일반예외조항을 엄격하게 제한적으로 해석하였으며 동 조의 예외를 긍정한 판례가 드물다. 그러나 DSU 제3조 제2항은 모든 WTO협정을 국제공법의 일반적 해석원칙에 따라 해석할 것을 규정하였으며, 패널은 조약법에 관한 비엔나협약 제31조를 적용하고 있다. 제31조는 예외는 엄격하게 해석하라는 규칙을 규정하고 있지 않으므로, 제한적 해석은 자의적이라는 비난도 있다.

2. 입증책임

'US - Reformulated Gasoline 사건' 상소기구는 전문의 요건을 충족시킨다는 것을 입증할 책임이 예외를 주장하는 당사자에게 있음을 분명히 하였다. 예외를 주장하는 당사자에게 입증책임을 부담시키는 것은 환경보호 등의 정책목적을 추구하기 위하여 규제조치를 취한 당사자가 보다 많은 정보를 가지고 있다는 점에서 공평한 조치로 평가된다.

3. 역외적용의 문제

제20조 제(b)호와 제(g)호의 적용과 관련된 조치를 취하는 국가의 영역 내에 존재하는 인간, 동물, 식물, 유한천연자원만을 보호대상으로 하는지가 문제된다. 동 조는 명시적으로 언급하지는 않고 있으나, 미국의 '참치수입제한 사건 I'은 '영역 내'로 제한하여 해석하였다. 그러나 1998년 미국의 '새우 및 새우제품 수입금지 사건'에서 상소기구는 관할권의 한계 문제에 대한 직접적인 판단을 회피하면서도 동 사건의 해양거북이와 미국은 미국의 관할권을 인정하기에 충분한 관련성이 있다고 판정하였다.

4. 전문과 본문의 적용 순서(Two - Tier Test)

전문과 본문의 적용 순서에 대해 논란이 있었으나, 현재 상소기구는 2단계접근법 (two-tier test)을 지지하고 있다. 2단계접근법은 제20조를 원용하거나 적용할 경우 문제의 조치가 제20조에 열거된 예외목록에 해당하는지 여부를 먼저 잠정적으로 심사한 후, 제20조상의 예외목록에 해당할 경우 전문 규정(자의적이거나 부당한 차별 금지, 국제무역에 대한 위장된 통상제한 금지)에 부합하는지 여부를 최종적으로 심사하는 것이다.

제6절 | 국가안보 예외

GATT1994 제21조 - 안전보장을 위한 예외

본 협정의 어떠한 규정도 다음과 같이 해석되어서는 아니된다.

(a) 체약국에 대하여, 발표하면, 자국의 안전보장상 중대한 이익에 반한다고 인정하는 정보의 제공을 요구하는 것

(b) 체약국이 자국의 안전보장상 중대한 이익을 보호하기 위하여 필요하다고 인정되는 다음의 어느 조치를 취하는 것을 방해하는 것

　(i) 핵분열성 물질 또는 이로부터 유출된 물질에 관한 조치

　(ii) 무기, 탄약 및 전쟁기재의 거래 및 군사시설에 공급하기 위하여 직접 또는 간접으로 행하여지는 기타의 물품 및 원료의 거래에 관한 조치

　(iii) 전시 또는 기타 국제관계에 있어서의 긴급 시에 취하는 조치

(c) 체약국이 국제평화와 안전의 유지를 위하여 국제연합 헌장에 의한 의무에 따라 조치를 취하는 것을 방해하는 것

1 의의

GATT 제21조는 회원국이 안보상의 이유로 취한 조치에 대해 GATT의 의무에서 면제될 수 있음을 규정하고 있다. 제21조에 의하년 발표될 경우 자국의 안보상 중대한 이익에 반한다고 인정하는 정보의 제공을 회원국에 대하여 요구하는 것으로 GATT 협정은 해석되지 않는다. 또한, 회원국이 핵분열성 물질이나, 무기의 거래에 관하여 자국의 안보상 중대한 이익을 보호하기 위하여 취하는 조치, 전시 또는 기타 국제관계상의 긴급 시에 자국의 안보상 중대한 이익을 보호하기 위하여 취하는 조치는 GATT의무에서 면제된다. 회원국이 국제평화 및 안보를 위하여 UN헌장상 의무에 따라 취하는 조치 역시 GATT의무에서 면제된다.

2 주요 내용

1. 취지

GATT 제21조는 WTO 회원국들이 독립국이므로 자국의 안전보장을 위하여 또는 국제평화와 안전유지에 협력하기 위한 조치를 취할 수 있는 여지를 둘 필요성이 있다는 취지에서 마련되었다. 제21조는 국가안보를 이유로 WTO 회원국에게 GATT상의 의무를 회피하도록 허용하는 포괄적 예외조항이다. 회원국은 중대한 국가안보의 이익을 보호하기 위해 일방적으로 제21조상의 조치를 취할 수 있다.

2. 중대한 안보이익

중대한 안보이익에 대한 판단은 회원국의 단독 재량사항이다. WTO 회원국이나 패널 또는 항소기구는 회원국의 조치가 요건을 충족하는지의 여부를 결정할 수 없다. 중대한 안보이익이란 국내외를 불문하고 국가의 안전을 위협하는 침해 또는 내란 등의 위험으로부터 국가를 보호하는 자국의 이익을 의미한다. 중대한 안보이익이 무엇인지는 회원국의 재량적 결정사항이므로 사전통보할 필요가 없으며, 조치의 정당성을 증명할 필요도 없고, WTO나 타 회원국으로부터 사전승인이나 추인을 받을 필요가 없다. 1949년 GATT총회도 안보에 관한 문제는 각국이 최종적으로 판단해야 한다고 하였다.

3. 무력공격 존재의 선행조건 여부

제21조에 기초하여 조치를 취하기 위해 물리적 침입이나 무력공격과 같은 명백하고 구체적인 위험에 처해있을 것을 요구하지 않는다. 중대한 이익이 실재적 위험뿐 아니라 잠재적 위험에 처해있을 때에도 원용할 수 있다.

4. 핵물질 기타 상품과 원재료

회원국은 핵물질, 무기거래, 또는 국제관계상 비상시에 자국의 중대한 안보이익을 위해 필요한 조치를 취할 수 있다. 타국의 핵무기 개발 등에 의해 위협을 받는 경우 GATT상의 의무로부터 이탈할 수 있다. 기타 상품은 무기, 탄약, 군수품목 이외의 모든 물자를 말한다. 따라서 의류나 식료품 등 간접적으로 군사목적에 기여하는 것도 거래를 제한할 수 있다.

5. 전시 또는 기타 비상사태

전쟁 기타 국제정세가 긴박한 경우 회원국은 자국의 안보를 위하여 필요한 조치를 취할 수 있다. 예를 들어 전략물자의 수출통제를 차별적으로 실시하거나, 특정 국가로부터의 수입을 금지하는 등의 조치를 취할 수 있다.

6. UN헌장상의 의무 이행을 위한 조치

회원국은 헌장상 의무 이행을 위해 GATT를 위반할 수 있다. 예를 들어 UN안전보장이사회가 북한, 이란 등 핵확산국가에 대해 부과하는 무역금수 등의 경제제재는 이들 국가에 대한 GATT상의 의무를 위반하더라도 무방하다.

7. 정보공개의 문제

WTO 회원국은 자국의 중대한 안보이익에 반하는 정보를 WTO 또는 기타 WTO 회원국 등에게 제공할 의무가 없다. 그러나 정보 비공개가 자의적이라는 비난을 면하려면 원용하는 국가는 위협이 실제 존재한다는 최소한의 증거를 제시할 필요가 있다. 1982년 11월 30일 체약국단은 체약국은 가능한 최대한의 정도로 정보를 통보받는다는 결정을 채택하였으나 의무를 부과한 것은 아니다.

8. 제21조 관련 제소 가능성

제21조는 무역제한조치에 대해 통보, 승인, 추인을 요하지 않기 때문에 상대국에게 제소권이 없는지가 문제된다. 그러나 GATT준비위원회나 GATT 제21조에 관한 결정에서는 제21조를 원용하는 경우에도 제소권이 인정된다고 하였다.

3 관련 사례

1. 유럽공동체 등의 아르헨티나에 대한 수입제한조치

1982년 포클랜드전쟁 중 유럽공동체, 캐나다, 호주는 당시 적국이었던 아르헨티나 상품의 수입을 무기한 금지하였다. 이에 대해 아르헨티나는 수입금지조치가 GATT 제1조, 제2조 및 제11조를 위반한다고 주장하였으나, 유럽공동체 등은 GATT 제21조에 의해 정당화된다고 항변하였다. 동 조치는 GATT 이사회에서 논의되었으며, 무역제한조치는 1982년 6월 취소되었다. 1982년 GATT 각료선언에서는 '회원국은 경제적 문제가 아닌 이유로 GATT와 합치하지 아니하는 무역제한조치를 취하는 것을 삼간다'는 규정이 첨부되었다.

2. 미국의 대 니카라과 경제제재조치

1985년 미국은 니카라과에 제21조 제(b)호 (iii)에 따라 미국 상품의 수출과 니카라과 산 상품과 서비스의 미국 내 수입에 대해 제한조치를 취하였다. 이에 대해 니카라과 는 '전시 또는 기타 국제관계상의 긴급한 상황의 존부'에 대한 판단은 GATT체약국 단이 해야 한다고 주장하였으나, 미국은 각 회원국에게 판단권한이 있다고 반박하였 다. 이 문제는 직접 패널에서 다루어지지 않았다. 다만, 미국은 1990년 4월 금수조치 를 취할 필요가 있는 상황이 사라졌고, 니카라과에 대한 미국의 안보상 긴급성이 종 료되었다는 이유로 금수조치를 해제하였다.

3. 미국의 헬름즈 - 버튼법(Helms - Burton Act) 문제

미국은 쿠바에 대한 미국의 무역금수조치를 강화하기 위하여 '쿠바의 자유와 민주화 를 위한 법'(Cuban Liberty and Democratic Solidarity Act, 헬름즈 - 버튼법)을 제 정하였다. 동 법은 쿠바를 지원하는 국가들에 대해 미국의 대외원조를 금지하여 쿠 바에 대한 미국의 금수조치를 확대하였다. 또한, 1959년 이후 쿠바 정부에 의해 재산 을 압류당한 미국인에게 쿠바 혁명 이후 쿠바 정부에 의해 수용된 재산을 외국 회사 가 거래하면 동 회사를 미국 법원에 제소할 수 있도록 하였으며, 동 법의 발효 이후 에 쿠바에서 수용조치된 미국 시민의 재산을 거래하는 외국인에 대한 미국비자의 발 급을 금지하도록 규정하였다. 미국의 무역상대국인 캐나다, 멕시코 및 유럽연합으로 부터 외교적 항의 및 보복조치의 위협을 야기시켰다. 한편, 1996년 유럽연합은 미국 을 WTO에 제소하면서, 헬름즈 - 버튼법이 GATT 제1조, 제3조 및 제11조를 위반한 다고 주장하였다. 이 사안에서 미국은 GATT 제21조에 의해 정당성을 주장할 것으로 기대되었으나, 미국과 유럽연합 간 정치적 합의가 성립되어 패널절차는 더 이상 진 행되지 않았다. 양측은 쿠바에서 압류된 미국인의 재산을 거래하는 외국인에게 미국 의 입국을 거부하는 헬름즈 - 버튼법 제4부를 적용하지 않기로 합의하였다.

4. 러시아 - 통과운송 제한 사건(Russia - Measures concerning traffic in transit, 2016)

이 사건 패널 보고서는 국가안보 예외조항을 원용해 통상제한 조치를 취한 당사국의 권한을 검토하고 해석을 제공한 최초 사례로서 역사적인 의미를 가진다. 이 사건은 2016년 러시아가 카자흐스탄과 키르기스스탄으로 향하는 우크라이나의 화물이 자국 을 통과하는 것을 금지한 조치에 대한 우크라이나의 제소 건이다. 2014년 3월 러시 아가 우크라이나 크림반도를 합병한 이후에도 우크라이나 내 친러시아 반군을 지원 한다는 의혹을 받는 등 지속적인 갈등이 발생하고 있었다. 러시아는 이 같은 조치가 안보 예외조항인 GATT1994 제XXI조 제(b)항 (iii)호에 따라 취해졌으며 따라서 당 사국이 아닌 WTO에서는 조치의 적법성에 대한 판단권한이 없다고 주장하였다. 그러나 패널은 러시아의 주장에 동의하지 않았고 패널이 당사국의 안보 예외조항 원 용의 적합성에 대해 검토할 관할권을 가진다고 결론지었다. 패널은 본안판단에서 러 시아의 조치가 GATT 제21조 국가안보예외에 의해 정당화될 수 있다고 판시하였다.

제7절 | 지역무역협정

1 의의

지역무역협정(Regional Trade Agreement)이란 일정 지역 내 특정 국가 간 체결되는 협정으로 주로 관세 철폐나 무역장벽 제거, 요소 이동의 자유화 등 자유무역을 목적으로 한다. 일국은 타국과 자유무역협정(FTA)을 체결하여 상호간 특별한 혜택을 제공할 수 있으며 협정에 참가하지 않은 역외국가에 대해서 불리한 차등대우가 인정되는 것이 일반적이다. 이러한 지역무역협정은 다자주의적 자유무역질서인 WTO체제 내에서도 명시적으로 인정되고 있다. 특히 상품무역질서에서는 관세동맹(CU)과 자유무역협정(FTA) 그리고 이를 위한 잠정협정이 각각 규정되어 있다. 서비스무역에 있어서는 지역무역협정(RTA)을 인정하고 있으나 관세동맹(CU)이나 자유무역협정(FTA) 구별을 명시하고 있는 것은 아니다.

2 자유무역협정(FTA)

1. 개념

자유무역협정(FTA)은 구성영토를 원산지로 하는 상품의 실질적으로 모든 무역에 대하여 관세 및 기타 제한적인 상거래규정이 철폐되는 둘 또는 그 이상의 관세영역의 일군을 의미한다. 즉, 관세동맹(CU)이 둘 또는 그 밖의 관세영역을 단일관세영역으로 대체한 것을 의미하는 것과는 달리 자유무역협정(FTA)은 독립된 관세영역의 구성체이다.

2. 역내요건[제24조 제8항 제(b)호]

> **GATT1994 제24조 제8항 제(b)호 - FTA의 역내요건**
> 자유무역지역은 관세와 기타의 제한적 통상규칙(필요한 경우에는 제11조, 제12조, 제13조, 제14조, 제15조 및 제20조에 의하여 허용되는 경우를 제외하고)이 동 구성영역의 원산품의 구성영역 간의 실질상 모든 무역에 관하여 폐지되는 2개 이상의 관세영역의 집단이라고 양해한다.

자유무역협정(FTA) 구성영토 간의 실질적으로 모든 무역(substantially all the trade)에 관하여 관세 및 그 밖의 제한적 상거래규정이 철폐되어야 한다. 단, 필요한 경우 제11조, 제12조, 제13조, 제14조, 제15조 그리고 제20조하에서 허용되는 것은 제외한다.

3. 역외요건[제24조 제5항 제(b)호]

> **GATT1994 제24조 제5항 제(b)호 - FTA의 역외요건**
>
> 자유무역지역 또는 자유무억지억의 형성을 위한 잠정협정에 관하여는, 각 구성영역에서 유지되고 또한 동 자유무역지역의 형성 또는 동 잠정협정의 체결시에 이러한 지역에 포함되지 않은 체약국 또는 협정의 당사자가 아닌 체약국과의 무역에 적용되는 관세 또는 기타 통상규칙은 자유무역지역이나 또는 잠정협정의 형성 이전에 동 구성영역에 존재하였던 해당 관세 기타 통상규칙보다 각기 높거나 또는 제한적인 것이어서는 아니된다.

자유무역협정(FTA) 혹은 이를 위한 잠정협정에 관하여, 동 협정의 채택 시 동 협정에 포함되지 않은 회원국에 대하여 적용가능한 관세 및 그 밖의 상거래규정은 자유무역협정(FTA)의 형성 이전에 동일한 구성영토에서 존재하였던 상응하는(corresponding) 관세 또는 그 밖의 상거래규정보다 더 높거나 더 제한적이어서는 아니된다. 이때 관세는 양허관세가 아닌 실행관세율로 해석된다.

4. 절차요건

자유무역협정(FTA) 또는 그 형성으로 이어지는 잠정협정에 참여하기로 결정한 체약당사자는 신속히 체약당사자단에 통보하고 체약당사자단이 적절하다고 인정하는 보고 및 권고를 체약당사자에게 할 수 있도록 동 동맹 또는 지역에 관한 정보를 체약당사국단에 제공해야 한다. 체약국단은 이에 대해 동 협정의 당사국과 협의하여 검토하고 제공된 정보를 적절히 고려한다. 잠정협정의 경우 동 협정의 당사국이 의도하는 기간 내에 자유무역지역이 형성될 가능성이 없거나 동 기간이 타당하지 아니하다고 인정하는 때에는 동 협정의 당사국에 대하여 권고하여야 한다. 당사국은 권고에 따라 잠정협정을 수정할 용의가 없을 때에는 동 협정을 각기 유지하거나 실시하여서는 아니된다[제24조 제7항 제(b)호].

5. 절차요건에 대한 세부 검토 절차(GATT1994 제24조의 해석에 대한 양해)

(1) 모든 통보는 GATT1994의 관련 규정 및 이 양해 제1항에 비추어 작업반에 의해 검토된다. 작업반은 이와 관련한 검토결과에 대한 보고서를 상품무역이사회에 통보한다. 상품무역이사회는 적절하다고 판단하는 권고를 회원국에게 행할 수 있다.

(2) 잠정협정과 관련하여, 작업반은 자신의 보고서에서 관세동맹 또는 자유무역지대의 형성을 완료하기 위하여 필요하다고 제안된 기간 및 조치에 대하여 적절한 권고를 할 수 있다. 작업반은 필요한 경우 동 협정에 대한 추가검토를 규정할 수 있다.

(3) 잠정협정의 당사자인 회원국은 동 협정에 포함된 계획 및 일정의 실질적인 변경을 상품무역이사회에 통보하며, 요청이 있는 경우 이사회는 동 변경을 검토한다.

(4) 통보된 잠정협정에 계획 및 일정이 포함되지 아니한 경우, 작업반은 자신의 보고서에서 이러한 계획 및 일정을 권고한다. 당사자는 이러한 협정을 이러한 권고에 따라 수정할 준비가 되어 있지 아니한 경우, 동 협정을 경우에 따라 유지하거나 발효시키지 아니한다. 권고의 이행에 대한 후속 검토를 위한 규정이 마련된다.

(5) 관세동맹과 자유무역지대 구성국은 상품무역이사회에 정기적으로 당해 협정의 운영에 관하여 보고한다. 협정의 중대한 변경 및/또는 진전사항은 이루어지는 대로 보고되어야 한다.

3 관세동맹(CU)

1. 개념

관세동맹(CU)은 동 동맹의 구성영토 간의 실질적으로 모든 무역에 관하여 관세 및 기타 제한적 상거래규정이 철폐되고 동 동맹에 포함되지 아니하는 영토의 무역에 대하여 실질적으로 동일한 관세 및 상거래규정을 적용하는 둘 또는 그 이상의 관세영역을 단일관세영역으로 대체한 형태를 지칭한다(제24조 제8항).

2. 역내요건[제24조 제8항 제(a)호]

GATT1994 제24조 제8항 제(a)호 - 관세동맹의 역내요건

본 협정의 적용상
(a) 관세동맹은 다음의 결과가 발생할 수 있도록 2개 이상의 관세영역을 단일 관세영역으로 대체한 것이라고 양해한다.
  (i) 관세 및 기타 제한적 통상 규칙(필요한 경우에는 제11조, 제12조, 제13조, 제14조, 제15조 및 제20조에 의하여 허용되는 경우를 제외하고)은 관세동맹의 구성영역 간의 실질상 모든 무역에, 또는 최소한 영역의 원산품의 실질상 모든 무역에 관하여 폐지된다.
  (ii) 제9항의 규정에 따를 것을 조건으로 하여 관세동맹의 구성국은 동 동맹에 포함되지 아니한 영역에 대한 무역에 실질적으로 동일한 관세와 기타 통상규칙이 적용된다.

관세동맹(CU)의 역내요건은 두 가지이다.
첫째, 관세동맹(CU) 구성영토 간의 실질적으로 모든 무역(substantially all the trade)에 관하여 관세 및 그 밖의 제한적 상거래 규정이 철폐되어야 한다. 단, 필요한 경우 제11조, 12조, 13조, 14조, 15조 그리고 제20조하에서 허용되는 것은 제외한다. 둘째, 실질적으로 동일한(substantially the same) 관세 및 그 밖의 상거래규정이 동 관세동맹(CU)의 각 회원국에 의하여 동 동맹에 포함되지 아니한 영토의 무역에 적용된다. 이는 단일한 관세영역을 구성해야 하는 관세동맹(CU)의 정의에서 비롯되는 관세동맹(CU)의 추가적인 역내요건이다. 둘째 요건은 FTA에 대해서는 요구되지 않는다.

3. 역외요건[제24조 제5항 제(a)호]

> **GATT1994 제24조 제5항 제(a)호 - 관세동맹의 역외요건**
>
> 따라서 본 협정의 규정은 체약국 영역 간에 관세동맹 또는 자유무역지역을 형성하거나 또는 관세동맹 또는 자유무역지역의 형성에 필요한 잠정협정의 체결을 방해하지 아니한다. 다만, 이는 다음의 제 규정을 조건으로 한다.
> (a) 관세동맹 또는 관세동맹의 협정을 위한 잠정협정에 관하여는, 동 동맹이나 협정의 당사자가 아닌 체약국과의 무역에 대하여 동 동맹의 창립 또는 동 잠정협정의 체결시 부과되는 관세와 기타 통상규칙이 전체적으로 동 관세동맹의 협정이나 동 잠정협정의 채택 이전에 동 구성 영역 내에서 적용하여 온 관세의 전반적 수준과 통상규칙보다 각각 높거나 제한적인 것이어서는 아니된다.

> **GATT1994 제24조의 해석에 대한 양해 - 제5항 제(a)호의 해석**
>
> 관세동맹의 형성 이전과 이후에 적용되는 관세 및 그 밖의 상업적 규제의 일반적인 수준에 대한 제24조 제5항 제(a)호에 따른 평가는 관세 및 과징금의 경우 가중평균관세율 및 관세징수액에 대한 전반적인 평가에 기초한다. 동 평가는 관세동맹에 의해 제공되는 관세항목별로 세계무역기구의 원산지국에 따라 분류된 과거 대표적 기간 중의 금액별 및 수량별 수입통계에 기초한다. 사무국은 우루과이 라운드 다자 간 무역협상에서 관세양허의 평가 시 사용된 방식에 따라 가중평균관세율 및 관세징수액을 계산한다. 동 목적상, 고려 대상이 되는 관세 및 과징금은 실행 관세율이다. 수량화 및 집계가 어려운 그 밖의 상업적 규제의 일반적인 수준에 대한 평가를 위하여 개별 조치, 규정, 대상품목 및 영향을 받는 무역량에 대한 검토가 요구될 수 있음이 인정된다.

관세동맹 또는 관세동맹을 위한 잠정협정에 관하여, 그 창설 시 동 동맹이나 협정의 당사자가 아닌 체약당사자와의 무역에 대해 부과되는 관세 및 그 밖의 상거래규정은 동 동맹 및 협정의 채택 이전에 구성영토에서 적용가능한 관세 및 그 밖의 상거래규정의 일반적 수준(general incidence)보다 전반적으로(on the whole) 더 높거나 더 제한적이어서는 아니된다. 여기서 사용되는 관세는 명시적 규정은 없으나 양허관세가 아닌 실행관세율이라 해석된다. 단, 이러한 전반적인 평가로 인해 특정 구성영토에서 적용되는 관세 및 상거래규정이 동맹 체결 이후 더 높아지거나 제한적으로 되는 경우가 발생할 수 있다. 이를 위해 제24조 제6항에서는 보상의 의무를 규정하고 있다.

4. 절차요건

자유무역협정(FTA)의 절차요건과 동일하다.

5. 절차요건에 대한 세부 검토 절차

자유무역협정(FTA)에 대한 내용과 동일하다.

참고

권능부여조항과 지역무역협정

1979년 도쿄 라운드에서는 골격협정(framework agreement)라고 불리는 4건의 문서가 채택된 바 있다. 그 중 하나가 '개발도상국에 대한 차등적이고도 보다 유리한 대우와 상호주의 및 또한 완전한 참여에 관한 결정'이다. 동 결정 제1조는 개발도상국에게 차등적이고도 보다 유리한 대우(differential and more favorable treatment)를 할 수 있다고 규정하고 있으며 동 조항이 소위 '권능부여조항'이라고 알려진 것이다. 이러한 권능부여조항에서도 지역무역협정에 관한 내용을 갖추고 있다. 동 규정에 의하면 관세의 상호 인하나 철폐 등을 위하여 저개발당사국들 간에 체결된 지역 또는 보편협정(regional and global arrangements)의 체결을 허용한다. 체결요건에 있어서 역내적 체결조건으로 동 결정에 의한 특별대우는 개발도상국 무역을 촉진하거나 증진해야 하며 타 회원국의 무역에 부당한 어려움을 초래하거나 무역장벽을 높여서는 아니된다. 역외적으로는 최혜국대우에 기초하여 관세나 그 밖의 무역규제를 감소시키거나 철폐하는 것을 금지하는 것은 아니다[제1조 제3항 제(b)호]. 동 규정으로 미루어 GATT 제24조에 의해 체결된 일반적인 지역 무역협정에 비해 완화된 요건들을 규정하고 있음을 알 수 있다.

01 「관세 및 무역에 관한 일반협정(GATT)」의 주요원칙에 대한 설명으로 옳은 것만을 모두 고르면? 2021년 7급

> ㄱ. 조세조치의 경우 '동종제품관계'뿐만 아니라 '직접 경쟁 또는 대체상품관계'에까지 내국민대우가 적용된다.
> ㄴ. 내국민대우는 동종의 국내제품에 부여하고 있는 대우를 동일하게 수입제품에 부여하는 것을 의미하므로 동종의 국내제품보다 수입제품에 대한 유리한 대우는 내국민대우 위반이 된다.
> ㄷ. 최혜국대우는 동종제품에 대한 법률상의 차별뿐만 아니라, 사실상의 차별도 금지한다.
> ㄹ. WTO 패널 및 상소기구는 원칙적으로 시장기반설(Market-based Approach)을, 보완적으로 목적효과설 (Aim and Effect Approach)을 고려하여 제품의 동종성 여부를 판정하였다.

① ㄱ, ㄴ
② ㄱ, ㄷ
③ ㄴ, ㄹ
④ ㄷ, ㄹ

GATT의 주요 원칙

「관세 및 무역에 관한 일반협정(GATT)」의 주요원칙에 대한 설명으로 옳은 것은 ㄱ, ㄷ이다.
ㄱ. 내국민대우원칙은 동종관계에 있는 상품뿐 아니라 직접경쟁 또는 대체가능관계에 있는 상품에 대해서도 적용된다.
ㄷ. 법률상의 차별이란 법규정에 따른 차별을 의미한다. 사실상의 차별은 법적용의 결과에 의한 차별을 의미한다. 예를 들어 '캐나다 – 자동차 사건'의 경우 캐나다가 법률을 통해 미국과 일본을 차별한 것은 아니나, 관세 면제 혜택을 받을 수 있는 기회를 미국에게는 주고, 일본에 게는 주지 않은 것이 사실상의 차별에 해당된다고 하였다.

선지분석
ㄴ. 내국민대우는 수입상품에 대해 동종의 국내상품보다 '불리하지 아니한 대우'를 요구하는 것이다. 따라서 수입상품에 보다 유리한 대우를 하는 것은 허용되는 조치이다.
ㄹ. 동종상품 판단방식에는 BTA방식, 목적효과설(또는 조치목적설), 시장기반설 등이 있다. BTA방식은 상품의 물리적 특성, 소비자의 기호나 인식, 최종용도 등을 고려하는 방식이다. 목적효과설은 차별조치의 목적을 고려하여 동종성을 확정짓는 방식이며, 시장기반설은 동종성 여 부를 당해 상품이 거래되는 시장을 기준으로 판단해야 한다는 입장이다. WTO 패널이나 상소기구는 대체로 BTA방식을 적용하고 있는 것 으로 평가된다.

답 ②

02 「관세 및 무역에 관한 일반협정(GATT)」 제20조(일반적 예외)에 대한 설명으로 옳지 않은 것은?

① 미국 - 새우 사건에서 상소기구는 GATT 제20조 (g)호에 규정되어 있는 유한천연자원에 생물자원이 포함되지 않는다고 판단하였다.

② 특정의 무역규제조치가 GATT 제20조 각 호의 예외에 해당하는 경우라도 자의적이거나 부당한 차별금지원칙과 위장된 무역제한금지원칙이 준수되어야 한다.

③ 미국 - 가솔린 사건에서 상소기구가 2단계분석법을 해석기준으로 제시한 이후, 2단계분석법은 WTO 패널 및 상소기구 보고서의 관행으로 확립되었다.

④ GATT 제20조를 원용하는 국가는 그에 대한 입증책임을 부담한다.

일반적 예외

상소기구는 돌고래, 바다거북 등 생물자원이 유한천연자원에 포함된다고 보았다.

선지분석

② 본문의 요건과 함께 전문의 요건을 충족해야 한다. 전문요건은 각 본문에 대한 공통요건이다.
③ 2단계분석법은 먼저 본문요건 충족 여부를 판단하고, 충족한 경우 전문요건 충족 여부를 검토하는 방법을 말한다.
④ 특정 조항 위반에 대해서는 제소국이 입증해야 하나, 제20조를 원용하여 그 위반에 대해 항변하는 경우 원용국이 본문 및 전문요건에 대해 입증할 책임이 있다.

답 ①

03 「관세 및 무역에 관한 일반협정(GATT)」 제20조의 일반적인 예외에 해당하지 않는 것은?

① 사람, 동물 또는 식물의 생명 또는 건강 보호를 위해 필요한 조치

② 미술적 가치, 역사적 가치 또는 고고학적 가치가 있는 국보의 보호를 위하여 부과되는 조치

③ 영화 필름의 상영에 대한 양적 제한 조치

④ 금 또는 은의 수입 또는 수출에 대한 조치

일반적 예외

GATT 제3조 제10항. 내국민대우에 대한 예외로 규정되었다.

선지분석

① GATT 제20조 (b)
② GATT 제20조 (f)
④ GATT 제20조 (c). 그 밖에도 공중도덕보호조치, 법률의 준수를 확보하기 위한 조치, 교도소 노동상품에 대한 조치, 유한천연자원 보존 조치, 정부 간 상품협정상 의무에 따른 조치, 국내 원료 수출 제한에 대한 조치, 공급이 부족한 상품의 획득을 위해 불가결한 조치가 명시되어 있다.

답 ③

04 「관세와 무역에 관한 일반협정(GATT)」상 금지되는 수량제한조치에 해당하는 것만을 모두 고르면? 2019년 7급

> ㄱ. 수출입할당
>
> ㄴ. 수출입허가
>
> ㄷ. 최저수입가격제도
>
> ㄹ. 매년 자동 갱신되는 수입면허제도
>
> ㅁ. 국내 판매에 영향을 주는 법령
>
> ㅂ. 국내 농수산물 시장을 안정시키기 위한 조치

① ㄱ, ㄴ, ㄷ

② ㄱ, ㄴ, ㄹ

③ ㄷ, ㄹ, ㅁ

④ ㄷ, ㄹ, ㅂ

수량제한조치

「관세와 무역에 관한 일반협정(GATT)」상 금지되는 수량제한조치에 해당하는 것은 ㄱ, ㄴ, ㄷ이다.
ㄱ. 수출입할당은 GATT 제11조 제1항에 명시된 수량제한조치로서 금지된다.
ㄴ. 수출입허가 역시 GATT 제11조 제1항에서 명시적으로 금지된 수량제한조치이다.
ㄷ. 최저수입가격제도는 GATT 제11조 제1항에 규정된 '기타 조치'에 해당된다. 최저수입가격제도는 수입 상품이 지나치게 낮은 가격으로 들어오지 않도록 상품 가격의 하한선을 설정하고, 그 미만 가격에 해당되는 상품의 수입은 금지하는 것이다. 결과적으로 수입제한효과를 초래하므로 수량제한조치에 해당된다.

선지분석
ㄹ. 매년 자동 갱신되는 수입면허제도는 수량제한조치에 해당되지 않는다.
ㅁ. 국내 판매에 영향을 주는 법령은 수량제한조치와 관련이 없다. 내국민대우와는 관련이 있다. 이러한 법령이 국산품과 수입상품 간 경쟁 조건을 수입상품에 대해 불리하게 변경한다면 내국민대우 위반이 될 수 있다.
ㅂ. 국내 농수산물 시장을 안정시키기 위한 조치는 GATT 제11조 제2항에 의해 수량제한금지의무의 예외조치로서 인정된다.

답 ①

05 「관세 및 무역에 관한 일반협정(GATT)」 제24조에 대한 설명으로 옳지 <u>않은</u> 것은? 2020년 9급

① 관세동맹 구성 영토 간의 실질적으로 모든 무역에 관하여 또는 적어도 동 영토를 원산지로 하는 상품의 실질적으로 모든 무역에 관하여 관세 및 그 밖의 제한적인 상거래 규정은 철폐된다.

② 자유무역지역의 비당사자인 체약당사자와의 무역에 대하여 자유무역지역 창설 시에 부과되는 관세는 동 지역의 형성 이전에 구성영토에서 적용 가능한 관세 및 그 밖의 상거래규정의 일반적 수준보다 전반적으로 더 높거나 제한적이어서는 아니된다.

③ 관세동맹이나 자유무역지역, 또는 동 동맹이나 지역의 형성으로 이어지는 잠정협정에 참가하기로 결정하는 체약당사자는 신속히 체약당사자단에 통보해야 한다.

④ 각 체약당사자는 자신의 영토 내의 지역 및 지방 정부와 당국에 의한 이 협정 규정의 준수를 확보하기 위해 자신에게 이용 가능할 수 있는 합리적인 조치를 취한다.

지역무역협정

관세뿐만 아니라 그 밖의 상거래규정도 자유무역지역의 비당사국에 대해 이전보다 더 높거나 제한적이어서는 안 된다.

선지분석
① 관세동맹의 역내요건으로서 이 요건은 자유무역지대와 동일하다.
③ 절차적 요건으로서 체약당사자단에 대한 통보하고 관련정보를 제공해야 한다.
④ GATT 제24조 제12항에 대한 내용이다.

답 ②

---

06 X국, Y국, Z국은 WTO 회원국이고, Y국과 Z국은 WTO정부조달협정에 가입하였다. X국과 Y국은 각각 정부조달 설비자재구매입찰의 참여를 자국 기업으로 제한하여 Z국 기업의 입찰참여가 좌절되었다. 이에 대한 설명으로 옳은 것은? 2012년 7급

① X국과 Y국은 모두 정부조달협정위반이다.

② X국과 Y국 모두 GATT 제Ⅲ조(내국민대우) 위반이다.

③ X국은 GATT 제Ⅲ조 위반이 아니다.

④ Y국은 정부조달협정 위반이 아니다.

GATT1994

정부조달협정은 복수국간무역협정(PTA)으로서 동 협정에 가입한 국가 상호간에만 적용된다. 따라서 WTO 회원국이면서 정부조달협정에 가입한 국가 상호 간에는 정부조달협정이 우선 적용된다. 그러나, 정부조달협정 가입국과 미가입국 상호 간에는 정부조달협정이 적용되지 않으므로 WTO 다자 간 무역규범이 적용된다. X국은 정부조달협정이 아니라 관련규범인 GATT1994의 규율을 받는다. 그런데 정부조달은 GATT1994 제3조의 내국민대우원칙의 예외에 해당되는 사안이므로 제3조 위반이 아니다.

선지분석
① X국은 정부조달협정 가입국이 아니므로 입찰참여자를 자국 기업으로 한정했다고 하더라도 동 협정 위반은 아니다.
② Y국은 정부조달협정 당사국이므로 동 협정상 내국민대우를 준수해야 한다. 따라서 Y국은 Z국에 대해 국제법적 책임을 진다.
④ Y국은 정부조달협정에 가입하고 있고, 동 협정상 내국민대우를 위반하고 있다.

답 ③

07 다음은 세계무역기구(WTO)의 GATT1994 협정의 내용에 대한 설명이다. 괄호 안에 들어갈 말로 옳게 짝지어진 것은?

2013년 9급

GATT협정은 상품무역의 자유화를 추구하는 점에서 서비스무역의 자유화를 추구하는 (㉠)협정과 구별된다. GATT협정은 국내시장에서 외국상품과 내국상품의 경쟁 조건을 동등하게 하기 위하여 내국세 등의 부과와 국내법의 적용에 있어 동종의 국내상품보다 수입상품이 불리하지 않게 대우해야 하는 (㉡)원칙과 수입상품 간에 차별적 대우를 금지하는 (㉢)원칙을 규정하고 있다. (㉡)원칙은 동종제품(like product) 외에 (㉣)에도 적용된다.

	㉠	㉡	㉢	㉣
①	GATS	내국민대우	최혜국대우	직접적으로 경쟁관계이거나 대체적인 제품
②	TRIPS	공정무역	내국민대우	경쟁관계이고 대체적인 제품
③	TRIMS	최혜국대우	공정무역	경쟁관계이고 대체적인 제품
④	SPS	내국민대우	최혜국대우	직접적으로 경쟁관계이거나 대체적인 제품

GATT1994

각 괄호 안에 들어갈 말로 옳은 것은 ㉠은 GATS, ㉡은 내국민대우, ㉢은 최혜국대우, ㉣ 직접적으로 경쟁관계이거나 대체적인 제품이다.

㉠ GATS는 '서비스무역에 관한 일반 협정(General Agreement on Trade in Services)'의 약자로서 서비스 무역에 관한 사항을 규율하는 WTO설립협정의 부속서 1B에 해당된다.

㉡ 내국민대우(National Treatment)는 국산품과 외국 상품 상호 간 비차별대우원칙을 의미한다. 동 원칙은 서비스무역이나 지적재산권보호에 있어서도 적용되는 원칙이다. 한편, 내국민대우는 동종상품뿐 아니라 직접경쟁 또는 대체가능상품에 대해서도 적용된다. 동종상품보다 직접경쟁 또는 대체가능상품의 범위가 더 넓다.

㉢ 최혜국대우원칙(Most Favored Nation Treatment)은 수입상품 상호 간 비차별원칙으로서 특정국가에 부여한 호의, 편의, 특권, 면제보다 불리하지 아니한 대우를 다른 회원국에 부여할 의무를 말한다.

㉣ 직접적으로 경쟁관계이거나 대체가능상품(Directly Competitive or Substitutive Products ; DSCP)을 의미한다.

답 ①

08 세계무역기구(WTO)협정에 따른 최혜국대우의무의 정당한 예외 사유가 아닌 것은?

① 개발도상국으로부터 수입되는 물품에 대해서만 특혜 관세를 부여하는 경우

② 문화적 다양성의 보호를 이유로 외국 영화의 상영관 수를 제한한 경우

③ 국제평화와 안보의 유지 그리고 자국의 국가안보를 위해 필요한 경우

④ 자유무역협정 체약국에서 생산된 수입 물품에 대해서만 무관세 대우를 부여하는 경우

최혜국대우원칙

스크린쿼터에 대한 설명으로서 내국민대우원칙에 대한 예외에 해당한다.

선지분석
① 일반특혜관세제도에 대한 설명이다.
③ 국가안보예외(GATT 제21조)에 대한 설명이다.
④ 지역무역협정(RTA)에 따른 예외규정이다.

답 ②

제2장 | 공정무역규범

 출제 포커스 및 학습방향

공정무역규범은 강학상 쓰이는 용어로 반덤핑협정, 보조금 및 상계조치협정, 세이프가드협정을 통칭한다. WTO 분쟁해결사례가 집중되는 협정이므로 출제가능성이 높은 부분이고, 2020년까지의 기존 20문제 중에서 국제경제법이 2문제씩 출제되는 상황에서도 빈번하게 출제되는 협정이었다. 2021년부터는 7급의 경우 총 25문제가 출제되므로 앞으로 공정무역규범 출제비중이 더욱 높아질 것이라고 예상된다. 각 규범의 핵심 내용과 함께 특히 우리나라와 관련된 판례도 심도 있게 정리할 필요가 있다.

제1절 | 반덤핑협정

1 서론

1. 덤핑의 의의

덤핑은 수출업자가 자신의 상품을 수출국 국내시장에서 판매되는 동종상품의 가격보다 낮은 가격으로 수출하는 것이다. 덤핑은 수출이윤 극대화 및 외국 시장에의 신규 진출 등의 동기에서 행해지고 있다. 또한, 덤핑 수출로 수입국에서 경쟁 상대자를 몰아내고 추후 독점력을 이용하여 시장을 지배하려는 약탈적 덤핑이나 완전고용, 산업 구조조정을 위한 정책수단의 하나로서 덤핑이 이루어지는 경우도 있다.

2. 덤핑규제의 논거 및 문제점

덤핑은 상품의 가격 인하로 소비자 후생 증가, 수입국 물가 안정과 같은 긍정적 효과도 있으나, 국제시장가격의 인위적 조작으로 시장질서를 교란하고 수입국 국내산업 위축 및 실업 유발과 같은 부정적 효과를 유발하므로 불공정 무역행위로서 수입국 국내 법규에 의거하여 규제가 이루어지고 있다. 그러나 각국이 지나치게 자의적인 기준에 의해 반덤핑조치를 실시할 경우 이는 자유무역의 또 다른 장애물로 작용할 우려가 존재한다.

2 발동요건(실체적 요건)

1. 개관

수입국이 반덤핑관세를 부과하기 위해서 수출국의 상품이 정상가격 이하로 수입되어 동종상품을 생산하는 수입국의 국내산업에 실질적인 피해를 주거나 줄 우려가 있어야 한다. 즉, 실체적 요건은 덤핑의 존재, 국내산업에 대한 피해, 인과관계이다.

2. 덤핑의 존재

(1) 덤핑의 개념

어느 한 국가로부터 다른 국가로 수출된 상품의 수출가격이 정상가격(normal value)보다 낮은 경우를 말한다(제2조 제1항).

> **반덤핑협정 제2조 제1항 - 덤핑의 판정(Determination of Dumping)**
> 이 협정의 목적상, 한 국가로부터 다른 국가로 수출된 상품의 수출가격이 수출국 내에서 소비되는 동종상품에 대한 정상적 거래에서 비교가능한 가격보다 낮을 경우 동 상품은 덤핑된 것, 즉 정상가격보다 낮은 가격으로 다른 나라의 상거래에 도입된 것으로 간주된다.

(2) 정상가격

① **의의**: 수출국에서 소비용(消費用)으로 판매되고 있는 동종상품에 대한 통상적인 상거래에 있어서의 비교 가능한 가격을 의미하며, 일반적으로 국내시장가격 또는 국내판매가격을 의미한다.

② **정상가격의 결정방법**: 반덤핑협정 제2조 제1항과 제2항에 따르면 ㉠ 수출국 내에서의 동종상품 가격, ㉡ 제3국 수출가격, ㉢ 구성가격에 의해 결정된다. 수출국 내에서의 동종상품 가격이 우선적 결정방법이며 이것이 불가능한 경우 나머지 두 방법이 적용된다. 제3국 수출가격과 구성가격 간에는 우열이 없다.

③ **소규모판매의 경우**: 수출국에서 소비를 위하여 판매되는 동종상품의 양이 수입국에서 판매되는 양의 5% 미만인 경우 소규모 판매에 해당하여 국내판매가격을 정상가격으로 인정하지 아니한다. 다만, 5% 미만의 소규모 판매라 하더라도 적절한 비교를 하기에 충분한 규모라는 증거가 있는 경우 이를 정상가격을 결정하기 위한 충분한 양으로 본다(제2조 제2항 각주).

④ **제3국 수출가격**: 동종상품을 적절한 제3국(an appropriate third country)으로 수출할 때의 비교가능한 가격으로서 대표성이 있어야 한다.

⑤ **구성가격(constructed value)**: 원산지국에서의 생산비용에 합리적인 금액의 관리, 판매비, 일반비 및 이윤을 합산한 가격이다(제2조 제2항). 원칙적으로 비용과 이윤은 당해 조사 대상 기업에 의한 동종상품의 생산, 판매에 관한 실제 데이터에 의해야 한다. 다만 실제 데이터에 의할 수 없는 경우 당해 기업이 원산국의 국내시장에서 동일한 일반적 부류의 상품을 생산하거나 판매하는 경우에 발생하는 실제 금액 등을 사용할 수 있다.

(3) 수출가격(Export price)

수출가격은 수입자가 수출상품에 대하여 지불한 또는 지불해야 할 가격으로 일반적으로 수출자가 보고한 실제가격에 기초하여 결정된다. 당사자들이 계약서에 정해 놓은 가격을 출발점으로 하여 여기에 수송비나 관세 및 조세 등의 비용과 및 이윤을 공제하여 산정한다. 이러한 실제 수출가격이 없거나 신빙성이 없을 경우 조사당국은 수출가격을 구성할 수 있다. 이때 수출가격은 수입자로부터 독립 구매자에게 최초로 재판매되는 가격을 기초로 구성되며, 재판매되지 않는 경우 합리적인 기초에 의해 구성될 수 있다(제2조 제3항).

구성수출가격은 구매자에 대한 재판매가격에서 운송비 등의 직접판매비, 관세 등의 세금, 수수료 등의 제반비용을 공제하는 방식으로 산정된다.

(4) 가격의 공정한 비교

① **가격 비교:** 수출가격과 정상가격은 공정하게 비교되어야 하므로, 양 가격은 동일한 거래단계(at the same level of trade), 통상 공장도 단계에서 가능한 한 동일한 시기(as nearly as possible the same time)에 이루어진 판매를 대상으로 하며 그 밖에 판매조건, 과세 등 가격 비교에 영향을 미치는 차이점들을 고려하여 적정한 공제를 한다(제2조 제4항). 공제는 의무적인 것이 아니라 허용적인 것이므로 덤핑조사기관이 반드시 공제를 해야 하는 것은 아니다.

② **제로잉(Zeroing):** 부(-)의 덤핑마진을 0으로 간주하며 최종적 덤핑마진 계산에서 제외하는 것을 말하는데, 이는 덤핑마진을 산정함에 있어서 덤핑마진을 확대시키는 효과를 초래하므로 대표적 불공정 사례로 간주된다. 반덤핑협정 제2조 제4항의 제2호는 해석상 제로잉을 배제하고 있으나, 규정의 불명확으로 남용되어 왔다. EC - Bed Linen 사건, US - Soft lumber 사건, US - Zeroing(EC) 사건, US - Zeroing(Japan) 사건 등을 거치며 패널 및 상소기구에 의해 원심 및 각종 재심에서의 제로잉 관행과 그 적용이 협정에 위반되는 것으로 판정되었고, 이와 관련하여 DDA협상에서 제2조 제4항 제2호의1은 개정 논의 중이다.

> **반덤핑협정 제2조 제4항 제2호 - 가격의 비교**
>
> 제4항의 공정비교를 규율하는 규정에 따라 일반적으로 조사 기간 동안의 덤핑마진의 존재를 가중평균 정상가격과 모든 비교가능한 수출거래가격의 가중평균과의 비교에 기초하거나 또는 각각의 거래에 기초한 정상가격과 수출가격의 비교에 의하여 입증된다. 당국이 상이한 구매자, 지역, 또는 기간별로 현저히 다른 수출가격의 양태를 발견하고, 가중평균의 비교 또는 거래별 비교 사용으로 이러한 차이점이 적절히 고려될 수 없는 이유에 대한 설명이 제시되는 경우에는 가중평균에 기초하여 결정된 정상가격이 개별 수출거래가격에 비교될 수 있다.

(5) 동종상품(like product)

덤핑판정에 있어서 비교대상이 되는 상품은 동종상품이어야 한다. 반덤핑협정에서 동종상품이란 덤핑조사 대상상품과 동일한(identical) 상품, 그러한 상품이 없을 경우 매우 유사한(closely resembling) 상품을 말한다(제2조 제6항). 반덤핑협정 제2조 제6항에는 동종상품의 범위 결정 기준에 대해서는 침묵하고 있다. 따라서 덤핑조사기관이 상품의 물리적 특성, 상품의 상업적 대체성, 제조원료, 제조방법 또는 기술, 상품의 기능 또는 최종용도, 가격, 품질, 관세분류 등 적용할 기준을 사안별로 설정하는 것이 일반적이다.

> **반덤핑협정 제2조 제6항 - 동종상품**
> 이 협정 전체를 통해 "동종상품"이라는 용어는 동일한 상품, 즉 고려 중에 있는 상품과 모든 면에서 같은 상품을 의미하며, 그러한 상품이 없는 경우 비록 모든 면에서 같지는 않으나 고려 중에 있는 상품과 매우 유사한 특성을 갖고 있는 다른 상품을 의미하는 것으로 해석된다.

3. 국내산업에 대한 피해의 판정

(1) 개설

반덤핑 규제를 위해서는 덤핑으로 인해 수입국의 관련 국내산업이 실질적 피해(material injury)를 입거나 피해의 우려(threat of injury)가 있거나 또는 국내산업의 설립이 실질적으로 지연(retardation of the establishment)되어야 한다. '실질적' 피해가 어느 정도를 의미하는지는 일반화될 수 없고 사례별로 구체화되어야 하지만, 반덤핑관세가 불공정무역관행을 대상으로 하므로 공정무역관행에 대한 세이프가드 발동요건인 '심각한(serious)' 피해보다 덜 엄격한 것으로 해석된다.

(2) 국내산업

반덤핑협정의 목적상 국내산업은 원칙적으로 덤핑조사의 대상인 상품과 동종인 상품을 생산하는 국내생산자 전체 또는 이들 중 생산량의 합계가 당해 상품의 국내총생산량의 상당부분을 점하는 국내생산자들이다(제4조 제1항).

(3) 실질적 피해 판정

① **실질적 피해 결정 기준**: 피해 결정은 적극적(positive) 증거에 기초하며, 덤핑수입물량, 덤핑수입품이 동종상품의 국내시장가격에 미치는 영향, 덤핑수입품이 결과적으로 동종상품의 국내생산자에 미치는 영향에 대한 객관적인 조사를 포함한다(제3조 제1항).

② **덤핑수입물량**: 덤핑수입물량에 관하여 조사기관은 절대적으로 또는 수입회원국의 생산이나 소비에 비하여 상대적으로 덤핑수입물량이 현저히(significant) 증가하였는지를 고려한다(제3조 제2항 제1문).

③ **가격에 미치는 영향**: 덤핑수입품이 가격에 미치는 영향과 관련하여 조사기관은 현저한 가격 인하(price undercutting), 현저한 가격 하락(depress prices) 또는 가격 인상의 현저한 억제(prevent price increases)를 초래하였는지를 고려한다(제3조 제2항 제2문).

ⓐ **가격 인하:** 수입품이 국내 동종상품보다 현저하게 저가인 것이다.
ⓑ **가격 하락:** 저가의 덤핑수입상품으로 인하여 동종상품의 국내가격이 현저하게 하락하는 것이다.
ⓒ **가격 인상의 억제:** 중간재 가격의 상승이나 임금 인상 등으로 인하여 수입국 내 동종상품의 가격이 인상되어야 함에도 불구하고 저렴한 수입상품의 가격으로 인하여 가격 인상이 억제되는 것이다.
④ **국내산업에 대한 영향:** 판매, 이윤, 생산량, 시장점유율, 생산성, 투자수익률, 또는 설비가동률의 실제적이고 잠재적인 감소, 국내가격에 영향을 미치는 요소, 덤핑마진의 크기, 자금 순환, 재고, 고용, 임금, 성장, 자본 또는 투자 조달 능력에 대한 실제적이며 잠재적인 부정적 영향 등 산업의 상태에 영향을 미치는 경제적 요소와 지표에 대한 평가를 포함한다(제3조 제4항 제1문). 이러한 요소는 '예시적'이며, 이들 가운데 일부가 반드시 결정적인 지침이 될 수는 없다(제3조 제4항 제2문). 그러나 조사기관은 제1문의 요소 가운데 특정 요소가 궁극적으로 조사결과와 관련이 없다거나 중요하지 않다는 판단을 하기 전에 이들 모두를 조사해야 한다.

 관련판례

한국 - Paper AD duties 사건

1. **동종상품 판정의 적절성(제2조 제6항)**
   인도네시아는 한국이 덤핑 결정시에는 고려 중인 상품(product under consideration)을 정보용지와 백상지로 구분하여 조사하였으나 피해 판정시에는 이들 상품을 동종상품으로 보고 총괄적인 피해 판정을 내렸다고 시비하였다. 즉, 인도네시아는 정보용지와 백상지는 다른 상품이므로 한국 정보용지와 백상지에 미친 영향을 각각 분리하여 피해 판정을 했어야 한다고 하였다. 그러나, 패널은 인도네시아의 주장을 기각하였다. 동종 상품은 고려 중인 상품을 기초로 결정되며, 한국은 고려 중인 상품을 정보용지와 백상지로 결정했으므로 동종상품 여부는 이를 기초로 결정될 수 있다고 하였다. 패널은 고려 중인 상품을 선정하는 방식은 조치국의 재량의 범위에 속한다고 하였다. 패널은 한국이 덤핑마진 산정에 있어서 정보용지와 백상지를 구분해서 각각 선정했으나 최종 덤핑마진 공표시에는 두 상품에 공히 적용되는 동일 마진을 산출하였으므로 협정에 위반되지 않는다고 하였다.

2. **덤핑수입의 가격 효과 분석의 적절성(제3조 제1·2항)**
   인도네시아는 일정 기간 동안 인도네시아 수출가격이 한국 내 가격과 동일하거나 상회하였음에도 불구하고 한국 상품 가격이 수입품 가격에 의해 영향 받았다고 판정한 것은 부당하며 한국은 제3조 제2항에 규정된 것과 달리 덤핑수입품의 가격효과가 '상당한' 것인지를 판정하지 않았다고 주장하였다. 패널은 인도네시아 주장을 기각하였다. 패널은 제3조 제1항은 피해 판정은 덤핑수입물량, 덤핑수입이 동종상품의 국내시장가격에 미치는 영향, 국내 생산자에 미치는 결과적인 영향에 대해 명확한 증거를 토대로 객관적으로 검토할 것을 요구한다고 정리하고 이러한 요건을 충족하는 한 조사 기간 중 일정 기간 동안 수출상품의 가격이 국내가격을 상회했다고 해서 부정적인 가격효과가 있었다고 판단하지 못하는 것은 아니라고 하였다. 패널은 한국이 덤핑 수입에 의한 가격 인하, 가격 하락, 가격 인상 억제의 존부 등에 대해 객관적으로 검토하였다고 판단하였다. 또한 '상당한'이란 단어가 최종 판정문에 반드시 기재되어야 하는 것은 아니며 덤핑수입품의 가격으로 인해 3개 가격 효과 중 어느 것이라도 초래되었는지가 정당하게 고려되었음이 입증되면 충족된다고 하였다.

3. 피해요소의 적정 분석 여부(제3조 제4항)

인도네시아는 한국이 제3조 제4항에 규정된 피해요소를 빠짐없이 수집하기는 하였으나 피해요소가 피해를 초래하였는지에 대해 타당하게 평가하지는 않았다고 주장하였다. 패널은 인도네시아의 주장을 인용하였다. 패널은 제3조 제4항의 피해요소는 취합하는 것으로 충분한 것이 아니라 조사 당국은 서로 연관하여 평가해야 한다고 확인하였다. 패널은 제3조 제4항은 적극적인 증거를 토대로 객관적으로 검토해야 한다는 제3조 제1항과 연계하여 해석해야 하며 따라서 제3조 제4항의 분석은 각 피해 요소의 연관성 여부 확인에 그치는 것이 아니라 이러한 요소의 평가가 피해 판정에 이르게 되었는지, 피해와 관련이 없어 보이는 요소가 있더라도 전체 피해 판정이 훼손되지 않는지에 대해 충분한 설명이 있어야 한다고 하였다. 패널은 한국의 잠정, 최종 판정문에는 이러한 분석이 결여되어 있으므로 한국이 제3조 제4항에 합치되지 않게 행동하였다고 판정하였다.

(4) 누적평가

상품이 2개국 이상으로부터 수입되고, 동시에 반덤핑조사의 대상이 되는 경우 조사기관은 수입상품으로 발생하는 피해의 효과를 누적적으로 평가할 수 있다. 누적평가는 각국으로부터 수입된 상품의 덤핑마진이 최소허용수준을 초과하며(덤핑마진 2% 이상), 각국으로부터의 수입물량이 무시할 만한 수준이 아니고, 수입상품 간의 경쟁조건 및 수입상품과 국내 동종상품 간의 경쟁조건을 감안할 때 수입품의 효과에 대한 누적적 평가가 적절하다고 조사기관이 결정하는 경우 할 수 있다(제3조 제3항). 특정국으로부터의 수입량이 동종상품의 수입량의 3% 미만을 점유하며, 개별적으로 3% 미만을 점유하는 국가들의 총체적 수입물량이 7%를 초과하지 않는 경우, 그 수입량은 일반적으로 무시할 만한 수준으로 간주된다.

(5) 실질적 피해 우려의 판정

판정은 사실에 기초하며, 단순히 주장이나 추측 또는 막연한 가능성에 기초해서는 안 된다(제3조 제7항 제1문). 덤핑이 피해를 초래하는 상황의 변화는 명백히 예측되어야 하며 임박한 것이어야 한다(제3조 제7항 제2문).

(6) 설립의 실질적 지연

국내산업 설립의 실질적 지연은 동종상품을 생산하는 국내산업이 존재하지 않고 이를 확립하려는 노력이 덤핑에 의하여 실질적으로 지연될 때 또는 국내산업이 존재하지만 동종상품의 생산이 개시되지 않은 경우 등에 적용될 수 있다. 이는 한국에서 특히 중요한 의미를 갖는다. 막대한 개발비를 들여 개발한 제품들이 제품화단계에 들어설 때마다 일본의 덤핑 공세로 인해 피해를 입는 사례가 빈번히 발생하고 있지만, 기존 생산실적이 없어서 '실질적 피해'를 입증하기 어려웠기 때문이다.

4. 인과관계(causal relationship)

덤핑의 결과로서 국내산업에 피해가 야기되었어야 한다. 이를 입증하기 위해 조사기관은 제시된 모든 관련증거(all relevant evidence)를 검토해야 하며 국내산업에 피해를 초래하는 넘씽수입품 이외 모든 알려진 요소를 검토해야 한다. 피해를 야기하는 덤핑 이외의 요인으로는 수입국 국내수요의 감소, 소비 패턴의 변화, 외국생산자와 국내생산자의 제한적인 상거래 관행, 외국생산자와 국내생산자 간의 경쟁, 기술진보, 국내산업의 수출실적, 생산성 등이 있다. 이와 같은 다른 요소로 발생한 피해는 당해 수입품에 귀속시켜서는 안 된다(제3조 제5항, non-attribution rule).

3 발동요건(절차적 요건)

1. 개관

반덤핑관세의 부과는 각국 재량에 맡겨져 있으므로 국가별로 약간의 차이는 있으나 청원서 제출, 조사 개시 결정, 설문서의 송부와 답변서 제출 검증절차, 회합, 예비판정, 확정판정, 반덤핑관세의 부과 등 규제조치 발동, 불복절차 순으로 진행된다.
복잡한 절차 및 잦은 지연 등으로 인해 과거 조사절차 자체가 보호무역장벽으로 이용되어 왔으므로 반덤핑협정은 규제당국의 자의적인 운영을 방지하고 신속하고 공정한 절차의 진행을 보장하기 위해 시한 설정, 당사자 방어권 보장, 절차의 명료성 제고 등 상세한 규정을 두어 이를 규율하고 있다.

2. 조사의 개시

(1) 신청

조사절차는 원칙적으로 수입국 국내산업에 의해 혹은 이를 대신하여 행해진 서면신청으로 개시된다(제5조 제1항). 조사기관의 직권에 의해서도 개시될 수 있다. 신청서에는 덤핑, 피해, 인과관계에 대한 증거를 포함하며 증거에 의해 입증되지 않는 단순한 주장만으로는 청원을 제출할 수 없다(제5조 제2항).

(2) 신청적격

조사기관이 동종상품의 국내생산자가 표명한 신청에 대한 지지 또는 반대의 정도를 검토하여, 국내산업이나 이를 대리하여 조사가 신청되었다는 결정을 하는 경우 조사를 개시할 수 있다(제5조 제4항 제1문). 조사신청에 대해 지지 또는 반대를 표명한 국내생산자가 생산한 동종상품 총생산량의 50%를 초과하는 생산량을 담당하는 국내생산자가 지지할 경우 조사신청이 국내산업에 의해서 또는 이를 대리하여 이루어진 것으로 간주된다(제5조 제4항 제2문; 50% rule). 그러나 조사신청을 명시적으로 지지하는 국내생산자의 총생산량이 국내산업에 의해 생산된 동종상품의 총생산량의 25% 미만인 경우 조사가 개시되지 아니한다(제5조 제4항 제3문; 25% rule).

> **반덤핑협정 제5조 제4항 - 조사의 개시**
>
> 제1항에 따른 조사는, 당국이 동종상품의 국내생산자에 의해 표명된 신청에 대한 지지 또는 반대의 정도에 관한 검토에 근거하여 동 신청이 국내산업에 의하거나 이를 대신하여 이루어졌다는 결정을 하지 아니하는 한 개시되지 아니한다. 이러한 신청은 이러한 신청에 대해 지지 또는 반대를 표명하는 국내산업의 부분이 생산한 동종의 상품의 총생산의 50%를 초과하는 총체적 산출량을 구성하는 국내생산자가 지지할 경우 국내산업에 의하거나 이를 대신하여 이루어진 것으로 간주된다. 그러나 신청을 명시적으로 지지하는 국내생산자의 총생산이 국내산업에 의해 생산된 동종상품의 총생산의 25% 미만인 경우 조사가 개시되지 아니한다.

3. 조사 기간

덤핑조사가 개시되면 조사 기간은 통상적으로 1년 이내에 조사절차가 종결되어야 한다. 단, 특별한 상황이 있는 경우 18개월을 초과해서는 안 된다(제5조 제10항).

4. 조사대상기간

조사대상기간에 관한 규정은 없다. 다만, 반덤핑위원회는 조사 개시시점과 근접하고 실무적으로 적절한 12개월 기간을 덤핑조사대상기간으로 정할 것을 권고한다. 예외적인 상황의 경우 단기간을 설정할 수 있으나 적어도 6개월 이상이어야 한다. 그리고 덤핑조사대상기간을 포함하는 통상적으로 최소 3년의 기간을 피해조사대상기간으로 정할 것을 권고한다.

5. 표본조사(sampling)

덤핑마진은 제출된 특정 기업의 자료에 기해 개별 수출자별로 결정된다. 그러나 관련 수출자, 수입자, 상품 수가 많은 경우 표본조사를 할 수 있다. 표본추출에 의한 조사시 가급적 관련당사자와 협의하고 동의를 받아야 한다. 표본추출을 할 경우에도 정보를 적시에 제출한 자에 대해서는 개별적인 덤핑마진을 결정해야 한다(제6조 제10항). 수출자 수가 너무 많아 개별적 조사가 부당하게 조사기관에 부담이 되고 조사의 적시 종결을 방해하는 경우 개별적 덤핑마진을 결정하지 않을 수 있다(제6조 제10항 제2호).

6. 예비판정

당국은 조사절차에서 덤핑으로 인해 관련 국내산업이 피해를 입었다고 판단하는 경우에는 덤핑과 피해 여부에 대한 긍정적인 예비판정을 하게 된다. 예비판정은 의무적이지 않으나 잠정조치를 취하거나 가격 인상 약속을 제안, 수락하기 위해서는 반드시 긍정적 예비판정이 전제되어야 한다. 모든 예비판정은 공고한다(제12조 제2항).

7. 최종판정

조사결과 덤핑과 피해에 대해 긍정적인 최종판정을 내리게 되면 확정 반덤핑관세를 부과할 수 있다.

8. 사법적 검토

반덤핑협정은 각 회원국의 덤핑 규제조치에 관한 규정 중에 최종판정과 관련한 행정적 조치의 신속한 검토 및 반덤핑관세의 존속기간에 관한 판정의 재검토를 받을 수 있는 사법, 중재, 행성법원의 절차를 마련할 것을 요구하고 있다(제13조).

4 규제조치

1. 개설

규제조치라 함은 덤핑의 효과를 상쇄시키기 위해 수입국이 부과하는 대응조치를 말하며 잠정조치, 가격약속 및 반덤핑관세를 제외하고는 덤핑에 대해(against dumping) 어떠한 부정적 관계(adverse bearing)의 조치도 취할 수 없다(제18조 제1항). US - Byrd 수정법 사건에서 패널 및 항소기구는 징수한 반덤핑관세를 미국내 동종제품의 생산자에게 지급하는 것이 이에 위반된다고 보았다. 규제조치는 불공정상태를 제거하기 위해 필요한 최소한도에 국한되어야 하므로 반덤핑협정은 규제조치의 요건과 부과에 대한 상세한 제한규정을 두고 있다.

반덤핑협정 제18조 제1항 - 규제조치

이 협정에서 해석된 바에 따라 1994년도 GATT의 규정에 따르는 경우를 제외하고는, 다른 회원국으로부터의 덤핑수출품에 대하여 어떠한 구체적인 조치도 취할 수 없다.

 관련판례

미국 - Offset Act 사건(Byrd 수정법 사건)

2000년 10월 미국은 2000년 지속적 덤핑 및 보조금 상계법을 제정하였다. 동법의 핵심 내용은 반덤핑관세 또는 상계관세 부과를 통해 징수된 관세수입을 덤핑 및 보조금 지급으로 피해를 입은 국내생산자들에게 매년 분배하도록 한 규정한 것이다. 이에 대해 우리나라를 비롯한 호주, 브라질, 일본 등이 WTO에 제소하였다. 제소국들은 동 조치가 AD협정 제18조 제1항에 위반되는 조치라고 주장하였다. AD협정 제18조 제1항의 의미에 대해 패널은 GATT규정에서 인정된 반덤핑조치 이외의 조치는 덤핑수출에 대해 취해질 수 없음을 의미하는 것으로 해석하였다. 또한 GATT규정에서 인정된 반덤핑조치는 '덤핑관세부과', '잠정관세부과', '가격 인상 약속'을 의미하는 것으로 해석하였다. 패널은 어떤 조치가 AD협정 제18조 제1항을 위반하기 위한 조건은 동 조치가 덤핑에 대한 조치(specific measure against dumping)여야 하고, 그 조치가 앞서 언급한 세 가지 조치에 포함되지 않아야 한다고 판시하였다. 동 조치가 덤핑과 '부정적 관계'(adverse bearing)에 있어야 덤핑에 대한 조치로 인정된다고 하였다. 패널은 상계지급조치는 덤핑에 대응하는 조치이나 GATT에서 인정된 조치가 아니므로 AD협정 제18조 제1항을 위반하였다고 판정하였다. 덤핑 피해를 입은 국내 생산자들에게 상계지급되는 경우 수입품 간 경쟁관계에 있어서 국내생산자들에게 유리하게 작용하므로 부정적 관계가 있다고 본 것이다. 상소기구 역시 패널 평결을 지지하였다.

2. 잠정조치(provisional measures)

(1) 의의

잠정조치는 덤핑과 그로 인한 피해가 명확함에도 불구하고 최종적인 판정을 기다렸다가는 국내산업이 회복할 수 없는 피해를 입을 것이 예상되는 경우 잠정적으로 취하는 구제조치이다. 이는 임시적 조치로 부과액은 최종결정에 의해 조정되나 최종결정에는 아무런 영향을 주지 못한다.

(2) 요건

조사기관이 잠정조치를 취하기 위해서는 ① 반덤핑협정의 규정에 따라 조사가 개시되고, 이 사실이 공고되며, 이해당사자에게 자료의 제출 및 의견진술을 위한 적절한 기회가 주어져야 하고, ② 덤핑 및 이로 인한 국내산업에 대한 피해에 관하여 긍정적 예비판정이 있어야 하고, ③ 조사 기간 중 초래되는 피해를 방지하기 위하여 잠정조치가 필요하여야 한다(제7조 제1항). 조사 개시 후 60일 이내에는 잠정조치를 취할 수 없다(제7조 제3항).

(3) 형태

조사기관은 잠정적으로 산정된 덤핑마진을 초과하지 않는 범위 내에서 잠정관세를 부과하거나 가급적 현금예치, 유가증권과 같은 보증금의 형태를 취할 수 있다(제7조 제2항). 대부분 금융비용이 적게 드는 보증(bond)을 제공한다.

(4) 기한

잠정조치의 적용은 4월을 초과할 수 없으나 관련 무역에 상당한 비율을 차지하는 수출자의 요청에 따라 조사기관이 결정한 경우 6월까지 연장이 가능하다(제7조 제3항).

(5) 공고

잠정조치는 공고되어야 한다. 공고 시에는 공급자 또는 공급국의 이름, 상품의 명세, 확정된 덤핑마진 및 제2조에 따른 정상가격과 수출가격의 결정과 비교에 사용된 방법의 이유에 대한 충분한 설명, 제3조에 규정된 피해판정과 관련된 고려사항, 판정에 도달한 주요 이유를 포함한다(제12조 제2항 제1호).

3. 가격 인상 약속(price undertakings)

(1) 의의

가격 인상 약속은 수출자가 당해물품의 가격을 적정선으로 인상하여 덤핑상태를 제거할 것을 자발적으로 제안하고 조사기관이 이를 수락함으로써 잠정조치나 반덤핑관세의 부과없이 덤핑절차를 정지하거나 종결하는 것을 말한다(제8조 제1항).

(2) 약속의 제안

수출자의 가격 인상 약속 제안이나 그에 대한 수락은 덤핑과 피해의 긍정적 예비판정 이후에만 가능하다(제8조 제2항). 수입당국도 가격 인상을 제안할 수 있으나 이를 강요할 수는 없다(제8조 제5항).

(3) 수락의 거부

가격 인상 약속이 수락되기 위해서는 가격 인상 약속에 의해 덤핑 및 그 피해가 충분히 제거될 수 있다고 당국이 확신하여야 한다. 수출자 수가 많거나, 다른 이유로 인해 현실성이 없다고 보이는 경우에는 가격 인상 약속을 수락할 필요가 없다(제8조 제3항).

(4) 수락과 조사 종결

가격약속이 수락되는 경우에도 자동적으로 조사가 종결되는 것은 아니며 수출자의 희망 또는 당국의 결정에 따라 조사가 종결된다(제8조 제4항).

4. 확정관세의 부과

(1) 반덤핑관세 부과의 결정

반덤핑관세 부과요건이 충족되는 경우 이를 부과할 것인지 여부 및 관세액을 덤핑마진의 전액으로 할 것인지 그보다 적게 할 것인지는 수입국의 재량이다(제9조 제1항). 반덤핑관세는 가격약속이 수락된 수입의 경우를 제외하고 덤핑을 초래하는 모든 수입원으로부터의 당해 상품 수입에 대해 무차별원칙에 따라 부과된다(제9조 제2항). 반덤핑관세의 구체적인 산정은 각국마다 서로 다른 기초 위에 행해진다. 예를 들어, 미국의 경우 소급산정방식을, EU의 경우 추급산정방식을 채택하고 있다.

> **반덤핑협정 제9조 제1항 - 반덤핑관세의 부과**
> 반덤핑관세를 부과하기 위한 모든 요건이 충족된 경우에 반덤핑관세를 부과할 것인지의 여부와 부과되는 반덤핑관세의 세액을 덤핑마진의 전액으로 할 것인가 또는 그보다 적게 할 것인가의 여부는 수입회원국 당국이 결정한다. 모든 회원국의 영토 내에서 부과는 임의적인 것이 바람직하며 또한 덤핑마진 미만의 관세가 국내산업에 대한 피해를 제거하기에 적절한 경우에는 동 관세는 덤핑마진 미만으로 되는 것이 바람직하다.

(2) 경미과세의 원칙(lesser duty rule)

반덤핑관세액은 정해진 덤핑마진을 초과해서는 안 된다(제9조 제3항). 덤핑마진 미만의 관세로도 피해를 제거하기에 적절한 경우 반덤핑관세액은 덤핑마진 미만으로 되는 것이 바람직하다(제9조 제1항). EC의 경우 강제적 경미과세의 원칙을 도입하고 있으며 DDA에서 권장사항에 해당하는 경미과세의 원칙의 의무화 필요성에 대해 개정 논의가 이루어지고 있다.

(3) 소급적용

잠정조치와 확정관세의 부과는 일정한 예외를 제외하고는 잠정조치 및 반덤핑관세 부과결정이 효력을 발생한 후 소비용으로 반입된 상품에 대해서만 적용된다(제10조 제1항). 단, 피해의 존재에 대한 최종판정이 내려진 경우 잠정조치 적용기간에 대해 소급하여 반덤핑관세가 부과될 수 있다. 피해의 우려 또는 국내산업 확립의 지연의 경우 반덤핑관세가 소급하여 적용되지 않으나 피해의 우려에 대한 최종결정이 있고 잠정조치가 없었던 경우 피해가 발생했을 경우 반덤핑관세를 소급하여 적용할 수 있다(제10조 제2항). 확정된 반덤핑관세가 납부되었거나 납부되어야 할 잠정관세액 또는 보증을 목적으로 산정된 금액보다 높은 경우 그 차액은 징수되지 아니한다. 확정관세액이 납부되었거나 납부되어야 할 잠정관세액이나 보증을 목적으로 산정된 금액보다 낮은 경우 그 차액이 환불되거나 관세가 재산정된다(제10조 제3항). 최종판정이 부정적인 경우, 신속하게 잠정조치의 적용 기간 동안 예치된 모든 현금은 환불되고 모든 담보는 해제된다(제10조 제5항).

> **반덤핑협정 제10조 제2항 - 소급적용**
>
> 피해의 최종판정(피해의 우려 또는 산업의 확립에 실질적인 지연의 판정은 해당되지 아니함)이 내려진 경우, 또는 피해의 우려 판정이 내려진 경우 잠정조치가 없었다면 피해의 최종판정이 내려졌을 경우, 잠정조치가 있는 경우 동 조치가 적용된 기간에 대하여 반덤핑관세가 소급하여 부과될 수 있다.

5 재심

1. 일몰재심

반덤핑관세는 덤핑피해를 상쇄하기 위하여 필요한 기간 및 정도만큼 부과하여야 한다(제11조 제1항). 원칙적으로 반덤핑조치 부과 후 5년이 경과하면 자동적으로 소멸한다(sunset clause). 단, 조사기관의 직권 또는 국내산업의 요청에 의해 개시된 종료재심 결과 관세부과의 종료가 덤핑 및 피해를 지속시키거나 재발을 초래할 것으로 판정되는 경우에는 관세부과를 연장할 수 있다(제11조 제3항). 조사기관은 종료재심이 완료될 때까지 반덤핑관세를 부과할 수 있다(제11조 제3항 제2문). 종료재심은 원조사와 달리 성질상 장래에 관한 판단이다. 즉, 반덤핑관세가 종료될 경우 발생하는 덤핑과 피해의 계속 또는 재발이라는 장래의 상황에 초점이 맞추어져 있다. 그러나 원조사는 과거의 일정기간, 즉 조사대상기간에 덤핑과 피해가 있는지를 판단하는 것이다. 종료재심은 통상적으로 12개월 내에 종료되어야 하고, 반덤핑협정 제6조의 증거와 절차에 관한 규정이 적용된다(제11조 제4항).

> **반덤핑협정 제11조 제3항 - 일몰재심**
>
> 제1항 및 제2항의 규정에도 불구하고 모든 확정 반덤핑관세는 부과일(또는 제2항에 따른 검토가 덤핑과 피해를 동시에 고려하였다면 제2항에 의한 가장 최근의 검토일 또는 이 항에 따른 가장 최근의 검토일)로부터 5년 이내에 종결된다. 다만, 당국이 동 일자 이전에 자체적으로 개시한 검토 또는 동 일자 이전 합리적인 기간 내에 국내산업에 의하거나 이를 대신하여 이루어진 정당한 근거에 입각한 요청에 의하여 개시된 검토에서 관세의 종료가 덤핑 및 피해의 지속 또는 재발을 초래할 것으로 당국이 판정하는 경우는 그러하지 아니한다. 이러한 검토결과가 나오기 전까지 관세는 유효할 수 있다.

2. 상황변경재심(interim review)

(1) 의의

조사기관은 정당한 사유가 있는 경우 직권으로 또는 이해관계자의 신청이 있는 경우 반덤핑관세의 계속적인 부과가 필요한지를 조사한다. 상황변경재심의 목적은 덤핑을 상쇄하기 위해 지속적인 관세의 부과가 필요한지 여부, 관세가 철회 또는 변경되었을 경우 피해가 계속되거나 재발할 것인지의 여부 또는 이 두 사항에 대해 조사하기 위한 것이다.

(2) 요건

이해관계자가 조사신청을 하기 위해서는 확정 반덤핑관세 부과 이후 합리적인 기간이 경과하고 조사가 필요하다는 명확한 자료를 제시해야 한다.

(3) 절차

상황변경재심은 통상적으로 12개월 내에 종료되어야 하고, 반덤핑협정 제6조의 증거와 절차에 관한 규정이 적용된다(제11조 제4항).

(4) 효과

상황변경재심 결과 반덤핑관세가 더 이상 정당화되지 아니한다고 조사기관이 결정하는 경우 반덤핑관세의 부과는 즉시 종결된다(제11조 제2항).

> **반덤핑협정 제11조 제2항 - 상황재심**
> 당국은 정당한 경우 자체적으로 또는 확정 반덤핑관세의 부과 이후 합리적인 기간이 경과하고 검토가 필요하다는 명확한 정보를 제시하는 이해당사자의 요청에 따라 반덤핑관세의 계속적인 부과의 필요성에 대해 검토한다. 이해당사자는 당국에 대해 덤핑을 상쇄하기 위해 지속적인 관세의 부과가 필요한지 여부 관세가 철회 또는 변경되었을 경우 피해가 계속되거나 재발할 것인지 여부 또는 이러한 두 가지에 대해 조사를 요청하는 권리를 갖는다. 이 항에 따른 검토 결과 반덤핑관세가 더 이상 정당화되지 아니하다고 당국이 결정하는 경우 반덤핑관세의 부과는 즉시 종결된다.

제2절 │ 보조금 및 상계조치협정

1 서설

1. 보조금의 의의

보조금이란 일국 정부가 자국 민간기업에 대하여 국고를 동원하여 재정적 지원을 실시하는 조치를 의미한다. 민간기업이 다른 민간기업을 위해 재정적 지원을 제공하는 것이나, 정부가 정당한 반대급부를 획득하고 재정적 지원을 실시하는 것은 보조금이 아니다.

2. 보조금 지급이유

국가가 민간기업에 대해 보조금을 지급하는 이유는 이를 통해 보조금을 받은 기업이 해외시장에서 외국 기업에 비해 경쟁력을 확보할 수 있도록 하기 위한 것이다.

3. 보조금 지급조치의 문제 및 국제법적 규제

보조금의 지급은 시장기능으로 해결할 수 없는 공공정책 목표를 달성할 수 있으나, 자유로운 교역을 왜곡(trade distortion)하는 효과가 있다는 점에서 문제가 있다. 따라서 GATT 제6조, 제16조 및 도쿄 라운드에서 채택된 '보조금 및 상계조치협정'을 통해 규제하였다. 그러나 이러한 규정들에서는 규제대상 보조금의 범위와 기준이 모호하고 상계관세 부과의 기준 및 절차 등이 불명확하여 각국이 경쟁적으로 보조금을 지급하고, 미국, 캐나다, EC 등은 상계관세제도를 효과적인 수입규제수단으로 남용하여 통상분쟁이 증대되었다.

4. UR협상과 SCM협정

UR협상은 GATT규정 개선을 목표로 진행되었는바 구체적으로는 보조금의 범위와 기준을 명확히 하고, 상계관세의 발동요건 및 절차를 명료히 함으로써 각국의 보조금 지원에 따른 통상분쟁을 완화하는 것을 목표로 하였다. UR협상을 통해 32개 조항과 7개 Annex로 이루어진 보조금협정이 채택되어 최초로 보조금 정의 규정을 도입하고, 상계관세 부과 시 '실질적 피해'의 요건을 규정하는 등 기존 규범을 대폭 강화하였다.

 관련판례

DDA 수산보조금협상 타결

2022년 6월 개최된 WTO 제12차 각료회의에서 수산보조금협상이 최종 타결되고 관련 문서를 채택했다. 수산보조금협상은 당초 도하개발어젠다(DDA: Doha Development Agenda) 협상의 일부로 다뤄져 오다가 2015년 UN 제70차 총회에서 지속가능개발목표(SDGs: Sustainable Development Goals)의 과제로 "2020년까지 과잉어획능력 및 남획을 초래하는 유형의 수산보조금을 금지하고, 불법·비보고·비규제(IUU: Illegal·Unreported·Unregulated) 어업을 초래하는 보조금 근절 및 이와 유사한 신규 보조금의 도입을 제한한다."는 목표가 포함되면서 오랫동안 지지부진하던 협상에 동력을 부여받았다. 협상 개시 이후 21년 만에 타결된 수산보조금협상은 불법어업 및 과잉어획된 어종에 대한 보조금 지급금지를 다자간 합의로 도출한 것이다. 이번에 타결된 수산보조금협정은 크게 세 가지 분야에 지급되는 보조금을 금지하고 있다. 첫째는 IUU 어업 관련 보조금, 둘째는 과잉어획된 어족자원(OFS: Overfished Stocks) 어업 관련 보조금, 셋째는 기타 보조금이다. 당초 수산보조금협상은 IUU, OFS 이외에도 과잉어획 및 과잉능력에 기여하는 보조금(OCOF: Overcapacity Overfishing)을 규율하는 내용이 포함돼 있었다. 사실 이에 대한 협상은 내용도 가장 복잡하고 선진국과 개도국 간 입장 차이가 커 첨예하게 대립되는 부분이었다. 결국 OCOF 분야 협상과정에서 편의치적 선박(flag of convenience, 선주의 소재국이 아닌 소유·운항 등의 편의를 제공해 주는 국가에 등록된 선박)에 대한 보조금 주의조항 등 일부를 제외하고 OCOF 관련 규범은 전체 협정에서 빠지게 됐다. 그러나 WTO 회원국들은 협정발효 4년 이내 OCOF 관련 규범이 합의되지 않는다면, 일반이사회가 달리 결정하지 않는 한 이번에 타결된 수산보조금협정 자체도 즉시 폐기된다는 조항을 포함시켰다.

2 보조금의 정의

1. 개설

SCM협정은 보조금을 금지보조금(prohibited subsidy), 소지가능보조금(actionable subsidy) 및 허용보조금(non - actionable subsidy)으로 구분해서 규정한다. 그러나 정부의 조치가 위 세 보조금에 해당하는지를 판단하기에 앞서 선결조건으로서 WTO 회원국의 조치가 보조금협정의 적용대상이 되는 '보조금'에 해당하는지를 먼저 판단해야 한다. SCM협정 제1조는 보조금의 요건으로 지급주체로서 정부 또는 공공기관과 재정적 기여 또는 가격 지지의 존재, 혜택을 규정하고 있다.

2. 지급주체

(1) 정부 또는 공공기관

보조금의 지급주체는 정부(government), 공공기관(public body) 그리고 민간기관(private body)이 있다. 첫째, 정부에는 중앙정부뿐 아니라 지방정부도 포함된다. 둘째, 공공기관이 지급주체에 포함된다. 공공기관은 정부가 직접 또는 간접적으로 개입이 가능한 정부대행기관, 정부의 통제를 받거나 공권력을 가지고 활동하는 특수기관을 포함한다. 공공기관인지 여부에 대해 WTO 패널과 항소기구는 소유주체, 통제 및 관리방식 등을 기준으로 판단한다.

(2) 민간단체에 대한 지시 및 위임

① 정부가 민간단체에 대해 보조금 공여조치를 위임하거나 지시하는 경우에도 정부가 보조금을 지급한 것으로 인정된다. 이것은 정부가 민간기관에게 지시 및 위임함으로써 보조금 및 상계조치에 관한 협정을 우회하려는 것을 방지하기 위한 것이다.

② 한국 - DRAM보조금조사 사건(하이닉스사 사건)에서 패널은 미국 수출제한해석 사건의 패널 판정에 따라 위임과 지시를 각각 권한위임과 명령으로 해석하였다. 그러나 상소기구는 이 해석이 지나치게 좁은 해석이라고 보고 위임과 지시는 정부가 민간을 대리(proxy)로 하여 민간에게 재정적 기여 중 자금이전, 채무보증, 감세, 현물서비스 지급을 시키는 행위를 말한다고 하였다. 위임은 권한위임에 한하지 않고 정부가 민간에게 대리해 조성할 책임을 부여하는 경우를 포함한다고 하였으며, 지시도 명령에 한하지 않고 정부가 민간에 대해 국가의 권한을 행사하는 상황에서 일어난다고 하였다. 다만, 단순한 정책 표명은 위탁과 지시에 해당하지 않는다. 위탁과 지시는 권장 이상의 적극적인 행위이어야 한다고 하였다.

🔨 **관련판례**

미국 - DRAM CVD 사건
2000년~2001년에 걸쳐 하이닉스(Hynix) 채권 은행단은 회사를 회생시켜 채권 확보를 극대화하려는 구조조정조치의 일환으로 수차례에 걸쳐 각종 금융지원을 제공하였다. 구조조정지원조치에는 6개 국책은행을 포함하여 총 10개 국내은행이 참가하였다. 구체적인 조치로는 산업은행에 의한 회사채 신속인수제도, 부채에 대한 상환기일 연장, 전환사채의 매입, 신규융자, 출자전환, 대출금리 인하 등이 시행되었다. 미국과 EC는 채권단의 조치가 한국 정부의 지시와 위임에 의해 행해진 것이라고 주장하고 하이닉스반도체에 고율의 상계관세를 부과하였다. 한국 정부는 미국의 상계조치가 보조금협정에 위반된다고 주장하며 2003년 11월 19일 WTO에 패널 설치를 요청하였다. 패널은 정부의 지시와 위임은 통상적 의미에서 볼 때 미국 - Exports Restraints 사건 패널 견해대로 '위양(委讓, delegation)'의 의미와 '명령(command)'의 의미를 포함하는 것이라고 밝혔다. 또한 지시나 위임은 반드시 명시적이거나 공식적이어야 하는 것은 아니고 암묵적이거나 비공식적일 수도 있다고 하였다. 패널은 결론적으로 보조금협정 제1조 제1항 가호(1)(라)가 조사당국으로 하여금 특정기관에 대해 특정 과제나 의무(task or duty)를 지시하거나 위임하는 당해 정부의 명시적인 행동이 있었음을 증명할 것을 요구하지는 않는다고 보았다. 상소기구는 패널의 법률해석을 수정하였다. 상소기구는 지시는 "정부가 민간 기관에 대해 권한을 행사할 수 있는 상황"에서, 위임이란 "정부가 민간 기관에 책임을 부여할 때 발생"할 수 있는 것이므로 지시와 위임을 각각 명령과 위양의 의미로 해석하는 것은 의미를 지나치게 협소하게 해석하는 것이라고 지적하였다. 한편, 패널은 미국이 제시한 다양한 증거들을 검토한 결과 미국은 한국 정부의 채권은행단에 대한 지시나 위임이 있었음을 충분하게 입증하지 못했다고 판단하였다. 패널은 미국이 검토한 증거 대부분이 정황증거이기는 하나 정황증거라고 하여 지시나 위임의 증거가 될 수 없는 것은 아니며 단지 그 증거가 지시나 위임에 의해 민간기관이 하이닉스(Hynix)의 구조조정에 참가하였음을 입증하기에 충분한 정도로 증거력이 있고 강력한 것(probative and compelling)인지를 살펴야 한다고 보았다. 이러한 전제에서 패널은 미국이 제시한 증거들을 검토하였으나 패널은 한국 정부가 Group B, C 은행으로 하여금 하이닉스(Hynix)사 구조조정에 참가하도록 단정적인 행위를 통해 명령 또는 위양했다는 점을 충분한 증거로 입증하지 못했으며 따라서 이들 은행에 대해 한국 정부가 지시나 위임을 행사하였다는 미 상무부의 판정은 보조금협정 제1조 제1항 가호(1)(라)와 합치되지 않는다고 판정하였다. 상소기구는 패널의 판정을 파기하였다. 우선, 상소기구는 패널이 총론에서는 미 상무부의 증거 검토방식인 'evidence in its totality'가 타당하다고 인정하였음에도 각론에서는 증거 하나 하나를 개별적으로 검토하였다고 보았다. 미 당국은 증거검토를 통해 3개의 단계를 추론해내고 이를 토대로 정부의 지시와 위임에 대해 긍정적 판정을 한 것인데 패널은 증거가 그것도 증거 모두를 함께 보았을 때가 아니라 하나하나를 독립적으로 지시와 위임을 입증할 정도로 충분한지를 살핀 것이라고 지적하였다. 상소기구는 패널의 이 같은 분석은 개개 증거를 새로이(de novo) 조사한 것으로 제출된 사실에 의해 판단해야 한다는 DSU 제11조 패널의 심리기준을 벗어나는 것이라고 보았다. 상소기구는 정부의 지시와 위임에 관한 증거는 속성상 대부분 정황증거인 경우가 많은데 정황증거 전체에서 합리적으로 추론할 수 있는 결론을 인정하지 않고 증거 개개에 대해 지시와 위임에 대한 증거력을 요구할 경우 사실상 지시와 위임을 입증하기가 어렵다는 점도 강조하였다. 상소기구는 패널이 범한 이상의 오류에 비추어 볼 때 지시와 위임에 대한 미 상무부의 긍정 판정을 뒷받침하는 증거가 충분하지 않다는 패널의 결론은 성립할 수 없으며 패널의 이러한 결론이 Group B, C 은행에 대한 한국 정부의 지시와 위임이 있었다는 미 상무부의 판정은 보조금협정 제1조 제1항 가호(1)(라)에 합치되지 않는다는 패널 판정의 유일한 근거이므로 동 판정을 파기한다고 판시하였다. 그러나 이러한 패널 판정 파기가 곧 미 상무부의 보조금 판정이 보조금협정에 합치되는 것을 의미하는 것은 아니고 새로운 심리를 해야 할 것이나 사실관계가 부족하여 심리를 계속할 수 없다고 밝혔다.

3. 재정적 기여

(1) 자금이전 또는 채무보증

정부가 직접 민간에 자금을 이전하는 행위는 보조금의 전형이다. 그것은 증여, 대부, 출자 등 여러 가지 형태로 이루어진다. 한국 선박보조금 사건에서 정부가 관련법규에 근거해 상선 수출촉진을 위해 교부한 대출과 대출보증이 수출보조금에 해당한다고 판정되었다(2005년 3월). 미국 영국산유연봉강 사건에서는 정부의 자본주입이 일정한 조건을 만족하는 경우에 자금이전이 되는 것이 명백하다고 하였다. 자본주입이란 정부가 특정 기업의 자기자본(대차대조표의 자산이 부채를 상회하고 있는 자본 부분)에 대해 행하는 조치이다. 이러한 자본주입은 정부가 기업의 주식을 통상의 투자관행 가격과는 다른 가격으로 구입하는 경우에 정부의 보조금을 간주된다.

(2) 조세 감면

조세 감면은 정부가 조세수입을 포기하거나 징수하지 않는 것을 의미하며, 직접세 감면, 관세 감면, 내국간접세 감면 등이 있다.

① 직접세 감면의 예로는 법인세 감면이 있다. 국가가 특정 수출기업에만 법인세를 면제하는 것은 수출기업에 대한 보조금으로 간주된다. 미국 - 외국판매회사 사건(US - FSC 사건)에서 패널과 상소기구는 조세피난처에 설립된 미국 수출기업에 대한 법인세의 면제는 정부에 의한 조세 수입의 포기로서 보조금에 해당한다고 판단하였다.

② 관세는 통상 모든 공급국의 수입품에 대해 동등하게 부과된다. 그러나 어느 수입품에 관해 특정국의 상품에 대해서만 관세를 면제하는 것은 보조금에 해당한다. 캐나다 - 자동차협정 사건에서는 캐나다 정부가 미국 대기업자동차회사의 수입 자동차에 대해 관세를 면제한 것이 미국 투자기업에 대한 보조금으로 간주되었다.

③ 국가는 국산품과 동종 수입품에 대해 동등하게 내국간접세(소비세, 자동차세 등)를 부과할 수 있다. 이러한 간접세를 어느 상품에 대해서만 감면하는 것은 보조금에 해당한다.

④ 국가는 수출품에 대해 간접세의 조정규정에 따라 간접세를 면제하거나 환급해야 한다. 따라서 수출품에 대한 간접세의 면제와 환급은 그 면제액과 환급액이 수출국 국내 상품에 대한 간접세액을 넘지 않는 한 보조금에는 해당하지 않는다(GATT 제16조 주석).

(3) 상품과 서비스의 제공 또는 구매

보조금은 자금이전과 면세 외에 상품과 서비스의 제공을 통해서도 이루어진다. 미국 - 캐나다산 목재 사건에서는 캐나다 주정부가 목재벌채업자와 수목별채계약(stumpage agreements)을 맺어 목재생산자에게 수목이라는 상방 상품(upstream product)을 제공하였는바 이것은 정부가 천연자원의 형태로 보조금을 부여한 것으로 인정되었다. 캐나다 - 우유 사건에서는 낙농품 수출에 대한 보조금이 원료 우유의 저가 현물지급에 의해 달성되었다고 판정되었다.

보조금 및 상계조치협정 제1조 제1항 - 재정적 기여

(가) 정부의 관행이 자금의 직접이전(예를 들어, 무상지원, 대출 및 지분참여), 잠재적인 자금 또는 채무부담의 직접이전(예를 들어, 대출보증)을 수반하는 경우

(나) 정부가 받아야 할 세입을 포기하거나 징수하지 아니하는 경우[예 세액공제와 같은 재정적 유인]

(다) 정부가 일반적인 사회간접자본 이외의 상품 또는 서비스를 제공하거나 또는 상품을 구매한 경우

(라) 정부가 자금공여기관에 대하여 지불하거나 일반적으로 정부에 귀속되는 위의 (가)에서부터 (다)에 예시된 기능의 유형 중 하나 또는 둘 이상을 민간기관으로 하여금 행하도록 위임하거나 지시하며, 이러한 관행이 일반적으로 정부가 행하는 관행과 실질적으로 상이하지 아니한 경우

 관련판례

미국 - Lumber CVDs Prelim(잠정조치) 사건

1. 사실관계

미 상무부는 미국 목재 업계의 제소에 따라 2001년 4월 30일 캐나다산 침엽 목재에 대한 보조금 조사를 개시하여 2001년 5월 미국 무역위원회는 캐나다산 침엽 목재 수입으로 미국 산업이 실질적 피해 위협에 직면하고 있다고 볼 합리적인 이유가 있다는 잠정 판정을 내렸다. 이에 기초하여 미국은 캐나다산 침엽 목재에 대해 19.31%의 상계관세를 부과하였다. 캐나다는 stumpage 프로그램(벌채권제도)을 운영하고 있었다. 캐나다의 대부분의 수림은 국유지로서 원목(standing timber)을 벌채하고자 하는 경우 해당 지방정부와 계약을 맺어야 하는데 일반적으로 벌채의 대가로 계약자는 도로 건설 및 유지, 화재 예방 등 해당 토지에 대한 서비스 및 유지 보수의무를 지며 재수목 등 수목 보호 및 유지를 해야 하고 '벌채세'(Stumpage Charge)를 부담해야 한다.

2. 재정적 기여의 존부

패널은 캐나다 정부의 벌채권 부여는 보조금협정 제1조 제1항 가호(1)(다)에서 규정한 '사회간접 자본 이외의 상품이나 서비스의 제공'에 해당하는 재정적 기여라고 판정하였다. 패널은 정부가 벌목회사와 협정을 체결하여 벌목을 허용하는 것은 사실상 해당 업자에게 '입목'을 공급하는 것이라고 보았다. 캐나다는 벌목권의 부여는 상품의 '제공'이 아니라고 항변하였으나 패널은 벌목권의 제공이 입목회사들에게 입목을 제공하는 유일한 방법이므로 벌목권제도는 점유권자들에게 입목을 '제공'하는 것이라고 판단하였다. 또한 캐나다는 '입목'(standing timber) 자체는 상품(good)이 아니라고 항변하였으나 패널은 동 조항의 해석상 상품이란 일반적으로 '화폐를 제외한 유형 자산 또는 동산'(tangible or movable personal property, other than money)으로 넓게 보아야 한다고 판단하고 캐나다의 주장을 받아들이지 않았다.

3. 혜택의 존부

패널은 미국이 혜택(benefit)의 수준을 산정함에 있어서 캐나다 국내가격을 사용하지 않고 동종상품의 미국 내 가격을 사용한 것은 보조금협정 제14조에 위반된다고 판정하였다. 미국은 캐나다 입목가격이 정부에 의해 왜곡되어 있어 이를 기준으로 혜택을 산정할 수 없다고 항변하였으나 패널은 보조금협정 제14조 (라)호의 해석상 반드시 왜곡되지 아니한 시장여건을 요구하는 것이 아니라 '있는 그대로'(as they exist)의 시장여건을 의미한다고 반박하였다. 요컨대, 패널은 미국이 공여국인 '캐나다'의 시장여건에 따라 혜택의 규모를 산정하지 않았으므로 보조금협정에 위반된다고 판정한 것이다.

4. 보조금 혜택의 이전 여부

이 사건에서 문제가 되는 상품은 입목을 가공하여 만든 침엽 목재인 반면 벌목권제도는 입목 벌채자에게 부여되는 것이었으므로 벌채자에 대한 혜택이 목재업자에게 이전 (pass through)되었음이 증명되어야 했으나 미국이 이를 실시하지 않아 문제가 되었다. <u>패널은 원자재업자와 파생상품 생산업자가 동일인이 아닌 이상 원자재업자에 대한 보조금의 혜택이 파생상품 생산자에게 이전된다고 간주할 수 없다고 판정하였다. 패널은 원목과 목재가 정상가격으로 거래되는 경우도 있으므로 벌목업자에 대한 보조금의 효과가 어느 정도로 목재업자에게 이전되었는지를 분석했어야 한다고 판단하였다.</u> 패널은 이상을 토대로 미 상무부가 미국 stumpage 가격을 사용한 것은 보조금협정 제14조에 합치되지 않는다고 판단하였다.

 관련판례

미국 - 해외판매회사(FSC) 사건

1. 사실관계

미국은 조세법상 FSC에 관한 특별규정을 통해 FSC에 대해 조세혜택을 부여하였다. 이에 따라 마이크로소프트사, GM, 보잉사 등 상당수 미국 기업들은 사실상 자회사인 해외 판매 법인을 외국의 조세피난처에 paper company로 설치하여 이들을 통해 자사 제품을 수출함으로써 조세를 절감하였다. 미국의 조세법은 소득 발생지가 미국 내외인지를 불문하고 자국민 또는 자국 거주자의 소득에 대해 조세권을 행사한다. 또한 미국 내의 외국 기업의 소득에 대해서는 과세하고 타국에 소재하고 있는 외국 기업의 해외 원천소득에 대해서는 과세하지 않는다. 그러나 해외 원천소득이 미국 내에서의 경영행위와 실효적으로 연계되어 있으면 과세한다. 이러한 일반원칙과 달리 미국 조세법은 농산품 수출기업들을 포함한 해외판매법인에게는 해외 무역 소득의 일정 부분에 대하여 세금 면제 혜택을 부여하였다. 제소국은 미국의 조치가 보조금 지급조치이며, 나아가 수출보조금이라고 주장하였다.

2. 보조금 해당 여부

패널은 미국의 조치가 보조금협정 제1조 제1항 가호(1)(나)에 규정된 재정적 기여에 해당하는지를 검토하였다. 패널은 'government revenue that is otherwise due'에 해당하는지를 판단하기 위해서는 회원국의 국내법에 비추어 볼 때 특정 상황하에서 취해진 회원국의 세입 관련 조치와 다른 일반 상황하에서 취해야 했을 세입 관련 조치 간의 비교가 수반되어야 한다고 하였다. 다른 상황하에서 징수 가능했을 세입과 회원국이 실제 징수한 세입을 비교하여 실제 징수한 세입이 이에 미치지 못하는 경우에는 'otherwise due'의 의미에 해당한다고 판단하였다. 패널은 'otherwise due'란 용어는 문제된 조치가 '없었더라면'(but for) 적용될 상황을 언급하는 것이라고도 하였다. 패널은 'but for' 기준을 적용하여 FSC조치는 일부 기업이 조세 대상 소득에 대한 보고를 유예하여 소득에 대한 세금을 납부하지 않게 하는 결과를 초래하므로 FSC조치가 없었더라면 위 소득에 대해 조세가 부과되었을 것이 명백하다고 판단하였다. <u>패널은 FSC의 조세 면제조치는 보조금협정 제1조의 재정적 기여에 해당하며, FSC와 모기업이 otherwise due에 해당하는 조세를 납부하지 않은 것은 '혜택'에 해당한다고 판시하였다. 상소기구도 패널의 평결을 지지하였다.</u>

3. 수출보조금 해당 여부

패널은 보조금의 존재 및 규모는 미국 물품의 수출로부터 발생하는 소득 및 미국 물품의 수출과 관련되는 서비스로부터 발생하는 소득에 따라 결정되므로 FSC 조세 공제는 수출을 조건으로 한다고 판단하였다. 미국 조세법상 FSC 조세 공제조치의 대상이 되는 해외 무역 소득이 수출물품에서 유래하는 소득이라고 규정하고 있기 때문이다. 따라서 수출보조금에 해당된다고 하였다.

(4) 소득 또는 가격 지원

GATT1994 제16조에 의한 모든 형태의 소득 또는 가격 지원조치도 보조금에 포함될 수 있다. 어느 나라가 경쟁력이 없는 국내 산업의 소득과 가격을 지지하기 위해 감세를 행하는 경우 이러한 소득지지와 가격지지는 보조금으로 간주될 여지가 있다. 이 경우 소득지지와 가격지지를 받은 산업은 국내에서 가격을 높게 유지할 수 있고, 이와 같은 고가에서 얻은 잉여이익을 자금으로 하여 국외에 과잉생산품을 저가로 수출하는 것이 가능하게 될 것이다.

4. 혜택

정부로부터 재정적 자원의 이동이 발생하여 '정부에 의한 재정적 기여' 요건을 충족하더라도 별도로 그러한 이동의 결과 민간기업에 대하여 '경제적 혜택'이 부여되었는지 독립적으로 검토되어야 한다. 경제적 혜택이 존재하였는지 또는 존재하였다면 어느 정도인지는 실제 시장기준(market benchmark)과 문제가 된 정부와 민간기업과의 거래조건을 상호 비교함으로써 알 수 있다(제14조). 경제적 혜택 평가에 활용되는 시장기준은 조사국이 아닌 피조사국의 시장상황을 기준으로 삼아야 한다(제14조).

3 특정성(specificity)

1. 의의

SCM협정상 보조금은 특정성이 있는 경우에만 규제대상이 된다(제2조). 즉, 보조금이 특정 산업 또는 특정 기업을 대상으로 하는 경우 보조금협정에 의해 규제를 받는다. 금지보조금의 경우 특정성이 있는 것으로 간주된다(제2조 제3항).

2. 법률상 특정성

'법률상 특정성'(de jure specificity)은 공여기관이나 관련법규가 보조금에 대한 접근을 명백히 특정 기업이나 산업 또는 기업군이나 산업군에 한정하는 경우 존재한다[제2조 제1항 제(a)호]. 다만 공여당국이나 관련법규가 보조금의 수혜자격과 금액을 규율하는 '객관적 기준 또는 조건'을 명확히 설정하고, 수혜자격이 자동적으로 정해지고, 동 기준과 조건이 엄격히 준수되는 경우에는 특정성이 없다.

> **보조금 및 상계조치협정 제2조 제1항 제(a)호 - 법률상 특정성 존재**
>
> 공여당국 또는 공여당국이 그에 따라 활동하는 법률이 보조금에 대한 접근을 특정 기업으로 명백하게 한정하는 경우 이러한 보조금은 특정성이 있다.

> **보조금 및 상계조치협정 제2조 제1항 제(b)호 - 법률상 특정성 부재**
>
> 공여당국 또는 공여당국이 그에 따라 활동하는 법률이 보조금의 수혜요건 및 금액을 규율하는 객관적인 기준 또는 조건을 설정하고, 수혜요건이 자동적이며 이러한 기준과 조건이 엄격히 준수되는 경우, 특정성은 존재하지 아니한다. 이러한 기준 및 조건은 검증이 가능하도록 법률, 규정 또는 그 밖의 공식문서에 명백하게 규정되어야 한다.

3. 사실상 특정성

법률상 특정성이 없는 경우라 할지라도 '사실상 특정성'(de facto specificity)이 있는 것으로 판정할 수 있다. 사실상의 특정성 존부에 대해서는 ① 제한된 특정기업에 의한 보조금계획의 사용, ② 특정 기업에 대한 보조금의 압도적 사용, ③ 특정 기업에 대한 보조금의 불균형적 지급, ④ 보조금 지급결정에 대한 공여기관의 재량권 행사방식 등을 고려하여 결정할 수 있다[제2조 제1항 제(c)호].

> **보조금 및 상계조치협정 제2조 제1항 제(c)호 - 사실상 특정성**
>
> 제(a)호 및 제(b)호에 규정된 원칙의 적용 결과 외견상 특정성이 없음에도 불구하고 보조금이 사실상 특정적일 수 있다고 믿을 만한 이유가 있는 경우에는 다른 요소들이 고려될 수 있다. 이러한 요소는 제한된 숫자의 특정 기업에 의한 보조금 계획의 사용, 특정 기업에 의한 압도적인 사용, 특정 기업에 대해 불균형적으로 많은 금액의 보조금 지급 및 보조금 지급 결정에 있어서 공여기관의 재량권 행사방식과 같은 것이다. 이 호를 적용함에 있어서 보조금계획이 집행되는 기간뿐 아니라 공여기관의 관할하에 있는 경제활동의 다양화의 정도가 고려된다.

4. 입증

특정성에 대한 결정은 '명확한 증거'(positive evidence)에 기초하여 명백히 입증되어야 한다(제2조 제4항).

4 금지보조금

> **보조금 및 상계조치협정 제3조 제1항 - 금지보조금**
>
> 농업에 관한 협정에 규정된 경우를 제외하고, 제1조의 의미 내에서의 다음의 보조금은 금지된다.
>
> 가. 부속서 1에 예시된 보조금을 포함하여 유일한 조건으로서 또는 다른 여러 조건 중의 하나로서, 법률상 또는 사실상 수출실적에 따라 지급되는 보조금
>
> 나. 유일한 조건으로서 또는 다른 여러 조건 중의 하나로서, 수입품 대신 국내상품의 사용을 조건으로 지급되는 보조금

1. 유형

(1) 수출보조금

법률상 또는 사실상 수출실적에 따라(contingent upon export performance) 지급되는 보조금이다. '법률상' 수출실적에 연계되었다는 것은 관련법규의 문언에 기초하여 조건이 입증될 수 있다는 것이, 또는 조치를 명시한 법률문서에 수출을 전제조건으로 한다는 것이 함축적이라도(though implicitly), 명백한 경우를 의미한다.

반면, '사실상' 수출실적에 연계되었다는 것은 보조금 부여에 관련된 사실을 총체적으로 고려한 후 사례별로 유추하여 판단한다는 것을 의미한다.

부속서 1 - 수출보조금 예시 목록

가. 수출실적에 따라 정부가 기업 또는 산업에 대하여 제공하는 직접보조금

나. 수출상여금을 포함하는 외화보유제도 또는 유사한 관행

다. 국내선적분에 비해 보다 유리한 조건으로 정부에 의해 제공하거나 위임되는 수출선적분에 대한 국내 수송 및 운임

라. 수출품의 생산에 사용되는 수입품 또는 국내상품 또는 서비스를, 국내 소비용 상품생산에 사용되는 동종상품 또는 서비스 또는 직접경쟁상품 또는 서비스의 제공보다 유리한 조건으로, 정부 또는 정부대행기관이 정부위임제도에 따라 직접 또는 간접적으로 제공하는 것. 단, (상품의 경우) 그러한 조건이 세계시장에서 그들의 수출업자가 상업적으로 이용가능한 것보다 유리한 경우에 한한다.

마. 산업적 또는 상업적 기업이 지불한 또는 지불해야 할 직접세 또는 사회보장 부과금을 명시적으로 수출과 관련하여 완전 또는 부분적으로 면제, 경감 또는 유예하는 것

바. 직접세 과세표준 산정에 있어 국내소비를 위한 생산과 관련하여 부여되는 이상의, 수출 또는 수출실적과 직접 관련된 특별공제의 허용

사. 국내소비를 위하여 판매되는 동종상품의 생산 및 유통과 관련하여 부과되는 간접세를 초과하는 수출품의 생산 및 유통과 관련한 간접세의 면제 또는 경감

아. 국내소비를 위하여 판매되는 동종상품의 생산에 사용되는 상품 및 서비스에 부과되는 동종의 전단계 누적간접세의 면제, 경감 또는 유예를 초과하는, 수출품의 생산에 사용되는 상품 및 서비스에 대한 전단계 누적간접세의 면제, 경감 또는 유예. 그러나 수출품의 생산에 소비된 투입요소에 (폐기물을 정상적으로 참작하여) 전단계 누적간접세가 부과된 경우에는 국내소비를 위해 판매된 동종상품에 대하여 전단계 누적간접세가 면제, 경감 또는 유예되지 아니하는 경우에도 수출품에 대해서는 면제, 경감 또는 유예될 수 있다. 이러한 품목은 부속서 2에 포함된 생산과정에서의 투입요소의 소비에 관한 지침에 따라 해석된다.

자. 수출상품의 생산에 소비된 (폐기물을 정상적으로 참작하여) 수입 투입요소에 부과된 수입과징금을 초과하는 수입과징금의 경감 또는 환급. 단, 그러나 특수한 경우 기업은 수입 투입요소 대신에 그와 동질, 동일한 성격의 국내시장 투입요소를 대체품으로 일정량 사용하는 경우에는 수입과 그에 상응하는 수출이 2년을 넘지 않는 합리적인 기간 내에 이루어지면 이 규정의 혜택을 받을 수 있다. 이 항복은 부속서 2에 포함된 생산과정에서 투입요소의 소비에 관한 지침 및 부속서 3에 포함된 대체 환급제의 수출보조금의 결정지침에 따라 해석된다.

차. 정부(또는 정부가 통제하는 특수기관)가 수출신용보증 또는 보험계획, 수출품의 비용 증가에 대비한 보험 또는 보증계획, 환리스크 보증계획을 이러한 계획의 장기적인 운영비용 또는 손실을 보전하기에 부적절한 우대금리로 제공하는 것

카. 수출신용조건 분야에서 실질적인 이익을 확보하기 위하여 사용되는 한, 정부(또는 정부에 의해 통제되고/또는 정부의 권한을 대신하는 특수기관)가 조달자금을 실제로 지불해야 하는 금리(또는 수출신용과 동일한 만기 및 그외 신용조건의 그리고 동일한 화폐로 표시된 자금을 얻기위해 국제 자본시장에서 차입할 경우 지불하여야 할 비용에 대해)보다 낮은 금리로 제공하는 수출신용, 또는 수출자 또는 금융기관이 신용을 얻을 때 발생하는 비용 전부 또는 일부에 대한 정부의 지불. 그러나 특정 회원국이 1979년 1월 1일 현재 적어도 12개 이상의 이 협정 원회원국(또는 동 원회원국에 의해 채택된 후속 약속)이 당사자인 공적 수출신용에 관한 국제약속의 당사자인 경우, 또는 특정 회원국이 사실상 관련 약속의 이자율 규정을 적용하는 경우, 이같은 규정에 합치하는 수출신용관행은 이 협정이 금지하는 수출보조금으로 간주되지 아니한다.

타. 1994년도 GATT 제16조의 의미 내에서 수출보조금을 구성하는 그 밖의 공공계정에의 부담

(2) 수입대체보조금(부품현지조달보조금)

수입대체보조금(import replacement subsidy)은 제조업이 상품의 제조과정에서 부품을 수입품 대신 국산품을 사용할 것을 조건으로 지급되는 보조금을 의미한다. 캐나다 - 자동차협정 사건에서 패널은 수입대체보조금은 '법률상' 보조금에 한정된다고 하였으나, 상소기구는 이를 파기하고 사실상의 부품현지조달요구도 포함된다고 하였다. 미국 - 면화보조금 사건에서 미국이 국산 면화를 사용하는 생산자에게 보조금을 지급한 것이 수입대체보조금으로 판정되었다.

2. 다자적 구제절차

(1) 의의

다른 회원국이 금지보조금을 지급하고 있다고 판단한 경우 그 회원국에 대해 협의를 요청하고 이후 패널, 항소절차 등을 통해 보조금의 폐지를 위한 구제절차가 예정되어 있다.

(2) 절차

첫째, 협의를 요청한 경우 요청 후 30일 이내에 상호 합의된 해결책에 도달하지 못한 경우 협의당사국은 DSB에 사안을 회부할 수 있다. 둘째, DSB에 의해 역총의로 패널이 설치되며, 패널은 구성 및 위임사항이 확정된 일자로부터 90일 이내에 최종보고서를 배포한다. 셋째, 분쟁당사국이 항소하지 않는 경우 30일 이내에 역총의로 패널보고서가 채택된다. 당해 조치가 금지보조금으로 판정된 경우 패널은 보조금 공여국에게 '지체없이'(without delay)보조금을 철폐하도록 권고한다(제4조 제7항).

(3) 대응조치

패널이 정한 기간 내에 DSB의 권고 이행되지 않는 경우, DSB가 총의로 제소국의 대응조치 요청을 거절한 경우를 제외하고 DSB는 제소국이 '적절한 대응조치'(appropriate countermeasures)를 취하는 것을 승인한다(제4조 제10항). 대응조치에는 '상계관세'가 포함된다. 금지보조금의 경우에는 국내산업에 야기된 피해를 입증하지 않더라도 금지보조금의 존재 그 자체만으로 협의 및 대항조치를 취할 수 있다.

(4) 기한

협의요청에서 패널보고서의 채택까지의 기한은 총 150일이 소요되며 항소된 경우 30일 또는 60일이 추가된다(제4조 제9항). 달리 규정이 있는 경우를 제외하고 금지보조금에 대한 구제절차에 소요되는 기한은 DSU에 규정된 기한의 절반으로 단축된다(제4조 제12항).

3. 일방적 구제절차(상계관세부과)

금지보조금의 지급으로 인해 상대국의 국내산업에 피해를 주거나 줄 우려가 있거나 또는 산업의 확립을 지연시킬 경우에는 상대국은 보조금 및 상계조치협정 제5부의 규정에 따라 상계관세를 부과할 수 있다.

 관련판례

한국 - commercial vessels 사건

1. 개별적인 선수금 환급 보증 거래의 수출보조금 해당 여부

수출입은행이 개별 조선소에 제공한 APRG가 수출보조금에 해당하기 위해서는 보조금일 것과 수출부수성이 있을 것을 요한다. 패널은 대우중공업 등 몇 개 기업에 제공된 APRG는 수출보조금에 해당한다고 판정하였다. 첫째, 개별적인 APRG는 보조금에 해당한다. 수출입은행은 공공기관이며, APRG는 '자금의 잠재적 직접이전'으로서 재정적 기여에 해당하고, 시장에서 보다 더 낮은 보증 수수료를 납부하므로 '혜택'도 존재한다. 패널은 대우중공업과 대우조선해양, STX/대동조선, 삼성중공업에 수출입은행이 제공한 선수금환급보증은 EC의 주장대로 보조금에 해당하고, 삼호/한라중공업, 한진중공업에 수출입은행이 제공한 선수금환급보증에 대해서는 비교기준과 관련하여 EC의 주장을 기각한바, 보조금에 해당한다고 볼 수 없다고 판시하였다. 둘째, APRG는 수출부수성(export contingency)이 있다. 패널은 EC의 주장을 수용하여 수출입은행이 제공한 선수금 환급보증 및 제작금융은 동 제도의 정의상 수출 거래에 제공된 것이며 따라서 수출에 따르는 것임이 명백하다고 판시하였다.

2. 개별적인 제작 금융의 수출보조금 해당 여부

수출입은행이 제공한 제작금융이 특혜였는지를 가지기 위해서는 제작금융의 금리가 시장조건을 반영한 비교기준보다 낮았는지 여부가 핵심이었다. 패널은 수출입은행이 각 조선사에 제공한 제작금융 이자율이 EC가 회사채 이자율을 기초로 구성한 시장 기준보다 낮게 책정되었음을 확인하고 동 이자율 차액만큼 혜택을 부여한 것이므로 보조금에 해당하며 수출상품에 제공한 것이므로 수출부수성도 인정, 수출보조금이라고 판시하였다.

5 조치가능보조금

1. 정의

SCM협정에는 조치가능보조금에 대한 명확한 정의조항은 존재하지 않는다. 다만 제5조에 따르면 ① 타방 회원국의 국내산업에 대한 피해, ② 특정성 있는 보조금 지급에 따른 양허혜택의 무효화 또는 침해, ③ 타방 회원국의 이익에 대한 심각한 손상(serious prejudice)과 같은 부정적 효과(adverse effects)를 발생시키는 일방 회원국의 보조금을 의미하는 것으로 규정한다.

> **보조금 및 상계조치협정 제5조 - 부정적 효과**
>
> 어떤 회원국도 제1조 제1항 및 제2항에 언급된 보조금의 사용을 통하여 다른 회원국의 이익에 아래와 같은 부정적 효과를 초래해서는 아니된다. 즉,
> 가. 다른 회원국의 국내산업에 대한 피해
> 나. 1994년도 GATT에 따라 다른 회원국이 직접적 또는 간접적으로 향유하는 혜택, 특히 동 협정 제2조에 따른 양허혜택의 무효화 또는 침해
> 다. 다른 회원국의 이익에 대한 심각한 손상

2. 심각한 손상

(1) 심각한 손상이 존재하는 것으로 간주되는 경우는 다음과 같다(제6조 제1항).
　① 총 보조금지급이 상품가액(ad valorem)의 5%를 초과하는 경우
　② 특정 산업이 입은 영업손실을 보전하기 위해 보조금이 지급된 경우
　③ 특정 기업이 입은 영업손실을 보전하기 위해 보조금이 지급된 경우
　④ 직접적인 채무감면을 위한 교부금 등

(2) 다음 효과 중 하나 이상 발생해야 심각한 손상이 발생한다(제6조 제3항).
　① 보조금으로 인해 보조금 지급 회원국의 시장에서 동종상품의 수입을 배제 또는 방해하는 효과
　② 보조금으로 인해 제3국 시장에서 다른 회원국의 동종제품 수출을 배제 또는 방해하는 효과
　③ 보조금으로 인해 동일 시장에서 다른 회원국의 동종상품과 비교하여 '현저한' 가격 인하를 초래하거나, 다른 회원국 동종상품의 '현저한' 가격 인상 억제, 판매 감소를 초래하는 효과
　④ 보조금으로 인해 보조금을 받는 일차산품의 세계 시장점유율이 과거 3년간 평균점유율보다 증가하고 이러한 증가가 보조금 지급기간 중 지속적 추세를 보이는 효과 등

(3) 심각한 손상을 판정하는 기준은 WTO협정 발효 후 5년간 잠정적으로 적용되어 1999년 말에 실효되었다(제31조).

3. 다자적 구제절차

다른 회원국에 의해 지급된 보조금이 자국 국내산업에 대해 피해, 무효화 또는 침해, 또는 심각한 손상을 초래한다고 믿을 만한 사유가 있는 경우 해당 회원국은 언제든지 관련 회원국에 대해 협의를 요청할 수 있다(제7조 제1항). 협의 이후 절차는 시한이 다소 긴 것을 제외하고 금지보조금의 경우와 유사하다. 패소국이 부정적 효과를 제거하기 위한 적절한 조치를 취하지 않거나, 보조금을 철폐하지 않거나, 보상에 관한 합의가 없는 경우 승소국은 DSB의 승인을 얻어 대항조치를 취할 수 있다. 대항조치는 존재하는 것으로 판정된 부정적 효과의 정도와 성격에 상응하는 것이어야 한다(제7조 제9항).

4. 일방적 구제절차(상계조치)

조치가능보조금에 대해서는 SCM협정 제5부에 따라 상계관세를 부과할 수 있다.

6 허용보조금

1. 범위

허용보조금(non - actionable subsidy)은 SCM협정 제2조의 의미 내에서 특정성이 없는 보조금이나, 특정성이 있더라도 연구개발보조금, 지역개발보조금, 환경보조금과 같이 국제무역의 흐름을 왜곡하지 않아 국가정책상 지급이 허용되는 보조금을 말한다(제8조 제1항).

2. 특정성 있는 허용보조금의 지급 기한 종료

특정성이 있지만 허용되었던 연구개발보조금, 지역개발보조금, 환경보조금은 WTO협정 발효일로부터 5년간 적용될 것으로 예정되었다. 그리고 동 기간이 종료되기 180일 전까지 관련 규정의 적용 연장에 대해 WTO보조금위원회가 검토하도록 하였다. 그러나 회원국들 간 의견대립으로 연장에 대한 합의를 보지 못해 2000년 1월 1일자로 동 조항들은 적용이 종료되었다.

3. 구제절차

허용보조금이 협정상 요건을 충족함에도 불구하고 자국의 국내산업에 심각한 부정적 효과(serious adverse effect)를 초래한다고 믿을 만한 사유가 있는 회원국은 해당 회원국에 대해 협의를 요청할 수 있다. 협의에 의해 상호만족할 만한 해결에 도달하지 못한 경우 협의당사국은 '보조금 및 상계조치 위원회'에 이 사안을 회부할 수 있다. 위원회는 부정적 효과가 존재한다고 결정하는 경우 관련회원국에게 문제된 보조금지급계획의 수정을 권고할 수 있다. 위원회의 권고가 6개월 내에 이행되지 않는 경우 위원회는 존재하는 것으로 판정된 부정적 효과의 정도와 성격에 상응하는 대항조치를 요청한 회원국이 취하는 것을 승인한다. 허용보조금에 대해서는 SCM협정 제5부에 따른 상계조사절차는 허용되지 않는다.

7 상계조치

1. 의의

상계조치란 상품의 제조, 생산 또는 수출에 직접 또는 간접적으로 지급된 보조금을 상쇄하기 위하여 취해지는 조치를 말한다. 회원국은 GATT1994에 따르는 경우를 제외하고는 다른 회원국의 보조금에 대해 특정한 조치(specific action against subsidy)를 취할 수 없다(제32조 제1항).

2. 실체적 요건

(1) 의의

상계조치를 취하기 위해서는 특정성이 있는 보조금의 지급으로 인해서 국내산업에 피해가 발생해야 한다. 따라서 보조금, 특정성, 피해, 인과관계를 요건으로 한다. 여기서는 피해 및 인과관계 관련 규정을 서술한다.

(2) 동종상품(like product)

보조금의 지급으로 인한 피해는 수입국에서 동종상품을 생산하는 산업에 발생해야 한다. SCM협정상 동종상품은 '조사대상상품과 동일한(identical), 즉 모든 면에서 유사한 상품 혹은 그러한 상품이 없는 경우에는 모든 면에서 유사하지는 않으나 조사대상상품과 매우 유사한(closely resembling) 특성을 가지는 다른 상품'을 의미한다. 이러한 정의는 상품의 물리적 특성(physical character)에 초점을 맞추고 있다.

(3) 국내산업

국내산업이란 동종상품을 생산하는 국내생산자 전체 또는 그 생산량의 합계가 당해 상품의 국내총생산량 중 주요한 부분(a major proportion)을 차지하는 국내생산자를 의미한다.

(4) 피해

피해는 국내산업에 대한 '실질적 피해'(material injury), 실질적 피해의 위협(threat of material injury) 또는 산업의 확립에 있어 실질적 지연(material retardation of the establishment of such an industry)을 포함한다.

(5) 인과관계

보조금 지급사실의 존재와 국내산업 피해 간에 인과관계가 존재해야 한다. 피해판정은 보조금 지급수입품이 보조금의 효과를 통하여 국내산업에 피해를 야기하고 있는 경우에만 정당화된다. 다른 요인들에 의해 야기된 피해의 원인이 보조금 지급수입품으로 인한 것으로 귀속되어서는 안 된다. 보조금 지급수입품 이외의 다른 요소에는 보조금을 받지 아니한 당해 상품수입의 수량 및 가격, 수입감소나 소비형태에 있어서의 변화, 외국생산자와 국내생산자의 제한적인 무역관행 및 이들 간 경쟁, 기술개발, 국내산업의 수출실적 및 생산성 등이 포함된다.

3. 조사

(1) 조사 개시

보조금 조사는 조사기관의 직권에 의해 또는 수입국의 국내산업이나 이를 대리한 자의 서면신청에 의해 개시된다(제11조). 조사 개시 신청에 있어서 보조금 및 그 금액, 피해, 인과관계에 관한 증거 등이 제시되어야 한다(제11조 제2항 제1문). 조사신청을 지지하는 국내 생산자의 생산량이 조사 신청에 대해 의견을 표명한 국내생산자가 생산한 동종상품 총생산량의 50%를 초과하고 국내산업에 의해 생산된 동종상품 총생산량의 25% 이상인 경우에 제소적격이 인정된다.

(2) 조사 개시의 공고 등

조사당국은 조사 개시 결정을 내리지 아니하는 한 조사 개시 신청을 공표해서는 안 된다(제11조 제5항). 또한 조사당국이 조사의 개시를 정당화할 만한 충분한 근거가 있다고 인정하는 경우 자국의 상품이 조사의 대상이 된 회원국 및 조사에 이해관계가 있는 것으로 알려진 다른 이해당사국에게 이를 통지하고 공고해야 한다(제22조 제1항).

(3) 조사의 수행

① **이해당사자의 권리**: 조사가 개시되는 즉시 당국은 접수된 서면신청서 전문을 수출업자 및 수출회원국 당국에 제공해야 하며, 요청이 있는 경우 다른 관련된 이해당사자에게도 이를 제공해야 한다[제12조 제1항 제(3)호 제1문]. 모든 이해당사자는 당국이 요구하는 정보에 대해 통지를 받을 뿐 아니라 당해 조사와 관련이 있다고 생각되는 일체의 증거를 서면으로 제출할 충분한 기회를 부여받는다(제12조 제1항).

② **입수가능정보**: 이해당사자가 합리적 기간 내에 필요한 정보에의 접근을 거부하거나 이의 제출을 거부하는 경우 또는 조사를 현저하게 방해하는 경우에 당국은 입수가능한 사실을 기초로 하여 예비판정 또는 최종판정을 내릴 수 있다(제12조 제7항).

③ **현장조사(on‐the‐spot investigation)**: 조사당국은 충분한 시간 전에 당해 회원국에게 통보하고 이 회원국이 조사에 반대하지 아니하는 경우 필요에 따라 다른 회원국의 영토 내에서 조사를 수행할 수 있다(제12조 제6항).

(4) 협의

조사 개시 신청이 수락되면 가능한 한 조속히, 어떠한 경우에도 조사가 개시되기 전에, 자국의 상품이 이러한 조사의 대상이 될 수 있는 회원국은 제11조 제2항에 규정된 제소의 내용에 언급된 상황을 명백하게 하고 상호 합의된 해결책에 도달하기 위한 협의에 초청받는다(제13조 제1항).

(5) 조사 종결

조사 개시를 위한 증거가 충분하지 않거나, 보조금액이 종가기준 1% 미만이거나, 보조금을 받은 수입품의 실제적, 잠재적 수량 및 피해가 무시할 만한 수준인 경우 조사는 즉시 종결된다(제11조 제9항).

4. 예비판정

당국은 조사절차에서 보조금으로 인해 관련 국내산업이 피해를 입었다고 판단하는 경우에는 보조금과 피해 여부에 대한 긍정적인 예비판정을 하게 된다. 예비판정의 가장 중요한 효과는 잠정조치를 취할 수 있고 가격 인상 약속의 제안과 수락이 가능한 점이다. 부정적인 예비판정이 있을 경우 절차는 즉시 종결된다.

5. 잠정조치

(1) 개념

잠정조치는 보조금과 그로 인한 피해가 명확함에도 불구하고 최종적인 판정을 기다렸다가는 국내산업이 회복할 수 없는 피해를 입을 것이 예상되는 경우에 잠정적으로 취하는 규제조치이다(제17조).

(2) 요건

첫째, 조사가 보조금협정 제11조에 따라 개시되고, 그러한 취지의 공고가 이루어지고, 이해당사국 및 이해당사자들에게 정보를 제출하고 의견을 진술할 수 있는 적절한 기회가 부여되었을 것. 둘째, 보조금이 존재하고 보조금 지급수입품으로 국내산업에 피해가 야기되었다는 예비적 긍정판정(a preliminary affirmative determination)이 있을 것. 셋째, 관계당국이 조사 기간 중에 야기되고 있는 피해를 방지하기 위하여 그러한 잠정조치가 필요하다고 판단할 것이다.

(3) 잠정관세의 부과

잠정적으로 산정된 보조금액과 같은 잠정상계관세를 부과한다. 잠정관세는 4개월을 초과하지 아니하는 범위 내에서 가능한 한 짧은 기간으로 국한되어야 한다(제17조 제4항). 잠정관세는 임시적 성격을 띠고 있으며, 부과금액은 최종결과에 따라 조정된다.

(4) 적용

잠정조치는 원칙적으로 잠정조치를 부과하기로 하는 결정이 취하여진 이후에 소비용(for consumption)으로 반입되는 상품에 대해서만 적용된다(제20조 제1항). 최종판정이 부정적인 경우 잠정조치의 적용기간 동안 공탁된 모든 현금은 신속하게 환불(refund)되고 모든 유가증권담보(bonds)는 즉시 해제(release)된다(제20조 제5항).

6. 가격약속(Undertakings)

(1) 개념

보조금협정상 가격약속이란 당국이 보조금으로 인한 피해의 효과가 제거되었다고 확신할 수 있을 만큼 수출업자가 그 수출가격을 수정하거나 하겠다는 자발적인 약속 또는 수출회원국의 정부가 보조금을 제거 혹은 제한하거나 또는 보조금의 효과에 관한 다른 조치를 취하겠다는 만족스럽고도 자발적인 약속(satisfactory voluntary undertakings)을 의미한다(제18조 제1항).

(2) 제의

가격약속은 수출회원국의 당국에 의해 제의되어야 한다. 가격약속의 형태는 수입국의 국내생산자와 수출국 생산자 사이의 협정형식으로는 성립될 수 없다. 수입국 당국 역시 수출업자에게 가격 인상 약속을 제안할 수 있다(제18조 제5항).

(3) 수락

수입국 당국은 제안된 가격약속에 대해 수락하거나 거부할 수 있는 광범한 재량권을 갖는다. 가격약속을 수락하지 않는 경우 당국은 수출업자에게 가능한 한 수락이 부적절하다고 간주하게 된 이유를 제시하고 수출업자에게 의견을 제시할 수 있는 기회를 부여한다(제18조 제3항).

7. 확정관세의 부과

(1) 개념

수입국의 보조금의 존재 및 금액에 대하여 최종판정(final determination)을 하고 보조금 지급수입품이 피해를 초래한다고 판정한 경우 수입국은 보조금이 철회되지 아니하는 한 본 협정에 규정에 따라 상계관세를 부과할 수 있다(제19조 제1항). 상계관세 부과 여부 및 부과금액은 수입국의 재량사항이다(제19조 제2항 제1문).

> **보조금 및 상계조치협정 제32조 제1항 - 보조금에 대한 조치**
>
> 이 협정에 의하여 해석된 바에 따라, 1994년도 GATT의 규정에 따르지 아니하고는 다른 회원국의 보조금에 대하여 구체적인 조치를 취할 수 없다.

(2) 비차별원칙

어느 상품에 대하여 상계관세를 부과하는 경우 보조금이 지급되고 피해를 야기하고 있는 것으로 판정된 모든 수입원(all sources)으로부터의 수입품에 대해 각 사안별로 적절한 금액의 상계관세를 비차별적 방식으로(on a non - discriminatory basis) 부과해야 한다(제19조 제3항).

(3) 관세액수

상계관세는 보조금액을 초과하여 부과되지 아니하며(제19조 제4항), 보조금액보다 적은 상계관세로 피해를 제거하는데 적절한 경우 상계관세는 보조금액보다 적은 것이 바람직하다(제19조 제2항).

(4) 관세의 적용범위

상계관세는 상계관세를 부과하기로 하는 결정이 효력을 발생한 이후에 소비용 (for consumption)으로 반입되는 상품에 대해서만 적용되는 것이 원칙이다(제20조 제1항). 다만 회복하기 어려운 피해가 초래된다고 판단하고 그같은 피해 재발 방지를 위해 소급적 상계관세가 필요하다고 간주하는 긴급상황에서는 잠정조치 적용일 전 90일 이내에 소비용으로 반입된 수입품에 대해 소급적으로 확정상계관세를 부과할 수 있다(제20조 제6항). 피해의 최종판정이 내려진 경우 또는 비록 피해의 위협의 최종판정이 내려졌으나 잠정조치가 취하여지지 아니하였더라면 보조금 지급수입품의 효과로 인하여 피해판정이 내려졌을 것이라고 인정되는 경우, 상계관세는 잠정조치가 적용된 기간에 대하여 소급적으로(retroactively) 부과될 수 있다(제20조 제2항).

> **보조금 및 상계조치협정 제20조 제2항 - 상계조치의 소급적용**
> 피해의 최종판정(피해의 우려 또는 산업의 확립에 실질적인 지연에 관한 결정이 아닌)이 내려지거나, 피해의 우려 최종판정의 경우에 잠정조치가 없었더라면 보조금을 받은 수입품의 효과가 피해판정으로 귀결되었을 경우, 상계관세는 잠정조치가 있는 경우, 적용된 기간에 대하여 소급하여 부과될 수 있다.

(5) 관세의 환급

피해의 위협 또는 실질적 지연에 대한 최종판정이 내려진 경우 잠정조치 적용기간 중 행하여진 모든 현금공탁은 신속하게 환불되고 모든 유가증권담보는 신속하게 해제된다(제20조 제4항). 확정상계관세는 현금공탁 또는 유가증권에 의해 담보된 금액보다 많은 경우 그 차액은 징수되지 아니한다. 또한 확정관세가 현금공탁 또는 유가증권에 의하여 담보된 금액보다 적은 경우 초과되는 금액은 신속하게 환불하거나 유가증권담보를 해제하여야 한다(제20조 제3항).

(6) 관세의 존속기간

상계관세는 보조금 지급을 상쇄하는 데에 필요한 기간 및 범위 내에서만 효력이 지속된다(제21조 제1항). 모든 확정상계관세는 원칙적으로 부과일로부터 5년 이내에 소멸된다.

(7) 재심

① **상황변경재심**: 이해당사자는 당국에 대하여 보조금 지급을 상쇄하기 위하여 관세의 계속적인 부과가 필요한지 여부 또는 관세가 제거되거나 변경되었을 경우 피해가 계속되거나 재발할 가능성이 있는지 여부에 대하여 조사를 요청할 수 있는 권리를 갖는다. 요건으로는 관세부과 이후 합리적인 기간이 경과할 것과 심사의 필요성을 입증하는 적극적인 정보(positive information)를 제출할 것이 있다. 당국은 정당성이 있는 경우 직권 또는 이해당사자의 요청에 근거하여 관세의 지속 필요성에 대해 심사하고 부적절하다고 결정하는 경우 관세부과조치는 즉시 종결된다(제21조 제2항).

보조금 및 상계조치협정 제21조 제2항 - 상황재심

당국은 정당한 경우 자체적으로, 또는 확정적인 상계관세의 부과로부터 합리적인 기간이 경과하는 경우 검토의 필요성을 입증하는 명확한 정보를 제출하는 이해당사자의 요청에 의하여 상계관세의 계속부과 필요성을 검토한다. 이해당사자는 당국에 대하여 관세의 계속부과가 보조금 지급을 상쇄하기 위하여 필요한지의 여부, 관세가 철회되거나 변경되는 경우 피해가 계속되거나 재발할 것인지 여부 또는 이 두 가지 문제에 대하여 조사를 요청하는 권리를 갖는다. 이 항에 따른 검토 결과 당국이 상계관세부과가 더 이상 타당하지 아니하다고 판정하는 경우에는 상계관세는 즉시 종료된다.

② 일몰재심(sunset review): 상계관세는 원칙적으로 5년 이내에 소멸되어야 하나, 5년이 지나기 전에 직권 또는 국내산업의 청구에 의하여 재심사하여 연장할 수 있다. 재심에서는 관세의 종료가 보조금지급 및 피해의 지속이나 재발을 초래할 가능성이 있는지 판단한다(제21조 제3항). 재심은 일반적으로 심사 개시일로부터 12개월 이내에 종료되어야 한다(제21조 제4항).

보조금 및 상계조치협정 제21조 제3항 - 일몰재심

제1항 및 제2항의 규정에도 불구하고 모든 확정상계관세는 부과일(또는 제2항에 따른 검토가 보조금 지급과 피해 모두에 대하여 이루어진 경우 가장 최근의 검토일 또는 이 항에 따른 가장 최근의 검토일)로부터 5년 이내에 종료된다. 단, 당국이 자신이 동 일자 이전에 자체적으로 개시한 검토 또는 동 일자 이전의 합리적인 기간 내에 국내산업에 의하거나 국내산업을 대신하여 이루어진 적절히 입증된 요청에 의하여 개시된 검토에서, 관세의 종료가 보조금 지급과 피해의 계속 또는 재발을 초래할 가능성이 있다고 당국이 판정하는 경우에는 그러하지 아니한다. 이러한 검토 결과가 나오기 전까지 관세는 효력을 유지할 수 있다.

제3절 | 세이프가드협정

1 의의

1. 개념

세이프가드조치(safeguards)란 수입 증가로 초래된 특정 국내산업의 피해를 한시적으로 구제하여 줌으로써 당해 국내산업을 보호해 줄 목적으로 행사되는 예외적인 조치를 말한다. 세이프가드조치는 공정무역관행에 대해 규제를 부과할 수 있도록 허용되는 조치라는 점에서 덤핑이나 보조금과 같은 불공정한 무역관행에 대처하도록 허용되는 반덤핑조치나 상계조치와 구별된다.

2. 연혁

(1) GATT 제19조

GATT 제19조에서는 긴급조치를 취할 체약국의 권리를 인정하고 있으며, 그 발동요건으로 ① 예견하지 못한 사태의 발전과 관세양허를 포함한 협정하에서 체약당사자가 부담하는 의무의 효과의 결과로서 수입의 증가가 있고 ② 이러한 수입의 증가가 국내생산자에게 심각한 피해를 초래하거나 그러한 위협이 있을 것을 요구하고 있다. 그러나 심각한 피해 판단 여부, 행사기간에 대한 구체적 기준 미비로 그 적용을 둘러싸고 체약당사자들에 의한 자의적인 운영이 문제되었다. 또한 1970년대 후반 이후에는 체약국들이 수입 증가로 인한 국내산업의 보호를 위해 GATT 제19조의 긴급조치를 이용하기보다는 소위 '회색지대조치'(grey - area measures)를 보다 선호하는 경향이 나타났는바, 이는 체약국들이 GATT협정의 의무에 저촉되지 않은 채 회색지대조치를 통해 수입규제의 효과를 가져와 문제점으로 지적되었다.

> **GATT1994 제19조 제1항 제(a)호**
>
> 1. (a) 체약국은 예측하지 못한 사태의 발전과 관세양허를 포함한 본 협정에 따라 체약국이 부담하는 의무의 효과로 인하여 어느 산품의 자국 영역 내에서 동종산품 또는 직접적 경쟁산품의 국내생산자에 대하여 중대한 손해를 주거나 손해를 줄 우려가 있을 정도로 증가된 수량 및 조건으로 체약국의 영역에로 수입되고 있을 때에는, 동 체약국은 동 산품에 대한 전기 손해를 방지 또는 구제하는데 필요한 한도 및 기간 동안 동 의무의 전부 또는 일부를 정지하거나 또는 양허를 철회 또는 수정할 수 있다.

(2) 세이프가드협정

이러한 문제점으로 인해 우루과이 라운드에서는 GATT 제19조상 긴급조치의 실시에 관한 제반 사항에 있어 투명성 및 명료성을 확보하고, 회색지대조치의 철폐 문제에 대해 논의되었다. 그 결과, WTO설립협정의 부속서 1A 상품무역협정에 부속된 13개의 협정 중 하나로서 세이프가드협정이 성립되었다.

2 발동요건(실체적 요건)

1. 서설

세이프가드협정상 세이프가드조치를 발동하기 위해서는 당해 상품이 국내생산에 비해 절대적 또는 상대적으로 증가된 수량으로 수입될 것, 이로 인해 동종상품이나 직접적인 경쟁상품을 생산하는 국내 산업에 심각한 피해를 초래하거나 초래할 우려가 있을 것을 요구한다(제2조 제1항).

> **세이프가드협정 제2조 제1항 - 요건**
>
> 회원국은 아래에 명시된 규정에 따라 특정 상품이 동종 또는 직접경쟁적인 상품을 생산하는 국내산업에 심각한 피해를 초래하거나 초래할 우려가 있을 정도로 국내생산에 비해 절대적 또는 상대적으로 증가된 물량과 조건하에 자기나라의 영토 내로 수입되고 있다고 판정한 경우에만, 그 상품에 대하여 긴급수입제한조치를 취할 수 있다.

2. 수입의 증가

(1) 수입의 절대적 또는 상대적 증가

세이프가드조치가 발동되기 위해서는 수입의 절대적 또는 상대적 증가가 있어야 한다. GATT 제19조에서는 단지 '증가된 수량의 수입'으로만 표현하였던 것을 세이프가드협정에서는 '절대적 또는 상대적으로'라는 표현이 추가되었다. 수입의 절대적 증가는 수입수량의 증가를 말하며, 통계에 의해 용이하게 확인할 수 있다. 수입의 상대적(relative) 증가란 절대적인 수입의 증가가 없거나 심지어 줄었다고 하더라도 국내소비에 대한 수입의 비중이 증가한 것을 의미한다. 수입의 증가는 심각한 피해를 초래하기에 충분히 최근이고(recent), 갑작스럽고(sudden), 급격하며(sharp), 상당한(significant) 것이어야 한다(Argentina - Footwear Safeguard 사건, 상소기구).

 관련판례

미국 - Steel Safeguards

제소국은 Argentina - Footwear 사건 상소기구의 판정을 인용하면서 수입은 양과 질 두 측면에서 모두 국내산업에 심각한 피해 또는 그 우려를 초래하기에 충분할 정도로 최근이고(recent), 갑작스러우며(sudden), 급격하고(sharp), 상당해야(significant) 한다고 주장한 반면, 미국은 수입의 근래성(recentness) 및 갑작성(suddenness) 등은 협정에 제시된 기준이 아니므로 수입증가 판정의 구성요소가 아니며 조사당국의 재량이라고 주장하였다. 이에 대해 패널은 제2조 제1항상의 수입 증가 판정은 근래성, 돌연성, 급격성, 심각성에 대한 어느 정도의 증거가 있어야 한다고 언급하였다. 패널은 수입의 증가는 불가피하게 어느 두 시점 간의 비교를 수반하나 긴급수입제한조치협정은 비교 대상 시점이나 조사 기간의 길이에 대해 언급하고 있지 않으므로 수입 증가의 근래성 여부는 각 사안에 따라 결정될 것으로 보았다. 패널은 그러나 조사 당국은 반드시 조사 기간 전체에 걸친 수입 동향에 대해 양적이고 질적인 분석을 해야 하며 수입이 최근에 증가하였는지에 대해 평가(assess)해야 한다고 하였다. 패널은 근래성 여부는 반드시 가장 최근의 자료, 기간에 중점을 두어야 하나 그 이전의 자료와 분리해서 검토할 것은 아니고 최근의 수입 감소, 수입 증가율 감소 등의 수입 동향상의 변화를 보아야 한다고 하였다. 이러한 전제에서 패널은 미국이 일부 품목에 대한 최근의 수입 증가에 대해 합리적인 설명을 제시하지 못했으며, 또 일부 품목에 대해서는 조사 기간 종료 무렵에 수입이 상당히 감소하였는데 이에 대한 합당한 이유도 제시되지 않았다고 판단하였다. 상소기구는 긴급수입제한조치를 부과하기 위해서는 동 수입이 근래적이고 돌연하며 급격하고 심각해야 한다는 'Argentina - Footwear 사건'의 상소기구 판정을 재확인하여 패널 판정을 지지하였다.

(2) 예측하지 못한 사태의 발전(Unforseen Development)의 결과로서의 수입 급증

수입의 증가는 예측하지 못한 사태의 발전에 기인한 것이어야 한다[GATT1994 제19조 제1항 제(a)호]. 예측하지 못한 사태의 발전이란 '수입국이 관세 인하 양허의 교섭을 행한 후에 발생한 사태의 발전'으로서 관세양허를 행하는 수입국의 교섭자가 양허시점에서는 합리적으로 예견할 수 없는 발전을 말한다(미국 - 모피 모자 세이프가드 사건 작업반, 1951). 동 문언이 세이프가드협정에 명시되지 않아 요건성에 대해 논란이 있었으나 WTO 패널·상소기구는 세이프가드조치 발동에 있어서 세이프가드협정은 물론 GATT 규정 모두 적용된다고 본다. 따라서 세이프가드조치를 취하는 국가는 세이프가드조치를 적용하기 전에 예측하지 못한 사태의 발전을 입증해야 하며, 따라서 단순히 일부 새로운 사태의 발전을 언급한 것만으로는 동 요건을 충족한 것으로 볼 수 없다.

(3) GATT협정상 부담하는 의무의 효과

수입의 증가는 GATT협정상 체약국이 부담하는 의무의 효과로 발생해야 한다. 체약국이 부담하는 의무에는 관세양허뿐 아니라 수량제한의 철폐나 완화가 포함된다.

3. 국내산업에 대한 피해 또는 피해의 우려

(1) 국내산업

국내산업의 범위에는 동종상품을 생산하는 산업뿐 아니라 직접적인 경쟁상품(directly competitive products)을 생산하는 산업도 포함된다(세이프가드협정 제2조 제1항). 반덤핑조치나 상계조치와 달리 세이프가드조치의 경우 직접경쟁상품도 포함된다. 동종상품은 상품의 물리적 특성을 기준으로 동종성을 판단하나, 직접경쟁상품은 상업적 대체가능성을 기준으로 경쟁성 여부를 판단한다. 직접경쟁상품은 동종상품보다 더 넓은 개념으로 해석된다.

(2) 피해

세이프가드조치를 취하기 위해서는 수입증가가 국내산업에 '심각한 피해'(serious injury)를 초래하거나 초래할 우려가 있어야 한다. 심각한 피해란 국내산업의 상태에 있어서 중대하고 전반적인 손상을 의미한다(제4조 제1항). 심각한 피해는 반덤핑 및 상계조치 발동에 있어서 요구되는 '실질적 피해'(material injury)보다 높은 것으로 이해된다(미국 - Lamb SG 사건). 피해의 정도를 가중한 이유는 반덤핑이나 상계조치는 불공정무역관행에 대응하기 위한 조치인 반면, 세이프가드조치는 공정한 수입에 대해 예외적으로 대처하도록 허용하는 조치이기 때문이다.

관련판례

한국 - Dairy Safeguard case

우리나라 무역위원회(KTC)는 1993년 3,200톤이었던 혼합 분유 수입량이 1995년 2만8천 톤으로 급증함에 따라 산업 피해 여부를 조사했다. KTC의 조사에 의거, 농림부는 1997년 3월 7일부터 혼합 분유에 대한 긴급수입제한조치를 시행, 2001년 2월 28일까지 수량규제를 통한 국내시장 안정을 꾀하기로 했다. EC는 이 조치가 WTO협정상의 긴급수입제한조치 발동요건에 충족되지 못한다고 주장, WTO에 제소했다. 긴급수입제한조치협정 제4조 제2항은 수입급증으로 인한 피해 판정시 관련된 산업의 상황에 영향을 미치는 객관적이고 계량 가능한 성격의 모든 관련 요소를 평가할 것을 요구하고 있으며 수입증가율, 점유율, 생산성 등 고려요소를 제시하고 있는바, EC는 한국이 동 피해 요소를 적절히 평가하지 못했다고 주장하였다. 패널은 한국 무역위원회의 조사 결과 보고서에 제4조 제2항상의 피해 요소 중 일부가 검토되지 않았음을 확인하였다. 패널은 일부 피해 요소에 대한 한국의 논증이 충분하지 못하고 심각한 피해를 초래하였음을 설명하지 못하는바, 한국의 심각한 피해 판정은 긴급수입제한협정 제4조 제2항의 요건을 충족하지 못한다고 판정하였다.

4. 인과관계

물품의 수입증가와 심각한 피해 또는 피해 우려 간에 인과관계가 존재함이 입증되어야 한다. 수입증가 이외의 다른 요소가 국내산업에 피해를 준 경우에는 그 피해를 수입증가에 전가시켜서는 안 된다[제4조 제2항 제(b)호, 비귀책요건(non - attribution requirement)]. 인과관계에 관한 요건을 충족시키기 위해서는 국내산업에 피해를 초래한 다양한 요인들을 조사해야 하고, 피해를 초래한 요인과 초래하지 않은 요인들을 구분해야 한다. 또한 어떻게 구분했는지에 관한 충분하고 논리적인 설명을 제시해야 한다.

3 발동요건(절차적 요건)

1. 기본원칙

(1) 절차의 개요

국내산업의 조사 신청의 제출, 주무관청의 조사 개시 결정, 조사절차의 진행, 산업피해 판정, 구제조치의 건의 및 시행 순으로 진행된다.

(2) 국내절차의 투명성

세이프가드협정은 조사절차상의 투명성을 특히 엄격하게 요구하고 있다. 이를 위하여 조사 개시의 공고, 조사단계에서 의견제출, 공청회 개최, 조사결과에 대한 보고서의 공개 등을 요구하고 있다(제3조 제1항). 조사단계에서 제출된 비밀정보는 제출한 당사자의 허가 없이 공개할 수 없다(제3조 제2항).

(3) 통보 및 협의의무

절차의 투명성을 제도적으로 보장하기 위해 회원국의 조치에 대한 WTO에의 통보와 협의에 관해 규정하고 있다. 조치의 대상이 되고, 실질적 이해관계를 가지고 있는 국가에 대해 사전 협의기회를 제공해야 한다(제12조 제3항).

2. 조사신청

세이프가드협정에 신청자격에 대한 구체적인 기준은 없으며 각국의 실정에 맞게 운용하고 있다. 미국의 경우 이해관계인의 청원이나 대통령 혹은 ITC의 발의에 의해 조사를 개시한다. EU는 생산자의 직접제소는 인정하지 않고 회원국 정부를 통하거나 집행위원회의 직권으로 조사를 개시한다.

3. 조사 개시 결정

협정은 조사 개시 결정에 대해서도 별도의 규정을 두지 않고 있으며, 다만 개시 결정과 이유를 세이프가드위원회에 통보하도록 요구하고 있다[제12조 제1항 제(a)호].

4. 조사절차

세이프가드협정은 조사절차의 투명성을 위해 조사절차의 공개성, 객관성, 및 비밀유지에 관한 규정을 두고 있다. 조사는 모든 이해관계자에게 합리적으로 공고되어야 하며, 이해관계자들의 견해를 제출할 수 있는 공청회 등의 개최를 보장해야 한다. 또한 주무당국은 판정사실, 법리해석 등에 관한 결론을 서명하는 보고서를 공개해야 한다(제3조 제1항).

5. 피해판정

피해판정의 종류로 예비판정과 최종판정이 있다. 예비판정은 지연 시 회복하기 어려운 손상을 초래할 중대한 상황에서 잠정조치를 시행하기 위해 내리는 중간적 판정으로서 심각한 피해 또는 피해의 우려에 대한 명백한 증거가 있어야 한다(제6조). 예비판정이 부정적일 경우 조사절차는 즉시 종결된다.

6. 구제조치의 건의 및 조치의 시행

한국의 경우 피해판정이 긍정적일 경우 무역위원회는 판정일로부터 45일 이내에 관계 행정기관의 장에게 필요한 구제조치를 건의하고 관계 행정기관의 장은 건의를 받은 후 45일 이내에 조치의 시행 여부를 결정해야 한다(대외무역법 제28조, 제29조).

4 세이프가드조치

1. 형태

(1) 잠정조치

잠정 세이프가드조치(aprovisional safeguard measures)는 지체될 경우 회복하기 어려운 피해가 초래될 수 있는 절박한 상황에서 수입의 증가가 심각한 피해를 초래하거나 초래할 우려가 있다는 명백한 증거가 있다는 예비판정에 따라 취할 수 있는 조치를 의미한다(제6조). 잠정조치의 존속기간은 200일을 초과할 수 없으며 관세 인상의 형태만 취할 수 있다(제6조).

(2) 최종조치

① **서설**: 세이프가드협정은 세이프가드조치의 형태에 대해 달리 제한을 두고 있지 않다. 따라서 회원국은 세이프가드조치로서 관세 인상은 물론 쿼터나 관세율쿼터를 도입할 수 있고, 그밖의 다른 형태의 세이프가드조치도 취할 수 있다. 세이프가드조치는 국내산업에 대한 심각한 피해를 방지하거나 구제하고 조정을 촉진하는 데에 필요한 범위 내에서만 적용될 수 있다(제5조 제1항).

② **수량제한**: 세이프가드조치로서 수량제한조치를 취할 수 있다. 다만, 수량제한조치를 취하는 경우 달리 명백한 근거가 제시되지 않는 한 통계가 입수 가능한 지난 3년의 대표적 기간의 평균 수입량에 해당되는 최근 기간의 수준 이하로 수입량을 감소해서는 안 된다(제5조 제1항).

2. 적용대상

세이프가드조치는 '원산지에 관계없이' 수입되는 모든 상품에 대해 적용된다. 다만, UR세이프가드협상에서 세이프가드협정을 모든 부류의 상품을 대상으로 적용할 수 있는지 아니면 섬유나 농산물과 같은 일부 품목에 대해서는 이의 적용을 면제해야 하는가가 쟁점이 되었다. 이에 대해 세이프가드협정에는 명시적 규정이 없다. 다만, 농업협정 및 섬유 및 의류협정에서 각각 특별 세이프가드조치에 관한 규정을 두고 있다. 섬유 및 의류협정에서 규정한 과도적 세이프가드조치는 2004년 말 소멸하였다. 따라서 2005년부터는 섬유 및 의류 상품도 GATT1994 제19조 및 세이프가드협정의 적용을 받는다.

3. 적용원칙

(1) 비차별성과 선별성(selectivity)의 문제

구제조치의 선별성이란 세이프가드조치로서의 구제조치가 특정국가의 수입물품에 대해서만 차별적 또는 선별적으로 적용되는 것을 말한다. GATT1994 제19조는 세이프가드조치의 비차별성에 대해 명시적 언급이 없었으므로 선별적 세이프가드조치가 MFN의무에 위반되는지 논란이 되었다. 그러나 세이프가드협정은 수입물품의 원산지에 관계없이 세이프가드조치를 비차별적으로 적용하도록 하여 원칙적으로 선별적 적용을 인정하지 않았다(제2조 제2항).

(2) 병행주의

NAFTA 등 일부 FTA의 경우 다자 간 세이프가드조치를 취함에 있어서 다른 당사국으로부터의 수입품이 심각한 피해나 피해 위협의 실질적 원인이 아닌 경우에는 당해 당사국의 수입품에 대해 동 조치의 적용을 예외적으로 배제할 수 있도록 허용하고 있다. 따라서 이러한 조치가 비차별원칙에 반하는지, 반한다 하더라도 GATT1994 제24조에 의해 정당화되는지가 문제된다. 이에 대해 WTO 패널 및 상소기구는 다자간 세이프가드조치의 적용에 있어서 특정 지역무역협정 당사국을 제외하는 것인지의 문제에 대해 직접 언급하지 않고 이른바 병행주의(parallelism)의 문제로 다루고 있다. 즉, 세이프가드조치의 조사단계에 있어 대상범위와 세이프가드조치의 적용단계에서 대상 범위가 같아야 한다는 것이다.

4. 존속기간

세이프가드조치는 심각한 피해를 방지하거나 구제하고 구조조정을 촉진하는데 필요한 기간 동안만 실시할 수 있으며, 이 기간은 달리 연장되지 않는 한 4년을 초과할 수 없다(제7조 제1항). 단, 수입회원국의 주무당국이 심각한 피해를 방지하거나 구제하는 데에 세이프가드조치의 지속이 필요하며 당해 산업이 구조조정 중에 있다는 증거가 존재한다고 판정하는 등의 요건을 충족한 경우 기한을 연장할 수 있다(제7조 제2항). 그렇다 하더라도 세이프가드조치의 총 적용기간은 잠정조치 및 최초 적용기간을 포함하여 총 8년을 초과할 수 없다(제7조 제3항).

5. 재검토

세이프가드조치의 기간이 3년을 초과하면 동 조치를 적용하는 국가는 조치기간의 중간 시점 이전에 상황을 재검토하여 조치를 철회하거나 자유화속도를 증가해야 한다(제7조 제4항). 동 조치가 연장된 경우 당해 조치는 최초기간의 종료시점에 비해 더 제한적이어서는 안 되고, 계속하여 자유화되어야 한다(제7조 제4항). 이렇듯 세이프가드조치는 경감성(degressivity)을 가진 조치이어야 한다.

5 보상 및 보복조치

1. 의의

긴급수입제한조치는 정당한 수출행위에 대해 수입국 국내사정을 이유로 하여 발동되는 규제조치이므로 그 규제조치로 인해 수출국이 입을 손해를 보상하고 만일 보상협의가 원만하게 이루어지지 않을 경우에는 상대국에 대해서도 동일한 수준의 대응조치를 취하도록 해야 한다(GATT 제19조 제2항).

2. 보상적 구제조치(compensatory remedies)

보상적 구제조치란 세이프가드조치의 발동국가인 수입국이 당해 조치의 적용을 받는 수출국에게 제공하는 보상조치를 의미한다. 세이프가드협정 제8조 제1항은 관련회원국들이 세이프가드조치가 교역에 미치는 부정적 효과에 대해 적절한 무역보상수단에 관해 합의할 수 있다고 규정하고 있다. 보상조치로는 수출국 상품에 대한 관세의 인하, 시장접근의 확대 등이 있다.

> **세이프가드협정 제8조 제1항 - 보상**
> 긴급수입제한조치의 적용을 제안하거나 동 조치를 연장하고자 하는 회원국은 제12조 제3항의 규정에 따라 그러한 조치에 의해 영향을 받는 수출회원국과 자기나라 간에 1994년도 GATT에 따라 존재하는 양허와 다른 의무의 수준이 실질적으로 동일하게 유지되도록 노력한다. 이러한 목적을 달성하기 위하여 관련회원국은 그들의 무역에 대한 긴급수입제한조치의 부정적 효과에 대한 적절한 무역보상방법에 관하여 합의할 수 있다.

3. 보복적 대응조치

(1) 의의

규제국과 피규제국이 30일 내에 보상에 관한 합의가 이루어지지 않는 경우 피규제국은 규제국의 무역에 대해 실질적으로 동등한 양허나 다른 의무의 적용을 자유로이 정지할 수 있다(제8조 제2항).

(2) 요건

① 피규제국은 세이프가드조치가 취해진 날로부터 90일 이내에 보복조치를 취해야 한다.
② 상품무역이사회가 양허정지의 서면통고를 받은 날로부터 30일이 경과해야 한다.
③ 상품무역이사회가 반대하지 않아야 한다.

> **세이프가드협정 제8조 제2항 - 양허의 정지(보복조치)**
> 제12조 제3항에 따른 협의에서 30일 이내에 합의가 이루어지지 아니하는 경우, 영향을 받는 수출회원국은 조치가 적용된 날로부터 90일 이내에, 상품무역이사회가 그러한 양허정지의 서면 통고를 접수한 날로부터 30일 경과한 후, 상품무역이사회가 반대하지 아니하는 한 긴급수입제한조치를 적용한 회원국의 무역에 대하여 1994년도 GATT의 실질적으로 동등한 양허나 다른 의무의 적용을 자유로이 정지한다.

(3) 제한

세이프가드조치가 수입의 절대적 증가의 결과 취해지고 당해 조치가 세이프가드협정의 규정과 합치하는 경우 보복조치는 당해 조치가 유효한 최초 3년 동안에는 행사되지 아니한다(제8조 제3항).

6 세이프가드조치의 통제

1. 재발동의 제한

WTO협정 발효 전에 세이프가드조치가 취해진 상품에 대해 협정 발효 이후 세이프가드조치를 취하고자 하는 경우 이전에 적용되었던 기간만큼은 동 조치를 재발동할 수 없으며, 적어도 2년 동안에는 동 조치를 재발동할 수 없다(제7조 제5항).

2. 통보

(1) 회원국은 심각한 피해나 위협과 관련한 조사절차의 개시 및 그 사유, 수입의 증가로 인한 심각한 피해나 피해의 위협에 대한 판정, 세이프가드조치의 적용 및 연장에 관한 결정을 세이프가드위원회에 즉시 통고해야 한다(제12조 제1항).

(2) 심각한 피해 판정이나 세이프가드조치의 적용 등에 관한 모든 정보를 제공해야 한다.

(3) 세이프가드조치와 관련된 자국의 법률 등에 대해 세이프가드위원회에 통고해야 한다.

3. 협의

세이프가드조치를 발동하거나 연장하려는 회원국은 관련 상품의 수출국으로서 실질적인 이해관계를 가진 회원국에 대해 정보의 검토 및 당해 조치에 대한 의견 교환 등을 위하여 사전 협의(prior consultations)를 위한 적절한 기회를 제공해야 한다(제12조 제3항).

4. 감시

세이프가드협정은 '세이프가드위원회'를 설립하여 협정 이행과 관련한 감시체제(surveillance mechanism)를 강화하였다. 동 위원회는 협정의 일반적 이행감독, 협정 개선 권고, 세이프가드조치 발동시 절차 요건 준수 여부 판정, 회원국 간 협의 지원 등의 업무를 담당하고 있다(제13조).

7 기타 조항

1. 분쟁해결

세이프가드협정의 해석 및 적용에 관한 회원국 간 분쟁은 '분쟁해결양해'에 따른 GATT1994 제22조와 제23조가 통일적으로 적용된다(제14조).

2. 회색지대조치

회원국들은 수출자율규제나 시장질서유지협정 또는 수출이나 수입 측면에서 이와 유사한 조치들을 모색하거나 취하거나 유지해서는 아니되며, WTO설립협정 발효일 당시 시행 중인 일체의 그러한 조치를 협정과 일치시키거나 협정의 규정에 따라 단계적으로 폐지해야 한다[제8조 제1항 제(b)호]. 단계적 폐지는 WTO설립협정 발효일로부터 180일 이내에 관련회원국이 세이프가드조치위원회에 제시한 일정표에 따라 시행해야 한다. 원칙적으로 WTO협정 발효일로부터 4년 이내에 단계적으로 폐지되거나 세이프가드협정과 일치시켜야 한다(제11조 제2항).

3. 개발도상국 특별대우

(1) 개발도상국이 원산지인 상품에 대한 세이프가드조치의 적용과 관련하여 수입회원국에서 당해 개발도상국의 관련 상품의 수입점유율이 3%를 초과하지 않으며, 이와 같이 3% 미만의 수입점유율을 차지하는 개발도상국이 차지하는 총 수입점유율이 상품의 총수입의 9%를 넘지 아니할 경우 개발도상국이 원산지인 상품에 대해서는 세이프가드조치가 적용되지 아니한다(제9조 제1항).

(2) 개발도상국이 적용하는 세이프가드조치의 적용기간의 연장이나 재발동과 관련하여 협정상 규정된 최대기간을 초과하여 2년까지 당해 조치의 적용을 연장할 수 있다(제9조 제2항).

(3) WTO설립협정 발효 이후 취하여진 세이프가드조치의 적용대상이 된 상품의 수입에 대해서는 이전에 당해 조치가 적용된 기간의 2분의 1에 해당하는 기간이 경과하면 당해 조치를 다시 적용할 수 있다(제9조 제2항).

01 WTO협정상의 반덤핑제도와 세이프가드제도를 비교한 설명 중 옳지 않은 것은?

2003년 행정·외무고시 변형

① 기본적으로 반덤핑제도는 불공정 무역에 대한 규제라는 점에서 세이프가드제도와 취지를 달리한다.

② 국내산업에 대한 피해의 정도에 있어, 세이프가드제도는 반덤핑제도보다 더욱 심한 피해를 그 발동 요건으로 하고 있다.

③ 세이프가드제도는 수량제한 형태로만 수입품에 대한 제한이 가해지는 반면, 반덤핑제도는 관세의 인상 형태로만 제한이 가해지는 차이가 있다.

④ 세이프가드조치는 상대국에 대한 보상을 전제로 하나, 반덤핑조치는 그렇지 아니하다.

공정무역규범

관세인상도 세이프가드조치의 한 유형이다.

선지분석

④ 세이프가드조치는 상대국의 공정한 무역에 대한 조치이므로 보상을 해야 한다. 보상협상이 타결되지 아니한 경우 수출국은 보복조치를 취할 수 있다.

답 ③

02 세계무역기구(WTO)의 「보조금 및 상계조치에 관한 협정」상 보조금에 대한 설명으로 옳지 않은 것은?

2019년 9급

① WTO 회원국은 자국산 특정 제품의 수출 실적에 비례해서 그 제품을 생산하는 자국 기업에 수출 장려 보조금을 줄 수 없다.

② WTO 회원국은 외국산 특정 제품을 수입하는 대신 국내상품을 사용하는 조건으로 자국 기업에 보조금을 지급할 수 없다.

③ WTO 회원국이 자국산 특정 제품에 보조금을 지급한 결과 다른 회원국의 생산 업계에 피해를 주는 경우 피해를 당한 국가는 WTO 분쟁해결기구(DSB)에 제소할 수 있다.

④ WTO 회원국이 자국산 특정 제품에 대한 보조금을 지급한 결과, 제3국에 수출하는 다른 회원국의 기업이 가격 경쟁을 유지하기 위해 특정 제품의 가격 인하를 해야 할 경우에 후자의 회원국은 상계조치만 취할 수 있다.

보조금 및 상계조치에 관한 협정

이 경우 상계조치뿐 아니라 WTO에 대한 제소조치도 취할 수 있다. 상계조치를 일방적 구제조치, WTO에 대한 제소를 다자적 구제조치라고도 한다.

선지분석
① 수출보조금은 수입대체보조금과 함께 금지보조금이다.
② 이러한 보조금을 '수입대체보조금'이라고 한다.
③ WTO에 대한 제소조치와 함께 상계조치도 취할 수 있다.

답 ④

---

03 세계무역기구(WTO)의 '보조금 및 상계조치에 관한 협정(Agreement on Subsidies and Countervailing Measures)'상의 보조금에 대한 설명으로 옳지 않은 것은?

2007년 7급

① 농업에 관한 수출보조금에 대해서는 WTO의 '농업에 관한 협정(Agreement on Agriculture)'이 적용된다.

② 보조금이 특정기업이나 산업군에 지급되었다는 특정성의 요건을 갖출 경우 상계관세의 대상이 된다.

③ 상계관세는 원칙적으로 부과일로부터 5년 이내에 종료한다.

④ 상계관세부과를 위한 조사는 서면 또는 구두신청에 의해 개시된다.

보조금 및 상계조치에 관한 협정

상계관세부과를 위한 조사는 서면신청에 의해서만 개시된다.

답 ④

04 **WTO의 긴급수입제한(Safeguard) 제도에 대한 설명으로 옳지 않은 것은?** 2013년 9급

① WTO규정을 위반한 불공정무역행위에 대해 발동하는 조치이다.

② WTO의 설립 이전 수출자율규제(VER)나 시장질서유지협정(OMR)과 같은 회색지역조치(grey area measures)에 의존하던 관행을 없애고 GATT 제XIX조의 실효성을 제고하기 위하여 WTO의 긴급수입제한협정(Agreement on Safeguard)이 체결되었다.

③ 수입의 증가가 국내 동종산업 또는 직접적으로 경쟁관계인 제품산업에 심각한 피해(serious injury)를 초래하거나 초래할 우려가 있어야 발동할 수 있다.

④ '심각한 피해'는 국내 산업의 상태에 있어 중대하고 전반적인 손상을 의미하고 '심각한 피해의 우려'는 명백하게 임박한 심각한 피해의 우려를 의미한다.

공정무역규범

반덤핑조치나 상계조치가 타국 기업이나 타국의 불공정행위를 전제로 하는 반면, 세이프가드조치는 타국이나 타국 기업의 공정한 행위에 대해 발동된다.

선지분석

② VER이나 OMR 등의 회색지대조치가 GATT에서 명시적으로 금지된 것은 아니다. 그러나 세이프가드협정은 당해 조치들을 WTO협정 발효 4년 이내에 협정에 합치시키거나 폐지할 것으로 규정하여 당해 조치들을 명시적으로 금지하였다. VER이나 OMR은 수출국이 자율적으로 또는 수입국과 수출국이 별도의 협약을 체결하여 수출국이 수출물량을 조절하는 조치들로서 자유무역원칙에 반한다.

③ 반덤핑조치나 상계조치 발동을 위한 피해판정 시 '동종산업'을 대상으로 하여 조사하는 것과 달리 세이프가드조치에 있어서는 피해산업 범위가 동종산업뿐 아니라 직접경쟁산업으로 확대된다. 따라서 그만큼 피해판정이 용이하다고 볼 수 있다.

④ 반덤핑조치나 상계조치를 위한 피해가 '실질적 피해(material injury)'이면 충분하나, 세이프가드조치를 위해서는 '심각한 피해'를 요한다. 이는 실질적 피해에 비해 보다 강화된 규정으로 평가된다.

답 ①

제3장 │ 다자간상품무역협정

 출제 포커스 및 학습방향

다자간상품무역협정에서는 부속서 1A 중 GATT1994, 공정무역규범에서 서술한 협정을 제외한 나머지 협정들을 정리하였다. 상대적으로 출제가능성이 낮지만 농업협정, 위생 및 검역조치협정, 기술무역장벽협정, 원산지협정 등은 출제될 가능성이 있다. 특히, 농업협정이나 위생 및 검역조치협정은 우리나라와 관련성이 높아 출제가능성이 상대적으로 높다고 볼 수 있다. 규범 내용들을 꼼꼼하게 정리하고 이행기간이나 관세율 등 암기사항도 철저하게 숙지하고 암기해야 한다.

제1절 │ 농업협정

1 서설

1. 배경

농산물은 공산품과 달리, 상품으로서 생산되고 거래되기보다는 식량안보, 환경보존, 전통적 생산양식의 보존과 같은 비교역적 목표가 우선시되어 왔다. GATT체제하에서는 이러한 농산물의 특성을 반영하여 강력한 규범체계를 형성하지는 못했고, 사실상 GATT체제의 범위 밖에 방치되어 왔다. 그러나 1980년대 들어 개발도상국은 식량자급이 달성되고, EU도 식량수입국에서 수출국으로 전환함에 따라 세계적인 농산물 공급과잉 상태가 도래하였다. 이에 따라 국가 간 수출경쟁이 격화되었고, 국가들은 경쟁적으로 각종 수출보조금을 과잉지급하고 수입장벽을 쌓아 농산물 교역질서가 심하게 왜곡되었다.

2. UR 협상의 기본목표

시장개방, 수출보조금, 국내보조금 감축이 UR 농업협상의 3대 과제였으며, 특히 한국과 일본의 쌀 시장 개방 문제, 미국과 EU 간 국내보조금 감축 문제, 개발도상국에 대한 특별대우 부여가 쟁점이 되었다.

3. 농업협정의 목적

농업협정은 전문에서 'GATT규칙과 규율의 확립'을 통하여 '공정하고 시장지향적인 농업무역체계의 확립'을 추진할 것을 선언함으로써 정부의 인위적인 시장개입은 물론 무역장벽의 설치, 덤핑수출 등을 방지하여 각국 농업의 고유한 비교우위에 따라 국제분업이 이루어지고 자유무역이 달성될 수 있는 세계 농산물무역질서를 수립하는 것을 동 협정의 목적으로 규정하고 있다.

4. 농업협정의 기본구조

규범의 종류	시장개방 기초: 86~88	수출보조 기초: 86~90	국내보조 기초: 86~88
가격	비관세장벽의 관세화 관세 또는 관세상당치의 평균 36% 감축 (최소 15%)	수출보조금의 36% 감축	전체 AMS의 20%까지 감축
수량	최소시장접근 국내소비의 3~5%	보조금혜택 수출분의 21% 감축	
기타	세이프가드규정	평화조항(Peace Clause)	

2 시장접근(Market Access)

1. 예외 없는 관세화

공정하고 시장지향적인 농산물교역체제를 확립하기 위하여, 원칙적으로 관세화를 통한 시장개방을 하여야 하며 수량제한 등 비관세조치를 금지한다. 비관세장벽에 의해 보호되고 있는 품목은 1986년부터 1988년까지 당해품목의 국내외 가격차를 '관세상당치'(Tariff Equivalent)로 평가하여 감축한다. 모든 농산물의 관세와 관세상당치를 양허하여 감축하되, 선진국의 경우 6년(1995~2001년) 동안 단순평균 36% 감축해야 하며, 품목별 최저감축률은 15%이다. 단, 개발도상국은 10년 동안 평균 24%, 품목별 최저 10% 감축한다.

 참고

관세상당치(Tariff Equivalent)
- 관세상당치(TE) = (국내가격 − 국외가격) / 국외가격 × 100
- 관세상당치는 기준기간(1986~1988)인 3년간의 평균 국내외가격차, 즉 국산품의 국내도매가격과 수입품의 CIF의 가격의 차이를 말한다.

2. 현행시장접근(Current Market Access: CMA)

1986년부터 1988년간 어떤 품목의 수입량이 국내소비량의 3% 이상인 경우에는 이 기간의 평균수입량을 차액관세가 아닌 '현행관세'로 1995년부터 6년 동안 수입해야 한다는 원칙이다.

3. 최소시장접근(Minimum Market Access: MMA)

1986년부터 1988년간 어떤 품목의 수입이 전혀 없거나 또는 미미한 경우에는 1986년부터 1988년간 동 품목의 국내소비량의 3%에 해당하는 물량을 현행관세로 협정시행연도인 1995년에 보장하고 6년(개발도상국은 10년) 동안 5%를 보장해야 한다는 원칙이다. 한국의 쌀은 시장접근에 대해 특례를 인정받아 첫 해인 1995년 1%를 개방하고 2000년까지 2%, 2004년까지 4%로 인상하도록 하였다.

4. 비교역적 관심사항의 경우(제5부속서 제1항)

기준년도 기간 특정 주요농산물의 수입이 국내소비량의 3% 미만인 농산물로 이러한 특별취급품목이 식량안보 등 비교역적 관심사항(non - trade concerns: NTC)을 반영하는 경우 시장접근에 대한 예외를 허용하였다. 이러한 품목으로 지정되면 관세화를 1995년부터 6년간 유예하되 최소시장접근물량을 이행최초연도 4%에서 이행최종연도에는 8%까지 증가시켜야 한다. 일본의 쌀 시장 유예가 그 대상이었다. 일본은 MMA 증가에 따른 재고부담으로 1999년 4월부터 쌀 시장에 대한 개방유예를 포기하고 관세부과정책으로 전환하였다.

5. 전통적인 주식품목의 경우(제5부속서 제7항)

(1) 의의

개발도상국의 경우 전통적 식품소비패턴상 매우 중요한 농산물에 대하여는 해당 품목에 대하여 기준년도 국내소비량의 1%에 해당하는 물량에 대하여만 시장을 개방하도록 규정하고, 10년차에는 4%로 증가시키도록 하였다.

(2) 우리나라 쌀 시장에 적용

우리나라는 개발도상국 지위를 인정받아 이행 첫 해 1%의 최소시장접근을 허용하고, 그 이후에는 5차년도까지는 국내소비량의 2%, 6차년도부터 2004년까지 국내소비량의 4% 수준까지 달하게 하여야 했다. 한국은 2004년 1월 20일 유예기간 연장을 위한 협상 개시를 WTO에 통보하였고 2004년 주요국들과 양자협상을 종료하였다. 협상결과는 다음과 같다.

① 의무적 수입물량을 1988년~1990년을 기준으로 하여 2005년에 국내소비량의 4.4%(225,575톤)에서 2014년 7.96%(408,700톤)로 매년 균등하게 증량한다.

② 관세화유예를 2005년부터 2014년까지 10년간 연장하며 이행 5년차인 2009년도에 연장 여부에 영향을 미치지 않는 다자간 이행상황에 대한 중간점검을 실시한다. 이행기간 중 언제든지 관세화로 전환이 가능하며, 관세화 전환시 관세율은 농업협정문과 DDA협상의 일반원칙이 적용된다.

③ 수입방식은 현행과 같이 전량 국영무역방식을 유지한다. 소비자시판은 2005년 수입물량 중 10%가 판매되고, 6년차인 2010년에는 30%까지 늘리되 2014년까지 30% 비율을 유지한다.

④ 의무수입물량 중 기존 물량에 대해서는 국별 쿼터를 설정하고, 신규물량은 최혜국대우방식으로 운영한다. 우리나라 쌀 시장 개방유예는 2014년 종료되었다.

6. 특별세이프가드

(1) 의의

관세화와 관세 인하 등 시장개방조치의 이행으로 수입국 농민들에게 피해를 줄 경우 수입국이 발동할 수 있는 보호조치이다. 특별세이프가드조치는 이행기간에만 한시적으로 허용되는 제도이다. 수입물량에 의한 특별긴급수입제한과 수입가격에 의한 특별긴급수입제한으로 대별된다.

(2) 수입물량에 의한 특별긴급수입제한

이 조치는 시장접근기회(Market Access Opportunity: MAO)의 크기에 따라 기초발동수준(Base Trigger Level: BTL)이 결정되는 긴급수입제한조치이다. 시장접근기회(MAO)란 이전 3년간 수입물량의 국내시장 점유율을 말하고, 기초발동수준(BTL)은 추가관세가 부과될 기간 동안의 평균수입량의 변화폭을 말한다. 시장접근기회(MAO)가 적은 경우에는 수입물량이 급격히 증가하더라도 피해는 상대적으로 적기 때문에 기초발동수준(BTL)은 높게 설정되는 반면 시장접근기회(MAO)가 큰 경우에는 기초발동수준(BTL)이 낮게 설정된다. 즉, 시장접근기회(MAO)가 10% 이하인 경우에는 기초발동수준(BTL)은 125%, 시장접근기회(MAO)가 10~30%이면 110%, 30% 이상이면 105%가 된다. 예컨대, 시장접근기회(MAO)가 10% 이하인 경우 수입량이 25% 이상 증가하면 특별세이프가드를 발동할 수 있다.

(3) 수입가격에 의한 특별긴급수입제한

수입가격이 발동가격(trigger price)에 비해 기준선 이하로 하락하는 경우 긴급수입제한조치를 취할 수 있다.
① 수입가격과 발동가격차가 10% 이하인 경우 추가 관세를 부과할 수 없다.
② 가격차가 발동가격의 10~40%이면 추가관세는 가격차가 10%를 초과하는 부분의 30%이다.
③ 가격차가 40~60%이면 가격차가 40%를 초과하는 부분의 50%에 ②의 추가관세를 더한 수치를 관세로 부과한다.
④ 가격차가 60~75%인 경우 추가관세는 가격차가 발동가격의 60%를 초과하는 부분의 70%에 ③의 관세를 더한 수치가 된다.
⑤ 가격차가 발동가격의 75%보다 큰 경우에는 초과하는 부분의 90%에 ④의 관세를 더한 수치가 된다.

(4) 절차 및 제한

특별세이프가드조치를 취한 국가는 WTO농업위원회에 10일 이내에 이를 통보해야 한다(제5조 제7항). 농업협정상의 특별세이프가드조치는 세이프가드협정상의 세이프가드조치와 동시에 취해질 수 없다(제5조 제8항).

(5) 일반세이프가드와의 차이

① 국내산업피해 여부와 관계없이 발동할 수 있다(발동요건).
② 농산물 관세화대상품목에 한하여 발동된다(대상품목의 제한).
③ 관세화 이행기간 동안에만 한시적으로 적용된다(적용기간의 제한).

④ 추가적인 관세 인상만 허용된다(구제조치의 제한).
⑤ 이해관계국의 보복조치가 허용되지 않는다(보복조치의 제한).

3 국내보조(Internal Support)

1. 의의

농업보조금은 공산품을 대상으로 하는 일반 보조금과 달리 가격지지 등 복잡한 메카니즘을 가지고 있어서 개별적으로는 그 규모를 측정하기가 곤란하다. 따라서 농업협정에서는 '보조총액측정치'(Aggregate Measurement of Support: AMS) 개념을 도입하고 있다. 보조총액측정치(AMS)는 어느 한 국가의 연간 전체적인 보조규모를 의미하는 것으로서 농업협정은 이를 총체적으로 감축해 나가는 방식을 채택하였다. 보조총액측정치(AMS)에 포함되는 보조금을 감축대상보조금이라 하며, 여기에 포함되지 않는 보조금을 허용보조금이라 한다. 허용보조금은 '포지티브 목록'(Positive List) 방식이 적용된다.

2. 허용보조금

(1) 의의

무역왜곡효과나 생산에 미치는 효과가 없거나 미소한 '국내보조조치'(domestic support measures)로서 감축대상에서 제외되며 'Green Box'조치라 한다. 허용되는 보조는 소비자로부터의 소득이전을 수반하지 않으면서 공적 재원으로 조달되는 정부의 지원 프로그램에 의해 제공되며, 생산자에 대한 가격지지효과가 없는 보조금이어야 한다(부속서 2 제1항).

(2) 생산제한계획하의 직접지불

생산제한계획하의 직접지불(이른바 'Blue Box')은 국내보조 감축약속대상에서 제외된다. 다만, 고정된 면적과 수확량을 기준으로 하는 경우, 기준 생산수준의 85% 이하에 대해 이루어지는 경우, 축산에 대한 지불이 고정된 사육두수에 대해 이루어지는 경우에 한한다. 이러한 기준을 충족시키는 직접지불에 대한 감축약속의 면제는 회원국의 현행 보조총액측정치 합계(Total AMS)를 산정할 때 직접지불액을 제외시킴으로써 반영된다(제6조 제5항).

3. 국내보조의 감축

(1) 접근방식

감축대상 국내보조에 대하여는 보조총액측정치(AMS)라는 농업부분에 대한 전체 보조금을 감축해가는 독특한 방식을 취하고 있다. 감축대상이 되는 보조총액측정치 합계(Total AMS)는 품목별 보조총액측정치(AMS)와 품목 불특정 보조총액측정치(AMS), 그리고 보조상당측정치(Equivalent Measurement of Support: EMS)를 합하여 산출한다. 품목별 보조총액측정치(AMS)는 각 품목별로 연간 보조금 총액을 산출한 것을 말하고, 품목 불특정 보조총액측정치(AMS)는 보조금의 특성상 개별 보조총액측정치(AMS) 산출이 어려운 경우 이를 하나로 묶어 전체적으로 산출한 것을 의미한다. 보조상당측정치(EMS)는 보조금이 존재하나 실질적으로 보조총액측정치(AMS) 계산이 곤란한 품목에 대하여 보조총액측정치(AMS) 산출구성요소에 기초하여 산출한 연간보조수준을 의미한다.

(2) 감축방식

세 가지 유형의 보조금의 합계로 보조총액측정치 합계(Total AMS)가 산출되면 이는 기초 보조총액측정치(AMS)로서 감축대상보조금의 상한선이 된다. 이 상한선은 1986년~1988년을 기준으로 설정되는데 1995년부터 2000년간 20%를, 개발도상국은 10년간 13.3%를 감축해야 한다.

(3) 최소허용보조

감축대상보조금이라 하더라도 전체 농업보조총액의 계산 및 감축약속에서 제외할 수 있는 보조를 최소허용보조(de minimis)라 한다. 해당 연도의 기초농산물 총 생산액의 5%를 초과하지 않는 품목특정적 국내보조는 전체 농업보조총액의 계산 및 감축약속에서 제외된다. 개발도상국의 경우 감축의무 면제 상한을 10%로 완화시켜 주었으며, 동시에 농업에 대한 일반적 투자보조, 저소득층에 대한 투입재 보조, 마약작물 작목전환지원은 보조총액측정치 합계(Total AMS) 계산 시 제외된다(제6조 제2·4항).

4 수출보조

1. 의의

수출보조금과 관련한 협정상 의무는 세 가지이다. 첫째, 기존 수출보조금을 부분적으로 감축할 의무, 둘째, 수출보조금을 신설하지 않을 의무, 셋째, 이상의 두 가지 의무를 우회하지 않을 의무이다.

2. 기존 수출보조금의 감축

(1) 감축대상 수출보조

첫째, 수출실적을 조건으로 정부 또는 그 대행기관이 지급하는 현물을 포함한 직접보조, 둘째, 정부 또는 그 대행기관이 비상업적 재고를 수출하기 위해 국내시장에서 구매자가 부담하는 가격보다 낮게 판매 또는 처분하는 행위, 셋째, 해당 농산물 또는 수출품의 원료농산물에 대한 부과금을 재원으로 한 수출보조를 포함하여 정부의 활동에 이해 조성된 재원을 통한 수출보조, 넷째, 수출농산물의 출하, 등급, 가공, 유통비용의 절감을 목적으로 한 보조금, 다섯째, 국내소비용물량보다 수출물량에 대해 유리한 조건으로 정부가 제공한 국내운송비, 여섯째, 수출품의 원료농산물에 대한 보조 등이 열거되어 있다(제9조).

(2) 감축약속

감축대상 수출보조금은 1986년~1990년을 기준으로 6년간(1993~1999) 매년 균등하게 재정지출 기준 36%, 수출물량 기준 21% 감축해야 한다. 개발도상국은 10년 동안 선진국의 3분의 2 수준 만큼(즉, 각각 24%, 14%) 감축해야 한다. 각 회원국은 양허표에 개별 약속품목에 대해 기준 기간의 보조금을 받는 수출수량(연평균), 1995년 이후의 연차 수량수준, 6년째(2001년) 이후의 최종의 연차 수량수준을 명기해야 한다. 회원국이 일단 양허표 안에 기존 수출보조금의 감축을 약속하였다면, 양허표에서 정한 연차 수량수준을 넘어 수출보조금을 공여하는 것은 불가능하다. 캐나다 - 우유 사건에서 수출보조금을 받는 낙농품의 수출수량이 캐나다가 약속한 수량 수준을 초과하여 협정 위반 판정을 받았다.

3. 수출보조금의 신설금지

회원국은 양허품목에 대해 수출보조금 감축의무와 함께 비양허품목에 대한 수출보조금 신설금지의무를 부담한다. 비양허품목이란 회원국이 기준 기간에 수출보조금을 교부하지 않은 품목으로서 회원국이 양허표에 기재하지 않은 품목을 말한다.

4. 우회금지

협정상 감축약속의 대상이 되는 기존 수출보조금은 여섯 가지로 한정되며, 이외 수출보조금은 감축약속의 대상이 되지 않고 WTO 출범 이후에도 일정 조건하에 허용된다. 그러나 협정은 회원국이 감축대상이 아닌 수출보조금을 수출보조금규정을 우회(circumvention)하기 위해 사용하지 아니할 의무를 부과하고 있다(제10조 제1항).

5 기타규정

1. 평화조항(Peace Clause)

WTO 회원국들은 Green Box정책과 양허약속에 부합되는 국내 및 수출보조금에 대해 보조금 및 상계조치협정상의 대항조치를 취하지 않을 것, GATT 및 WTO협정상의 상계조치권을 발동함에 있어 '적절한 자제'(due restraint)를 행할 것, 무효화 및 침해에 대한 조치에 있어 한계를 수락할 것에 대해 합의하였다(제13조). 이를 '평화조항'(Peace Clause)이라 한다. 평화조항(Peace Clause)은 2003년 12월 31일까지 적용되어 현재 만료되었다.

2. 수출금지 및 제한조치

수출금지 또는 제한조치를 시행하고자 하는 국가는 그 조치가 수입국의 식량안보(food security)에 미치는 영향에 대해 정당한 고려(due consideration)를 해야 하며, 동 조치의 시행시 GATT1994 제11조 제2항 제(a)호의 조건을 충족해야 한다[제12조 제1항 제(a)호]. 수출금지 또는 제한조치를 시행하는 국가는 이러한 조치의 시행에 앞서 그 조치의 정보를 농업위원회에 서면으로 통고(notice)해야 하고 수입국으로서 실질적인 이해관계를 갖는 수입회원국의 요청이 있을 때 협의(consult)해야 한다. 또한 동 국가는 요청 회원국에게 필요한 정보를 제공한다[제12조 제1항 제(b)호].

3. 개발도상국과 최빈개발도상국에 대한 특별 및 차등대우

개발도상국은 관세 인하율, 국내 및 수출보조감축률이 선진국의 3분의 2 수준까지, 이행기간은 선진국의 6년보다 긴 10년까지이다(제15조). 최빈개발도상국은 모든 감축의무에서 면제된다.

제2절 | 위생 및 검역조치협정(SPS협정)

1 SPS협정의 입법취지

SPS협정은 인간이나 동식물의 생명 또는 건강을 보호하기 위해 정부가 취하는 조치(SPS조치)가 국제무역에 미치는 영향을 최소화하고자 하는 목적을 지닌다. 특히 농업협정 체결로 농산물 교역의 증대가 기대되나 SPS조치가 비관세장벽으로 변질되지 않도록 하기 위해 동 협정을 체결하였다.

2 SPS협정의 적용범위

SPS협정은 국제무역에 직접적·간접적으로 영향을 주는 모든 SPS조치에 대하여 적용된다.

1. SPS조치의 정의

SPS협정 부속서 A에 의하면 SPS조치란 다음의 목적으로 적용되는 조치를 말한다. 첫째, 병해충, 질병 매개체 또는 질병 원인체의 유입, 정착 또는 전파로 인하여 발생하는 위험으로부터 회원국 영토 내의 동물 또는 식물의 생명 또는 건강의 보호이다. 둘째, 식품, 음료 또는 사료 내의 첨가제, 오염물질, 독소 또는 질병원인체로 인하여 발생하는 위험으로부터 회원국 영토 내의 인간 또는 동물의 생명 또는 건강의 보호 등이다.

2. SPS조치의 목적

SPS조치인지 판단함에 있어서 조치의 '목적'이 중요한 기준이 된다. 따라서 공중보건 보호를 목적으로 하는 모든 조치가 SPS의 적용대상이 되는 것은 아니다. 예컨대, 유기농법 인증서 부착조치와 같이 건강 보호와 직접 관계되지 않고 단지 소비자에게 정보를 제공할 목적의 조치는 SPS조치가 아니다. 조치의 목적은 주관적 판단이 아니라 조치의 구조나 그 효과 등의 객관적 요소에 의해 판단되어야 한다. 부속서 A에 기술된 조치의 유형은 '예시적'으로 목적관련성이 있는 경우 그 밖의 조치도 SPS조치에 포함된다.

3. SPS조치와 위험

SPS조치는 수입품이 초래하는 위험으로부터 인간, 동물 또는 식물의 생명이나 건강을 보호하는 것을 목적으로 한다. 부속서 A에 따르면, 수입품이 초래하는 위험은 크게 네 가지로 크게 구별할 수 있다. ① 유해동식물, 병원균, 병원균 매개물, 병원생물의 침입·정착·만연, ② 음식물, 사료, 첨가물, 오염물질, 독소병균야기생물이 초래하는 위험, ③ 동물, 식물 또는 동식물을 원료로 하는 상품에 의해 매개되는 병원균, ④ 유해동식물의 침입·정착·만연에 의한 기타 피해이다.

4. SPS조치의 시간적 범위

SPS협정은 SPS조치가 언제 처음 시행되었는가와 관계없이 SPS협정 발효 이후에도 계속해서 효력을 유지하고 있으면 동 조치에 적용된다. 이는 조약법에 관한 비엔나협약 제28조의 '조약불소급의 원칙'의 적용을 배제하는 것이다. 국가는 기존의 SPS조치라도 동 협정에 일치시킬 의무가 있다(EC - 호르몬 사건).

3 WTO협정 상호 간 관계

1. TBT협정과의 관계

TBT협정은 건강 보호를 목적으로 하는 조치를 포함한 기술규정과 표준에 광범위하게 적용되기 때문에 건강 보호를 목적으로 하는 조치를 규율하는 SPS협정과 동시에 적용될 수 있다. 이 경우 TBT협정이 SPS협정보다 적용요건이 완화되어 있어서 어떤 협정이 적용되는가가 중요하다. 이 문제는 TBT협정 제1조 제5항이 상호 배타적 적용을 명시함으로써 해결되었다. 즉, 어떤 조치가 TBT협정상 기술규정 또는 표준에 해당되더라도 SPS협정상의 SPS조치에 해당한다면 SPS협정만이 배타적으로 적용되는 것이다.

2. GATT와의 관계

SPS협정은 '이 협정의 관련규정에 따르는 위생 또는 식물위생조치는 동 조치의 이용과 관련된 1994년도 GATT규정, 특히 제20조 제(b)호의 규정에 따른 회원국의 의무에 합치하는 것으로 추정된다'고 규정하고 있다(제2조 제4항).

4 기본적 권리 및 의무

SPS협정 제2조 - 기본적 권리 및 의무
1. 회원국은 인간, 동물 또는 식물의 생명 또는 건강을 보호하기 위하여 필요한 위생 및 식물위생조치를 취할 수 있는 권리를 갖는다. 단, 동 조치는 이 협정의 규정에 합치하여야 한다.
2. 회원국은 위생 및 식물위생조치가 인간, 동물 또는 식물의 생명 또는 건강을 보호하는데 필요한 범위 내에서만 적용되고, 과학적 원리에 근거하며 또한 충분한 과학적 증거 없이 유지되지 않도록 보장한다. 단, 제5조 제7항에 규정된 사항은 제외된다.

3. 회원국은 자기나라 영토와 다른 회원국 영토 간에 차별 적용하지 않는 것을 포함하여 자기나라의 위생 및 식물위생조치가 동일하거나 유사한 조건하에 있는 회원국들을 자의적이고 부당하게 차별하지 아니하도록 보장한다. 위생 및 식물위생조치는 국제무역에 대한 위장된 제한을 구성하는 방법으로 적용되지 아니한다.
4. 이 협정의 관련규정에 따르는 위생 또는 식물위생조치는 동 조치의 이용과 관련된 1994년도 GATT 규정, 특히 제20조 제(b)호의 규정에 따른 회원국의 의무에 합치하는 것으로 간주된다.

1. 권리

회원국은 인간, 동물 또는 식물의 생명 또는 건강을 보호하기 위하여 필요한 위생 및 식물위생조치를 취할 수 있는 권리를 갖는다(제2조 제1항). SPS조치가 권리로서 인정되기 때문에 제소국이 해당 조치가 SPS협정에 합치되지 않는다는 점에 대한 입증책임(burden of proof)을 진다. 이는 GATT체제에서는 건강상의 조치를 실시한 피제소국이 그의 정당성에 대한 입증책임을 부담하는 것과 구별된다.

2. 의무

(1) 필요성(necessity)

회원국은 위생 및 식물위생조치가 인간, 동물 또는 식물의 생명 또는 건강을 보호하는데 필요한 범위 내에서만 적용해야 한다(제2조 제2항). 필요성 요건을 충족하기 위해서는 첫째, GATT 및 WTO협정에 위반되지 않거나 덜 위반되는 다른 대체수단이 없거나 다른 대체수단을 모두 사용해 보았어야 한다. 둘째, SPS조치가 인간, 동물 또는 식물의 생명 또는 건강의 보호라는 목적과 합리적 연관성이 있어야 한다. 셋째, 조치와 목적 간 비례성이 있어야 한다.

(2) 과학적 근거(scientific basis)

회원국은 위생 및 식물위생조치가 과학적 원리에 근거하며 또한 충분한 과학적 증거없이 유지되지 않도록 보장해야 한다. 과학적 근거에 기초할 의무는 제5조 제1항의 위험평가(risk assessment)에 근거하라는 형태로 구체화되어 있고 조치가 충분한 과학적 증거 없음에 대한 입증책임은 제소국이 부담한다(일본 - 농산물 사건). 한편, 제5조 제7항은 과학적 불확실성이 있는 경우에도 일정한 조건하에 잠정조치를 취할 수 있는 권리를 부여하고 있다.

 관련판례

일본 - 농산물 사건

일본은 1950년 식물보호법과 동법 시행령을 제정하여 일본에서 존재가 확인되지 않은 해충 또는 일본에 존재하나 공식적으로 통제 받는 해충을 검역해충으로 정의하고, 수입된 식물 및 식물상품에 대한 검사기제를 수립하였다. 동 법에 의하면 일본 농림수산성은 해충이 만연한 국가로부터 숙주 식물의 수입을 금지할 권한이 있었다. 농림수산성은 식물보호법에 따라 코들링 나방의 잠재적 숙주가 된다는 이유로 사과, 버찌, 복숭아, 호두, 살구, 배, 자두, 모과 등 8종의 미국산 농산품의 수입을 금지하였으며, 수출국이 수입 금지에 상응하는 보호수준을 달성하는 대체적 검역 처리를 제안하는 경우에만 수입 금지를 해제하였다.

이에 대해 미국은 일본의 관련조치가 SPS협정 제2조 제2항에 위반하여 '충분한 과학적 증거' 없이 유지되었으며, SPS협정 제5조 제1항과 제2항에 위반하여 위해성 평가에 기초하지 않았다고 주장하였다. 패널 및 상소기구는 미국이 일본의 관련규정이 충분한 과학적 증거 없이 유지되었다는 추정을 제공하였고, 동 추정은 일본에 의하여 충분히 반박하지 못하였으므로 일본은 SPS협정 제2조 제2항상 '충분한 과학적 증거 없이' 관련규정을 유지하였다고 판정하였다.

(3) 비차별(non - discrimination)

회원국은 자기나라 영토와 다른 회원국 영토 간에 차별적용하지 않는 것을 포함하여 자기나라의 위생 및 식물위생조치가 동일하거나 유사한 조건하에 있는 회원국들을 자의적이고 부당하게 차별하지 아니하도록 보장해야 한다(제2조 제3항 제1문).

2000년 '호주 - 연어 사건'의 이행패널은 동 조항의 위반요건으로 세 요건을 제시하였다. 즉, ① 조치 실행국 이외의 회원국 영토 간 또는 조치 실행국과 다른 회원국의 영토 간에 차별적인 조치가 있고, ② 그 차별이 자의적이거나 정당화될 수 없고, ③ 비교되는 회원국 영토가 동일한 또는 유사한 조건에 있는 경우이다. 비차별의무는 제5조 제5항에서 보다 구체화되고 있다.

(4) 국제무역에 대한 위장된 제한 금지

회원국은 또한 위생 및 식물위생조치는 국제무역에 대한 위장된 제한을 구성하는 방법으로 적용되지 아니한다(제2조 제3항 제2문). 필요한 정도와 범위를 초과하여 취해지는 통상규제, 과학적 근거에 입각하지 않은 통상규제, 자의적이고 부당한 차별적 통상규제 등이 위장된 통상규제로 규정될 수 있다.

3. 조화의 원칙 및 예외

SPS협정 제3조 - 조화(Harmonization)

1. 위생 및 식물위생조치를 가능한 한 광범위하게 조화시키기 위하여, 이 협정에 달리 규정된 경우, 특히 제3항에 규정된 경우를 제외하고, 회원국은 자기나라의 위생 또는 식물위생조치를 국제기준, 지침 또는 권고가 있는 경우 이에 기초하도록 한다.
2. 관련 국제표준, 지침 또는 권고에 합치하는 위생 또는 식물위생조치는 인간, 동물 또는 식물의 생명 또는 건강을 보호하는 데 필요한 것으로 간주되며, 이 협정 및 1994년도 GATT의 관련 규정에 합치하는 것으로 추정된다.
3. 회원국은 과학적 정당성이 있거나, 회원국이 특정 보호의 수준의 결과 제5조 제1항부터 제8항까지의 관련 규정에 따라 적절하다고 결정하는 경우 회원국은 관련 국제기준, 지침 또는 권고에 기초한 조치에 의하여 달성되는 위생 또는 식물위생 보호수준보다 높은 보호를 초래하는 위생 또는 식물위생조치를 도입 또는 유지할 수 있다. 상기에 불구하고, 국제기준, 지침 또는 권고에 기초한 조치에 의하여 달성되는 위생 또는 식물위생 보호수준과 상이한 보호수준을 초래하는 모든 조치는 이 협정의 그 밖의 규정과 불일치하지 아니한다.

(1) 원칙

SPS조치가 국제무역을 저해하지 않도록 하기 위해서는 회원국의 SPS조치를 조화시키는 것이 필요하다. 이를 반영하여 SPS협정 제3조는 SPS조치를 도입함에 있어서 관련 국제표준(International Standard)이 존재하는 경우 이에 기초할 것을 요구하고 있다. 국제표준에 합치되는 조치는 인간, 동물 또는 식물의 생명이나 건강보호를 위해 필요한 조치로 추정된다(제3조 제2항).

(2) 예외

회원국은 일정한 조건하에서 국제표준(International Standard)보다 더 높은 수준의 검역조치를 도입할 수 있다. 첫째, 과학적으로 정당한 이유가 있는 경우 국제표준이 SPS조치로서 적절하지 않다고 간주할 수 있다(제3조 제3항). 입수가능한 과학적 정보는 협정규정에 따라 검토·평가되어야 한다. 둘째, 회원국은 또한 협정의 위험성 평가 규정에 근거하여 적절한 보호수준을 스스로 결정할 수 있고, 이 경우 국제표준보다 높은 수준의 검역조치를 취할 수 있다. 과학적 근거가 충분하지 않은 경우 잠정조치로서 국제표준보다 더 엄격한 규제조치를 취할 수도 있다.

(3) 입증책임

국제표준을 상회하는 조치를 취하는 경우 입증책임은 제소국이 진다. EC - 호르몬쇠고기 사건에서 패널은 피제소국(EC)이 국제표준에서의 이탈에 대한 정당성을 입증해야 한다고 하였으나, 상소기구는 이를 파기하고 제소국(미국)이 국제표준에서의 이탈의 부당성을 입증해야 한다고 하였다. 즉, 제소국인 미국은 피제소국인 EC가 국제표준을 준수하는 것만으로도 EC가 추구하는 목적을 달성할 수 있었음에 대해 입증해야 한다고 하였다.

5 위험평가

1. 개념

위험평가란 '적용될 수 있는 위생 또는 식물위생조치에 따라 수입회원국의 영토 내에서 해충 또는 질병의 유입, 정착 또는 전파의 가능성과 이와 연관된 잠재적인 생물학적 및 경제적 결과의 평가, 또는 식품, 음료 및 사료 내의 첨가제, 오염물질, 독소 또는 질병원인체의 존재로 인하여 발생하는 인간 또는 동물의 건강에 미치는 악영향의 잠재적 가능성에 대한 평가'를 말한다(부속서 1 제4항).

> **SPS협정 부속서 1 제4항 - 위험평가의 정의**
> 적용될 수 있는 위생 또는 식물위생조치에 따라 수입회원국의 영토 내에서 해충 또는 질병의 도입, 정착 또는 전파의 가능성과 이와 연관된 잠재적인 생물학적 및 경제적 결과의 평가, 또는 식품, 음료 및 사료 내의 첨가제, 오염물질, 독소 또는 질병원인체의 존재로 인하여 발생하는 인간 또는 동물의 건강에 미치는 악영향의 잠재적 가능성에 대한 평가

2. SPS조치와 위험평가의 관계

제5조 제1항에 의하면 SPS조치는 위험평가에 '기초해야' 한다. SPS조치가 위험평가에 기초하고 있는지의 여부는 취해진 조치와 위험평가로부터 도출되는 과학적 결론과의 인과관계에 달려있다. 따라서 인과관계가 성립한다면 위험평가에 기초한 것으로 판단할 수 있다. 'EC - 호르몬 사건'에서 상소기구는 SPS조치와 위험평가의 결론 간에 합리적인 관계가 존재한다면 인과관계가 존재하는 것이라고 판단하였다.

SPS협정 제5조 제1항 및 제2항 - 위험평가

1. 회원국은 관련 국제기구에 의해 개발된 위험평가 기술을 고려하여, 자기나라의 위생 또는 식물위생조치가 여건에 따라 적절하게 인간, 동물 또는 식물의 생명 또는 건강에 대한 위험평가에 기초하도록 보장한다.
2. 위험평가에 있어서 회원국은 이용가능한 과학적 증거, 관련 가공 및 생산 방법, 관련 검사, 표본추출 및 시험방법, 특정 병해충의 발생율, 병해충 안전지역의 존재, 관련 생태학적 및 환경조건, 그리고 검역 또는 다른 처리를 고려한다.

 관련판례

EC - Biotech Products 사건

EC는 GMO 상품의 판매승인절차 등을 규율하는 지침 또는 규정을 운영하였다. EC는 GMO 상품 판매승인을 일정 기간 사실상 중단시켰으며 또한 판매승인이 된 상품에 대해서도 판매를 금지시켰다. 이에 대해 미국 · 캐나다 · 아르헨티나가 SPS협정에 위반된다고 주장하였다. 이 사건에서 EC의 판매금지조치가 위험평가에 기초하여 과학적 정당성을 갖는지가 문제되었다. 패널은 SPS협정 제5조 제1항은 회원국이 위험평가에 기초할 것으로 의무화한 조항이며, 동 조항은 제소국에 의해 입증되어야 한다고 하였다. 동 조항에 합치되기 위해서는 위험평가가 존재하고, 그 위험평가에 기초해야 한다. <u>패널은 위험평가가 존재하지 않았으며, 위험평가에 기초하지도 않았다고 판단하고 EC의 조치는 동 조항에 위반된다고 판정하였다.</u> 패널은 위험평가를 반드시 조치를 취하는 국가가 해야 하는 것은 아니라고 하였다. 위험평가 존부와 관련하여 패널은 EC 회원국이 EC 집행위원회에 제출한 문서를 검토하였으나 동 문서는 '위험평가 절차'에 관한 내용만 있고 '위험 여부'에 대해서는 언급되어 있지 아니하므로 위험평가가 존재한다고 볼 수 없다고 판단하였다. 또한 위험평가에 기초하지도 않았다고 판정하였다. '기초'의 의미에 대해 패널은 위험평가와 문제가 된 조치 간에 합리적인 관계가 존재한다는 것이며 위험평가가 당해 SPS조치를 충분히 보장하거나 논리적으로 지지한다는 것을 의미한다고 하였다. 패널은 EC 회원국의 조치가 위험평가에 의해 보장되거나 지지되지 않았다고 판정하였다.

3. 잠정조치(provisional measures)

(1) 의의

위험평가의 결과 과학적인 증거가 불충분하나 건강상의 위험을 차단하기 위해 SPS조치를 취해야 할 필요성이 있다. SPS협정은 이러한 경우를 예상하고 제5조 제7항에서 잠정조치를 취할 수 있음을 명시하고 있다. 동 조항은 이른바 '사전주의원칙'(precautionary principle)을 도입하고 있는 것으로 평가된다.

(2) 요건

일본 - 농산물 사건에서 상소기구는 제5조 제7항으로부터 네 가지 요건을 제시하였다. 첫째, 조치가 관련 과학적 증거가 불충분한 경우에 취해졌고, 둘째, 입수 가능한 적절한 정보에 기초하여 채택되었으며, 셋째, 회원국이 더욱 객관적인 위험평가를 위해 필요한 추가적인 정보를 찾기 위해 노력하였고, 넷째, 합리적인 기간 내에 조치를 검토해야 한다. 네 가지 요건은 누적적 요건으로서 하나라도 누락되는 경우 문제된 조치는 제5조 제7항에 위반된다.

(3) 입증책임

잠정조치에 관한 입증은 제소국이 하는 경우도 있고 피제소국이 하는 경우도 있다. 위험평가를 규정한 제5조 제1항과 잠정조치를 규정한 제5조 제7항이 동시에 제기되는 사건에서는 제소국이 잠정조치 요건을 충족하지 못했음을 입증해야 한다. 즉, 위험평가에 기초하지 않았고, 잠정조치 요건도 충족하지 못했다고 주장한 경우 제소국이 잠정조치 요건 미충족에 대해 입증해야 하는 것이다. 반면, 제5조 제7항이 제1항과 함께 다루어지는 경우가 아닌 경우에는, 피제소국이 자국의 조치가 잠정조치로서 정당화됨을 입증해야 한다. 2008년 US - Hormones Suspension 사건에서 상소기구는 제5조 제7항과 위험평가에 관한 제5조 제1항의 관계에 관하여 제7항은 제1항의 예외가 아니라 한정적인 권리로 분류되므로 제7항에 근거한 것으로 주장된 잠정조치의 위법성에 관한 입증책임은 제소국에게 있다고 판단하였다. 반면, 2018년 Korea - Radionuclides 사건에서 패널은 제소국인 일본이 아닌 피제소국인 한국이 제5조 제7항의 요건이 모두 충족되었음을 입증해야 한다고 판정하였다. 일본이 패널 설치를 요구하면서 제5조 제1항 위반을 주장하거나, 제5조 제7항 자체를 언급하지 않은 반면, 한국은 객관적 위험평가를 실시하기에는 과학적 근거가 불충분함을 이유로 제5조 제7항을 원용하였으므로 입증책임은 이를 주장하는 측인 한국에 있다고 판단한 것이다. 이때의 제5조 제7항은 충분한 과학적 근거에 기초해야 한다는 제2조 제2항에 대한 한정적 예외에 해당한다.

> **SPS협정 제5조 제7항 - 잠정조치**
> 관련 과학적 증거가 불충분한 경우, 회원국은 관련 국제기구로부터의 정보 및 다른 회원국이 적용하는 위생 또는 식물위생조치에 관한 정보를 포함, 입수 가능한 적절한 정보에 근거하여 잠정적으로 위생 또는 식물위생조치를 채택할 수 있다. 이러한 상황에서, 회원국은 더욱 객관적인 위험평가를 위하여 필요한 추가정보를 수집하도록 노력하며, 이에 따라 합리적인 기간 내에 위생 또는 식물위생조치를 재검토한다.

6 위험관리(risk management)

회원국은 위험평가에 기초하여 회원국이 추구하는 적절한 보호수준이나 이러한 보호수준을 달성할 수 있는 조치를 선택할 수 있는바, 이를 위험관리라고 한다. SPS협정 제5조 제3항~제6항은 위험관리에 대해 규정하고 있다.

1. 적절한 보호수준(appropriate level of protection)에 관한 권리

적절한 보호수준이란 '조치를 수립하는 회원국에 의해 적절하다고 판단되는 보호수준'을 말한다(부속서 A.5). 보호수준의 결정은 회원국의 전속적인 권리이다. 따라서 일단 위험에 관한 과학적 증거가 확정된 경우 회원국은 그 나름대로의 보호수준을 선택할 수 있으며, 위험도 '0'수준을 적정보호수준으로 채택할 수 있다(호주 - 연어 사건).

> **SPS협정 제5조 제3항 - 적정보호수준에 대한 권리**
> 동물 또는 식물의 생명 또는 건강에 대한 위험평가와 이러한 위험으로부터 위생 또는 식물위생 보호의 적정수준을 달성하기 위해 적용되는 조치를 결정함에 있어서 회원국은 병해충이 유입, 정착 또는 전파될 경우 생산 또는 판매에 미치는 손실을 기준으로 한 잠재적 피해, 수입국의 영토 내에서의 방제 및 박멸비용, 위험을 제한하기 위해 대안으로서 접근방법의 상대적 비용 효율성을 관련된 경제적인 요소로서 고려한다.

2. 부정적 무역효과(negative trade effects)의 최소화

회원국은 위생 또는 식물위생 보호조치의 적정한 수준을 결정하는 데 있어서 부정적 무역효과를 최소화시키는 목적을 고려해야 한다(should take into account, 제5조 제4항). 동 조항은 법적 구속력 있는 조항은 아니나, 부정적 무역효과를 최소화하려는 목적은 기타 SPS협정 조항의 해석에 있어서 고려되어야 한다(EC - 호르몬 사건).

> **SPS협정 제5조 제4항 - 부정적 무역효과의 최소화**
> 위생 또는 식물위생 보호의 적정수준 결정 시, 회원국은 무역에 미치는 부정적 영향을 최소화 하는 목표를 고려하여야 한다.

3. 위험에 대한 보호의 일관성 유지

(1) 의미

인간, 동물 또는 식물의 생명 또는 건강에 대한 위험으로부터의 위생 또는 식물위생 보호의 적정수준이라는 개념의 적용에 있어서 일관성을 달성할 목적으로, 각 회원국은 상이한 상황에서 적절한 것으로 판단하는 수준에서의 구별이 국제무역에 대한 차별적 또는 위장된 제한을 초래하는 경우에는 자의적 또는 부당한 구별을 회피한다(제5조 제5항 제1문).

(2) 요건

EC - 호르몬 사건과 호주 - 연어 사건에서 패널은 동 조항에 위반인가를 판단하는 세 가지 요건을 제시하였다. 첫째, 상이한 상황, 즉 비교가능한 상황에서 보호수준의 차이가 있을 것, 둘째, 그와 같은 보호수준의 차이가 '자의적 또는 부당한 구별일 것', 셋째, 보호수준의 차이가 '국제무역에 대한 차별 또는 위장된 제한'을 초래할 것이다.

SPS협정 제5조 제5항 - 위험에 대한 보호의 일관성 유지

인간, 동물 또는 식물의 생명 또는 건강에 대한 위험으로부터의 위생 또는 식물위생 보호의 적정수준이라는 개념의 적용에 있어서 일관성을 달성할 목적으로, 각 회원국은 상이한 상황에서 적절한 것으로 판단하는 수준에서의 구별이 국제무역에 대한 차별적 또는 위장된 제한을 초래하는 경우에는 자의적 또는 부당한 구별을 회피한다. 회원국은 이 협정 제12조 제1항, 제2항 및 제3항에 따라 위원회에서 이 규정의 실제 이행을 촉진하기 위한 지침을 개발하기 위하여 협력한다. 동 지침을 개발함에 있어서 위원회는 사람들이 자발적으로 자신을 노출하는 인간의 건강상 위험의 예외적 특성을 포함한 모든 관련 요소를 고려한다.

---

4. 필요 이상으로 무역 제한적이지 않을 것

제5조 제6항은 GATT 제20조 제(b)호에 규정된 '필요성'원칙과 관련되고, 제5조 제4항의 '부정적 무역효과의 최소화'와 관련된다. 제5조 제4항이 WTO 회원국들이 추구하는 목적에 관한 것인 반면, 제6항은 목적을 달성하기 위한 수단에 관한 규정이다. 즉, 부정적 교역효과를 최소화하기 위해서는 필요 이상으로 무역 제한적이어서는 안 된다.

제6항의 주석에 의하면, '기술적 및 경제적인 타당성을 고려하여 합리적으로 이용 가능하고 위생 또는 식물위생 보호의 적정수준을 달성하면서 무역에 대한 제한이 현저히 적은 다른 조치가 없는 경우, 동 조치는 필요한 정도 이상의 무역제한조치가 아니다.' 호주 - 연어 사건의 상소기구는 목적달성을 위해 사용된 수단이 가장 덜 제한적인지의 여부를 판단하기 위한 3단계 기준을 제시하였다. 첫째, 기술적 및 경제적 이용가능성을 고려하여 합리적으로 이용가능할 것(reasonable available), 둘째, 적절한 보호수준의 달성이 가능할 것, 셋째, 경합될 수 있는 다른 SPS조치보다 상당히(significantly) 덜 무역 제한적일 것 등이 그것이다.

SPS협정 제5조 제6항 - 필요 이상으로 무역 제한적이지 않을 것

제3조 제2항을 저해함이 없이, 위생 또는 식물위생 보호 적정수준을 달성하기 위하여 위생 또는 식물위생 조치를 수립 또는 유지하는 때에는, 회원국은 기술적 및 경제적인 타당성을 고려하여, 동 조치가 위생 또는 식물위생 보호의 적정수준을 달성하는데 필요한 정도 이상의 무역제한적인 조치가 되지 않도록 보장한다.

한국 - 일본 농수산물 수입규제 사건

1. 사실관계

2011년 3월 11일, 일본 지진 관측사상 최대 규모인 진도 9.0의 강진이 동일본 지역을 강타했다. 최대 20m에 달하는 쓰나미가 후쿠시마현을 휩쓸었고, 이 사고로 후쿠시마 원자력발전소 1~4기가 폭발, 방사능이 유출되는 참사가 발생했다. 한국은 우리 국민의 안전을 보호하기 위한 일련의 수입규제조치를 채택했다. 일본 정부가 출하를 제한한 후쿠시마 인근 13개 현 농산물 등 일반식품 26개 품목, 8개 현 수산물 50여종을 수입금지하고, 기타 지역의 일본산 농산물 및 가공식품에서 세슘이 미량이라도 검출될 경우 추가 핵종에 대한 검사증명서를 요구하였다. 이에 대해 2015년 5월, 일본은 한국을 WTO에 제소하였다.

2. 자의적이거나 부당한 차별인지 여부

일본은 한국의 조치가 유사한 조건하에 있는 회원국들을 자의적이고 부당하게 차별하지 않도록 해야 한다는 SPS협정 제2조 제3항에 위반된다고 주장하였다. 패널은 일본산 식품의 방사능 오염도가 다른 나라 식품과 유사하게 세슘 100Bq/kg 이하일 가능성이 높다고 보았다. 이에 따라 일본과 다른 나라가 유사한 조건하에 있음에도 일본 식품에 대해서만 강화된 규제를 적용한 한국의 조치는 부당한 차별에 해당한다고 판시하였다. 반면, 상소기구는 패널이 판정의 여러 부분에서 방사능 오염환경이 식품에 미칠 수 있는 잠재적 위해성을 인정하고 있음을 지적한 뒤, 그럼에도 불구하고 오염환경으로 인한 잠재적 위해성에 대한 분석을 배제하고 식품에 현존하는 위해성만 검토함으로써 SPS협정 제2조 제3항을 잘못 적용하였다고 판단하였다. 이에 상소기구는 패널의 잘못된 제2조 제3항 해석 및 적용에 근거한 판정을 파기하였다.

3. 필요 이상으로 무역제한조치인지 여부

일본은 세슘 검사만으로 우리나라의 적정보호수준(ALOP: Appropriate Level of Protection)을 달성할 수 있는데도 한국이 일본 8개 현 수산물에 대해 수입을 전면금지하고, 여타 식품에 대해 미량의 세슘 검출시 추가 핵종검사 증명서를 요구한 것은 필요한 정도 이상의 무역제한적인 조치로, SPS협정 제5조 제6항에 위반된다고 주장하였다.

이에 대해 패널은 회원국이 명시적으로 오염수준의 정량적 한계를 설정하였다면, 그 수치 이하의 오염수준을 포함하는 상품은 그 보호수준을 충족하는 것으로 볼 수 있다고 보면서, 일본의 대안조치로 연간 1mSv 이하의 방사능 노출이라는 보호수준을 달성할 수 있다면 한국의 조치가 필요한 정도 이상의 무역제한적인 조치라는 것이 입증된다고 결론 내렸다. 그리고 과학적 검토 결과 일본의 대안조치로 한국 소비자들이 연간 1mSv보다 현저히 낮은 수준의 방사능에 노출되는 것이 보장되므로, 한국의 수입제한 조치는 필요 이상의 무역제한적인 조치라고 판시하였다. 반면, 상소기구는 패널이 한국의 보호수준이 정성 및 정량의 동등한 3개 기준으로 구성되어 있다고 인정하면서도 실제로는 연간 1mSv 이하의 방사능 노출이라는 정량적 기준만을 근거로 판정을 내렸다고 지적하면서, 한국의 조치가 제5조 제6항에 위반된다는 패널의 판정을 번복하였다. 상소기구는 패널이 한국의 보호수준의 정성적 기준과 관련하여 일부 검토를 수행하였지만, 그 결과 일본의 대안조치가 한국의 정성적 보호수준을 어떻게 달성할 수 있는지에 대한 해답을 제시하지 못하였다고 지적하였다.

4. SPS협정 제5조 제7항 위반 여부(잠정조치로서 정당화 여부)

패널은 한국의 8개 현 수입금지조치와 추가 핵종검사 요구가 상기 4가지 요건을 모두 충족시키지 못하므로, 한국의 조치가 제5조 제7항에 합치하지 않는다고 하였다. 반면, 상소기구는 패널이 한국의 조치가 제5조 제7항을 위반하였는지에 대해 판정한 것은 패널에 부여된 위임사항을 벗어난 것으로 DSU 제7조 제1항 및 제11조 위반이며, 이에 따라 제5조 제7항과 관련된 패널 판정이 무효이며 법적 효과가 없다고 판정하였다.

5. 절차규정 위반 여부

일본은 한국의 수입금지조치와 추가 핵종검사 요구조치가 이해당사국이 인지할 수 있도록 공표되지 않았고, 한국의 문의처가 일본의 합리적인 질문에 대해 적절한 문서와 답변을 제공하지 않아 한국이 SPS협정 제7조 및 부속서2 제1항, 제3항(가), 제3항(나)5를 위반하였다고 주장하였다. 이에 대해 패널은 일본의 입장을 지지하였다. 그러나, 상소기구는 공표의무(제7조 및 부속서2 제1항) 위반과 관련된 패널 판정은 인용하였으나, 문의처와 관련된 패널 판정은 파기하였다. 상소기구는 부속서2 제3항 위반을 검토하기 위해서는 해당 문의처에 접수된 총 문의 건수, 문의 건수에 대한 답변 비율, 요청된 정보의 성질 및 범위, 해당 문의처가 지속적으로 답변하지 않았는지 여부 등 관련 요소를 모두 검토하여야 한다고 판시하였다. 따라서 패널이 해당 문의처가 단지 1회 답변하지 않은 사실로 동 조항 위반을 판단한 것은 잘못이라고 판정하였다.

제3절 | 기술무역장벽협정(TBT협정)

1 서설

1. TBT의 개념

무역에 대한 기술장벽(technical barriers to trade)이란 상품의 기술표준의 차이 때문에 발생할 수 있는 국가 간의 상품이동에 대한 장애를 총칭한다. 기술장벽은 어떤 상품의 기술명세(technical specification)를 정하는 표준화제도와 그 상품이 이러한 표준에 적합한지 여부를 검사하는 적합판정절차로 구분된다. 예컨대, KS표시제는 기술표준에 속하고, 수입상품이 KS표시를 획득하기 위한 신청과 검사, 합격판정 등의 절차는 후자에 속한다. 특정 국가가 각종 표준이나 기술규정 및 적합판정절차 등을 자국의 실정에 따라 까다롭게 운영하는 경우 상품을 수출하는 국가는 수출대상국의 표준, 기술규정 요건에 맞도록 새로운 생산설비를 구비하거나 까다로운 절차를 통과하는데 막대한 비용과 시간을 소비해야 하므로 이는 수입을 제한하는 무역기술장벽으로 작용하게 된다.

2. WTO/TBT협정의 배경

비관세장벽으로서의 기술장벽은 도쿄 라운드에서 처음 논의되어 1979년에는 '무역에 관한 기술장벽협정'으로 채택되었다. 그러나 이 협정의 시행에도 불구하고 표준화제도를 관세 인하에 대체하는 무역장벽으로 이용하는 국가가 증가하였다. 표준화제도와 관련된 국제통상마찰이 급격히 증가하게 되면서 UR협상에서는 기술장벽에 대한 규제를 강화하기로 하여 WTO/TBT협정이 성립하게 되었다.

3. TBT협정의 목적

(1) 사람의 안전과 건강의 보호이다. TBT협정은 이러한 목적을 달성하기 위한 기술규정이나 표준의 제정을 정당한 것으로 인정하고 있다.

(2) 동식물의 생명과 건강의 보호이다. 회원국들은 동식물의 생명과 건강을 보호하기 위해 적절하다고 판단하는 수준에서 필요한 조치를 취할 수 있다.

(3) 환경보호이다.

(4) 기만적 관행을 방지하기 위해 필요한 조치도 정당화된다.

4. GATT/TBT와 WTO/TBT 비교

(1) WTO/TBT는 중앙정부가 운영하는 기술규정 등뿐만 아니라, 지방정부 및 비정부기관에 대해서도 적용된다.

(2) 신설된 '표준의 준비, 채택 및 적용에 관한 공정관행규약'은 중앙정부, 지방정부 및 비정부기관을 막론하고 규격 제정을 담당하는 모든 표준화기관에 적용된다.

(3) WTO/TBT는 기술규정 이외에 임의규정인 '표준'에도 적용된다.

(4) 표준 및 기술규정의 개념을 제품의 성능 위주에서 생산 및 공정방법(PPMS: production and process methods)까지 확대하였다.

(5) GATT체제에서는 TBT협정의 범위가 모든 공산품과 농산품을 대상으로 하였으나 WTO체제하에서는 식품위생 및 동식물검역과 관련된 조치는 SPS협정을 신설하여 TBT협정에서 분리하였다.

2 적용범위

1. 일반적 적용범위

TBT협정은 공산품과 농산품을 포함한 모든 상품에 적용된다(제1조 제3항). 그러나 농산품의 경우 '위생 및 검역조치협정'이 적용되는 부문은 TBT협정의 규율대상에서 제외되며, 정부조달 관련 기술규정도 TBT협정이 적용되지 않고 정부조달협정에 따른다(제1조 제4항, 제5항).

2. 기술규정(technical regulations)

제품의 특성 또는 관련 공정 및 생산방법에 관한 행정규정을 포함한 문서로 준수가 강제적인 것을 말한다. 또한 제품, 공정 및 생산방법에 적용되는 용어, 기호, 포장, 표시 또는 상품표시부착요건 등을 포함하거나 이들만을 의미할 수 있다. 기술규정과 표준을 구분하기 위해서는 그 준수가 강제적인지를 판단해야 하는데, 협정은 이에 대한 구체적이고 명확한 기준을 제시하지는 않았다. 이와 관련하여 미국 - 참치(Ⅱ)분쟁에서 참치통조림에 돌고래안전(dolphin safe)라벨을 부착하지 않고도 시장에 판매하는 것이 법적으로 허용된다면 이행이 자발적인 표준으로 간주해야 하는지가 쟁점이 되었다. 이에 대해 상소기구는 참치제품의 생산과정에서 돌고래가 안전하였다는 표시(라벨링)를 하기 위해서는 당시 미국 연방정부가 제정한 돌고래안전 표시 기준만이 유일하고 배타적인 방법이었으므로, 이 조치는 이행이 강제적인 기술규정이라고 하였다.

부속서 1 제1항 - 기술규정의 정의

적용가능한 행정규정을 포함하여 상품의 특성 또는 관련 공정 및 생산방법이 규정되어 있으며 그 준수가 강제적인 문서. 이는 또한 상품, 공정 및 생산방법에 적용되는 용어, 기호, 포장, 표시, 또는 상표부착요건을 포함하거나 전적으로 이들만을 취급할 수 있다.

 관련판례

EC - Sardines 사건

1989년 6월 EC는 Council Regulation 2135/89호(이하 CR 2135/89)를 채택하여 EC 시장에서 통조림 정어리로 상표가 부착되어 판매되기 위해서는 반드시 Sardina pilchardus 정어리만 사용해야 한다고 규제하였다. 이에 따라 페루가 주로 어획하는 Sardinops sagax는 통조림 정어리로 EC시장에서 판매할 수가 없게 되었다. 이 사건과 관련하여 우선 이 사건에 TBT협정이 적용되는지가 문제되었다. EC는 CR 2135/89는 기술규정에 해당하지 아니한다고 항변하였다. 그 논거로는 첫째, CR 2135/89는 sardina pilchardus만이 통조림 정어리라는 이름으로 판매될 수 있다는 것이므로 상품의 naming에 관한 것이지 labelling에 관한 것은 아니며 따라서 기술규정이 아니라는 것이다. 둘째, CR 2135/89는 sardina pilchardus라는 상품에 대해서만 상표부착요건을 규정한 것이지 sardinops sagax에 대해서는 동 요건을 부과한 것이 아니라고 주장하였다. 이에 대해 패널은 CR 2135/89는 기술규정에 해당하여 TBT협정이 적용된다고 판정하였다. 패널은 특정 조치가 기술규정에 해당하기 위해서는 상품의 특성(product characteristics)을 규정하여야 하고 그 준수가 강제적이어야 한다고 하였다. CR 2135/89는 통조림 정어리의 상품특성을 sardina pilchardus종(種)으로 만든 것이라고 규정하고 있고 크기, 색상, 향취 등 통조림 정어리의 외양과 품질을 객관적으로 정의하고 있으므로 상품 특성에 해당하며, CR 2135/89는 EC 모든 회원국에 적용된다고 규정하고 있으므로 그 준수 역시 강제적이므로 기술규정에 해당한다고 판정하였다. 패널은 CR 2135/89가 설사 상표부착요건(labelling requirement)을 포함하고 있지 않다 하더라도 여러 가지 상품 특성을 규정하고 있으므로 기술규정인 점은 분명하며 기명(naming)요건이나 상표부착요건이나 모두 상품을 '식별(identify)'하는 수단이므로 양자의 요건을 구별할 필요가 없다고 하였다. 또한 협정 부속서 제1조1의 기술규정은 상품특성을 긍정적 방식뿐 아니라 부정적 방식으로 규정(lay down)할 수 있다고 하였다.

즉, EC가 통조림 정어리 상품 특성을 sardina pilchardus를 사용한 것이라고 적시함으로써 sardinops sagax는 통조림 정어리의 상품 특성이 될 수 없다고 규정한 것, 즉 sardinops sagax의 상품 특성을 부정적인 방식으로 규정한 것이라고 본 것이다. 상소심은 패널 판정을 지지하였다. EC는 CR 2135/89는 상품기명규정(rule)이지 상표부착요건이 아니므로 부속서 상 '상품 특성'을 '규정'한 것이 아니라고 항변하였으나 상소기구는 EC - Asbestos 사건 상소기구가 상품 특성에는 상품인식수단(mean of identification)도 포함된다고 판단하였음을 환기하면서 naming과 labelling을 구별하는 것이 불필요하다고 보았다. 이 사건의 경우 CR 2135/89는 통조림 정어리로 판매되기 위해서는 반드시 sardina pilchardus로만 만들어야 한다고 적시하고 있으므로 이 요건은 통조림 정어리가 본래 갖추어야 하는 상품 특성이라는 것이고 상품인식수단은 상품 특성 중의 하나이며 상품 명칭(name)은 명백히 그 상품을 인식하는 것이라고 단정하였다.

📁 참고

상품의 생산공정 및 생산방식(PPMs)

TBT협정은 상품의 생산공정 및 생산방식(Process and Production Methods: PPMs)에 관한 기술규정에 대해서도 적용된다. GATT 도쿄 라운드에서 제정된 무역에 대한 기술장벽에 관한 협정에서는 상품에 대한 기술규정에 한정되었다. 그러나 상품의 생산공정과 생산방법은 최종 상품의 특질에 영향을 주는 한 매우 중요한 것이다. 상품의 PPM은 경우에 따라 최종 상품의 안정성, 품질성능, 환경보호에 충격을 주기 때문이다. 국가가 소비자의 건강안전과 환경보호를 완전하게 확보하기 위해서는 최종상품의 기준규격을 정하는 것만으로는 부족하다. 따라서 PPM 중 최종상품의 성질에 영향을 주는 PPM에 대해서도 기술규정을 정할 필요가 있는 것이다. <u>우루과이 라운드 교섭 결과 WTO 무역에 대한 기술장벽에 관한 협정은 상품의 PPM도 기술규정에 포함을 시켰다. TBT협정에 의하면 PPM 중 특히 상품의 성질에 영향을 주는 것은 무역장벽이 될 우려가 있다.</u> 예컨대, 공업 분야(반도체의 생산공정), 임업 분야(목재의 벌채방법), 낙농업 분야(착유방법, 치즈제조공정)에서 보는 것과 같이 일정의 PPM은 상품의 성질에 영향을 주는 경우 기술규정에 의해 규제된다.

3. 표준(standards)

<u>규칙, 지침 또는 제품의 특성, 관련 공정 및 생산방법에 관한 공통의 반복적 사용을 위하여 인정기관에 의해 승인된 문서로, 준수가 강제적이지 않은 것을 말한다.</u> 또한 제품, 공정 및 생산방법에 적용되는 용어, 기호, 포장, 표시 또는 상품표시부착요건 등을 포함하거나 이들만을 의미할 수 있다.

부속서 1 제2항 - 표준의 정의

규칙, 지침 또는 상품의 특성 또는 관련 공정 및 생산방법을 공통적이고 반복적인 사용을 위하여 규정하는 문서로서, 인정된 기관에 의하여 승인되고 그 준수가 강제적이지 않은 문서이다. 이는 또한 상품, 공정 또는 생산방법에 적용되는 용어, 기호, 포장, 표시 또는 상표부착요건을 포함하거나 전적으로 이들만을 취급할 수 있다.

4. 적합성판정절차(conformity assessment procedures)

기술규정 또는 표준 관련 요건이 충족되었는지 여부를 결정하기 위해 직접 또는 간접적으로 이용되는 모든 절차로 표본추출, 시험 및 검사, 평가, 검증 및 적합성 보증, 등록, 인증 및 승인 그리고 이들의 조합을 포함한다.

부속서 1 제3항 - 적합성판정절차의 정의

기술규정 또는 표준의 관련 요건이 충족되었는지를 결정하기 위하여 직접적 또는 간접적으로 사용되는 모든 절차

---

3 기술규정 및 표준

1. 중앙정부기관에 의한 기술규정의 준비, 채택 및 적용

제2조 - 중앙정부에 의한 기술규정의 준비 · 채택 · 적용

2.1 회원국은 기술규정과 관련하여 어떤 회원국의 영토로부터 수입되는 상품이 자기나라 원산의 동종상품 및 그 밖의 국가를 원산지로 하는 동종상품보다 불리한 취급을 받지 아니하도록 보장한다.

2.2 회원국은 국제무역에 불필요한 장애를 초래할 목적으로 또는 그러한 효과를 갖도록 기술규정을 준비, 채택 또는 적용하지 아니할 것을 보장한다. 이러한 목적을 위하여, 기술규정은 비준수에 의해 야기될 위험을 고려하여, 정당한 목적수행에 필요한 이상으로 무역을 규제하지 아니하여야 한다. 이러한 정당한 목적은 특히 국가안보상 요건, 기만적 관행의 방지, 인간의 건강 또는 안전, 동물 또는 식물의 생명 또는 건강, 또는 환경의 보호이다. 이러한 위험평가시 고려할 관련 요소는 특히 이용 가능한 과학적 및 기술적 정보, 관련처리기술 또는 상품의 의도된 최종 용도이다.

2.3 기술규정은 그 채택을 야기한 상황 또는 목적이 더 이상 존재하지 아니하거나, 변화된 상황 또는 목적이 무역에 덜 제한적인 방법으로 처리될 수 있을 경우에는 유지되지 아니하여야 한다.

2.4 기술규정이 요구되고 관련 국제표준이 존재하거나 그 완성이 임박한 경우, 회원국은 예를 들어 근본적인 기후적 또는 지리적 요소나 근본적인 기술문제 때문에 그러한 국제표준 또는 국제표준의 관련부분이 추구된 정당한 목적을 달성하는데 비효과적이거나 부적절한 수단일 경우를 제외하고는 이러한 국제표준 또는 관련부분을 자기나라의 기술규정의 기초로서 사용한다.

2.5 다른 회원국의 무역에 중대한 영향을 미칠 수 있는 기술규정을 준비, 채택 또는 적용하는 회원국은 다른 회원국의 요청이 있을 경우 제2항부터 제4항까지의 규정에 따라 해당 기술규정의 정당성을 설명한다. 기술규정이 명백히 제2항에 언급된 정당한 목적 중의 하나를 위해 준비, 채택 또는 적용되고 관련 국제표준을 따른 경우에는 언제나 이러한 기술규정은 국제무역에 불필요한 장애를 초래하지 않는다고 추정되나 반박이 가능하다.

2.6 기술규정을 가능한 한 광범위하게 조화시키기 위하여, 회원국은 자신이 기술규정을 이미 채택하였거나 또는 채택할 것이 예상되는 상품에 대해 적절한 국제표준기관이 국제표준을 준비하는데 있어서 자기나라의 자원의 범위 내에서 최대한의 역할을 다한다.

2.7 회원국은 비록 그 밖의 회원국의 기술규정이 자기나라의 기술규정과 다를지라도 자기나라의 기술규정의 목적을 충분히 달성한다고 납득하는 경우 이러한 기술규정을 자기나라의 기술규정과 동등한 것으로 수용하는 것을 적극 고려한다.

2.8 적절한 경우에는 언제나 회원국은 도안이나 외형적 특성보다는 성능을 기준으로 하는 상품요건에 기초하여 기술규정을 명시한다.

2.9 관련 국제표준이 존재하지 아니하거나 제안된 기술규정의 기술적인 내용이 관련 국제표준의 기술적인 내용과 일치하지 아니하고, 동 기술규정이 다른 회원국의 무역에 중대한 영향을 미칠 수가 있을 때에는 언제나 회원국은,

2.9.1 자기나라가 특정한 기술규정을 도입하려고 한다는 사실을 다른 회원국의 이해당사자가 인지할 수 있도록 하는 방법으로 적절한 초기 단계에 간행물에 공표하며,

2.9.2 사무국을 통하여 다른 회원국에게 제안된 기술규정의 목적과 합리적 이유에 관한 간단한 설명과 함께 기술규정이 적용될 상품을 통보한다. 그러한 통보는 수정이 가능하고 의견이 고려될 수 있는 적절한 초기단계에 시행되며,

2.9.3 요청이 있을 경우, 제안된 기술규정의 상세한 내용 또는 사본을 다른 회원국에게 제공하고, 가능한 경우에는 언제나 관련 국제표준과 실질적으로 일탈하는 부분을 밝혀야 하며,

2.9.4 차별없이 다른 회원국이 서면으로 의견을 제시할 수 있는 합리적인 시간을 허용하고, 요청이 있는 경우 이러한 의견에 대해 논의하며, 또한 이러한 서면의견과 이러한 논의결과를 고려한다.

2.10 제9항 도입부의 규정을 조건으로, 어떤 회원국에 대하여 안전, 건강, 환경보호 또는 국가안보의 긴급한 문제가 발생하거나 발생할 우려가 있는 경우, 이 회원국은 제9항에 열거된 단계 중 필요하다고 판단하는 단계를 생략할 수 있다. 단, 이 회원국은 기술규정 채택시,

2.10.1 긴급한 문제의 성격을 포함하여 기술규정의 목적 및 합리적 이유에 관한 간단한 설명과 함께 동 특정 기술규정과 대상품목을 사무국을 통하여 즉시 다른 회원국에게 통보하며,

2.10.2 요청이 있는 경우, 다른 회원국에게 동 기술규정의 사본을 제공하며,

2.10.3 차별없이 다른 회원국이 서면으로 자기나라의 의견을 제시하도록 허용하고, 요청이 있는 경우 이러한 의견을 논의하며, 또한 이러한 서면의견과 이러한 논의 결과를 고려한다.

2.11 회원국은 채택된 모든 기술규정이 다른 회원국의 이해당사자가 인지할 수 있도록 하는 방법으로 신속하게 공표되거나 달리 입수 가능하도록 보장한다.

2.12 제10항에 언급된 긴급한 상황의 경우를 제외하고, 회원국은 수출회원국 특히 개발도상회원국의 생산자가 자신의 상품 또는 생산방법을 수입회원국의 요건에 적응시키는 시간을 허용하기 위하여 기술규정의 공표와 그 발효 사이에 합리적인 시간 간격을 허용한다.

2. 기술규정 채택 목적

제2조 제2항 및 전문은 기술규정을 채택할 수 있게 하는 '정당한 목적'을 제시하고 있는바, '특히 국가안보상 요건, 기만적 관행의 방지, 사람의 건강 또는 안전, 동물 또는 식물의 생명 또는 건강, 또는 환경의 보호'이다. 이는 예시적 사항의 열거이므로 동 조항이 말하는 정당한 목적이 이에 국한되는 것은 아니다.

3. 최혜국대우와 내국민대우

중앙정부는 기술규정의 제정과 적용에 있어서 WTO 회원국에서 수입하는 동종 수입품에 대해 최혜국대우를 부여해야 한다. 또한 동종 수입품에 대해 국산품보다 불리하지 아니한 대우를 부여해야 한다(제2조 제1항). 동종성 판단이 선행되어야 하나, 구체적 규정은 없다. 동종성 판단은 TBT협정의 범위 내에서 이루어져야 한다.

4. 국제무역에 불필요한 장애를 초래하지 않을 것

기술규정은 정당한 목적 달성을 위해 필요 이상으로 무역제한적이어서는 안 된다(제2조 제2항). EC - 석면 사건에서 상소기구는 프랑스의 석면 수입 규제조치는 합법적 목적 달성을 위한 정당한 조치라고 인정하였다. 다만, 상소기구는 패널과 달리 TBT협정이 본 사건에 적용된다고 판정하였으나 패널이 이를 구체적으로 검토하지 않아 TBT협정 위반 여부를 검토할 수는 없다고 하였다. 따라서 GATT 제20조 제(b)호에 의한 정당화 여부를 검토하고 이에 대해 긍정적 판정을 하는 데 그쳤다.

5. 위험성 평가

기술규정이 제품의 위험성을 평가하기 위한 것일 경우, 그 평가는 이용 가능한 과학적 및 기술적 정보, 관련 처리 기술 등을 종합적으로 고려하되, 제품이 원래 의도하는 최종 용도를 기준으로 평가해야 한다.

6. 기술규정의 폐지 또는 변경

어떤 기술규정을 채택한 원인이 되는 상황이나 그 목적이 더 이상 존재하지 않을 경우, 또는 상황이나 목적의 변화로 인해 덜 무역 제한적인 방법으로 그 목적을 달성할 수 있을 경우 기존의 기술규정은 폐지 또는 변경되어야 한다(제2조 제2항 · 제3항).

7. 국제표준의 활용의무(조화의무)

(1) 의의

각 중앙정부는 자국의 기술규정을 제정함에 있어서 이미 존재하거나 또는 그 성립이 조만간 이루어질 국제표준을 따라야 한다. 국제표준에 따라 자국의 기술규정을 제정할 경우 이러한 조치들은 국제무역에 불필요한 장애를 초래하지 않는다고 일응 추정된다(제2조 제5항).

(2) 국제표준

어떤 표준이 국제표준으로 인정될 수 있는지가 문제된다. 이 문제는 미국 - 참치(Ⅱ)분쟁에서 실제 쟁점이 되었다. 동 분쟁에서 멕시코는 국제돌고래보호제도협정(Agreement on the International Dolphin Conservation Program: AIDCP)이 미국이 조화의무를 이행했어야 하는 국제표준이라고 주장했다. 패널은 분쟁당사국이 AIDCP표준개발에 참여하였으므로 AIDCP표준을 '승인'한 행위로 볼 수 있으며 참여 결과 도입된 표준은 그 존재만으로도 합법성, 유효성에 관하여 승인을 받은 것이므로 AIDCP를 국제표준으로 간주하였다. 미국이 이에 대해 상소하였고, 상소기구는 표준개발에 참여한 주체의 승인 여부만으로 동 사안에 대한 입증이 충분하지 않을 수 있다고 하였다. 상소기구는 표준개발에 참여하는 국가의 수가 많을수록, 그 기관의 표준화 활동에서 도출된 표준이 승인받은 표준으로 간주될 가능성이 높아진다고 보았다. 즉, 일부 WTO 회원국이 표준개발 과정에 참여했다는 사실 자체가 '승인'을 입증하기 위해 충분하지 않을 수 있지만, 그렇다고 모든 WTO 회원국이 참여한 표준개발 과정의 표준만을 '국제표준'으로 인정하는 것은 아니다.

(3) 조화의무의 예외(일탈)

기후적 원인이나 지리적인 요소 또는 이에 준하는 근본적인 기술적 문제로 국제표준이 당초 기술규정을 통해 달성하려고 하는 정당한 목적에 효과적이지 못하거나 부적절한 수단인 경우에는 국제표준 활용의무로부터 면제된다(제2조 제4항). 상소기구는 일탈에 대한 입증책임은 제소국이 진다고 하였다. 제소국은 국제표준이 피제소국이 추구하는 목적 달성에 효과적이고 적절하다는 점에 대해 입증해야 한다. 효과성은 어떤 방법을 사용한 결과에 관한 것이고, 적절성은 어떤 목적에 도달하기 위한 방법에 관한 것이다.

8. 외국 기술규정의 동등성

회원국은 다른 회원국의 기술규정이 자기 나라의 그것과 다르다 하더라도, 자국의 기술규정 목적을 충분히 달성할 수 있다면 다른 회원국의 기술규정이 자국의 기술규정과 동등한 것으로 인정받을 수 있도록 적극 고려해야 한다(제2조 제7항). 이 조항은 이미 자국의 기술규정을 가지고 있는 경우 국제표준을 채택하는 것이 어렵다는 점을 고려하여 회원국 간 상호 인정을 통해 기술규정의 조화를 위해 필요한 시간과 비용을 줄여보자는 취지로 이해할 수 있다. 실제 상호 인정이 이루어지는 예는 거의 찾아볼 수 없다.

9. 통보 및 의견 접수

어떤 회원국이 다른 회원국과의 교역에 중대한 영향을 미칠 수 있는 기술규정을 채택하려 할 경우, 그 조치에 관한 관련 국제표준이 존재하지 않거나, 또는 그 조치가 기존 국제표준과 일치하지 않을 때에는, 다른 회원국의 이해 당사자가 인지할 수 있는 방법으로 이를 공표해야 한다. 또한 WTO 사무국을 통해 채택하려는 기술규정의 목적과 합리적 이유에 관한 설명을 제출해야 하고, 당해 기술규정이 적용될 제품이 무엇인지 다른 회원국들에게 통보해야 한다. 이러한 통보는 이에 대해 이해관계가 있는 다른 회원국이 합리적인 의견을 개진할 수 있도록 도입 초기 단계에 충분한 시간을 갖고 취해져야 한다.

10. 지방정부기관 및 비정부기관에 의한 기술규정

(1) 개념

부속서1에 따르면 지방정부란 중앙정부 이외의 정부를 말하며 주, 도, 시 등을 예로 들 수 있다. 지방정부기관은 그 부처 또는 당해 활동에 대해 중앙정부의 통제를 받는 모든 기관을 말한다. 비정부기관은 기술규정을 시행할 법적 권한을 가진 비정부기관을 포함하여 중앙정부나 지방정부기관 이외의 기관을 의미한다.

(2) 중앙정부의 의무

중앙정부는 지방정부기관과 비정부기관에 관하여 이들이 통보의무를 제외한 제2조의 규정을 준수하도록 합리적인 조치를 취해야 한다. 또한 회원국은 지방정부나 비정부기관들이 이러한 의무에 일치하지 않는 방법으로 행동하는 것을 요구하거나 장려해서는 안 된다(제3조 제1·4항). 중앙정부는 지방정부의 기술규정을 통보해야 할 의무를 부담한다.

4 적합성평가에 대한 주요 규정

1. 최혜국대우 및 내국민대우

회원국은 적합성평가절차를 운용함에 있어서 내국민대우원칙을 준수해야 한다. 즉, 다른 회원국 영토를 원산지로 하는 동종상품의 공급자가 자기나라에서 생산된 동종상품이나 여타 다른 국가를 원산지로 하는 동종상품의 생산자에 대해 요구되는 것보다 불리하지 않은 조건으로 그 절차에 대한 접근권을 보장해야 한다(제5조 제1항 제1호). 이는 절차적 평등을 규정한 것이며, 절차에 있어서의 평등한 대우는 공급자의 권리이다.

2. 국제무역에 대한 불필요한 장애 초래 금지

적합성평가절차는 기술규정이나 표준과 마찬가지로 국제무역에 불필요한 장애를 초래하거나 그러한 효과를 갖도록 만들어지거나 적용되어서는 안 되며 부적합이 초래할 위험을 고려하여 과도하게 엄격해서는 안 된다(제5조 제1·2항).

3. 적합성평가절차의 운용

(1) 처리기간 공표 등

적합성평가절차의 표준 처리기간을 공표해야 하며 회원국으로부터 별도 요청이 있는 경우 예상처리기간을 통보해야 한다. 절차가 불가피하게 지연될 경우 신청자의 요청이 있으면 그 이유에 대한 해명과 함께 절차의 진전단계를 통보해야 한다.

(2) 제출된 정보와 관련된 의무

상품에 관한 정보는 그 적합 여부를 판정하고 수수료를 산정하는데 필요한 범위에서만 제출을 요구할 수 있고 적합성평가절차를 통하여 수집된 다른 회원국의 영토를 원산지로 하는 상품에 대한 정보의 비밀성은 국내 상품의 경우와 동일하게 정당한 상업적 이익이 보호되는 방법으로 존중된다.

(3) 수수료 산정

다른 회원국의 영토를 원산지로 하는 상품의 적합성평가를 위하여 부과되는 모든 수수료는 자기나라 원산의 동종상품이나 다른 회원국인 제3국을 원산지로 하는 동종상품의 적합성평가에 부과되는 수수료와 형평을 이루어야 한다.

(4) 이의제기

적합성평가절차의 운용에 대한 이의가 있을 경우 신청자가 주무기관에 이의를 신청하고 필요할 경우 적절한 시정조치를 취할 수 있는 절차를 마련해야 한다.

4. 적합성평가절차의 국제적 조화

상품이 기술규정이나 표준과 일치한다는 보증이 필요한 경우, 이와 관련된 국제표준기관이 발표한 지침이나 권고사항이 존재하거나 또는 그 완성이 임박해 있다면 회원국은 자국 중앙정부기관이 적합성평가절차의 근거로 이러한 국제표준 지침이나 권고사항 등을 수용해야 한다(제5조 제4항).

5. 중앙정부기관에 의한 적합성평가의 인정

다른 회원국의 적합성평가절차가 자기나라의 그것과 다르다 하더라도 다른 회원국의 절차가 자기나라의 그것에 상응하는 기술규정이나 표준에 대한 적합성을 보증할 수 있으면 상대국 적합성평가절차에 의한 결과를 수용한다(제6조). 이를 위해서는 수출국의 관련 적합성평가기관이 내린 적합성평가결과를 수입국에서 신뢰할 수 있도록, 절차가 객관적이고 또한 평가능력이 확보되어 있는지에 대해 양국 해당 기관 간 사전 협의가 전제되어야 한다.

6. 지방정부기관 및 비정부기관에 의한 적합성평가절차

회원국은 자국 영토 내에 있는 지방정부기관들이 적합성평가절차와 관련된 규정들을 보장하기 위해 필요한 조치를 취해야 한다(제7조). 또한 자국 영토 내의 비정비기관이 제안된 적합성평가절차와 관련하여 통보의무를 제외한 모든 다른 규정들을 준수하도록 합리적인 조치를 취해야 한다(제8조).

7. 국제적 및 지역적 체제

TBT협정은 적합성평가절차의 보다 광범위한 조화를 확보하기 위해 동 조항을 두고 있다. 회원국은 가능한 경우 적합성판정에 대한 국제적인 체제를 수립하고 채택하며 또한 이 체제의 회원국이 되거나 이에 참여한다. 또한 자국 영토 내의 관련 기관이 참여하고 있는 적합성평가체제가 국제기준과 규범 내용에 부합할 수 있도록 합리적인 조치를 취해야 한다(제9조).

5 공정관행규약(the Code of Good Practice)

1. 의의

공정관행규약(the Code of Good Practice)이란 그 준수가 강제적이지 않은 표준에 대한 규약으로서 표준의 준비, 채택 및 적용에 대해 규율하는 규범이다. 공정관행규약(the Code of Good Practice)은 기술규정이나 적합성평가절차에 대해서는 규정하고 있지 않다. 표준은 기술규정에 비해 그 무역제한적 효과가 상대적으로 적은 편이나, 이를 제정하는 기관들이 늘어나면서 그 불일치로 인한 현실적인 불편을 해소하기 위해 제정되었다. 공정관행규약(the Code of Good Practice)은 부속서3에 규정되어 있다.

2. 회원국의 의무

회원국은 중앙정부나 지방정부 및 비정부 표준기관이 공정관행규약(the Code of Good Practice)을 수용하고 이를 준수하도록 할 것을 보장해야 하며 자국 내 표준기관이 공정관행규약(the Code of Good Practice)을 어떤 형태로도 위반하지 않도록 최선을 다해 유념해야 한다(제4조).

3. 적용범위

공정관행규약(the Code of Good Practice)은 회원국 내의 모든 중앙정부기관, 지방정부기관 및 비정부기관을 대상으로 한다. 또한, 국가들에 의해 설립된 지역표준기관, 비정부 지역표준기관에 WTO 회원국이 참여하고 있는 경우 지역기관도 규약의 대상이 된다.

4. 표준 관련 기본원칙

공정관행규약(the Code of Good Practice)에서도 TBT협정 전체를 관통하고 있는 기본적인 원칙, 즉 무역에 대한 불필요한 장애 금지, 내국민대우 및 최혜국대우 등 비차별원칙이 그대로 적용된다. 또한 국제표준에 대한 준수의무, 표준의 국제적인 조화를 위한 노력, 도안이나 외형적 특성보다는 성능을 기준으로 한 상품요건에 따라 표준을 제정할 의무 등도 적용된다.

6 정보 및 지원

1. 문의처 설치

각 회원국은 다른 회원국을 포함한 모든 관련 이해 당사자들로부터 문의를 받을 경우 이에 응답하고, 필요한 관련 문서 등을 제공할 수 있도록 문의처를 설치해야 한다(제10조). 문의처는 경우에 따라 두 곳 이상을 설치할 수 있으며 이 경우에는 각 문의처의 책임의 범위를 다른 회원국에게 알려야 하고 잘못된 문의처로 문의가 송부되었을 경우 이를 정확한 문의처로 신속히 전달할 것을 보장해야 한다.

2. 통보방법

회원국에 대한 통보의 경우 언어 제한은 없으므로 각국은 자국의 언어로 문서의 사본을 제공할 수 있다. 그러나 WTO 사무국에 대한 통보의 경우 영어, 불어, 또는 스페인어로 해야 한다. 회원국이 무역에 중대한 영향을 미칠 수 있는 기술규정, 표준 또는 적합성평가절차와 관련된 문제에 대하여 다른 국가와 합의를 한 때는 언제나 합의 당사국 중 적어도 한 회원국이 합의 내용과 대상품목을 사무국을 통해 다른 회원국에게 통보해야 한다.

3. 다른 회원국에 대한 기술지원(제11조)

각 회원국은 다른 회원국의 지원 요청이 있을 경우 자국 기술규정 및 평가시스템 등에 대해 조언해 주어야 한다. 또한 요청이 있을 경우 자국의 국가표준기관의 설립이나 국제표준기관의 참가 등에 대해 그 과정 및 결과를 설명하고 조언해야 할 의무를 부담한다.

7 개발도상국에 대한 특별대우

1. 보다 유리한 대우와 개발도상국에 대한 지원

회원국은 개발도상국에 대해 협정 전반에 걸쳐 다른 일반 회원국들보다 유리한 대우를 제공해야 한다. 회원국은 표준화제도가 개발도상국의 수출확대 등에 불필요한 장애를 초래하지 않도록 개발도상국에 기술원조를 제공하며, 기술원조의 조건을 결정함에 있어 특히 최빈개발도상국의 발전단계를 고려해야 한다. 기술원조에 대한 구체적인 사항은 쌍무협정으로 이루어진다.

2. 개발도상국에 대한 예외의 인정

개발도상국 회원국은 표준화제도를 준비하고 운영함에 있어 그 특수성으로 인해 어려움이 예상되므로 각 회원국은 개발도상국이 처한 특수한 상황을 충분히 고려하여야 하며 TBT협정 역시 개발도상국의 발전단계에 상응하도록 탄력성 있게 운영되어야 한다. WTO 무역에 대한 기술장벽위원회는 개발도상국에 대해 TBT협정상의 의무 전체 또는 일부에 대해 한시적이고 명시적인 예외를 부여할 수 있다.

제4절 | 무역관련투자조치협정(TRIMs협정)

1 의의

1980년대 중, 후반 외국인 직접투자의 급격한 증가로 각국 정부들은 국내법 보호 및 외화유출을 막기 위해 외국인 직접투자에 다양한 형태의 제한을 가하였다. 이러한 조치가 종종 GATT1994의 제3조 및 제11조를 위배함에 따라 국제투자문제가 본격적으로 GATT차원에서 거론되기 시작했다. 이에 따라 UR 협상과정의 시작과 더불어 동 사안에 대한 논의가 시작되었으나 국제투자문제 자체를 협상대상으로 하기보다는 무역의 자유로운 흐름을 왜곡하는 투자조치만을 비관세장벽차원에서 다루었다. 이후 1993년 UR협상에서 TRIMs협정이 타결되었고 이에 따라 상품무역에 왜곡적 효과를 미치는 투자조치에 대해 규제하기 시작했다. 즉, WTO의 TRIMs협정은 투자조치의 무역왜곡 및 무역제한효과를 방지함에 있어 법적 구속력을 지닌 최초의 다자간 규범이 되었다.

2 적용범위

TRIMs협정은 전적으로 상품무역에 관련된 투자조치, 즉 무역관련투자조치에 적용된다. 따라서, '무역'관련투자규범에 적용범위를 한정하고 있으므로 '서비스'관련투자는 규율하지 못하며 직접투자가 아닌 간접투자는 동 협정대상에서 제외된다.

1. 동 협정상 투자조치의 범위

인도네시아 - 자동차 사건에서 인도네시아가 TRIMs협정이 기본적으로 외국인투자 분야를 규율하기 위한 것으로 국내의 보조금 및 조세관련조치는 무역관련투자조치로 해석될 수 없다고 주장한 바 있다. 하지만 패널은 투자조치를 외국인투자와 관련된 조치에 한정되지 않으며 오히려 국내투자를 포함하는 개념으로 판단하였다.

 관련판례

인도네시아 - 자동차 사건

인도네시아는 1993년 프로그램을 통해 인도네시아산 부품을 일정 비율 이상 사용하는 자동차 제작에 사용되는 수입부품에 대해서는 그 자동차의 국산화율(local content)에 비례하여 수입관세를 경감하거나 지정된 국산화비율을 초과하는 자동차에 대해서는 사치세(luxury tax)를 경감하여 주었다. 또한, 1996년 National Car Program을 통해 인도네시아 자동차 회사가 인도네시아 기업이 소유하는 생산시설에서 자동차를 국내생산하고 인도네시아 국민이 소유한 브랜드를 부착할 경우 그 자동차 회사에 국민차 회사라는 지위를 부여하고 동 자동차 제작에 소요되는 외국산 부품에 대해서는 수입관세를, 자동차에 대해서는 사치세(luxury tax)를 면제하여 주었다. 국민차 회사지위를 유지하기 위해서는 3개년간에 걸쳐 국산화율(local content)을 증가시켜 나가야 했다. 1996년 program은 또한 인도네시아 국민이 외국에서 제작하였고 국산화율(local content)을 충족한 차량은 국내에서 제작된 것과 동일하게 취급하였다. 단, 해외 생산자가 동 자동차 가격의 25%에 해당하는 인도네시아산 부품을 구매할 경우 20%의 국산화율(local content)을 충족하는 것으로 간주하였다. 제소국들은 1993년 Program과 1996년 Program이 TRIMs 제2조 제1항 위반이라고 주장하였다.

패널은 TRIMs협정 제2조 제1항을 적용하기 위해서는 무역과 관련된 특정 투자조치가 있어야 하고, 그 조치가 GATT 제3조 또는 제11조에 위반되어야 한다고 전제하고, 인도네시아의 조치는 동 조항에 반한다고 판단하였다. 첫째, 패널은 투자조치란 반드시 외국인 투자에 국한된 것이 아니라 국내투자도 포함하는 것이며 문제된 조치의 목적은 인도네시아 완성차 및 부품산업 발전을 촉진하기 위한 것이므로 이들 조치는 관련 산업투자에 상당한 영향을 미칠 수밖에 없으므로 투자조치에 해당한다고 판단하였다. 또한, 국산화율 요건은 수입상품에 대해 국내 상품의 사용을 요구하는 것이므로 당연히 무역에 관련된 것이라고 단정하였다. 둘째, 패널은 인도네시아의 조치가 TRIMs협정 부속서 제1조에 해당하는지를 검토한 결과 인도네시아의 조치상 조세 및 관세혜택을 얻기 위해서는 국산화율을 충족한 완성차나 국내부품을 사용할 수밖에 없으며 조세 및 관세혜택은 부속서 제1항에 규정된 특혜(advantage)에 해당한다고 보았다.

2. 무역관련 조치의 의의

인도네시아 - 자동차 사건에서 패널은 국산부품 사용요건은 항상 수입부품보다 국산부품의 사용을 장려함으로서 '무역에 영향'을 미친다고 보았다. 따라서 무역관련 투자조치란 무역에 영향을 미치는(affecting) 조치라고 판단할 수 있다.

3 주요 규정

1. 회원국의 의무

회원국은 GATT1994에 따른 그 밖의 권리와 의무를 저해함이 없이, GATT1994 제3조 또는 제11조의 규정에 합치하지 아니하는 무역관련투자조치를 적용하지 아니한다 (제2조 제1항). GATT1994 제3조 제4항에 규정된 내국민대우의무와 GATT1994 제11조 제1항에 규정된 수량제한의 일반적인 철폐의무에 합치하지 아니하는 무역관련투자조치의 예시목록이 이 협정의 부속서에 포함된다(제2조 제2항).

2. GATT1994 제3조 제4항에 위배되는 사례

부속서 제1항 - GATT 제3조 제4항에 위반되는 TRIMs

GATT1994 제3조 제4항에 규정된 내국민대우의무와 합치하지 아니하는 무역관련투자조치는 국내법 또는 행정적인 판정에 의하여 의무적이거나 집행 가능한 조치 또는 특혜를 얻기 위하여 준수할 필요가 있는 조치로서,

가. 기업으로 하여금 국산품 또는 국내공급제품을, 특정 제품을 기준으로 하거나 제품의 수량 또는 금액을 기준으로 하거나 또는 자신의 국내생산량 또는 금액에 대한 비율을 기준으로 하여 구매 또는 사용하도록 하거나,

나. 기업의 수입품의 구매 또는 사용을 자신이 수출하는 국산품의 수량이나 금액과 관련된 수량으로 제한하도록 하는 조치를 포함한다.

(1) 의의

GATT 제3조 제4항에 규정된 내국민대우의무와 합치하지 아니하는 무역관련투자조치는 국내법 또는 행정적인 판정에 의하여 의무적이거나 집행가능한 조치 또는 특혜를 얻기 위하여 준수할 필요가 있는 조치로서 현지부품조달의무(Local Content Requirements)와 수출입균형(Trade Balancing Measures, 수입연계제도)이 있다.

(2) 현지부품조달의무(Local Content Requirements)

현지부품조달의무는 특정 품목, 특정 물량 혹은 금액 또는 국내 생산량이나 금액의 일정 비율을 정하여 국산품 또는 국내 조달물품을 구매하도록 하거나 혹은 사용을 강제하는 조치를 말한다. 동 조치는 수입품보다 동종의 국내상품을 우대하는 차별적 조치로 내국민대우에 위반된다. 인도네시아 - 자동차 사건에서 인도네시아의 면세특혜에 의한 현지부품조달의무가 TRIMs협정 위반으로 판정되었다.

(3) 수출입균형의무(수출입연계제도, Trade Balancing Measures)

투자기업에 대해 원부자재의 수입량을 수출량의 일정 비율로 제한하고 원부자재의 수입량과 완성품 수출량을 일정 비율로 균형을 맞게 하는 조치도 내국민대우에 위반된다. 수입원부자재보다 동종의 국산 원부자재를 우대하는 차별적 효과를 초래하기 때문이다.

3. GATT1994 제11조 제1항에 위배되는 사례

> **부속서 제2항 - GATT 제11조 제1항에 위반되는 TRIMs**
>
> GATT1994 제11조 제1항에 규정된 수량제한의 일반적인 철폐의무에 합치하지 아니하는 무역관련투자조치는 국내법 또는 행정적 판정에 의하여 의무적이거나 집행가능한 조치 또는 특혜를 얻기 위하여 준수할 필요가 있는 조치로서,
>
> 가. 기업에 대하여 국내생산에 사용되거나 국내생산과 관련된 제품의 수입을 전반적으로 제한하거나, 동 기업이 수출하는 국내생산량 또는 금액과 관련된 수량만큼만 수입하도록 제한하거나,
>
> 나. 기업의 외환취득을 동 기업이 벌어들인 외환과 관련된 액수로 제한함으로써 기업이 국내생산에 사용되거나 국내생산과 관련된 제품을 수입하는 것을 제한하거나, 또는
>
> 다. 기업의 제품 수출이나 수출을 위한 제품의 판매를, 특정 제품, 제품의 수량 또는 금액 또는 자신의 국내생산량 또는 금액에 대한 비율을 기준으로 제한하는 조치를 포함한다.

(1) 의의

GATT 제11조 제1항에 규정된 수량제한의 일반적인 철폐의무에 합치하지 아니하는 무역관련투자조치는 국내법 또는 행정적 판정에 의하여 의무적이거나 집행 가능한 조치 또는 특혜를 얻기 위하여 준수할 필요가 있는 조치로서 외환구입제한, 수출제한 등이 있다.

(2) 외환구입제한

기업의 수입대금 지급을 위한 외환구입을 당해 기업의 외환획득액과 연계시킴으로써 국내생산에 필요한 물품의 수입을 제한하는 조치를 의미한다.

(3) 수출제한

수출시 특정 품목, 특정 물량 혹은 금액을 정하거나 또는 국내생산량이나 국내생산금액의 일정 비율을 정하여 기업의 수출이나 수출을 위한 판매를 제한하는 조치를 의미한다.

(4) 수출입균형의무(수출입연계제도)

해당 기업의 국내생산에 사용되는 물품의 수입을 그 기업의 수출물량이나 금액만큼 제한하는 조치도 금지된다.

4. 예외

GATT1994에 따른 모든 예외는 동 협정의 규정에 적절히 적용된다(TRIMs 제3조). 따라서 이에 따라 GATT 제11조(수량제한금지원칙), 제20조(일반적 예외) 혹은 제21조(국가안보예외) 등에 규정되어 있는 예외가 적용된다.

5. 개발도상국 우대

GATT 제18조(경제개발에 대한 정부지원), GATT1994 국제수지규정에 관한 양해, 국제수지를 목적으로 한 무역조치에 관한 선언에 입각하여 개발도상국에 대해서는 TRIMs 제2조 의무로부터의 면제가 일시적으로 허용된다(TRIMs 제4조).

6. 통고 및 경과조치

회원국은 WTO협정 발효 후 90일 이내에 이에 위배되는 자국의 모든 무역관련투자조치를 상품교역에 관한 이사회에 통보하여야 한다. 모든 회원국은 위와 같이 통보된 조치를 신진국은 2년, 개발도상국은 5년, 그리고 최빈개발도상국의 경우 7년의 유예기간 이내에 폐지하여야 한다(제5조 제1·2항).

7. 투명성(TRIMs 제6조)

GATT 제10조(무역규제의 공표 및 시행)와 1979년 '통보, 협의, 분쟁해결 및 감시에 관한 양해' 및 1994년 통보절차에 관한 각료회의결정에 따른 투명성 및 통보의무를 이행한다.

 관련판례

인도 - 태양광 솔라셀 사건

본 사건에서 문제가 된 조치는 인도의 태양광 발전과 관련한 솔라셀과 모듈에 대한 국내 부품 사용의무에 관련된 것이다. 미국은 2013년 인도의 국립솔라미션 프로젝트에서 인도 정부가 부과한 국내 부품 사용의무가 TRIMs협정 위반이라고 주장하고 패널 설치를 요구했다. 패널은 국내 부품 사용을 의무화한 조항이 1994년 GATT 제3조 제4항과 TRIMs협정 제2조 제1항을 위반하였다고 결정했다. 인도는 국내공급 부족의 경우에 대한 예외를 규정한 1994년도 GATT 제20조 (j)호의 규정에 의거하여 동 부품에 대해서는 예외를 인정해야 한다고 주장했으나 패널은 기각했다. 국내 공급이 부족하다는 점을 충분히 입증하지 못했다고 판단했기 때문이다. 상소기구 역시 패널 판정을 지지했다.

제5절 | 선적전검사에 관한 협정(PSI협정)

1 서설

1. 의의

선적전검사(Preshipment Inspection: PSI)라 함은 수입국 정부로부터 위임받은 전문검사기관이 수입국 정부나 수입당사자를 대신하여 수출국에서 물품을 선적하기 전에 수입품의 품질이나 수량을 검사하고, 수입품의 거래가격(transaction value)이 그 물품의 원산지에서의 일반적인 수출시장가격(export market value)과 합치하는지를 평가하는 절차를 말한다.

2. 기능

수입되는 물품에 대해 수출 전에 그 내용을 검사함으로써 그 수량이나 품질이 수입면허와 일치하는지를 사전에 확인하는 기능을 한다. 또한 수출가격을 현지에서 확인함으로써 수출입 당사자 간의 거래가격 조작으로 인한 외화도피나 관세평가의 왜곡을 방지할 수 있게 한다.

3. 선적전검사의 규제 필요성(교역왜곡적 효과)

선적전검사는 주로 개발도상국이 주로 이용하고 있으나, 선진국은 다음과 같은 이유로 이를 비관세장벽의 하나로 보고 있다.

(1) 선적을 지연시킨다.

(2) 영업정보를 누출한다. 검사기관은 수출자에게 조사대상물품의 가격분석표나 비밀정보 등 민감한 자료의 제출을 요구하는 경우가 많다.

(3) 검사기준이 불투명하다. 검사기관들은 당사자들이 제출한 거래가격에 관한 자료가 자신들이 제시한 일정한 기준에 맞지 않으면 무조건 배척하고 있다.

4. UR협상의 목표

개발도상국은 선적전검사를 다자규범에 편입시켜 국제적 인정을 받고자 하였고, 선진국은 규범화를 통해 남용을 억제하고자 하였다. 또한, 선적전검사는 그 자체는 정당한 국제교역관행으로 인정하되 이를 비관세장벽으로 남용하지 못하도록 할 구체적인 행동규범을 마련하고자 하였다.

2 주요 내용

1. 기본목표

개발도상국의 선적전검사 시행을 적법한 것으로 인정하되, 교역에 대한 불필요한 지연이나 차별적 취급을 초래함이 없이 시행되어야 하며, 반드시 수출국의 영토에서 수행되어야 함을 밝히고 있다.

2. 적용범위(제1조)

WTO 회원국 정부나 정부기관의 위임 여부를 불문하고 회원국 영토 내에서 이루어지는 모든 선적전검사 활동에 적용된다. 즉, 선적전검사의 사용국을 기준으로 하지 않고 검사가 이루어지는 수출국을 중심으로 하여 결정됨을 의미한다. 또한, PSI협정의 적용을 받는 선적전검사 활동이라 함은 사용국의 영토로 수출되는 상품의 품질, 수량, 환율 및 금융조건을 포함한 가격과 관세분류의 검증과 관련된 모든 활동을 의미한다.

3. 사용국의 의무

(1) 비차별

사용국은 선적전검사의 절차와 기준이 객관적이고 모든 수출자들에게 동일하게 적용되도록 하여야 한다. 사용국은 자국의 법률, 규정 및 요건과 관련된 선적전 검사 활동에서 GATT 제3조 제4항(내국세 및 규제에 관한 내국민 대우)이 관련되는 한 이를 준수해야 한다.

(2) 검사장소

사용국은 선적전검사 활동이 상품이 수출되는 관세영역 내에서 이루어지도록 보장해야 한다.

(3) 투명성

투명성을 보장하기 위해 검사기관이 수출자와 최초로 접촉할 때 검사요건의 충족에 필요한 모든 정보를 제공하도록 하고, 수출자가 요청 시 정보를 제공하며, 통보되지 않은 변경된 절차규정은 적용하지 않아야 한다.

(4) 영업비밀(confidential business information)의 보호

사용국은 검사기관이 검사과정에서 접수한 모든 정보 중에 이미 공표되었거나 제3자가 일반적으로 입수 가능하거나 공공의 영역에 있지 않는 정보는 영업비밀로 취급해야 하며, 검사기관으로 하여금 비밀유지를 위한 절차를 유지하도록 보장해야 한다.

(5) 지연

사용국은 검사기관이 검사를 부당하게 지연시키지 않도록 보장해야 한다. 이를 위해 검사기관과 수출자가 합의하여 정한 검사일자를 상호합의나 불가항력이 없는 한 변경하지 못하도록 하고, 검사 종결 후 5일 이내에 검사결과 보고서를 발급하거나 발급 거부사유를 기재한 서면을 제공해야 한다.

4. 수출국의 의무

수출국의 의무로는 비차별, 투명성, 및 기술지원 등이 규정되어 있다. 투명성과 관련해서는 선적전검사 활동과 관련된 법률 등을 공표할 것을 의무화하고 있다. 또한 기술지원과 관련해서는 상호 합의된 조건에 따라 필요한 기술지원을 제공하도록 하였다.

3 분쟁해결

1. 독립적 검토절차

WTO 회원국은 검사기관과 수출자 간의 분쟁을 상호간 해결하도록 권장한다. 다만, 이의절차에 따라 이의제기를 한 후 2영업일이 경과하면 PSI협정에 의한 독립적 검토절차에 회부할 수 있다. 이 절차는 검사기관을 대표하는 단체와 수출자를 대표하는 단체가 공동으로 구성하는 독립기관에 의해 운영된다. 패널을 설치할 수 있으며 다수결에 의해 결정되는 패널결정은 분쟁 당사자 모두에 대해 구속력을 갖는다(제4조).

2. 협의 및 분쟁해결

각 회원국은 이 협정의 운영에 영향을 미칠 모든 사안에 대해 협의해야 하며 이러한 협의 및 분쟁해결에 대하여는 WTO 분쟁해결양해가 적용된다(제7조, 제8조).

제6절 | 원산지규정협정

1 의의

1. 개념 및 중요성

(1) 개념

원산지(Country of Origin)란 어떤 물품이 성장했거나 생산, 제조 또는 가공된 지역을 말하는데 이는 물품에 대한 일종의 국적을 의미한다. 그리고 이러한 물품의 원산지를 결정하는 데 적용되는 법률, 규정 그리고 행정적 결정 등을 원산지규정이라고 한다.

(2) 중요성

원산지규정이 국제무역에 있어서 중대한 관심사로 등장하게 된 배경에는 기업활동의 글로벌화와 지역주의의 확산 등 최근의 국제경제질서의 변화에 기인한다고 볼 수 있다. 또한 원산지규정에 관한 통일된 국제규범이 존재하지 않음으로써 관세결정, 반덤핑관세 및 상계관세의 부과, 긴급수입제한조치, 원산지표시, 쿼터적용 등 원산지의 식별이 필수적으로 요구되는 경우에 각국들은 자국의 원산지규정을 국가에 따라 차별적으로 적용하여 무역장벽적 효과를 발생시키고 있다는 점에서 객관적이고 예측 가능한 원산지규정이 필요성이 대두되었다.

2. 원산지규정의 분류

원산지규정은 그 적용목적에 따라 크게 특혜 원산지규정(Preferential Rules of Origin)과 비특혜 원산지규정(Non - Preferential Rules of Origin)으로 분류된다.

(1) 특혜 원산지규정(Preferential Rules of Origin)

특혜 원산지규정은 유럽연합(EU), 북미자유무역협정(NAFTA), 남미공동시장 (MERCOSUR) 등 자유무역지대, 관세동맹 또는 공동시장 등의 형태로 운영되는 경우나, 일반특혜관세제도(GSP), 카리브연안 이니셔티브(CBI) 등 특정 국가군을 대상으로 관세상의 특혜를 부여하는 경우에 적용되는 원산지규정을 말한다. 이 규정은 수혜국을 정확히 식별하여 비수혜국이 부당하게 혜택을 입는 것을 방지 함으로써 특혜 프로그램의 실효를 거두기 위한 것으로 볼 수 있다.

(2) 비특혜 원산지규정(Non - Preferential Rules of Origin)

비특혜 원산지규정은 수입수량제한, 무역통계작성, 반덤핑관세 및 상계관세부과, 원산지 표시 등 무역정책상 일반적으로 상품의 원산지를 식별할 필요가 있는 경 우에 적용된다.

3. 원산지규정의 기능

첫째, 생산된 물품의 원산지를 명확하게 판정함으로써 물품의 소비자에게 필요한 정 보를 제공하고, 이를 통해 소비자를 보호한다. 둘째, 생산자를 보호한다. 경쟁력을 가 진 상품인 경우 특정 지역에서 생산된 상품에 대해서만 정확한 원산지를 부여함으로 써 생산자를 보호할 수 있다. 셋째, FTA 원산지규정의 경우 특혜관세를 부여하는 중 요한 기준을 제시함으로써 FTA 체결국으로부터 수입되는 상품에 대해 특혜관세를 부여할 수 있다. FTA 원산지규정을 특혜 원산지규정이라 한다. 넷째, 비특혜 원산지 규정의 경우 특정 국가에서 생산된 상품에 반덤핑관세 부과, 세이프가드 적용, 쿼터 제도의 적용 등의 무역조치를 취함에 있어서 그 기준으로 삼게 된다. 이러한 목적으 로 사용되는 원산지규정을 비특혜 원산지규정이라 한다.

4. 원산지의 판정기준

현재 제품의 원산지판정에 관한 통일된 국제규범은 존재하지 않으나 각국들은 일반 적으로 원산지판정기준으로 완전생산기준과 실질적 변형기준을 두고 있다.

(1) 완전생산기준

하나의 국가에서 완전히 생산 또는 획득된 제품에 대하여 원산지를 결정하는 기 준으로서, 특정 국가에서 완전히 생산된 제품은 당해 국가를 원산지로 결정하게 된다.

(2) 실질적 변형기준

2개국 이상에 걸쳐 제조, 생산된 제품에 대하여 '실질적 변형'이 발생한 국가에 원산지를 부여하는 방법이다. 실질적 변형의 정의에 대해 논란이 있으나, 현재 국제적으로 사용되고 있는 실질적 변형의 판단기준으로는 세번변경기준, 부가가 치기준, 제조·가공공정기준이 있다.

참고

실질적 변형 판단 방법

1. **세번변경기준(change of tariff classification)**

   사용된 원재료, 부품의 세번(HS 품목번호)과 완제품의 세번을 비교하여 세번이 일정 단위 이상 변하는 경우 실질적 변형으로 인정하여 해당 공정이 일어난 국가에 원산지를 부여하는 기준으로서, 가장 객관적이고 일반적인 기준이다. 세번이란 물품에 부여되는 고유의 번호를 말하며, 통일상품명 및 부호체계(Harmonized Commodity Description and Coding System: HS코드)에 따른다. 세번변경기준은 품목에 따라 HS 2단위가 바뀌는 2단위 변경기준(change of chapter), 4단위가 바뀌는 4단위 변경기준(change of tariff heading), 6단위가 바뀌는 6단위 변경기준(change of tariff sub - heading)으로 구분된다.

2. **부가가치기준(advalorem percentages)**

   제품의 전체 가치 중 일정 비율의 부가가치를 창출한 국가에 원산지를 부여한다는 기준이다. 다만, 부가가치 산정 시 정확한 경비 계산이 곤란한 경우가 많고, 회계기준이 국가마다 다르기 때문에 실무상 여러 가지 복잡한 문제가 발생한다는 문제점이 있다.

3. **제조 · 가공공정기준(manufacturing or processing operations)**

   당해 제품의 중요한 특성을 발생시키는 기술적인 제조 또는 가공작업을 기술한 일반적인 명세표를 사용하여 지정된 가공공정이 일어난 국가를 원산지로 간주하는 기준이다. 섬유 제품 생산 시 염색공정이나 재단 · 봉제공정을 거치는 경우 실질적 변형을 인정하는 것을 예로 들 수 있다.

5. 연혁

(1) GATT 제9조

원산지표시제도가 보호주의적 비관세장벽으로 사용되는 것을 방지하기 위하여 GATT 제9조에서는 원산지표시에 관한 규정을 두고 있다. 그러나 이는 각국의 의견 차이로 원산지판정기준 등 실질적인 원산지규정에는 미치지 못하는 수준의 규정이었다.

(2) WTO 원산지규정

원산지규정의 적용상 투명성 확보를 통하여 무역장벽을 해소하고 국제무역을 증진하기 위하여 우루과이 라운드협상 결과, WTO 원산지규정에 관한 협정이 채택되었다.

2 WTO 원산지규정에 관한 협정

1. 우루과이 라운드협상의 배경

GATT체제하에서는 국제적으로 통일된 원산지규정의 부재로 자국의 국내산업 보호를 위한 원산지규정을 제정, 시행함으로써 원산지규정이 수입제한적 효과를 발생시켰다. 이에 보다 투명하고 조화로운 '통일원산지규정'(Harmonized Rules of Origin)을 제정하고자 우루과이 라운드에서 협상의제로 채택되었다.

2. 정의

본 협정상 원산지규정이란 회원국이 제품의 원산지 국가를 결정하는 데에 일반적으로 적용하는 법률, 규정 및 행정적 결정 등을 일컫는다(제1조 제1항).

3. 적용범위

원칙적으로 특혜무역을 제외한 일반적인 교역에 있어서 체약국이 제품의 원산지 국가를 결정하는 데에 그 범위가 한정된다. 따라서 유럽연합(EU), 북미자유무역협정(NAFTA) 등 특혜무역부문에는 적용되지 않으며, 이 점이 본 협정의 결점으로 지적되기도 한다.

4. 과도기간 중 적용되는 주요 규정

(1) 원산지판정기준

완전생산기준 이외에 특정 제품이 2개국 이상에서 생산공정을 거쳤을 경우, 과도기간 동안에 회원국들은 세번변경기준, 부가가치기준, 가공공정기준 중 어느 하나에 기초한 원산지판정기준을 정할 수 있으나, ① 세번변경기준이 적용되는 경우 세번변경으로 인정되는 세번의 단위를 분명히 명시해야 하고, ② 부가가치기준이 적용되는 경우 부가가치비율을 산정하는 방법이 원산지규정에 명시되어야 하며, ③ 가공공정기준이 적용되는 경우 관련 제품의 원산지를 부여하는 공정이 정확하게 명시되어야 한다[제2조 제(a)호].

(2) 무역장벽화 지양

원산지규정은 통상정책상의 조치나 수단과 연계되어 있지만 무역상의 목적을 직·간접적으로 추구하기 위한 수단으로 사용하면 안 되며[제2조 제(b)호], 원산지규정의 부당한 적용으로 세계무역을 제한하거나 또는 교란시키는 효과를 초래해서는 안 된다.

(3) 비차별원칙

수출입물품에 적용되는 원산지규정은 국내물품 판정에 적용되는 원산지규정보다 더 엄격해서는 안 되며 모든 회원국에 비차별적으로 적용되어야 한다[제2조 제(d)호]. 또한, 원산지규정은 일관성 있고 통일되며 공정하고 합리적인 방식으로 운용되어야 한다[제2조 제(e)호].

(4) 투명성

원산지규정은 원산지를 부여받을 수 있는 기준을 중심으로 기술하는 적극적인 기준(Positive Standard)을 기초로 하여야 한다[제2조 제(f)호]. 원산지규정의 투명성을 제고하기 위하여 원산지규정의 일반적인 적용과 관련한 법률, 규정 및 사법적, 행정적 결정은 GATT 제10조 제1항의 규정이 적용되는 것처럼 공표되어야 한다[제2조 제(g)호].

(5) 불소급원칙

원산지규정을 개정하거나 새로운 원산지규정을 도입할 경우 회원국의 법률 및 규정에 따라 이를 소급적용해서는 안 된다[제2조 제(i)호].

5. 과도기 이후의 원칙

협정 제3조는 통일원산지규정의 제정작업이 완료된 이후에 원산지규정의 적용시 회원국들이 준수해야 할 원칙을 제시하고 있다. 그러나 이 원칙은 제2조의 과도기간 중에 준수해야 할 원칙과 매우 유사하다. 즉, 비차별원칙, 투명성원칙, 불소급원칙 등을 동일하게 규정하고 있다.

6. 원산지규정의 통일

협정 제9조에서는 세계무역의 확실성 제고를 위해 각국의 원산지규정 운영과 통일원산지규정의 기본원칙을 천명하고 있다. 통일원산지규정의 제정을 위한 작업은 WTO 설립협정 발효일 이후 가능한 한 조속히 개시되어야 하며 개시 후 3년 이내에 완결되어야 한다(제9조 제2항).

제7절 | 수입허가절차협정

1 배경과 목표

GATT체제의 출범은 국제무역에서 관세장벽의 완화에 큰 기여를 하였다. 그러나 대부분의 국가들은 관세 외에 여러 가지 비관세장벽을 이용하여 국제무역질서를 왜곡시키고 있다. 수입허가절차는 투명성이 결여되거나 절차가 까다롭고 부당하게 지연될 경우 수입억제수단으로 남용될 소지가 있다. 이와 같은 문제의 해결을 위해 도쿄 라운드에서는 '수입허가절차에 관한 협정'(Agreement on Import Licensing Procedures)을 채택하여 각종 수입 관련 행정절차의 간소화와 투명성 및 절차운용의 공평성을 보장하고자 하였다. 그러나 그 내용의 불명확성 및 가입의 비강제성으로 인해 협정의 실효성이 문제된 결과 UR협상에서 수정하여 수입허가절차협정을 채택하였다. 동 협정은 기존 협정의 간소화 및 투명성 제고를 통해 수입허가제도가 비관세장벽으로 야기할 수 있는 무역왜곡효과를 완화하고자 하였다.

2 주요 내용

수입허가절차협정은 전문과 본문 8개 조항으로 구성되어 있다.

1. 협정의 목적

수입허가절차협정에 의하면 수입허가절차는 자동수입허가와 비자동수입허가로 구분된다. 자동수입허가절차의 유용성을 인정하되 그 절차가 무역을 제한하기 위해 사용되어서는 안 되며, 비자동수입허가절차가 투명하고 예측 가능한 방법으로 시행되어야 하고 필요 이상의 행정적 부담이 되어서는 안 된다. 동 협정은 수입허가절차의 유용성과 동시에 수입허가절차가 국제무역의 흐름을 제한할 수 있음을 인정하고 수입허가에 대한 행정절차와 관행을 간소화하고 투명성을 촉진하며 그러한 절차와 관행의 공정하고 공평한 적용과 시행을 보장하는 것을 목적으로 한다.

2. 수입허가(Import Licensing)의 정의

수입허가란 수입국 관세영역으로의 수입을 위한 선행조건으로서 관련 행정기관에게 신청서나 기타서류(단, 통관목적으로 요구되는 문서 제외) 제출을 요구하는 수입허가제도의 운영에 사용되는 행정절차로 정의된다(제1조 제1항).

3. 수입허가절차의 성격

회원국은 수입허가제도가 부적절하게 운영되어 무역왜곡이 발생하는 것을 방지하고 개발도상국의 경제적 필요를 고려하면서 관련절차가 GATT1994 규정에 부합하도록 보장한다. 수입허가절차에 관한 규칙은 중립적이고 형평하며 공정하게 적용되어야 한다(제1조 제2·3항).

4. 규칙과 정보의 공표 및 토의기회 제공

수입허가절차에 관한 규칙과 정보는 가능한 한 발효일 21일 이전, 늦어도 발효일 이전에 공표하여 다른 회원국 및 무역업자가 인지할 수 있도록 하여야 한다. 다른 회원국들은 이에 대해 서면 의견을 제출할 수 있으며 요청이 있는 경우 토의의 기회가 제공된다. 관련 회원국은 이러한 의견과 토의결과를 적절히 고려한다(제1조 제4항).

5. 수입허가 신청양식 및 규칙

수입허가 신청 및 갱신양식·절차는 가능한 한 단순해야 하며 필수 서류는 신청시 요구하고 합리적 기간 내에 원칙적으로 하나의 행정기관에 신청하도록 해야 한다(제1조 제5·6항). 이는 접수국에 의한 절차의 부당한 지연을 방지하고 실질적 이용가능성을 확보하기 위함이다. 회원국들은 신청서에 포함된 기본적 자료를 변경시키지 않는 사소한 서류상의 오류를 이유로 신청을 거부해서는 안 되며 사기의 의도나 중대한 부주의로 이루어진 것이 아닌 서류상 혹은 절차상 누락이나 오류에 대하여 단순한 경고 이상의 벌칙을 부과해서는 안 된다(제1조 제7항). 허가된 수입은 선적 과정에서 발생한 가치·물량·중량의 사소한 변경, 대량적하에 부수되는 우발적 차이 및 정상적 상관행과 일치하는 사소한 차이를 이유로 거부되지 아니한다(제1조 제8항).

6. 자동수입허가

(1) 정의

자동수입허가란 모든 경우에 신청에 대한 승인이 부여되는 것으로서 수입품에 대한 규제효과를 초래하는 방법으로 운영되지 않아야 한다(제2조 제1항).

(2) 무역제한효과 발생의 예외

자동허가절차는 다음의 경우를 제외하고 무역제한효과를 가지는 것으로 간주된다. ① 자동허가품목의 수입과 관련한 수입국의 법적 요건을 충족시키는 모든 개인, 회사 또는 기관에게 수입허가를 신청하고 획득하는 데 있어 동등한 자격을 부여하고 ② 수입허가신청서는 상품통관 이전 어떠한 근무일에도 제출될 수 있으며 ③ 신청서가 적절하고 완전한 형태로 제출되었을 때 행정적으로 가능한 한 즉시, 늦어도 10일 이내 승인되어야 한다[제2조 제2항 제(a)호].

(3) 절차의 필요성과 유지

회원국은 다른 적절한 절차가 구비되지 않은 경우 자동수입허가가 필요하다는 것을 인정하며, 그 도입 여건이 지속되고 행정상 근본적인 목적을 성취할 보다 적절한 방법이 없는 한 자동수입허가를 유지할 수 있다[제2조 제2항 제(b)호].

7. 비자동수입허가

(1) 개념 및 원칙

비자동수입허가는 자동수입허가 이외의 경우로서 수입에 대한 무역제한이나 왜곡효과를 갖지 않아야 한다. 비자동수입허가절차는 범위와 존속기간에 있어 행정 목적에 상응하며 조치 시행에 절대적으로 필요한 이상의 행정적 부담이 되어서는 안 된다(제3조 제1 · 2항).

(2) 정보의 공표 및 제공

수량제한의 시행 이외의 목적을 위해 허가요건을 규정하는 경우, 회원국은 다른 회원국과 무역업자가 허가를 부여 또는 배분하는 근거를 알 수 있도록 충분한 정보를 공표해야 한다. 회원국이 개인, 기업 또는 기관에게 허가요건의 예외 또는 일탈을 요청할 가능성을 제공하는 경우 관련정보는 제1조 제4항에 따라 공표되는 정보에 포함시켜야 한다(제3조 제3 · 4항). 이해관계 회원국의 요청이 있는 경우 회원국은 제한의 시행, 최근 부여된 수입허가, 그러한 허가의 공급국 간 배분 및 가능한 경우 수입허가대상품목에 관한 수입통계에 관련된 정보를 제공하여야 한다. 허가를 통하여 쿼터를 관리하는 회원국은 쿼터 총량, 쿼터 개시일 및 마감일, 그리고 이에 관한 모든 변경사항을 발효일로부터 21일 이내에 공표하여야 한다. 쿼터가 공급국 간 배분되는 경우에도 할당되는 쿼터의 몫이나 쿼터 기간의 조기 개시 일자도 동 기한 내에 공표하여야 한다[제3조 제5항 제(a)~(d)호].

(3) 신청서의 접수 · 처리

수입회원국의 법적 및 행정적 요건을 충족하는 모든 신청자들은 동등한 자격을 부여받는다. 신청서는 회원국이 통제할 수 없는 이유로 불가능한 경우를 제외하고는 접수가 선착순으로 고려되는 경우에는 접수 후 30일, 모든 신청서가 동시에 검토되는 경우에는 60일 내에 처리되어야 한다[제3조 제5항 제(e)~(f)호].

(4) 허가의 발급 및 배분

예측하지 못한 단기적 필요를 충족시키기 위하여 수입이 필요한 특별한 경우를 제외하고, 허가의 유효기간은 원거리 공급원으로부터의 수입을 배제하지 않는 합리적 기간이 되어야 한다. 쿼터 시행시 회원국은 발급된 허가에 따라 이루어지는 수입을 방해하거나 쿼터의 충분한 활용을 억제해서는 안 된다. 허가는 경제적 물량으로 발급하는 것이 바람직하며 배분함에 있어서는 신청자의 수입실적을 고려해야 한다. 과거에 발급된 허가가 충분히 활용되지 않은 경우 그 이유를 검토하고 새로운 허가 배분시 고려하며, 신규 수입자 및 개발도상국 상품 수입자를 특별히 고려한다[제3조 제5항 제(g)~(j)호].

3 절차규정

1. 수입허가위원회 설치

수입허가위원회는 각 회원국 대표로 구성되어 의장과 부의장을 자체적으로 선출하고 협정의 운영이나 그 목적의 증진에 관한 모든 사안에 관하여 협의하기 위해 회합한다 (제4조). 동 위원회는 회원국들로부터 수입허가절차의 제정 · 개정사항, 동 협정과 관련된 국내법규의 모든 변경사항을 통보받고 협정 운용과 관련한 각 회원국들의 진전사항을 상품교역이사회에 통보한다[제5조 제1항, 제8조 제2항 제(b)호, 제7조 제4항].

2. 통보(Notification)

수입허가절차를 제정하거나 변경한 회원국은 구체적 정보를 공표 후 60일 이내에 수입허가위원회에 통보하여야 한다. 허가절차 대상상품목록, 자격요건에 관한 정보를 얻을 수 있는 접촉창구, 신청서를 제출할 행정기관, 허가절차가 공표된 경우 공표일자와 명칭, 자동 · 비자동수입허가 여부, 자동수입허가절차인 경우 행정적 목적, 비자동수입허가절차인 경우 동 허가절차를 통하여 시행되고 있는 조치, 허가절차의 예상 존속기간 및 상기 정보가 제공되지 못할 경우 그 이유 등에 관한 정보가 통보에 포함된다. 다른 회원국이 이상의 정보를 통보되지 않았다고 판단하는 이해당사국은 해당 회원국의 주의를 환기시킬 수 있으며, 그럼에도 신속하게 통보되지 않는 경우 그 이해당사국은 스스로 허가절차나 변경사항을 통보할 수 있다(제5조).

3. 협의 및 분쟁해결

다자간상품무역협정의 운용에 영향을 미치는 모든 사안에 관한 협의 및 분쟁해결은 분쟁해결양해에 의해 발전되고 적용되는 GATT1994 제22조와 제23조의 규정을 따른다(제6조). 일례로 Venezuela - Import Licensing Measures on Certain Agricultural Products 사건에서 미국은 베네수엘라가 다수의 농산물에 대해 임의적 수입허가제도를 설치하고 자의적 운용을 함으로써 투명성 및 예측가능성 확보에 실패하여 해당 제품의 교역을 심각하게 저해하고 있다고 주장하였다. 그러나 동 사건은 미국 및 EC, 캐나다, 뉴질랜드 등이 협의를 요청하고 베네수엘라가 이를 수락함으로써 협의단계에서 종결되었다.

4. 검토

수입허가위원회는 최소한 2년에 한 번 협정의 시행과 운영을 검토하며, 검토의 기초로서 사실보고서를 준비한다. 동 보고서는 검토대상기간 중 모든 변화나 발전사항을 명시하여야 하며 회원국들은 수입허가절차에 관한 연례질의서를 신속하고 성실하게 작성한다(제7조).

제8절 | 무역원활화협정

1 의의

도하개발아젠다협정(DDA) 의제 중 하나였던 무역원활화에 관한 협정(Agreement on Trade Facilitation: ATF)은 2013년 12월 제9차 WTO 각료회의에서 타결되었고, 2014년 11월 WTO 일반이사회에서 무역원활화협정을 WTO 협정에 편입하기 위한 의정서가 채택되었다. 동 협정은 2017년 2월 22일 발효되었다. WTO설립협정 제10조 제3항에 따라 동 협정을 수락한 회원국에 대해서만 발효되며, 이후 수락하는 회원국은 수락한 때 발효한다. 무역원활화협정은 통관규정의 투명성 강화, 통관절차의 간소화, 세관당국 간 정보교환, 개도국 우대 등을 규정하여, 통관의 신속화 및 무역비용 감소를 통한 국가 간 교역 확대를 목표로 추진되었다. 무역원활화협정은 1995년 WTO 설립 이후 최초로 타결된 다자간 무역협상이며, 특히 개도국 및 최빈개도국에 대해 이행능력에 따라 이행의무를 부여하고 선진국의 지원 규정을 도입한 점에서 WTO 역사상 중요한 의의가 있는 것으로 평가된다.

2 ATF의 구조

ATF는 크게 전문(preamble)과 제1절 내지 제3절의 3개 절로 구분된다. 전문에는 협정의 법적 정당성, 무역원활화의 필요성 및 개도국 지원의 원칙을 정하였고, 제1절의 12개 조항은 GATT 제5조, 제8조, 제10조와 관련된 조항들이다. 제2절은 개도국 지원에 관한 것이고, 제3절은 최종규정으로 협정 발효와 운영에 대한 사항이다.

3 투명성(transparency)

1. 정보의 공표와 이용가능성

「무역원활화협정」 제1조는 정보의 공표와 이용가능성을 규정하는데 공표, 인터넷을 통한 정보이용가능성, 정보조사 창구(inquiry points), 통고를 규정하고 있다. 동(同) 조항은 회원국이 관세평가 및 분류, 관세율 및 세율과 기타 부과금 등에 대한 정보를 투명하게 공개하고 이해관계자가 쉽게 접근할 수 있도록 해야 한다는 GATT 제X조의 투명성 조항을 보다 구체적이고 명확하게 한 것이다. 공표의 범위는 ① 수·출입 및 통과(transit)의 절차, 형식, 서류, ② 적용 관세율 및 세율과 기타 부과금, ③ 수수료, 상품의 분류 및 관세평가에 대한 규칙, ④ 원산지 규정 관련 법률과 규정 및 일반적 적용에 관한 행정적 판정, ⑤ 수·출입 및 통과의 제한 또는 금지, 수·출입 및 통과형식 위반에 대한 벌칙, ⑥ 불만을 해소하기 위한 행정적, 사법적 불복청구 또는 검토제도, ⑦ 수·출입 및 통과에 관한 타국(他國)과의 협정문, 관세 쿼터 관리 절차이다. 정보는 각 회원국 정부와 무역업자들이 비차별적(非差別的)이고 쉽게 접근할 수 있는 방식으로 신속하게(promptly) 공표되어야 한다. 정보의 이용가능성을 높이기 위해 회원국들은 불복청구절차를 포함한 수출·입 및 통과절차의 정보와 정보 조사 창구(inquiry points)에 대한 접근(연락) 정보를 인터넷을 통하여 이용 가능하도록 하고 이 정보들의 가능한 한 업데이트와 적절성을 확보하여야 한다. 회원국은 정부와 무역업자들이 정보를 요청하거나 문의할 수 있도록 정보 조사 창구를 마련하여야 한다. 관세동맹(customs union) 등 지역통합체는 공동 정보 조사 창구를 설치할 수 있다. 정보 조사 창구의 정보 제공은 무료로 하는 것이 권장된다. 회원국은 공표가 요구되는 정보, 정보 이용이 가능한 인터넷 URL, 정보 조사 창구에 대한 접근(연락) 정보를 WTO 무역원활화 위원회에 통보할 것을 요구하고 있다.

2. 정보 예고와 의견 표명 및 상담

회원국은 통과 중인 화물을 포함한 이동, 반출 및 통관 절차에 관한 법률 또는 규칙의 제정이나 개정을 무역업자 등이 적응 가능하도록 최대한 빨리 예고(豫告)하고 무역업자 등에게 의견 표명(comment) 기회를 부여해야 하며 통관 당국자와 무역업자 및 기타 이해당사자 사이의 정기적 상담을 제공하여야 한다. 이와 같은 의견 표명이나 상담을 통하여 무역업자는 합법적이고 적정한 기준이나 수준을 파악하고 세관 당국자와 무역업자 모두 법규의 목적 달성을 위한 가장 효율적이고 최소부담이 되는 방안을 논의할 수 있다.

3. 사전 판정

「무역원활화협정」 제3조는 사전 판정(advance ruling)에 대해서 규정한다. 사전 판정은 수입 전 수입물품에 대한 관세 평가 및 분류, 원산지 판정을 해당 회원국이 미리 무역업자에게 제공하는 제도이다. 무역업자는 종종 예컨대 개별 세관 공무원의 특성이나 인사이동 등에 따라서 관세 평가와 원산지에 관한 일관성 없는 결정에 직면한다. 관세 부과에 있어서의 일관성 결여는 상품의 최종 가격을 변동시킴으로써 거래의 불확실성을 증가시켜 무역에 장애를 초래하고 세관 당국과 무역업자 간의 분쟁을 증가시킨다. 특히 관세 평가, 상품의 분류, 원산지 규정에 대한 잘못된 판단은 GATT 제2조에 따른 양허 관세율 준수의무를 회피하는 사실상의 비관세 장벽으로 작용할 수 있고 일관되지 않은 판정은 관련 공무원에 대한 뇌물 제공의 원인으로 작용하여 부패를 심화시킬 수 있다. 요컨대 해당 회원국에게 구속력이 발생하는 사전 판정을 통해 무역업자는 해당 특정상품의 통관에 대한 예측가능성, 신뢰성을 높일 수 있고, 통관도 신속히 진행시킬 수 있다. 이와 같은 사전 판정 제도는 WTO 규범에 새로 도입되는 것이나 회원국들 간에는 널리 활용되는 관행이다. OECD는 사전 판정이 가장 효과적인 무역원활화 수단의 하나라고 거론한 바 있다. 사전 판정은 그 사전 판정을 뒷받침하는 법률, 사실 또는 상황이 변경되지 않는 한 합리적인 기간 동안 유효하다.

4. 불복청구 또는 검토 절차

회원국은 세관 관련 사항에 대하여 행정적 판정을 받은 당사자를 위한 ① 행정적 불복청구 또는 상급기관 등에 의한 검토, ② 사법적 불복청구나 검토 제도를 설치하여야 한다. 행정적 불복청구 또는 검토를 사법적 불복청구나 검토의 요건, 즉 행정적 불복청구 또는 검토 전치주의(前置主義)를 입법(立法)할 수도 있다. 불복청구나 검토 절차는 비차별적으로 운영되어야 한다. 이와 같은 「무역원활화협정」의 불복청구 또는 검토 절차는 종래의 GATT 제10조가 규정한 사법적, 행정적 법원이나 중재에 의한 검토 및 시정제도를 보다 명확하고 구체적으로 규정한 것이고 통관절차의 표준화, 신속화, 간소화와 정보기술의 최대 활용 등을 주요원칙으로 하는 세계관세기구(World Customs Organization: WCO)의 개정 교토협약이 규정하는 세관 당국의 결정이나 부작위(omission)에 대한 무역업자의 이유 설명 요구권이나 불복청구권과 유사한 내용이다. 세관 당국의 결정이나 부작위에 대한 불복청구권을 보장함으로써 통관 및 관세에 관한 법률과 규칙의 이행과 통일적 적용을 확보, 관리하려는 것이다.

5. 검역조치 등에 대한 공평, 비차별, 투명성 강화 수단

회원국은 음식, 음료, 사료에 대한 검역 절차에 관하여 통제 또는 검사의 강화에 대한 통보 또는 안내의 의무를 진다. 또한 통관 지점들에서의 일관된 통제나 조사의 적용, 더 이상 정당성이 없는 조치의 폐지와 신속한 통보의 의무, 유치 조치에 대한 수입업자에 대한 통보 의무, 가능한 발전된 과학적 증거에 근거한 독립적이고 객관적이며 투명한 방식에 의한 조사 의무와 재검사 요청을 수용해야 할 의무 등도 부담한다.

4 수출·입과 통과화물의 형식과 수수료

1. 수출·입 수수료와 부과금에 관한 원칙

「무역원활화협정」은 수출·입 관련 관세와 세금을 제외한 수수료와 부과금의 크기는 대략적인 통관 서비스의 비용을 최대한으로 하여야 한다는 실비(實費) 한도 원칙을 명문화하였다. 수수료와 부과금은 공표되어야 하고 새로운 수수료나 변동된 금액은 비상시가 아닌 한 공표한 다음 적절한 기간 경과 후 적용하여야 한다. 벌금은 수출·입 및 통과화물관련 회원국의 관세법, 규칙, 절차 요건 위반의 경우에 한하여 그 내용에 대한 서면 설명과 함께 위반 시로부터 한정된 기간 내에 부과하여야 하고 감면 상황이 고려되어야 한다. 따라서 수출·입 및 통과화물의 통관과 관련하여 비례성 원칙에 어긋나는 자의적인 벌금 부과는 금지된다.

2. 상품의 통관과 반출

「무역원활화협정」 제7조는 WCO의 개정 교토협약의 권고를 반영하여 회원국들이 상품을 수입·수출, 통과를 위해 필요한 출고 및 통관 시 수립하거나 지켜야 할 적절한 절차들을 자세히 규정하고 있다. 첫째, 회원국들은 도착한 상품의 빠른 출고를 위해 전자 서식을 포함한 수입 상품의 도착 이전에 처리될 수 있는 적절한 사전 도착 절차(Pre-arrival Processing)를 시행하여야 한다. 둘째, 회원국들은 무역업자들이 최대한 전자 결제(Electronic Payment)를 통해 관세, 세금, 수수료, 부과금을 결제할 수 있도록 허용하여야 한다. 셋째, 사전반출허용제도. 이것은 통관절차와 물품의 반출절차를 분리시켜 통관이전 반출을 허용하여 무역 상품의 신속한 흐름을 확보하기 위한 제도이다. 회원국들은 관세, 세금, 수수료, 부과금이 최종 결정되기 이전에 여타 규정의 정당한 수입요건 사항들이 모두 준수되는 것을 조건으로 물품이 수입 혹은 수출을 위해 출하될 수 있도록 허용하는 절차를 채택, 운용하여야 한다. 넷째, 그 밖에도 위험관리제도의 채택과 유지, 사후통관 감사 등이 규정되었다.

5 기타 규정

1. 수·출입과 통과 관련 형식

「무역원활화협정」 제10조는 수·출입과 통과 관련 형식과 서류의 복잡성과 내용을 최소화, 단순화하는 내용 규정하고 있다. 형식과 서류는 신속한 통관절차에 부합하여야 하고 최소 무역 규제적이어야 하며 불필요한 것은 폐지되어야 한다. 회원국은 수출입 또는 통과요구 되는 서류를 전자적 복사 서류로도 가능하도록 노력해야 하고 한 정부기관이 원본서류를 이미 보유한 경우 원본 대신 그 복사 서류의 제출을 가능하도록 해야 한다. 또한 회원국은 예측가능성을 높이고 세관 규정의 준수를 향상시키기 위해 일반적인 통관절차와 통일된 서류 요건을 적용시켜야 한다. 회원국들은 수출입 및 통과의 절차와 형식에 관하여 국제 표준의 관행을 따르는 것이 장려된다. 회원국은 위생 및 식물 위생 또는 기술적 규정을 위반하여 수입이 불가한 물품을 수입업자가 반송할 수 있는 절차를 마련하여야 한다. 회원국은 관세 및 제세금의 전부 혹은 일부를 면제하는 한시적 수입허가 등의 제도를 운영하여야 한다.

2. 통과의 자유

GATT 제V조는 통과의 자유는 그 내용이 확대되어 「무역원활화협정」 제11조에 규정되었다. 회원국은 통과를 위한 운항과 관련된 자발적 규제나 조치들을 없애야 한다. 상품의 통과가, 운송료나 서비스 제공에 소요되는 통과행정 비용을 제외한, 수수료나 비용 징수와 연계되어서는 안 된다. 회원국은 통과중인 상품을 회원국 영토를 거치지 않고 목적지로 운송되는 물품과 동일하게 취급하여야 한다. 절차와 서류 요건은 상품을 식별하기 위한 것이나 통과 요건의 충족을 확보하는 것에 한정하여야 하고 통과 서류의 사전 서류 접수 및 처리가 가능하도록 해야 한다.

3. 세관 협력

「무역원활화협정」 제12조는 세관 협력(Customs Cooperation)을 증진시키기 위한 요건들을 제시한다. 동(同) 조항의 다소 포괄적인 목적은 자발적인 규정 준수 시스템 개발을 독려하고 회원국들로 하여금 정보 보안을 존중하면서도 세관 검사의 체계적인 협력을 보장하는 정보를 공유하기 위한 협조 체계를 수립하도록 하는 것이다. 자발적인 규정 준수 시스템은 세관 당국이 과거 기록을 통해 규정을 충실히 준수해온 무역업자들을 파악하여 이들 업자들의 경미한, 기술적인 위반 사항에 대해서는 가산금을 적게 부과하도록 하고 위험 관리 절차를 보다 그 외의 업자들에게 집중해야 할 필요성에 근거한 것이다. 회원국들은 가산금 없이 자체 수정을 허용하고 규정을 위반하는 무역업자에게는 보다 강력한 조치를 취하는 자발적인 규정 준수의 장려가 필요하고 이를 위해 회원국들 사이의 최상의 준수 관행에 관한 정보의 공유가 권장된다.

4. 국경기관 간 협조

회원국은 수출입 및 통과 화물의 절차 및 국경 관리를 책임지는 당국이나 행정기관들이 무역원활화를 위해 협조하도록 보장해야 한다. 그와 같은 협조 사항으로는 ① 국가별 시간 차이에 따른 업무시간 조정, ② 절차와 서류 등 형식의 조정이나 조화, ③ 국경 관리당국과 기관의 공동 시설의 개발 및 공동 사용 또는 '일괄처리 국경 지점(One-Stop Border Posts)'의 설립, ④ 관련 기관들의 자료 공유와 검사 협조를 통한 합동검사 등이다.

01 WTO 「무역에 대한 기술장벽에 관한 협정(TBT협정)」에 대한 설명으로 옳지 않은 것은? 2020년 7급

① 기술규정은 사소한 성격의 개정 또는 추가뿐만 아니라 그에 대한 개정 및 그 규칙 또는 대상품목의 범위에 대하여 추가하는 것을 포함한다.

② 기술규정은 그 채택을 야기한 상황 또는 목적이 더 이상 존재하지 아니하거나, 변화된 상황 또는 목적이 무역에 덜 제한적인 방법으로 처리될 수 있는 경우에는 유지되지 아니하여야 한다.

③ 기술규정이 요구되고 관련 국제표준이 존재하거나 그 완성이 임박한 경우, 회원국은 예를 들어 근본적인 기후적 또는 지리적 요소나 근본적인 기술문제 때문에 그러한 국제표준 또는 국제표준의 관련부분이 추구된 정당한 목적을 달성하는 데 비효과적이거나 부적절한 수단일 경우를 제외하고는 이러한 국제표준 또는 관련부분을 자기나라의 기술규정의 기초로서 사용한다.

④ 회원국은 비록 그밖의 회원국의 기술규정이 자기나라의 기술규정과 다를지라도 자기나라의 기술규정의 목적을 충분히 달성한다고 납득하는 경우 이러한 기술규정을 자기나라의 기술규정과 동등한 것으로 수용하는 것을 적극 고려한다.

TBT협정

기술규정, 표준 및 적합판정 절차에 대한 이 협정에서의 모든 언급은 사소한 성격의 개정 또는 추가를 제외하고는 그에 대한 개정 및 그 규칙 또는 대상품목의 범위에 대한 모든 추가를 포함하는 것으로 해석된다(TBT협정 제1조 제6항).

선지분석

④ 동등성에 대한 규정이나 합의에 기반한 상호주의에 따라 적용된다.

답 ①

02 세계무역기구(WTO)에서 관할하는 무역관련투자조치협정에 관한 설명 중 옳지 않은 것은? 2007년 7급

① 상품무역과 관련된 투자조치에만 적용된다.

② 투명성원칙이 적용된다.

③ 개발도상국에 대한 우대규정이 없다.

④ 1994년 관세및무역에관한일반협정(GATT) 제20조(일반적 예외)와 제21조(국가안보 예외)에 입각한 무역관련 투자조치는 예외적으로 허용된다.

무역관련투자조치협정

무역관련투자조치협정 제4조에 개발도상국 우대조항이 규정되어 있다.

답 ③

03 다음 중 WTO설립협정 부속서 1A 상품무역협정에 속하지 않는 것은? 2010년 사법고시 변형

① 전자상거래에 관한 협정

② 원산지규정에 관한 협정

③ 위생 및 식물위생 조치의 적용에 관한 협정

④ 농업에 관한 협정

상품무역협정

현행 WTO규범 체계상 전자상거래에 관한 협정은 존재하지 아니한다.

답 ①

MEMO

제 **3** 편

WTO설립협정 부속서 1B 및 부속서 1C

제1장 | 서비스무역에 관한 협정(GATS)

제2장 | 무역 관련 지적재산권협정(TRIPs)

제1장 | 서비스무역에 관한 협정(GATS)

📈 **출제 포커스 및 학습방향**

GATS는 서비스무역에 관한 일반협정을 말한다. 오랜 기간 출제영역 밖에 있었다고 볼 수 있다. 그러나 국제경제법 비중이 높아지면서 출제될 가능성이 있으며, GATS규정에서는 특히 구체적 약속에 해당하는 시장접근, 시장접근제한, 내국민대우, 추가적 약속이 출제가능성이 높다. 또한 상품무역을 규율하는 GATT와 비교하는 것도 중요하며, 특히 최혜국대우, 내국민대우, 지역무역협정, 일반적 예외, 국가안보 예외 등 주요 원칙과 예외에 대해 GATT와의 차이점을 숙지해야 한다.

1 서비스무역의 의의

서비스무역의 규모는 전 세계적으로 급격히 팽창하여 오늘날 연간 2조 달러 이상에 달하고 전체 생산의 65% 및 교역량의 20% 이상을 차지하고 있다. UR에서는 이러한 현실을 인식하고 서비스무역에서 또한 상품무역과 마찬가지로 투명성과 점진적 자유화를 보장할 수 있는 다자 간 협상을 벌인다. 하지만 선진국과 개발도상국 간 서비스 발전 정도의 현격한 차이나 서비스무역의 자유화로 인한 국내산업의 피해 등을 고려할 때 서비스무역의 일률적인 자유화는 국가들의 합의를 이끌어내지 못 했다. 이에 UR협상에서는 통일적인 국제협정이 없는 상태에서 당사국 간 협정 등의 형태로 해당 국가들이 필요에 따라 그때그때 높여 놓은 무역제한의 제도화 수준과 관행을 계속 누리게 할 필요성에 대해 인정한 바 있다. 그 결과 서비스 분야에서는 최혜국대우, 국내규제 등 다자주의의 틀 내 일반적 의무를 규정하는 것과 동시에 개별 국가들의 동의를 바탕으로 하는 구체적 의무를 분할하여 규정하게 되었다. 또한 이러한 일반적, 구체적 의무는 추후 협상에 의한 시장개방약속에 따라 점진적으로 개방하도록 허용하고 있다.

2 GATT와 GATS의 관계

1. GATT와 GATS 실체적 규정의 차이점

(1) 시장접근

시장접근에 있어서 GATS는 '적극적 약속'(positive commitment)방식을 취하고, 회원국이 적극적으로 개방을 약속한 분야에 대해서만 시장접근의무를 부과한다.

(2) 내국민대우

내국민대우의 경우 GATT는 상품 전체에 대해 원칙적 적용을 규정하고, 예외를 매우 제한적으로 인정하나, GATS는 각국이 자국 양허표에서 적극적으로 약속한 범위에서만 내국민대우의무를 진다.

(3) 수량제한

시장접근에 있어서 GATT는 수량제한을 일반적으로 금지하였으나, GATS는 회원국이 자국 양허표에 약속하지 않는 한 수량제한을 포함해 시장접근을 제한할 수 있다. 또한 양허한 분야라 하더라도 양허표에 기재를 조건으로 시장접근 제한 조치를 취할 수 있다.

(4) 무역구제조치

무역구제조치의 경우 GATT는 상품 수입에 대해 다양한 수입규제(반덤핑관세, 상계조치, 세이프가드조치, 대항조치 등)를 인정하고 있으나, GATS는 서비스수입에 대한 무역규제조치에 대해 규정하지 않고 있다. 양허표의 수정과 철회를 통해 자유화의 정지와 서비스무역을 제한할 수 있기 때문이다. GATS는 세이프가드조치(제10조), 보조금에 대한 규제(제15조)를 위한 교섭을 규정하고 있으나 별다른 진전은 보이지 않고 있다.

2. GATT와 GATS의 적용

상품을 규율하는 GATT와 서비스를 규율하는 GATS는 그 범위나 영역의 경계선이 모호한 경우가 종종 있다. 즉, GATT와 GATS가 특정 사안에 대해 동시에 적용이 될 수 있는 경우가 발생하여 서로 간의 위상 및 관계를 설정하는 것이 복잡할 수 있다. WTO의 규정은 이에 대해 침묵하고 있다. 패널은 GATT와 GATS의 의무는 상호 양립할 수 있고 어느 하나가 다른 하나를 무효화하지 않으며 GATT와 GATS가 중첩되는 부분에서도 어느 한 쪽의 적용이 다른 한 쪽의 적용을 배척하지 않는다고 본다. 따라서 GATT와 GATS는 해당 조치의 성격에 따라 중복해서 적용될 수도 있다.

3 GATS의 적용범위

1. 적용대상

동 협정은 '서비스무역'에 영향을 미치는(affecting) '회원국의 조치'에 적용된다(GATS 제1조 제1항).

2. 서비스무역의 정의

동 협정의 목적상 서비스무역은 다음과 같은 서비스 공급으로 정의된다(GATS 제1조 제2항).

(1) 유형 1 서비스의 국경 간 공급[cross border supply, 제1조 제2항 제(a)호]

유형 1은 한 회원국에 위치한 서비스 이용자가 다른 회원국에 위치한 공급자로부터 서비스를 직접 공급받는 경우이다. 이러한 유형의 서비스로는 국경 간 이동이 있는 국제통신서비스, 설계서비스 혹은 개발도상국에서의 법률보조서비스나 정보보조서비스 등 아웃소싱 형태로의 제공 등이 포함된다.

(2) 유형 2 서비스 소비자의 해외소비[movement of customers, 제1조 제2항 제(b)호]

유형 2는 한 회원국의 서비스 이용자가 국경을 직접 이동하여 다른 회원국에서 서비스를 공급·구매·소비하는 경우이다. 대표적인 예로 관광객이 해외에서 소비하는 관광서비스, 환자가 외국의 병원에서 받는 의료서비스, 유학생이 학비를 지불하고 받는 교육서비스 등이 포함된다.

(3) 유형 3 외국 서비스 공급의 상업적 주재[commercial presence abroad, 제1조 제2항 제(c)호]

유형 3은 한 회원국의 서비스 공급자가 다른 회원국에 가서 설립한, 즉 상업적 주재를 통하여 서비스 이용자에게 서비스를 제공하는 경우이다. 서비스 이용자의 이동 없이 상업적 주재를 통한 서비스 공급자의 이동에 의해 제공되는 서비스 형태를 말한다. 여기서 상업적 주재는 모든 유형의 사업체나 전문업체를 의미하며 회원국에 설립된 외국 기업체의 지점이나 현지사무소를 통해 받는 금융서비스나 컨설팅서비스가 대표적인 예가 된다.

(4) 유형 4 자연인의 주재[presence of natural persons abroad, 제1조 제2항 제(d)호]

유형 4는 다른 회원국에 거주하는 자연인이 일시적으로 국경을 이동하여 현지 사용자를 위한 서비스를 공급해 주는 방식이다. 건축가 혹은 건설엔지니어가 해외 건설사업을 위해 해외 현장으로 가서 자문을 해주는 경우나 변호사 회계사 및 통역가 같은 전문직이 해외 출장을 통해 제공하는 서비스 등이 포함된다. 유형 3과 가장 구별되는 차이점은 법인이 아닌 자연인이 서비스의 주체라는 점이다. 예를 들어 현지에 자사를 설립하여 상업적 주재를 갖는 외국 회사는 유형 3에 해당하겠지만 외국 회사가 임직원을 현지에 파견하여 서비스를 공급하면 이는 결과적으로 유형 4에 해당되는 것이다.

서비스 공급자의 주재 여부에 따른 비교

서비스 공급자의 주재 여부	공급형태	정의	이동요소
서비스 공급자가 서비스 수입국 영토 내에 주재하지 않는 경우	국경 간 공급	인력이나 자본 등 생산요소의 이동이 수반되지 않은 서비스 자체의 국경 간 공급	서비스 자체의 이동
	해외소비	서비스 소비자의 본국 이외의 영토에서 소비행위가 완결되는 경우	소비자의 이동
서비스 공급자가 서비스 수입국 영토 내에 주재하는 경우	상업적 주재	서비스 수입국 내에 서비스 공급 주체를 설립하여 서비스를 생산·판매하는 경우	자본의 이동
	자연인의 주재	서비스 수입국 내에 서비스 공급인력의 주재	노동의 이동

3. 회원국의 조치(measures by Members)의 정의

동 협정의 목적상 회원국의 조치란 ① 중앙, 지역 또는 지방의 정부 및 당국 그리고 ② 중앙, 지역 또는 지방의 정부 또는 당국에 의해 위임된 권한을 행사하는 비정부기관에 의해 취해진 조치를 의미한다.

즉, 어떤 기관이 서비스무역에 관한 협정 적용대상인지 여부는 동 기관이 사적 기관(private entity)인지, 공적 기관(public entity)인지에 따라 결정되는 것이 아니라 중앙정부 또는 지방정부 고유권한의 일부를 위임받아 행사하는지 여부에 따라 결정된다.

4. 서비스의 정의

동 협정상 서비스에 관한 명시적 정의는 규정되어 있지 않다. 하지만 동 협정상 서비스는 정부의 권한을 행사함에 있어서 공급되는 서비스를 제외하고는 모든 분야에서의 모든 서비스를 포함한다[GATS 제1조 제3항 제(b)호]. 단, 정부의 권한을 행사함에 있어서 공급되는 서비스는 상업적 기초에서 공급되지 아니하며 하나 또는 그 이상의 서비스 공급자와의 경쟁하에 공급되지 아니하는 모든 서비스를 의미한다[GATS 제1조 제3항 제(c)호]. 현재 법적으로 구속력 있는 서비스분야 목록은 없으므로 한 회원국이 동 협정하의 이익이 침해되고 있다고 생각하는 분야가 있으면 무엇이든 문제를 제기할 수 있다.

4 GATS의 일반적 의무

GATS는 크게 일반적 의무사항과 특정 분야별 의무사항으로 나뉘어 있다. 일반적 의무사항이란 자국 양허표에 기재하고 있지 않더라도 회원국이 서비스무역 분야에서 준수해야 하는 사항으로 15가지의 세부적인 의무로 규정되어 있다. 특히 그중에서 비차별주의, 우월적 지위의 남용방지, 절차의 공정성과 투명성 등은 특히 강조되는 부분이다.

1. 최혜국대우(GATS 제2조)

GATS 제2조 - 최혜국대우

1. 이 협정의 대상이 되는 모든 조치에 관하여, 각 회원국은 그 밖의 회원국의 서비스와 서비스 공급자에게 그 밖의 국가의 동종서비스와 서비스 공급자에 대하여 부여하는 대우보다 불리하지 아니한 대우를 즉시 그리고 무조건적으로 부여한다.
2. 제2조의 면제에 관한 부속서에 열거되어 있으며 또한 그 부속서상의 조건을 충족시키는 경우에는 회원국은 제1항에 일치하지 아니하는 조치를 유지할 수 있다.
3. 이 협정의 규정은 어떠한 회원국도 현지에서 생산되고 소비되는 서비스의 인접 접경지대에 국한된 교환을 촉진하기 위하여 인접국에 혜택을 부여하거나 허용하는 것을 금지하는 것으로 해석되지 아니한다.

(1) 최혜국대우원칙

GATS 제2조에서는 GATT와 마찬가지로 서비스무역 분야에 최혜국대우의무를 도입하고 있다. 최혜국대우는 한 회원국의 서비스와 서비스 공급자에게 그 밖의 국가의 동종서비스나 서비스 공급자보다 불리하지 않은 대우를 부여하는 것이다. 또한 이와 같은 불리하지 않은 대우는 모든 회원국이나 공급자에게 '즉각적이고 무조건적으로'(immediately and unconditionally) 제공해야 한다(제2조 제1항).

(2) 동종서비스

최혜국대우원칙은 동종서비스와 서비스 공급자를 대상으로 한다. 동종성의 판정은 사례별로 이루어진다. EC - 바나나 사건에서 바나나의 도매서비스는 바나나의 원산지가 어디든 모두 동종으로 판정되었다. 따라서 라틴아메리카 바나나를 수입 판매하는 도매서비스와 ACP산 바나나를 수입 판매하는 도매서비스는 동종이고 또한 그들의 도매서비스 제공자도 동종으로 판정되었다.

(3) 차별

EC - 바나나 사건에 의하면 최혜국대우원칙은 법률상 차별뿐 아니라 사실상의 차별도 규제한다. GATS 제17조는 형식적으로 다른 대우에 의한 법적 차별과 형식적으로는 동일한 대우에 의한 사실상의 차별을 구별하고 있으나 GATS 제2조에서는 이런 구별을 규정하지 않았다. 그러나 패널은 제2조 역시 법률상 차별과 사실상의 차별을 포함한다고 해석하였다. EC의 바나나수입제도는 원산지에 관계없이 모든 서비스 제공자에게 형식적으로 동일하게 적용되지만 라틴아메리카 바나나의 도매서비스 제공자를 ACP산 바나나의 도매서비스 제공자보다 사실상 차별하고 있다고 판정하였다. 상소기구 역시 패널의 법률해석을 지지하고, 법적 차별만 금지된다면 국가는 사실상의 차별에 의해 최혜국대우원칙의 기본 목적을 쉽게 우회할 수 있을 것이라고 지적하였다.

(4) 예외

① **면제등록**: 제2조의 면제에 관한 부속서에 의하면 회원국은 합의된 면제목록에 면제사항을 기재하고 또한 면제조건을 충족하는 경우 최혜국대우를 이탈하는 조치를 취할 수 있다(제2조 제2항). 부속서에 따르면 WTO협정 발효일 이후 신청하는 모든 새로운 면제조치는 동 협정 제9조 제3항에 따라 다루어진다. 하지만 이러한 면책조항의 남용 방지를 위해 면제기간이 5년 이상인 면제조치의 경우, 서비스무역이사회의 정기적인 검토를 받아야 하며 면제기간은 원칙적으로 10년을 초과할 수 없다(제2조의 면제에 관한 부속서 제3항, 제6항).

② **의무면제**: WTO 신규회원국에 대해서는 WTO의 의무면제 절차가 적용된다. WTO각료회의에서 4분의 3의 다수결로 신규 회원국의 차별적 조치가 예외적으로 허가될 수 있다. 중국은 WTO 가입 시 운송 분야에서 차별적 조치를 허가받았다.

③ **지역통합**: GATS 제5조는 지역통합에 의해 최혜국대우원칙으로부터 이탈할 수 있도록 허용하고 있다. EC는 역내 서비스 자유화와 역외국에 대한 차별적 조치를 허용받았다. NAFTA 역시 역내 서비스 자유화와 역외국에 대한 차별적 조치를 취하고 있다. 지역통합에 대해서는 다음 쪽에서 상술한다.

④ **정부조달**: 정부기관이 정부용으로 구입하는 서비스의 조달은 GATS의 기본원칙이 적용되지 않는다. 따라서 GATS의 최혜국대우, 내국민대우, 시장접근의무는 서비스의 정부조달에서는 적용되지 않는다(제13조 제1항). WTO정부조달협정 수락국 상호 간 서비스조달에서 최혜국대우 및 내국민대우가 적용된다.

⑤ **상호인정협정**: 회원국들은 개별 서비스 분야에서 상호간 자격면허조건 등을 승인하고 상호 간 당해 개별 분야의 서비스무역 자유화를 도모할 수 있다. 따라서 상호인정협정을 체결하는 국가는 상호 간에 자유화를 도모하고, 제3국의 서비스와 서비스 제공자는 차별할 수 있다.

2. 투명성(Transparency, GATS 제3조)

투명성은 GATS의 일반적인 의무사항이다. GATS 제3조에 따라 회원국은 서비스무역과 '관련되거나 영향을 미치는' 일반적으로 적용되는 모든 관련조치를 신속히 공표하며 긴급상황의 경우를 제외하고는 늦어도 발효 전까지 공표한다(제3조 제1항). 제1항에 언급된 공표가 실행 불가능할 경우, 그러한 정보를 달리 공개적으로 입수 가능하도록 한다(제3조 제2항). 각 회원국은 자국의 양허표에 기재된 서비스무역에 중대한 영향을 미치는(significantly affect) 법률, 규정, 또는 행정지침의 새로운 도입 또는 수정에 관하여 서비스무역이사회에 신속히 그리고 적어도 해마다 통보해야 한다(제3조 제3항).

3. 개발도상국의 참여증진(GATS 제4조)

개발도상국의 적극적인 참여는 국제서비스무역의 자유화를 위한 필수적인 사항이다. 하지만 개발도상국은 선진국에 비하여 서비스산업의 발전수준이나 경쟁력이 높지 않은 경우가 많아 적극적인 참여가 어려운 실정이다. 이를 고려하여 GATS 제4조에서는 개발도상국의 참여를 협상에 의한 구체적 약속을 통하여 권장하고 있다. 이러한 약속으로는 ① 기술접근을 통한 개발도상국의 국내 서비스능력과 그 효율성 및 경쟁력의 강화, ② 유통망과 정보망에 대한 개발도상국의 접근 개선, ③ 개발도상국이 수출관심을 가지고 있는 분야 및 공급형태에서의 시장접근 자유화가 포함된다(제4조 제1항).

4. 지역경제통합협정(GATS 제5조)

GATS 제5조 - 경제통합

1. 이 협정은 회원국이 서비스무역을 자유화하는 양자 간의 혹은 여러 당사자 간의 협정의 당사자가 되거나 이러한 협정을 체결하는 것을 방해하지 아니한다. 단, 그러한 협정은,
   가. 상당한 분야별 대상범위를 가지며, 그리고
   나. 아래 조치를 통해, 가호에 따라 대상이 되는 서비스 분야에 있어서 제17조의 의미상 양자 간 혹은 여러 당사자 간에 실질적으로 모든 차별조치를 그 협정의 발효 시 또는 합리적인 시간계획에 기초하여 없애거나 폐지하도록 규정하여야 한다.
      (1) 기존 차별조치 폐지, 그리고/또는
      (2) 신규 혹은 더욱 차별적인 조치의 금지,
      단, 제11조, 제12조, 제14조 그리고 제14조의2에 따라 허용되는 조치는 예외로 한다.
2. 제1항 나호의 조건이 충족되고 있는지 여부를 평가하는데 있어서 협정과 관계국 간의 경제통합 또는 무역자유화의 보다 광범위한 과정과의 관계가 고려될 수 있다.
3. 가. 개발도상국이 제1항에 언급된 유형의 협정의 당사자인 경우, 전반적 및 개별적인 서비스분야와 업종에서의 관련국가의 발전수준에 따라 제1항에 규정된 조건, 특히 제1항 나호와 관련하여 융통성이 규정된다.
   나. 제1항에서 언급된 유형의 협정이 오직 개발도상국에만 관련된 경우에는 제6항에도 불구하고 그러한 협정 당사자의 자연인에 의해 소유되거나 지배되는 법인에 대하여 보다 유리한 대우를 부여할 수 있다.
4. 제1항에 언급된 모든 협정은 그 협정의 양당사자 간의 무역을 촉진하기 위한 것이 되어야 하며, 협정의 당사자가 아닌 모든 회원국에 대하여 그러한 협정이 체결되기 이전에 적용가능한 수준과 비교하여 각 서비스 분야 및 업종에서의 서비스무역에 대한 전반적인 장벽의 수준을 높여서는 아니된다.
5. 제1항에 따른 협정의 체결, 확대, 또는 중대한 수정을 하는 데 있어서 회원국이 자기나라의 양허표에 규정된 조건들과 일치하지 아니하게 구체적 약속을 철회하거나 수정하려고 하는 경우, 그 회원국은 최소한 90일 이전에 그러한 수정 또는 철회를 사전통보하며, 제21조 제2항, 제3항 및 제4항에 규정된 절차가 적용된다.
6. 제1항에 언급된 협정의 일방 당사자의 법률에 따라 설립된 법인인 그 밖의 회원국의 서비스 공급자는, 이러한 협정의 당사자의 영토 내에서 실질적인 영업활동에 종사하고 있을 경우, 이러한 협정이 부여하는 대우를 받을 권리를 갖는다.
7. 가. 제1항에 언급된 협정의 당사자인 회원국은 이러한 협정과 그 협정의 확대 또는 중대한 수정을 신속히 서비스무역이사회에 통보한다. 또한 회원국은 서비스무역이사회가 요청할 수 있는 관련정보를 이사회가 입수 가능하도록 해야 한다. 이사회는 이러한 협정 또는 그 협정의 확대 또는 수정을 검토하고 이 조에 합치하는지의 여부에 대하여 이사회에 보고할 작업반을 설치할 수 있다.

(1) 체결주체

동 협정은 회원국이 서비스무역을 자유화하는 양자 혹은 다자 간 협정의 당사자가 되거나 협정을 체결하는 것을 방해하지 아니한다(제5조 제1항). 즉, WTO 비회원국과의 서비스지역협정을 인정함을 시사하고 있는 것이다.

(2) 역내 요건(제5조 제1항)

역내 요건을 충족시키기 위해서는 당사국 간 무역의 실질적인 상당한 분야별 대상범위(substantial sectoral coverage)에서 무역자유화를 실현해야 한다. 또한 기존의 차별조치 폐지(roll back 의무) 및 신규 혹은 더욱 차별적인 조치의 금지(standstill의무)를 통해 당사자 간의 실질적으로 모든 차별조치(substantially all)를 협정 발효 시 혹은 합리적 시간 계획에 기초하여 없애거나 폐지하도록 규정해야 한다. 단, 제11조, 제12조, 제14조 그리고 제14조2에 따라 허용되는 조치는 예외로 한다.

(3) 역외 요건(제5조 제4항)

제4조 제1항에 언급된 모든 협정은 그 협정의 양당사자 간의 무역을 촉진하기 위한 것이 되어야 한다. 또한 협정의 당사자가 아닌 모든 회원국에 대하여 그러한 협정이 체결되기 이전에 적용 가능한 수준과 비교하여 서비스 거래에 대한 장벽이 통합 전보다 높고 엄격해서는 안 된다. 장벽은 '각각 분야'에 대해 통합 전보다 높고 엄격해서는 안 된다.

(4) 절차적 요건(제5조 제7항)

제4조 제1항에 언급된 협정의 당사자인 회원국은 이러한 협정과 그 협정의 확대 또는 중대한 수정을 신속히 서비스무역이사회에 통보한다. 또한 회원국은 서비스무역이사회가 요청할 수 있는 관련정보를 이사회가 입수 가능하도록 해야 한다.

(5) 노동시장 통합협정(제5조의2)

GATS는 GATT와는 달리 요소시장의 일종인 노동시장의 통합에 대해서 별도 규정을 두고 있다. 동 규정에 따르면 각 회원국이 노동시장의 완전한 통합을 이루는 양자 간 또는 여러 당사자 간 협정의 당사자가 되는 것을 방해하지 아니한다.

5. 국내규제(Domestic Regulation, GATS 제6조)

GATS는 무역자유화를 강조하면서도 동시에 회원국의 국가정책 목표를 달성하기 위한 서비스공급의 규제와 신규규제의 도입을 보장하고 있다. GATS 제6조에 따르면 구체적 약속이 행하여진 분야에 있어 각 회원국은 서비스무역에 영향을 미치는 일반적으로 적용되는 모든 조치가 합리적이고 객관적이며 공평한 방식(reasonable, objective and impartial manner)으로 시행되도록 보장해야 한다(제6조 제1항). 이는 서비스무역에 대한 국내규제가 무역장벽으로 악용되는 것을 방지하기 위해 제정된 것이나 합리성, 객관성이나 공평성의 기준에 대한 구체적인 정의는 마련되어 있지 않다.

> 📁 **참고**
>
> **GATS상 규제조치의 분류**
>
> | 규제기준
차별 여부 | 양적 규제 | 질적 규제 |
> |---|---|---|
> | 차별적 조치 | 시장접근에 대한 제한(제16조) | 내국민대우에 대한 제한(제17조) |
> | 무차별적 조치 | | 합법적 국내규제(제6조) |

6. 인정제도(Recognition, 제7조)

서비스 공급업자의 승인, 면허 또는 증명에 관한 표준 등에 대해서는 WTO 회원국 간의 상호인정 및 조화가 권장되고 있다. 즉, 회원국은 특정국 내에서 습득한 교육이나 경험, 충족된 요건, 또는 부여받은 면허나 증명을 인정할 수 있다(제7조 제1항). 단, 서비스 공급자에 대한 승인, 면허 또는 증명에 필요한 표준이나 기준을 적용할 때는 인정제도가 회원국 간의 차별수단으로 또는 서비스무역에 대한 위장된 제한의 방식으로 이용되어서는 안 된다(제7조 제3항). 인정제도의 도입 여부 자체는 강제 혹은 의무사항이 아니라 권장사항에 불과하다.

7. 독점서비스 공급자, 배타적 서비스 공급자 및 영업관행(GATS 제8조)

회원국은 독점서비스 공급자가 관련시장에서 독점서비스를 제공함에 있어 제2조 및 구체적 약속에 따른 회원국의 의무에 일치하지 아니하는 방식으로 행동하지 아니하도록 보장한다(제8조 제1항). 여기서 독점서비스 공급자라 함은 우편서비스와 같이 특정 서비스 분야의 유일한 공급자로 독점적인 권한을 부여받은 공공사업체나 민간 기업체를 말한다.

8. 일반적 예외(GATS 제14조)

> **GATS 제14조 - 일반적 예외**
>
> 아래의 조치가 유사한 상황에 있는 국가 간에 자의적 또는 정당화될 수 없는 차별의 수단이 되거나 혹은 서비스무역에 대한 위장된 제한을 구성하는 방식으로 적용되지 아니한다는 요건을 조건으로, 이 협정의 어떠한 규정도 이러한 조치를 채택하거나 시행하는 것을 방해하는 것으로 해석되지 아니한다.
>
> 가. 공중도덕을 보호하거나 또는 공공질서를 유지하기 위하여 필요한 조치,

나. 인간, 동물 또는 식물의 생명 또는 건강을 보호하기 위하여 필요한 조치

다. 아래 사항에 관한 조치를 포함하여 이 협정의 규정과 불일치하지 아니하는 법률이나 규정의 준수를 확보하기 위하여 필요한 조치

    (1) 기만행위 및 사기행위의 방지 또는 서비스계약의 불이행의 효과의 처리

    (2) 사적인 자료의 처리와 유포와 관련된 개인의 사생활 보호와 개인의 기록 및 구좌의 비밀보호

    (3) 안전

라. 제17조에는 일치하지 아니하는 조치. 단 상이한 대우가 다른 회원국들의 서비스 또는 서비스 공급자들에 대한 공평하거나 효과적인 직접세의 부과 또는 징수를 보장하기 위한 것일 경우에 한한다.

마. 제2조와 일치하지 아니하는 조치. 단, 상이한 대우가 회원국을 기속하는 이중과세 방지에 관한 협정 또는 그 밖의 국제협정 또는 약정의 이중과세방지에 관한 규정의 결과일 경우에 한한다.

(1) GATS는 제14조를 통해 일반적 예외를 규정하고 있다. 이 중 ① 공공질서 혹은 공공질서를 보호·유지하기 위해 필요한 조치[단, 동 조치는 남용가능성이 높으므로 사회의 근본적인 이익(fundamental interest of society)에 대하여 진정하고 충분히 심각한 위협(genuine and sufficiently serious threat)이 제기되는 경우에 한함], ② 인간, 동식물의 생명 또는 건강을 보호하기 위해 필요한 조치, ③ 기만행위 방지, 사생활보호 혹은 안전 등에 관한 조치를 포함하여 WTO협정과 불일치하지 않는 법률이나 규정의 준수를 확보하기 위해 필요한 조치는 GATT체제 내에서도 유사한 규정을 찾아볼 수 있다. 한편, ④ 제17조 내국민대우와 일치하지 않는 조치 중 그 상이한 대우가 타회원국들의 서비스 및 서비스 공급자들에 대한 공평하거나 효과적인 직접세의 부과 또는 징수를 보장하기 위한 것일 경우, ⑤ 제2조 최혜국대우와 일치하지 않는 조치로서 이중과세 방지에 관한 협정 또는 그 밖의 국제협정의 이중과세 방지에 관한 규정의 결과인 경우 일반적 예외로서 인정한다. 이는 GATT규정에는 대응되는 규정이 없는 GATS규정의 특징적인 규정들이다.

(2) 이러한 5가지 세부규정은 제14조의 전문, 즉 chapeau 규정을 만족시킬 때에 한해 예외사유로서 인정될 수 있다. 동 세부조치들이 유사한 상황에 있는 국가 간에 자의적(arbitrary) 또는 정당화될 수 없는(unjustifiable) 차별의 수단을 구성하거나 서비스무역에 대한 위장된 제한(disguised restriction)을 구성하는 방식으로 적용되지 않는다는 것이 전문의 규정이다.

미국 - Gambling case(일반적 예외)

1. 사실관계

이 사건에서 미국은 인터넷을 매개로 한 도박에 대하여 사이트접속 자체를 차단함으로써 규제조치를 단행하였다. 패널은 GATS 제16조상의 시장접근에 관한 규정을 위반한 것으로 판정하였으나, 미국은 GATS 제14조상의 일반적 예외조항에 의해 정당화된다고 주장하였다. 미국은 공중도덕의 보호 또는 공공질서 유지를 위해 필요한 조치 또는 법률의 준수를 확보하기 위해 필요한 조치이며 전문의 요건을 충족한다고 항변하였다.

2. 공중도덕의 보호 또는 공공질서의 유지를 위해 필요한 조치 여부

이에 대해 패널은 미국의 조치가 공중도덕을 보호하거나 공공질서를 유지하기 위한 조치라는 점은 인정하였으나 그것이 '필요한 조치'라는 미국의 주장은 기각하였다. 즉, 패널은 미국의 관련법규의 입법의도는 돈세탁, 조직범죄, 사기, 미성년자 도박 및 병적인 도박에 포함되는 문제들에 대하여 채택된 것이라는 점은 인정하였다. 그러나 패널은 미국의 관련법규 및 조치는 '필요성' 요건을 충족하지 못한다고 판단하였다. 패널은 필요성 테스트에서 중요한 점은 미국이 WTO와 합치하는 합리적으로 가능한 대체적인 조치를 조사하고 열거하였는지 여부라고 보았다. 이와 관련하여 패널은 미국이 안티구아바부다가 미국의 도박과 내기 서비스의 원격 공급과 제한에 대해 양자협의할 것을 제안하였으나 이를 거절한 것은 미국이 WTO와 합치하는 대체적인 조치를 찾을 가능성을 성실하게 추구하지 않은 것이라고 하였다. 그러나 상소기구는 미국이 '필요성'요건을 충족하지 못하였다는 패널의 판정을 파기하고 이를 충족하여 미국의 조치는 GATS 제14조 가호에 의해 정당화된다고 판시하였다. 우선 상소기구는 양국 간 '협의'는 문제가 되고 있는 조치와 비교될 수 있는 합리적으로 이용 가능한 대안의 자격이 되지 못한다고 보고 패널이 비교될 수 있는 조치로 판단한 부분을 파기하였다. 그리고 미국이 '필요성'에 대해 prima facie case를 수립하였으나 안티구아바부다는 합리적으로 이용 가능한 대안조치를 확인하는 데에 실패하였으므로 미국이 자국의 연방 법률이 필요하다는 것을 입증했다고 판단하였다.

3. 법률의 준수를 확보하기 위해 필요한 조치 여부

패널은 GATS 제14조 다호를 통한 정당화를 위해서는 당해 조치가 다른 법 또는 규정의 준수를 확보할 것, 그러한 다른 법이 WTO협정과 합치할 것, 당해 조치가 법 또는 규정의 준수를 확보하기 위해 '필요한' 조치일 것을 요한다고 보고 이에 기초하여 판단하였다. 패널은 미국의 조직범죄 관련법은 'RICO법'(Racketeer Influenced and Corrupt Organization Statute)의 준수를 확보하기 위한 조치라고 보았다. 그러나 '필요한 조치'라는 점은 인정하지 않았다. 패널은 필요성 요건과 관련하여 'weighing and balancing' 테스트가 요구된다고 보고 법이 보호하고자 하는 이익이나 가치의 중요성, 시행조치가 법의 준수를 확보하는데 공헌하는 정도, 시행조치의 무역효과를 평가해야 한다고 보았다. 패널은 RICO법에 의해 보호되는 이익이 매우 중대하고 중요한 사회적 이익이라는 점, 분쟁 대상조치는 RICO법의 준수 확보에 '중대한 공헌'을 한다는 점은 인정하였다. 그러나 분쟁 대상조치에 비해 무역에 부정적 효과를 덜 초래하는 합리적인 대체조치에 대해 미국이 충분하고 성실하게 조사하지 않았다고 판단하였다. GATS 제14조 가호 검토에서와 마찬가지로 안티구아바부다의 양자협상 제안을 거부한 것을 주요 논거로 삼았다. 요컨대, 패널은 분쟁대상이 된 미국의 조치는 WTO에 합치되는 법률의 준수를 확보하기 위한 조치에 해당하나 필요한 조치는 아니라고 판단하였다. 그러나 상소기구는 가호에 대한 패널 평가에 대한 파기와 유사한 논리로 다호에 대한 패널 평결 역시 파기하였다. 즉 미국의 조치는 필요성 테스트 역시 통과한다고 본 것이다.

4. 전문요건 충족 여부

패널과 상소기구는 모두 GATS 제14조 전문의 요건을 충족하지 못한다고 판정하였다. 패널은 미국의 조치가 본문의 요건을 충족하지 못하였다고 판시하였음에도 불구하고 전문의 요건을 검토하였다. 패널은 전문의 합치성 검토에 있어서 '일관성'의 관점에서 접근하였다. 즉, 미국이 도박 및 내기 서비스의 원격공급에 관한 조치에 있어서 일관성이 부재하다면 전문의 요건을 위반한 것이라고 본 것이다. 이러한 해석에 기초하여 패널은 미국의 관련 조치들을 검토한 결과 일관성이 없다고 판단하였다. 즉, 미국은 자국 내에서 인터넷을 통한 내기 서비스 제공에 대해 별다른 제한 조치를 취하지 아니하였으므로 자의적이거나 정당화될 수 없는 차별 또는 국제무역에 대한 위장된 제한에 해당한다고 평결하였다. 상소기구는 패널의 법률해석 및 적용을 부분적으로 파기하였으나 패널의 결론은 지지하였다. 즉, 미국의 관련 조치가 GATS 제14조 전문에 합치된다는 점을 미국이 적절하게 입증하지 못하였으므로 전문의 요건은 충족하지 못하였다고 판정하였다.

9. 국가안보에 관한 예외(GATS 제14조2)

국가안보상의 예외로서 우선 회원국의 중대한 안보이익에 반하는 정보공개는 GATS에 의해 강요될 수 없다(제14조2 제1항). 또한 자국의 중대한 안보이익을 보호하기 위하여 필요하다고 회원국이 간주하는 다음과 같은 조치, 즉 군사시설에 직·간접적으로 서비스를 공급하는 경우, 서비스가 핵분열과 핵융합물질과 관련된 경우, 전시나 국제관계상의 긴급한 상황인 경우 등의 조치는 GATS규정상 금지되는 것으로 해석되지 아니한다(제14조2 제2항). 마지막으로 국제평화와 안전을 유지하기 위하여 UN헌장상의 의무를 준수하기 위하여 회원국이 조치를 취하는 것을 금지하는 것으로 해석되지 아니한다(제14조2 제3항).

10. 긴급수입제한(GATS 제10조)

서비스교역의 특성상 기술적 어려움 및 시간부족으로 세이프가드조항은 마련되지 못하였으며, 서비스협정 발효 이후 3년 내에 이에 대한 협상을 완료하고 협상결과가 있을 경우에 한하여 동 조항이 발효된다. 단, 3년 이내에 어떤 회원국에 긴급한 국내산업 피해가 발생한 경우 양허수정절차(제21조)를 원용할 수 있다.

11. 지급 및 이전(Payments and Transfers, GATS 제11조)

서비스거래 자체의 자유화는 국경 간 공급이든 상업적 주재이든 구체적 약속에 대한 협상을 통하여 국가별로 분야별로 다양하게 결정되지만 일단 구체적 약속을 한 서비스 분야에 있어서는 동 분야의 서비스거래와 기업 설립 등에 필요한 자금의 이동을 제한할 수 없다.

12. 국제수지 옹호를 이유로 한 수입제한(GATS 제12조)

회원국의 국제수지에 문제가 발생한 경우 자국의 양허표에 양허한 서비스교역이나 동 교역에 대한 대가지급을 제한할 수 있다. 발동요건은 국제수지 및 대외자금사정의 심각한 어려움이나 위협의 존재이다. 발동대상은 모든 형태의 서비스교역과 지급 및 이전이다. 다만, 제한조치는 일시적이고 필요 최소한에 그쳐야 하고 IMF협정의 규정과도 일치해야 하며, 국제수지 및 대외자금사정의 호전 정도에 따라 점진적으로 폐지되어야 한다.

13. 정부조달(제13조)

서비스의 정부구매 관련 법률, 규제 등에는 MFN, 시장접근, 내국민대우 적용이 배제된다. 다만, 정부조달서비스가 서비스협정으로부터 확정적으로 배제된 것은 아니며 공개주의 등 다른 의무는 적용될 뿐만 아니라 추가적인 자유화약속 대상이 될 수 있으며 서비스협정 발효 후 2년 이내 재협상 대상이다.

14. 보조금(제15조)

보조금 지급을 금지하는 아무런 실질적 의무규정은 없다. 우루과이 라운드 이후 후속협상을 통하여 구체적인 규정을 개발할 예정이다. 서비스산업에 있어서 보조금은 기술적으로 매우 복잡한 문제이기 때문에 시간 및 정보 부족으로 우루과이 라운드에서는 구체적 규정을 마련하지 못하였다. 다만, 실질적 의무규정은 없으나 국가 간 협상을 통하여 구체적 약속대상이 될 수 있으며, 서비스협정하의 분쟁제기도 가능하다. 제15조 제1항에 의하면 보조금이 서비스교역을 왜곡하는 효과를 가지는 경우도 있다는 것을 명시하고 있고, 제15조 제2항은 회원국의 보조금 지급으로 인해 불이익을 당한 회원국은 보조금 지급 회원국에 협의를 요청할 수 있다고 규정하고 있기 때문이다. 다만, 이러한 규정은 보조금 지급이 서비스무역을 왜곡시키는 효과를 가질 수 있다는 점을 회원국이 인정하는데 불과하며, 실제 보조금 지급을 금지하는 실질적 의무를 회원국에게 부과한 것은 아니다.

5 구체적 약속

1. 의의

양허표에 기재된 구체적 약속은 서비스시장 자유화의 핵심이라 할 수 있다. GATS 제3부에서는 GATS의 일반적인 의무사항을 토대로 양허표에 기재된 구체적 약속사항에 대한 규정을 명시하고 있다. 양허표 기재사항은 시장접근 분야, 시장접근 제한 조치, 내국민대우, 추가적 약속 네 가지 사항이다.

2. 시장접근(GATS 제16조)

> **GATS 제16조 - 시장접근**
> 1. 제1조에 명시된 공급형태를 통한 시장접근과 관련하여 각 회원국은 그 밖의 회원국의 서비스 및 서비스 공급자에 대해 자기나라의 양허표상에 합의되고 명시된 제한 및 조건하에서 규정된 대우보다 불리하지 아니한 대우를 부여한다.
> 2. 시장접근 약속이 행해진 분야에서 자기나라의 양허표상에 달리 명시되어 있지 아니하는 한, 회원국이 자기나라의 일부지역이나 혹은 전 영토에 걸쳐서 유지하거나 채택하지 아니하는 조치는 다음과 같이 정의된다.
>   가. 수량쿼터, 독점, 배타적 서비스 공급자 또는 경제적 수요심사 요건의 형태 여부에 관계없이, 서비스 공급자의 수에 대한 제한
>   나. 수량쿼터 또는 경제적 수요심사 요건의 형태의 서비스거래 또는 자산의 총액에 대한 제한

다. 쿼터나 경제적 수요심사 요건의 형태로 지정된 숫자단위로 표시된 서비스 영업의 총
　수 또는 서비스의 총 산출량에 대한 제한
라. 수량쿼터 또는 경제적 수요심사 요건의 형태로 특정 서비스분야에 고용되거나 혹은
　한 서비스 공급자가 고용할 수 있는, 특정 서비스의 공급에 필요하고 직접 관련되는,
　자연인의 총 수에 대한 제한
마. 서비스 공급자가 서비스를 제공할 수 있는 수단인 법인체나 합작투자의 특정 형태를
　제한하거나 요구하는 조치
바. 외국인 지분소유의 최대 비율한도 또는 개인별 투자 또는 외국인 투자합계의 총액 한
　도에 의한 외국자본 참여에 대한 제한

서비스 제공자들의 최종 목표는 바로 각 회원국의 시장자유화이다. 시장접근의 방식
은 자유화하고자 하는 분야나 업종에 대한 구체적인 양허를 양허표에 기재하는 적극
적 방식(positive system)을 취한다. 즉, 회원국은 양허할 서비스분야, 업종 및 내용
을 명시적으로 양허표에 기재해야 하며 기재되지 않은 내용은 자유화의 의무가 존재
하지 않고 양허의 대상이 되지 않는다.

3. 시장접근 제한조치

회원국이 일단 양허를 기재한 분야나 업종에 대해서는 특정한 조건이나 제한이 명시
되지 않는 한 기재된 조건 및 제한 외에 다른 규제를 추가할 수 없는 소극적 방식
(negative system)이 채택되고 있다. 각 회원국은 제16조에 따라 그 밖의 회원국의
서비스 및 서비스 공급자에 대하여 자국의 양허표상에 합의되고 명시된 제한 및 조
건하에서 규정된 대우보다 불리한 대우를 부여하지 아니한다(제16조 제1항). 제한조
치를 규정한 제16조 제2항은 한정적 열거목록(exhaustive list)이기 때문에 동 조문
에 열거된 사항 이외의 규제조치는 모두 합법적 국내규제로 간주된다.

시장접근 제한조치의 유형

1. **서비스 공급자 수의 제한**
　어느 서비스 분야에 종사할 수 있는 업체 수를 제한하는 조치로서 쿼터를 설정하거나 독
　점업체를 지정한 경우 또는 소수의 지배적 사업자를 지정한 경우와 경제적 수요심사
　(economic needs test)에 의하여 사업자 수를 제한하는 조치를 말한다. 경제적 수요심사
　(economic needs test)에 의한 식당, 호텔, 주유소 등의 사업면허, 외국 의료인 입국에 대
　한 연간 쿼터 등을 예로 들 수 있다. 경제적 수요심사(economic needs test)란 서비스 공
　급업체의 설립을 시장의 수요·공급 메커니즘에 맡기지 않고 정부가 일정한 기준을 설정
　하여 동 기준에 합치할 경우에만 업체 설립을 인가하는 것을 말한다. 예컨대, 매 2km당
　주유소 1개소 설치, 인구 1만 명당 약국 1개소 등의 규제조치가 이에 해당한다.

2. **서비스 거래액이나 자산가액에 대한 제한**
　수적인 쿼터나 경제적 수요심사의 형태로 서비스 총매출액이나 총자산가액을 제한하는
　조치로서 1개 기업당 제한과 한 서비스 분야 전체를 기준으로 한 제한 모두 포함된다. 금
　융 분야의 경우 외국인 은행의 총 금융자산에 대한 한도, 1개 외국 은행 자회사 또는 지
　점당 수신고 또는 여신금액 제한, 외국 보험회사 지사 및 자회사의 총계약고 제한 등을
　예로 들 수 있다.

3. **서비스 영업량이나 총산출량에 대한 제한**

   지정된 계수로 표시되는 제한조치로서 총영업량에 대한 제한조치로는 영업일수나 영업시간 제한 등을 예로 들 수 있으며, 총산출량에 대한 제한조치로는 외국산 필름의 방송시간 쿼터를 들 수 있다. 그 밖에 1개 병원당 진료가능 환자수 제한, 변호사 사무소당 연간 법률 상담 건수 제한 등이 있다.

4. **총고용인력 제한**

   한 서비스 공급자가 고용할 수 있는 총 자연인수에 대한 제한, 어느 한 서비스 분야에 종사할 수 있는 총 자연인 수에 대한 제한으로서 수량쿼터나 경제적 수요심사 형태의 제한조치가 이에 해당한다. 건설 분야 전문 인력 중 외국인력이 30%를 초과할 수 없도록 제한하거나 1개 건설회사당 외국인부가 50명을 초과할 수 없도록 제한하는 것을 예로 들 수 있다.

5. **서비스 공급기업의 법적 형태 제한이나 합작투자 제한**

   주식회사나 합명회사(partnership), 조합, 개인기업 등 여러 가지 상업적 주재 형태 중에서 특정 형태의 업체에 한하여 설립을 허용하거나 특정 형태의 설립을 금지하는 조치, 합작투자에 한하여 설립을 허용하거나 합작투자를 금지하는 조치 등이 이에 해당한다. 예를 들어 외국은행은 지점설립을 불허하고 자회사만 설립을 허용하거나, 회계사는 회계법인에 고용될 수 없고 합명회사만 설립하도록 하는 것 등이 있다.

6. **외국인 자본참여에 대한 제한**

   1개 기업당 외국인 소유지분의 제한, 어느 한 서비스 분야 또는 1개 기업당 총 외국인 투자가액 제한 또는 외국인 1인당 투자가액 제한이 이에 해당한다.

4. 내국민대우(GATS 제17조)

> **GATS 제17조 - 내국민대우**
>
> 1. 자기나라의 양허표에 기재된 분야에 있어서 양허표에 명시된 조건 및 제한을 조건으로, 각 회원국은 그 밖의 회원국의 서비스 및 서비스 공급자에게 서비스의 공급에 영향을 미치는 모든 조치와 관련하여 자기나라의 동종서비스와 서비스 공급자들에게 부여하는 대우보다 불리하지 아니한 대우를 부여한다.
> 2. 회원국은 자기나라의 동종서비스와 서비스 공급자에게 부여하는 대우와 형식적으로 동일한 대우 또는 형식적으로 상이한 대우를 그 밖의 회원국의 서비스와 서비스 공급자에게 부여함으로써 제1항의 요건을 충족시킬 수 있다.
> 3. 형식적으로 동일하거나 상이한 대우라도 그것이 그 밖의 회원국의 동종서비스 또는 서비스 공급자와 비교하여 회원국의 서비스 또는 서비스 공급자에게 유리하도록 경쟁조건을 변경하는 경우에는 불리한 대우로 간주된다.

(1) 의의

GATT와는 달리 GATS상에서는 내국민대우의무를 일반적 의무사항, 즉 포괄적인 규제방법으로 보장하는 대신 양허표의 구체적 약속 형태로 정의하고 있다. 이는 서비스 분야에서 초보적인 수준에 한하여 개방하고 있는 국가들의 현실이 반영되었기 때문이다.

(2) 의무

자국의 양허표에 기재된 분야에 있어 양허표에 명시된 조건 및 제한을 조건으로 각 회원국은 그 밖의 회원국의 서비스 및 서비스 공급자에게 서비스의 공급에 영향을 미치는 모든 조치와 관련하여 자국의 동종서비스와 서비스 공급자들에게 부여하는 대우보다 불리하지 아니하는 대우를 부여한다(제17조 제1항). 회원국은 자국의 동종서비스와 서비스 공급자에 부여하는 대우와 형식적으로 동일한 대우뿐 아니라 상이한 대우를 통해서도 이러한 제1항의 요건을 충족시킬 수 있다(제17조 제2항).

단, 상이한 대우라도 그 밖의 회원국의 동종서비스 또는 서비스 공급자와 비교하여 회원국의 서비스 또는 서비스 공급자에게 유리하도록 경쟁조건(condition of competition)을 변경하는 경우에는 불리한 대우로 간주한다(제17조 제3항). 즉, 이러한 차별대우는 형식적·법적 차별뿐만 아니라 사실상 또는 실질적 차별을 포함한다.

(3) 예외

회원국은 자국 양허표에 기재하여 내국민대우의무로부터 이탈할 수 있다. 즉, 회원국은 양허표에 기재할 것을 조건을 자국 서비스와 동종의 서비스에 대해 불리한 대우를 할 수 있다. 따라서 양허표에 기재하지 아니한 차별조치는 취할 수 없게 하여 '소극적 방식'(negative system)을 채택하고 있다.

5. 추가적 약속(제18조)

회원국은 자격, 표준, 또는 면허사항에 관한 조치를 포함하여 제16조 또는 제17조에 따른 양허표 기재사항은 아니나 서비스의 무역에 영향을 미치는 조치와 관련하여 약속에 관한 협상을 할 수 있다. 이러한 약속은 회원국의 양허표에 기재된다. 단, 추가적 약속은 '적극적 방식'(positive system)을 적용하므로 양허표에 명시적으로 언급된 사항만 해당된다.

6 양허표의 수정 및 분쟁해결

1. 양허표의 수정

(1) 회원국은 약속의 발효일로부터 3년이 경과하면 약속을 수정 또는 철회하기 위한 제안을 행할 수 있다(제21조 제1항). 다만, 회원국은 수정 또는 철회 예정일의 3개월 전까지 수정 또는 철회의 의향을 서비스무역이사회에 통보해야 한다(제21조 제2항). 양허표의 수정 또는 철회에 의해 영향을 받는 이해관계국은 필요한 보상적 조정을 위해 교섭을 요청할 수 있다. 제안국은 교섭요청국과 최혜국대우원칙에 입각해 무차별 교섭을 진행한다. 관계국은 수정 또는 철회 전에 양허표에서 부여받았던 수준보다도 불리하지 않는 호혜적 약속의 일반적 수준을 유지하도록 노력해야 한다. 교섭기간 만료일까지 교섭이 타결되지 않는 경우 이해관계국은 이 문제를 중재에 회부할 수 있다.

(2) 제안국이 중재결정을 따르는 경우 보상적 조정을 행한 후에만 약속의 수정 또는 철회를 행할 수 있다. 제안국이 중재결정에 따르지 않는 경우 이해관계국은 제안국에 대해 차별적 보복조치를 취할 수 있다.

2. 분쟁해결

회원국은 GATS의 운영에 영향을 미치는 사항에 있어서 다른 회원국이 제기하는 주장과 관련된 협의에 대해 호의적으로 고려(sympathetic consideration)해야 한다(제22조 제1항). 회원국은 협의를 위한 적절한 기회를 제공해야 하며 이때 협의절차는 분쟁해결양해(DSU)에 따라 적용된다. 단, 협의를 통해서도 만족스러운 해결책에 이르지 못하는 경우, 회원국의 요청이 있으면 서비스무역이사회나 분쟁해결기구는 당면 문제에 관해 직접 협의를 개시할 수 있다(제22조 제2항). GATS는 WTO체제에 포함되어 있으므로 회원국 간 서비스협정 관련 분쟁이 발생하였을 경우, 당연히 WTO 분쟁해결절차를 따를 수 있다. 즉, 한 회원국이 GATS에 따른 의무나 구체적 약속을 이행하지 않으면 다른 회원국은 이에 대해 분쟁해결양해(DSU)를 이용하여 분쟁해결기구에 제소할 수 있다(제23조 제1항).

제2장 | 무역 관련 지적재산권협정(TRIPs)

 출제 포커스 및 학습방향

해당 장은 무역 관련 지적재산권에 관한 협정을 정리한 것이다. GATS와 마찬가지로 지금까지는 거의 출제된 적이 없으나, 국제경제법 비중이 높아지면서 출제가 예상된다. 일단 우선적으로 숙지해야 할 사항은 TRIPs의 특징이나 적용범위이다. 그리고 문제가 조금 더 자세하게 출제된다면 각 지적재산권별로 권리부여기간, 세부적 권리 내용 등이 출제될 수 있으므로 철저하게 암기해야 한다.

제1절 | 서설

1 체결 배경

전통적으로 지적재산권 보호는 각국 정부와 세계지적재산권기구(World Intellectual Property Organization)나 국제연합교육과학문화기구(UNESCO)가 관장하는 사항으로 인식되어 왔었다. 그러나 지적재산권 보호가 국제교역에 미치는 영향이 크기 때문에 지적재산권 보호에 관한 통일적인 협정 마련이 절실히 요구되었고 이 점을 감안하여 WTO에서는 이 분야에 대한 강력한 협정을 추진하게 되었다.

2 지적재산권과 무역의 관계

1. 국내 지적재산권법에 의한 시장접근 제한

지적재산권법의 내용과 운용에 의해 수입상품의 시장접근을 제한할 수 있다.

(1) 방법특허는 국내법으로 보호하되 물질특허를 인정하지 않는 경우 국내산업을 보호할 수 있다. 방법특허는 상품의 제법에 관한 특허인 반면, 물질특허는 의약품 등 제품의 원료와 성분이 되는 물질 자체의 특허이다. 물질특허를 부정하는 경우 국내 제약회사를 외국 선진제약회사로부터 보호할 수 있고 국내 기업의 응용특허를 촉진할 수 있고, 외국 기업의 시장 참여를 저해할 수 있다.

(2) 균등론을 부정하거나 균등성을 좁게 해석함으로써 외국 사업자의 국내 시장 접근을 제한할 수 있다. 특허 침해에서 문제가 되는 것은 침해의 의심이 있는 상품이 특허권자의 특허 발명의 기술적 범위에 속하는지 여부 및 특허발명의 기술을 모방하고 있는지 여부이다. 특정 발명품을 모방한 상품에 대해 특허 상품과의 균등론을 인정하지 않는 경우 외국 사업자는 특허소송을 제기하기가 어렵게 된다. 이 경우 외국 사업자는 균등성을 제한적으로 적용하는 국가에 대한 시장접근에 소극적이게 될 것이다.

(3) 국가가 신기술에 대해 폭넓은 특허를 인정하는 경우 권리자의 배타적 권리가 폭넓게 설정되어 신규 참여자의 시장 참여가 저해될 수 있다.

(4) 특허의 강제실시를 인정하는 경우 선진국의 특허권자는 당해 조치를 실시하는 개발도상국에 대한 시장접근에 소극적일 것이다.

2. 지적재산권 침해상품의 무역과 유해 효과

지적재산권법이 없거나 불충분한 보호를 하는 국가의 존재로 모방품이 만들어질 수 있다. 모방품이 국제적으로 거래되는 경우 발생할 수 있는 피해로는 첫째, 모방품 수입으로 수입국의 지적재산권자의 권리가 침해를 받는다. GATT체제에서는 GATT 제20조 제(d)호에 의해 모방품 수입을 규제하였다. 둘째, 모방품이 만들어지고 거래되는 경우 선진국의 특허제품의 수출기회가 상실될 것이다.

3 의의

TRIPs가 가지는 의의는 다음과 같이 요약할 수 있다. 첫째, 지적재산권을 국제무역의 관점에서 규율한 최초의 국제지적재산권조약이다. 둘째, '국제협약 플러스방식'을 채택함으로써 기존의 지적재산권협약들과 일관성을 유지하고자 하였다. 셋째, 동 협정에서 채택된 기본 원칙들과 최소한의 기준들은 각국 국내법의 조화와 통일을 촉진시킴으로써 자유무역의 확대에 기여할 것이다. 넷째, 회원국의 지적재산권 보호수준을 높임으로써 결과적으로 공정무역을 지향한다.

참고

세계지적재산권기구(WIPO)와 주요 지적재산권협약

1. 세계지적재산권기구(WIPO)의 역사와 발전

WIPO는 1883년 산업재산권의 보호에 관한 파리협약과 1886년의 문학과 미술저작물의 보호에 관한 베른협약을 소관하는 합동사무국으로서 발족하였으며 1967년 WIPO설립조약에 의해 세계지적재산권기구(WIPO)로 확대·개편되고 1974년 국제연합의 전문기관이 되었다. 회원국은 179개국(2004년 4월)이다. 세계지적재산권기구(WIPO)는 지적재산권 보호 촉진, 국제협정의 체결 장려, 개발도상국 원조, 기존 협정의 효율적 관리 등을 목적으로 한다. 세계지적재산권기구(WIPO)소관 조약은 지적재산권 보호를 위한 공통규정에 관한 11개 조약, 국제등록제도와 서비스에 관한 8개 조약, 산업재산권의 분류에 관한 4개 조약 등 총 23개 조약이다.

2. **지적재산권의 보호를 위한 공통규정에 관한 11개 조약**

파리조약(산업재산권), 베른조약(저작권), 마드리드협정(허위·오인 원산지표시 방지), 로마협약(실연자·음반제작자·방송사업자 보호), 음반의 무단복제로부터 음반제작자를 보호하기 위한 협약, 나이로비조약(올림픽심벌 보호), 1994년 상표법조약, 위성에 의하여 송신되는 프로그램 전달신호의 배포에 관한 협약, WIPO 저작권조약, WIPO 실연·음반조약, 특허법조약이 여기에 해당한다.

3. **국제등록제도와 서비스에 관한 8개 조약**

표장의 국제등록에 관한 마드리드협정 및 표장의 국제등록에 관한 마드리드의정서, 의장의 국제기탁에 관한 헤이그협정, 특허절차상 미생물 기탁의 국제적 승인에 관한 부다페스트조약, 원산지 명칭의 보호 및 국제등록을 위한 리스본협정, 특허협력조약, typeface의 보호 및 그 국제기탁을 위한 빈협정, 과학적 발견의 국제등록에 관한 제네바협정

4. **산업재산권의 분류에 관한 4조약**

국제특허분류에 관한 스트라스부르크조약, 표장등록을 위한 상품과 서비스의 국제분류에 관한 니스조약, 표장의 도형 요소의 국제분류를 창설하기 위한 빈조약, 공업의장의 분류를 확립하기 위한 로카르노협정

제2절 | 일반규정

1 목적

협정 전문에 의하면, TRIPs는 국제무역의 왜곡과 장애를 감소하고, 지적재산권의 효과적이고 적절한 보호를 촉진하고, 지적재산권을 시행하는 조치 및 절차가 정당한 무역에 대한 장애가 되지 않도록 지적재산권의 보호와 행사와 관한 규칙과 절차를 확보하는 것을 목적으로 한다.

2 적용대상

1. 지적재산권(Intellectual Property Rights)의 개념

TRIPs는 지적재산권을 정의하지 않고 제2부 제1장에서 규정하고 있는 저작권 및 저작인접권, 상표권, 지리적 표시권, 공업의장권, 특허권, 반도체 배치설계권, 영업비밀권을 지적재산권의 예로 들고 있다(TRIPs 제1조 제2항). 지적재산권이란 새로운 물질의 발견, 새로운 제조기술의 발명, 새로운 용도의 개발, 새로운 상품의 디자인, 상품의 새로운 기능의 개발 등과 같은 산업적 발명과 새로운 문학·미술·문학작품의 저작과 새로운 연출·공연·제작 및 방송 등의 저작생산물(Intellectual Property)에 대한 배타적 소유권을 말한다.

지적재산권의 일반적 유형

1. 산업재산권

산업재산권은 최근까지 사용되어 왔던 공업소유권을 확대하여 개칭한 것으로 특허, 의장, 실용신안, 상표 및 지리적 표시 등에 대한 권리로 구성되어 있다. 특허권은 새로운 산업적 발명에 대하여 그 발명자가 일정 기간 동안 동 발명의 독점권을 가지는 것을 말하며 크게 물질특허, 제조특허 및 용어특허 등으로 구분된다. 의장권은 상품의 새롭고 독창적인 모양이나 형태를 그 소유권의 대상으로 하며, 실용신안권은 고안 등 특허에 비하여 상대적으로 작은 발명에 주어지는 것으로 상품의 형태, 구조 또는 조립에 관한 기술적 창작에 대한 재산권을 말한다. 상표권은 어떤 상품을 다른 상품과 구별하기 위하여 사용된 문자, 도형, 기호 및 색채 등의 결합으로 표현된 상징에 대한 독점적 사용권을 말한다.

2. 저작권

저작권은 크게 협의의 저작권과 저작인접권(neighbouring right)으로 구분되고 있다. 저작권은 문학·예술적 창작물인 저작에 대한 배타적 소유권을 말하며 저작재산권과 그 저작물의 복제·공연·방송 등의 권리를 관할하는 저작인격권을 포함하고 있다. 한편 저작인접권은 저작권의 이용과 배포에 관련된 권리로서 녹음, 녹화, 방송, 재방송 및 위성방송 등에 관한 권리를 말한다.

3. 신지적재산권

신지적재산권은 크게 산업저작권, 첨단산업저작권과 정보재산권으로 구별할 수 있다. 산업저작권(industrial copyright)은 산업재산권(industrial property right)과 저작권(copyright)의 복합어로 창작의 방법과 내용에 있어서는 저작권인 측면을 보유하고 있으나, 그 용도는 산업재산권과 같이 산업적 활용이 주요 기능인 지적생산물에 대한 소유권을 말한다. 첨단산업저작권은 첨단산업에 관련된 산업재산권을 말하는 것으로 유전공학, 전자 및 정보산업 등 첨단기술의 급속한 발달에 따라 과거의 산업재산권에서 논의되던 것과는 구별되는 매우 다른 성질의 물질과 기술들에 대한 재산권을 말한다. 정보재산권은 상품의 제조, 판매, 영업 및 기획 등의 분야에서 상품화될 수 있는 정보와 이의 전달수단에 대한 소유권을 말하며, 영업비밀권(trade secret), 데이터 베이스권(data base) 및 신방송매체권(new media) 등이 여기에 속한다.

2. 회원국의 국민

TRIPs는 다른 회원국의 국민(nationals of other members)에게 적용된다. '국민'이란 지적재산권 보호에 관한 조약에 규정된 보호의 적격요건을 충족시키는 자연인과 법인을 의미한다. 협정상의 지적재산권은 다른 회원국의 국민에게 적용되는 사권(私權, private rights)이다. 그러나 협정상의 보호기준을 부여하는 주체는 '회원국'이며, 각 회원국은 자국의 고유한 법제도와 관행 내에서 본 협정의 규정을 이행하는 적절한 방법을 자유롭게 결정할 수 있다.

3 기존 협약의 효력과 준용

TRIPs는 '국제협약 플러스방식'을 채택하여 기존의 지적재산권협약들의 원칙과 규정들을 그 성립 및 운영의 기초로 하고 있다. TRIPs의 어떠한 규정도 '파리협약', '베른협약', '로마협약', '집적회로에 관한 지적재산권조약'에 따라 회원국 상호 간 존재하는 의무를 손상시키지 못한다고 규정하고 있다.

4 지적재산권 행사의 공익성

지적재산권은 재산권적 성격과 사회권적 성격을 모두 가지고 있으므로 각국은 공공이익 등을 위해 지적재산권의 행사에 일정한 제한을 가하고 있으며, TRIPs에서도 이러한 제한을 인정하고 있다. 동 협정 제8조는 공중보건이나 영양상태 보호 등 공공이익을 증진시키기 위하여 필요한 조치 및 권리자에 의한 지적재산권의 남용 또는 불합리하게 무역을 제한하거나 국가 간 기술이전에 부정적 영향을 미치는 관행을 방지하기 위하여 적절한 조치를 취하는 것을 허용한다.

제3절 | 기본원칙 및 예외

1 기본원칙

1. 내국민대우원칙

> **TRIPs 제3조 - 내국민대우**
>
> 1. 각 회원국은 파리협약(1967), 베른협약(1971), 로마협약 또는 집적회로에 관한 지적재산권조약이 각각 이미 규정하고 있는 예외의 조건에 따라, 지적재산권 보호에 관하여 자기나라 국민보다 불리한 대우를 다른 회원국의 국민에게 부여하여서는 아니된다. 실연자, 음반제작자, 방송기관에 관하여는, 이러한 의무는 이 협정에 규정되어 있는 권리에 관해서만 적용된다. 베른협약(1971)의 제6조 또는 로마협약의 제16조 제1항 나호에 규정된 가능성을 원용하고자 하는 회원국은 동 조항에 규정된 바에 따라 무역관련지적재산권위원회에 통보한다.
> 2. 회원국은 다른 회원국의 관할권 내에 있는 주소지 지정 또는 대리인의 임명을 포함한 사법 및 행정절차와 관련하여, 제1항에서 허용되는 예외를 이용할 수 있다. 단, 그러한 예외가 이 협정의 규정과 불일치하지 아니하는 법과 규정의 준수를 확보하기 위하여 필요한 경우 및 이러한 관행이 무역에 대해 위장된 제한을 구성하지 아니하는 방법으로 적용되는 경우에 한한다.

(1) 의의

회원국은 지적재산권의 보호에 관하여 자국민에게 부여하는 수준에 비해 '불리하지 아니한'(no less favorable) 대우를 타 회원국 국민에게 부여해야 한다(제3조 제1항). 지적재산권의 '보호'란 동 협정에서 구체적으로 규정된 지적재산권의 사용에 영향을 미치는 사항들뿐 아니라 지적재산권의 획득 가능성, 취득, 범위, 유지 및 시행에 영향을 미치는 사항들도 포함된다. GATT상의 내국민대우는 '동종상품'(like product)에 대해서 적용되나, TRIPs상의 내국민대우는 회원국의 '국민'(nationals)에 대해 적용된다는 차이가 있다.

(2) 예외

① 파리협약, 베른협약, 로마협약 및 집적회로에 관한 지적재산권조약에 이미 규정되어 있는 예외사항들은 TRIPs에서도 인정된다(제3조 제1항).

② 실연자, 음반제작자, 방송기관에 대해서는 'TRIPs'에 규정되어 있는 권리에 대해서만 내국민대우가 적용된다.

③ 회원국은 다른 회원국의 관할권 내에 있는 주소지의 지정 또는 대리인의 임명을 포함한 '사법 및 행정절차'와 관련하여 내국민대우원칙의 예외를 원용할 수 있다(제3조 제2항).

④ 이러한 예외는 'TRIPs'의 규정과 합치하는 법과 규정의 준수를 확보하기 위하여 필요한 경우여야 하고, 무역에 대한 위장된 제한을 구성하지 아니하는 방법으로 적용되어야 한다(제3조 제2항 단서).

2. 최혜국대우원칙

> **TRIPs 제4조 - 최혜국대우**
>
> 지적재산권의 보호와 관련, 일방 회원국에 의해 다른 회원국의 국민에게 부여되는 이익, 혜택, 특권 또는 면제는 즉시, 그리고 무조건적으로 다른 모든 회원국의 국민에게 부여된다. 일방 회원국에 의해 부여되는 다음 경우의 이익, 혜택, 특권 또는 면제는 동 의무에서 제외된다.
> 가. 사법공조에 관한 국제협정 또는 특별히 지적재산권의 보호에 한정되지 아니하는 일반적 성격의 법률 집행에서 비롯되는 경우
> 나. 내국민대우에 따라서가 아니라 다른 나라에서 부여되는 대우에 따라서 대우를 부여하는 것을 허용하는 로마협약 또는 베른협약(1971)의 규정에 따라 부여되는 경우
> 다. 이 협정에서 규정되지 아니하는 실연자, 음반제작자 및 방송기관의 권리에 관한 경우
> 라. 세계무역기구협정의 발효 이전에 발효된 지적재산권 보호 관련 국제협정으로부터 비롯되는 경우. 단, 이러한 협정은 무역관련지적재산권위원회에 통보되어야 하며 다른 회원국 국민에 대하여 자의적이거나 부당한 차별을 구성하지 아니하여야 한다.

(1) 의의

기존의 지적재산권 관련 국제협약들이 속지주의에 따른 내국민대우만을 기본원칙으로 규정하고 있었으나 'TRIPs'는 국제적으로 통일된 규범체계를 수립하기 위해 최혜국대우원칙을 최초로 도입하였다. 지적재산권 보호와 관련하여 다른 회원국의 국민에 부여하는 모든 이익(advantage), 혜택(favor), 특권(privilege) 또는 면제(immunity)는 즉시 무조건적으로 다른 모든 회원국의 국민들에게 부여해야 한다(제4조).

(2) 예외

국내보호수준을 강화하지 않는 회원국들의 무임승차를 방지하기 위해 예외들을 규정한다.

① 일방 회원국이 부여하는 이익 등이 사법공조에 관한 국제협정이나 또는 특별히 지적재산권의 보호에 한정되지 아니하는 일반적 성격의 법집행에서 비롯되는 경우 최혜국대우원칙이 적용되지 않는다[제4조 제(a)호].

② 일방 회원국이 부여하는 이익 등이 내국민대우원칙이 아닌 상호주의원칙을 채택한 '로마협약'이나 '베른협약'의 규정에 따라 부여되는 경우 최혜국대우원칙이 적용되지 않는다[제4조 제(b)호].

③ 실연자, 음반제작자, 방송기관에 대해서는 'TRIPs'에 규정되어 있는 권리에 대해서만 최혜국대우가 적용된다[제4조 제(c)호].

④ 일방 회원국이 부여하는 이익 등이 WTO협정이 발효되기 전에 발효한 지적재산권관련 국제협정으로부터 비롯되는 경우, TRIPs 이사회에 통보되고 다른 회원국 국민에 대하여 자의적이거나 부당한 차별을 구성하지 아니하는 한, 최혜국대우원칙이 적용되지 않는다[제4조 제(d)호].

⑤ 지적재산권의 취득과 유지에 관해 WIPO의 주관하에 체결된 다자간협정에 규정된 절차에는 최혜국대우원칙이 적용되지 아니한다(제5조).

3. 최소보호수준의 보장원칙

최소보호수준의 보장원칙이란 회원국은 타 회원국의 국민에게 기존 국제협약에서 규정된 권리만큼은 최소한 부여해야 한다는 원칙을 의미한다. 즉, TRIPs는 '기존협약 플러스방식'을 채택하여 기존 국제협약상의 보호수준을 최저수준으로 하여 보호수준을 향상시키도록 하고 있다. 이 원칙의 취지는 속지주의와 내국민대우원칙만 적용되는 경우 지적재산권 보호가 회원국의 국내법에 위임됨으로써 각국의 보호수준 차이가 지나치게 커지는 것을 방지하는 것이다. 지적재산권 보호수준에 관한 국가별 차이는 국제무역을 저해하고 왜곡시킬 수 있으므로 보호수준의 통일은 국제무역의 왜곡과 저해를 감소시키는데 기여할 수 있다. 동 협정상 최소보호수준 이상의 지적재산권 보호는 회원국의 재량사항이다.

4. 투명성원칙

투명성원칙이란 무역과 관련한 국내법규, 사법적, 행정적 결정 및 정책을 명료히 하고 공개하는 원칙을 의미한다. 투명성원칙은 명료성(clearness)과 공개성(publicity)을 주요 내용으로 한다. 동 원칙은 국제무역에 있어서 예측 가능성을 제고하고 국제무역과 관련된 조치가 공개적으로 명료하게 적용되도록 함으로써 특정 조치의 존재와 내용에 대한 무지로 인한 불이익을 시정하고, 관련 무역규칙의 자의적인 해석과 적용에 따른 통상분쟁을 사전에 방지하는 기능을 하는 것으로, 궁극적으로 다자간무역체제의 실효성을 확보하기 위한 것이다. 단, 이 원칙은 법집행에 방해가 되거나, 공익에 반하거나, 특정 공기업이나 사기업의 '정당한 상업적 이익'을 저해할 수 있는 비밀정보에 관한 경우, 국가안보와 관련된 경우 등에는 예외가 인정된다.

2 예외

1. 환경보호 예외

회원국은 환경보호와 관련된 발명에 대해 특허대상에서 제외할 수 있다. 즉, 회원국은 인간, 동식물의 생명이나 건강보호 또는 심각한 환경피해(serious prejudice to the environment)를 방지하기 위해 필요한 발명을 특허대상에서 제외하거나 회원국 영역 내에서 영업적 이용을 금지할 수 있다(제27조 제2항).

2. 국가안보 예외

회원국은 공개 시 자국의 필수적 국가안보이익에 반한다고 판단되는 정보를 제공하지 않을 수 있다. 또한 핵분열 물질 또는 이로부터 추출되는 물질, 무기, 탄약, 전쟁장비의 거래 및 군사시설에 대한 보급목적을 위하여 직접적·간접적으로 수행되는 상품 및 재료의 거래, 전시 또는 국제관계에 있어서의 기타 비상사태에 취해진 조치 등과 관련하여 자국의 필수적인 국가안보이익의 보호를 위해 필요하다고 간주되는 조치를 취할 수 있다. 또한 국제평화유지를 위한 UN헌장상의 의무이행을 위한 조치를 취할 수 있다(제73조).

> 📁 **참고**
>
> **권리소진원칙(Exhaustion of Intellectual Porperty Rights)의 문제**
>
> **1. 의의**
> 권리소진원칙이란 지적재산권의 권리자가 권리가 체화된 특허나 상표 등의 이용권을 양도한 후에는 다시 자신의 권리를 주장할 수 없다는 원칙으로 '최초판매원칙'(principle of first - sale)이라고도 한다. 권리소진원칙에 의하면 적법하게 만들어진 지적재산권 상품을 일단 판매하면 최초의 판매로서 권리자의 권리가 소진되므로 동 상품의 권리자는 원권리자의 독점적인 지적재산권에도 불구하고 이를 재판매하거나 다른 방법으로 처분할 수 있게 된다. 예컨대 프랑스에서 브랜드상품의 핸드백이 권리자인 X사 자신에 의해 판매되었다면 그 핸드백이 제3국을 경유해 병행수입업자(정규 대리점을 통하지 않고 판매하는 수입자)에 의해 값싸게 영국에 수입되어도 X사의 정규 영국 대리점은 영국의 상표권에 근거해 병행수입품의 수입판매를 저지할 수 없다.
>
> **2. 권리소진원칙과 병행수입(parallel import)의 관계**
> 권리소진원칙은 병행수입과 밀접한 관련이 있다. 병행수입이란 권리자의 국가 이외에서 적법하게 제조되거나 복제된 지적재산권 상품이 권리자의 국가로 수입되는 것을 말한다. 원권리자가 병행수입을 금지하거나 방해하는 경우 독점규제법이나 경쟁법상 문제를 야기할 수 있다. 권리소진원칙이 인정되면 병행수입이 허용된다.
>
> **3. 기능**
> 권리소진원칙은 경제적으로 지적재산권 보호를 받는 상품제조지역 할당의 효율성을 증진시키고, 병행수입과 같은 수단을 통하여 수입국 소비자에게 저렴한 값의 공급원을 개방하는 역할을 한다.
>
> **4. TRIPs**
> 권리소진원칙을 제한하고자 하는 선진국의 입장과 권리소진원칙 인정을 요구하는 개발도상국의 입장 차이로 인해 권리소진원칙에 관한 통일된 규범을 채택하지 못 했다. 이에 대해서는 각 회원국이 국내법에서 자국의 이해와 정책에 따라 권리소진원칙을 인정 또는 제한할 수 있도록 하였고, 분쟁해결절차의 대상이 되지 않도록 하였다(제6조). 한국은 1995년 '지적재산권 보호를 위한 수출입통관사무처리규정'에서 병행수입제도를 허용하고 있다.

제4절 | 구체적 권리 보호

1 저작권

1. 저작권의 내용

저작권이란 저작자가 자신이 창작한 저작물(works)에 대해 갖는 권리를 의미하며 저작재산권과 저작인격권으로 구분된다.

(1) 저작재산권과 저작인격권(moral rights)

저작재산권은 저작자의 재산적 이익을 보호하고자 하는 권리로서 주로 저작물을 제3자가 이용하는 것을 허락하고 대가를 받을 수 있는 권리이다. 저작재산권에는 번역권, 복제권, 공연권, 방송권 등이 있다. 저작인격권은 저작자가 자신의 창작물에 대해 갖는 인격적 이익의 보호를 목적으로 하는 권리이며, 저작재산권과 달리 성질상 일신전속적이며 양도가 불가능하다. 저작인격권은 'TRIPs'의 보호대상에서 제외된다(제9조 제1항 단서).

(2) 대여권

회원국은 적어도 컴퓨터 프로그램과 영상저작물에 관하여, 저작자나 권리승계인에게 그들 저작물의 원본이나 사본을 대중에 상업적으로 대여하는 행위를 허가하거나 금지할 수 있는 권리를 부여해야 한다(제11조).

2. 저작권의 보호

저작권의 보호에는 기본적으로 베른협약이 준용(準用)된다. 즉, 저작권 및 저작인접권의 보호에 있어서 각 회원국은 베른협약 제1조에서 제21조까지와 부속서를 준수해야 한다(제9조 제1항). 저작물의 보호기간은 승인된 발행(authorized publication)의 역년(calendar year)의 말로부터 최소 50년간, 또는 작품의 제작 후 50년 이내에 승인된 발행이 이루어지지 아니한 경우 제작된 역년 말로부터 50년이 된다(제12조).

3. 저작재산권의 제한

저작물의 정상적 사용(normal exploitation)에 저촉되지 아니하고 권리자의 정당한 이익(legitimate interests)을 불합리하게 저해하지 아니하는 일부 특별한 경우에 배타적 권리에 대한 제한 또는 예외가 인정된다(제13조). 즉, 이 경우 저작권자의 동의 없이 저작물을 자유롭게 사용할 수 있다.

2 저작인접권

1. 의의

저작인접권이란 구체적으로 실연자가 가지는 복제방송의 독점권과 음반제작자가 갖는 복제권, 배포권 및 방송기관에 대한 보상청구권 그리고 방송기관이 가지는 복제권 및 동시방송중계권을 말한다. 저작인접권은 로마협약의 적용을 받아왔다.

2. 실연자, 음반제작자 및 방송기관의 권리

(1) 실연자(performers)

실연을 음반에 고정하는 것과 관련하여 고정되지 아니한 실연의 고정과 그러한 고정의 복제행위가 자신의 승인 없이 실시될 경우 이를 금지시킬 수 있다(제14조 제1항).

(2) 음반제작자(producers of phonograms)

자신의 음반에 대한 직접 또는 간접적 복제를 허가 또는 금지할 권리를 향유한다(제14조 제2항).

(3) 방송기관(broadcasting organizations)

방송의 고정, 고정물의 복제, 무선수단에 의한 재방송과 그것의 텔레비전 방송을 통한 대중전달행위가 자신의 승인 없이 실시될 경우, 이를 금지할 수 있는 권리를 가진다(제14조 제3항).

3. 대여권

TRIPs 제11조의 대여권규정은 음반제작자 및 회원국법에 정해진 음반 관련 기타 권리자에게도 준용된다.

4. 보호기간

실연자와 음반제작자의 경우 적어도 실연이 이루어지거나 고정된 역년의 말로부터 50년 기간의 말까지, 방송기간의 경우에는 방송이 실시된 역년의 말로부터 적어도 20년간 계속된다(제14조 제5항).

3 상표권

1. 보호대상

상표권의 보호대상은 상표(商標)이다. 상표란 사업자의 상품 또는 서비스를 다른 사업자의 상품 또는 서비스로부터 식별시킬 수 있는 표지 또는 표지의 결합으로서 이러한 표지, 즉 성명을 포함하는 단어, 문자, 숫자, 도형과 색채의 조합 및 이러한 표지의 결합은 상표로서 등록될 수 있다(제15조 제1항).

2. 보호

상표권의 보호에는 파리협약(1967) 제1조에서 제12조까지와 제19조가 적용된다. 파리협약은 상표권 보호의 기본원칙으로서 내국민대우원칙, 우선권보장원칙, 상표독립의 원칙을 채택하고 있다. 상표의 출원과 등록요건은 각 가맹국에서 그 국내법에 따라 정한다. 파리협약은 주지상표(周知商標, well - known marks)의 보호, 국가표장, 공공인장, 정부 간 기구 표장의 보호, 서비스마크, 상호 및 단체상표의 보호 등에 관한 내용을 규정하고 있다.

3. 내용과 제한

상표권자는 등록상표에 대해 배타적 사용권을 가진다. 즉, 등록상표의 소유자는 제3자가 소유자의 동의 없이 등록된 상표의 상품이나 서비스와 동일하거나 유사한 상품이나 서비스에 대하여 동일 또는 유사한 표지의 사용으로 인하여 혼동의 가능성이 있을 경우 거래과정에서 이의 사용을 금지할 수 있는 권리를 가진다. 이러한 배타적 권리도 기술적 용어(descriptive terms)의 공정사용과 같이 상표에 의해 부여된 권리에 대하여 제한적인 예외를 인정할 수 있다. 다만, 그러한 예외는 상표권자와 제3자의 정당한 이익(legitimate interests)을 고려하는 경우에 한한다(제17조).

4. 보호기간

상표의 최초등록과 그 후의 갱신등록에 따른 보호기간은 7년 이상으로 한다. 상표등록은 무한적으로 갱신할 수 있다(제18조).

4 지리적 표시권

1. 의의

지리적 표시(geographical indications)란 '어떤 상품이 특정 회원국의 영토에서 혹은 그 영토 내의 특정 지역이나 지방에서 유래하는 것임을 식별하는 표시로서, 당해 상품의 특정 품질, 명성 또는 기타 특성이 본질적으로 그것의 지리적 출처로 귀속될 수 있는 경우'를 의미한다(제22조 제1항).

2. 주요내용

각 회원국은 당해상품의 지리적 출처 또는 원산지에 대하여 대중의 오인을 유발하는 방법으로 진정한 원산지가 아닌 지역을 원산지로 표시하거나 암시하는 상품의 명명 또는 소개수단의 사용, 파리협약 제10조의2에서 규정된 불공정경쟁행위를 구성하는 사용 등의 두 가지 행위를 금지시킬 수 있는 법적 수단을 이해당사자에게 제공해야 한다(제22조 제2항). 또한 상품의 표시사용이 대중에게 진정한 원산지의 오인을 유발할 우려가 있는 경우에는 자국의 법이 허용하는 한도 내에서, 직권으로 또는 이해관계인의 요청에 따라 상표의 등록을 거부하거나 무효화하여야 한다(제22조 제3항). 지리적 표시에 대한 보호는 상품의 원산지인 영역, 지역, 지방이 문자상으로는 사실이지만 그 상품이 다른 영역을 원산지로 하는 것으로 대중에게 오인되는 지리적 표시에 대해서도 적용된다(제22조 제4항).

3. 협상의무

각 회원국은 제23조에 따른 개별적인 지리적 표시의 보호증대를 목적으로 협상을 개시해야 한다(제24조 제1항). 제24조는 지리적 표시의 보호에 관한 몇 가지 예외를 인정하고 있지만, 제24조 제1항은 이러한 예외를 협상의 진행과 양자 또는 다자협정의 체결을 거부하기 위해 원용하는 것을 금하고 있다.

4. 예외

TRIPs 제24조 제4항에서 제6항까지는 제22조 및 제23조에 따른 지리적 표시의 보호에 대하여 예외를 규정하고 있다.

(1) 회원국은 타 회원국의 포도주나 주류의 지리적 표시를 계속해서 사용할 수 있는 권리를 자국 국민이나 거주자에게 부여할 수 있다. 단, 이러한 권리는 문제의 지리적 표시가 1994년 4월 15일 이전의 최소 10년 동안, 또는 1994년 4월 15일 전에 선의로 상품 또는 서비스에 대하여 사용해 왔을 것을 조건으로 한다(제24조 제4항).

(2) 회원국이 자국 영역 내에서 상품과 서비스에 대한 일반명칭으로서 일반언어로 사용되는 관습적인 용어와 관련표시가 동일한 상품과 서비스에 관한 다른 회원국의 지리적 표시, 일방 회원국이 WTO협정의 발효일 현재 자국영역 내에 존재하는 포도의 종류에 대한 통상의 명칭과 관련표시가 동일한 포도제품에 대한 다른 회원국의 지리적 표시에 대해서도 TRIPs의 적용 예외가 인정된다(제24조 제6항). 다만, 원산지 국가에서 보호되지 않거나 보호가 중단되거나 또는 그 나라에서 사용되지 않게 된 지리적 표시는 TRIPs에 따라 보호할 의무가 없다(제24조 제9항).

5 의장권

1. 의의

의장(意匠, industrial design or model)이란 물품의 형상, 모양, 색채 또는 이들을 결합한 것으로서 시각을 통하여 미감을 일으키는 것을 말한다. 의장은 공산품의 장식적, 미적 효과를 보호하기 위한 것으로 경제거래의 대상이 되는 상품의 외관에 구현된 심미적·전체적 효과의 보호를 목적으로 한다는 점에서, 상품의 실용적·기술적 효과를 보호하려는 실용신안과 구별된다.

2. 보호의 요건

신규성(novelty) 또는 독창성(originality)이 있는 '독립적으로 창작된' 의장은 보호된다. 각 회원국은 공지된 의장이나 공지된 의장의 형태의 결합과 '현저하게'(significantly) 다르지 아니하는 의장에 대해서는 신규성이나 독창성이 없다는 이유로 보호대상에서 제외할 수 있으며, '본질적으로 기술적 또는 기능적 고려'에 의해 요구되는 의장 역시 보호대상에서 제외할 수 있다(제25조 제1항).

3. 보호의 내용

의장의 권리자는 제3자가 권리자의 동의없이 보호의장을 복제하였거나 실질적으로 복제한 의장을 지녔거나 형체화한 물품을 '상업적 목적으로' 제조, 판매 또는 수입하는 행위를 금지할 권한을 갖는다(제26조 제1항). 의장의 보호기간은 10년 이상이다 (제26조 제3항).

4. 보호의 제한 또는 예외

회원국은 의장의 보호에 대해 제한적인 예외를 규정할 수 있다. 다만, 이러한 예외는 제3자의 정당한 이익을 고려하여 보호되는 의장의 정상적인 이용에 불합리하게 저촉되지 아니하여야 하며, 보호되는 권리자의 정당한 이익을 불합리하게 저해하지 아니하여야 한다(제26조 제2항).

6 특허권

1. 특허의 대상

모든 기술 분야에서 물질(products) 또는 제법(processes)에 관한 어떠한 발명도 신규성(novelty), 진보성(inventive step) 및 산업적 이용 가능성(capability of industrial application)을 구비하였다면 특허의 대상이 될 수 있다(제27조 제1항 전단). 단, 환경 보호와 관련한 발명에 대해서는 특허대상에서 제외하는 것을 허용한다(제27조 제2항).

2. 물질특허

TRIPs는 방법특허 외에 물질특허를 특허의 대상으로 포함시켰다. 의약품 등에 관한 물질특허는 제품의 원료와 성분이 되는 물질 자체의 특허로서 제법과 용도 여부를 불문한다. 따라서 의약품 등의 물질특허의 모방이 있는 경우 제품은 제법의 여부를 불문하고 압류의 대상이 된다.

3. 특허권의 내용

(1) 특허는 특허권자에게 제조, 사용, 판매, 수입에 관한 배타적 권리를 부여한다(제28조 제1항).

(2) 특허권자는 특허권을 양도하거나 또는 상속에 의해 이전할 수 있으며, 사용권설정계약(licensing contracts)을 체결할 권리를 갖는다(제28조 제2항).

(3) 특허의 취소 또는 몰수 결정에 대해서는 사법심사의 기회가 부여되어야 한다(제32조).

(4) 특허의 보호기간은 출원일(filing date)로부터 20년이다(제33조).

(5) 회원국은 특허에 의해 허여된 배타적 권리에 대해 제한적 예외를 규정할 수 있다. 다만 그러한 예외는 제3자의 정당한 이익을 고려하여 특허권의 정상적 이용 (normal exploitation)에 불합리하게 저촉되지 아니하고, 특허권자의 정당한 이익을 불합리하게 저해하지 아니하여야 한다(제30조).

4. 강제실시권

강제실시권은 공공의 이익보호나 특허권의 남용방지 등과 같은 일정한 경우, 권리자의 허락없이 특허를 강제로 실시하게 하는 것이다. 강제실시제도는 특허의 불실시를 통한 권리남용에 대한 법적 구제 또는 제재수단의 하나이다.

5. 특허 보호의 예외

(1) 국가는 공공질서와 미풍양속을 보호하기 위해 필요한 경우 특정 발명을 특허 보호대상에서 제외할 수 있다. 공서 양속의 보호목적에는 인간, 동물 또는 식물의 생명이나 건강을 보호할 목적과 환경을 보호할 목적이 포함된다. 환경보호의 경우 환경에 대한 심각한 피해를 회피할 목적이어야 한다.

(2) 사람과 동물의 치료를 위한 진단 방법, 치료방법이나 미생물 이외의 동식물 및 동식물의 생물학적 생산방법은 특허 보호대상에서 제외할 수 있다(제273조 제3항).

7 집적회로 배치설계

1. 보호체제

반도체칩의 '배치설계(layout designs or topographies)'에 대한 보호는 1989년 채택된 '집적회로에 관한 지적재산권조약'(IPIC Treaty, 일명 워싱턴조약)을 중심으로 이루어지고 있으며, TRIPs는 워싱턴조약 플러스방식을 채택하고 있다.

2. 보호대상 및 범위

TRIPs는 보호되는 배치설계, 보호되는 배치설계가 포함된 집적회로, 불법적으로 복제된 배치설계를 계속 포함하는 집적회로를 내장한 제품을 상업적 목적으로 수입·판매·유통시키는 행위 등이 권리자의 승인 없이 행해지는 경우 이를 불법적 행위(unlawful acts)로 간주한다(제36조). 배치설계는 창작 당시 집적회로의 제작자나 배치설계자 간에 통상적인 내용이 아니라는 의미에서 독창성(originality)이 있어야 한다.

3. 선의취득자의 보호

불법적으로 복제된 배치설계를 포함하는 집적회로 또는 이러한 집적회로를 포함하는 품목을 수입·판매·배포하거나 지시하는 자가 취득 당시 불법적으로 복제된 배치설계를 포함하였음을 알지 못하였거나 알 수 있는 합리적인 사유가 없을 경우, 즉 선의로 취득한 경우에는 그러한 행위는 적법한 것으로 간주된다(제371조).

4. 보호기간

배치설계의 보호기간은 10년이다. 보호요건으로서 등록을 요구하는 회원국의 경우 배치설계의 보호기간은 등록출원일로부터 또는 세계 어느 지역에서 발생하였는지에 관계없이 최초의 상업적 이용일로부터 10년간 보호되며, 보호요건으로 등록을 요구하지 않는 회원국의 경우 세계 어느 지역에서 발생하였는지에 관계없이 최초의 상업적 이용일로부터 10년간 보호된다.

8 미공개정보의 보호

1. 의의

미공개정보(undisclosed information)란 기술적인 노하우나 고객명부, 신제품의 생산계획 등과 같이 영업상의 비밀로 관리되고 있어 경제적 가치가 있는 기술상 또는 경영상의 비밀정보로서 영업비밀(trade secret), 재산적 정보(proprietary information), know - how 등으로 불린다.

2. 보호대상

자연인과 법인은 합법적으로 자신의 통제하에 있는 정보가 자신의 동의 없이 '건전한 상업적 관행'(honest commercial practices)에 반하는 방법으로 타인에게 공개되거나 타인에 의해 획득 또는 사용되는 것을 금할 수 있다. 다만 그러한 정보는 비밀이어야 하고(비공지성), 상업적 가치를 가져야 하며(경제성), 적법하게 정보를 통제하고 있는 자에 의해서 비밀로 유지하기 위한 합리적 조치하에 있어야 한다(비밀유지성)(제39조 제2항).

3. 보호기간

TRIPs상 미공개정보의 보호기간에 관한 조항이 없다. 영업비밀성이 유지되는 한도 내에서는 보호기간을 한정할 수 없다고 해석된다.

9 사용허가계약에 포함된 반경쟁행위의 통제

1. 의의

지적재산권법은 지적재산권으로 인정된 부류의 지적창작물의 소유자에 대하여 독점권을 부여한다. 독점권의 부여는 관련된 발명, 디자인, 상표, 저작물에 대한 배타적인 상업적 이용을 가능하게 함으로써 창작활동과 기술개발의 유인책을 제공하기 위한 것이다. 그러나 독점권자가 확보하는 상업적 이익이 너무 커서 원래의 창작 노력에 대한 합리적인 보상수준을 초과할 위험이 있으며, 지적재산권의 남용은 공공이익을 저해하거나 정당한 무역에 장애가 될 수도 있다. 따라서 TRIPs는 지적재산권에 대한 제한조치를 취할 수 있도록 하고 있다.

2. 금지되는 관행 및 조건

TRIPs 제40조 제2항은 회원국이 관련시장(relevant market)의 경쟁에 부정적 영향을 주는 지적재산권의 남용을 구성하는 사용허가 관행이나 조건(licensing practices or conditions)을 국내법에 명시하는 것을 허용하고 있다. 따라서 각 회원국은 자국의 관련 법규에 입각하여 예컨대 '배타적인 일방적 양도조건'(exclusive grantback conditions), '유효성 이의제기 금지조건'(conditions preventing challenges to validity), '강제적인 일괄사용허가'(coercive package licensing) 등의 관행을 금지하거나 통제하기 위하여, 본 협정의 기타규정과 일치하는 범위 내에서 적절한 조치를 취할 수 있다.

제5절 | 지적재산권의 관리 및 집행

1 서설

지적재산권에 관한 기존 협약들이 지적재산권 침해에 관한 효과적인 구제수단을 결여하고 있다는 반성에 기초하여 TRIPs는 집행절차에 관한 구체적 규정을 두고 있다. TRIPs는 각 회원국이 포괄적인 집행체제를 수립할 것을 의무화하고 있다. 다만 국가들 간의 법제도의 차이를 고려하여 각 회원국이 자국의 고유한 법제도 및 관행 내에서 협정의 제규정에 대한 이행방법을 자유롭게 결정하고(제1조 제1항), 일반적인 법집행을 위한 사법제도와 구별되는 지적재산권의 집행을 위한 사법제도를 마련할 의무를 부과하거나 회원국의 일반적인 법집행에 지장을 주어서는 안 된다는 원칙을 규정함으로써(제41조 제5항) 각 회원국의 법집행제도를 최대한 존중하도록 하였다.

2 집행절차

1. 일반적 의무

첫째, 회원국은 지적재산권 침해행위에 대한 효과적인 대응조치를 취하기 위해 필요한 국내법을 정비한다(제41조 제1항). 둘째, 지적재산권의 행사절차는 '공정하고 공평하여야 하며'(fair and equitable), 불필요하게 복잡하거나 비용이 많이 들거나, 불합리하게 시간을 제한하거나 부당하게 지연해서는 안 된다(제41조 제2항). 셋째, 사안의 본안에 대한 결정은 서면주의와 증거주의에 입각해야 한다(제41조 제3항). 넷째, 사법당국의 결정에 대해 재심기회를 부여해야 한다(제41조 제4항). 다섯째, 각 회원국의 고유한 사법제도를 존중해야 한다(제41조 제5항).

2. 민사 및 행정절차와 구제

각 회원국은 지적재산권의 행사에 관하여 민사상의 공정하고 공평한 사법절차를 권리자에게 보장해야 한다. 동 절차는 각국의 현행 헌법상의 요건에 위반되지 않는 범위 내에서 비밀정보를 확인하고 보호하는 수단을 제공해야 한다(제42조).

3. 잠정조치

침해를 방지할 긴급한 필요가 있다고 인정되는 경우 사법당국은 침해상품의 유통경로에의 유입을 방지하고 침해혐의에 관한 관련증거를 보전하기 위한 목적으로 신속하고 효과적인 잠정조치를 취할 수 있다.

4. 국경조치

TRIPs는 위조상품의 유통을 규제하기 위해 필요한 국경조치를 취할 의무를 회원국에게 부여하고 있다(제51조). 지적재산권의 침해상품의 유통에 대한 규제는 시장에서 유통되기를 기다리는 것보다 국경에서 '통과 중일 때'(in transit) 통관을 저지하는 것이 가장 효과적이기 때문이다. 회원국은 상표권자 및 저작권자가 상표권 또는 저작권 침해상품의 통관 정지 또는 보류를 사법 및 행정당국에 서면으로 청구할 수 있는 절차를 채택해야 한다.

5. 형사절차

회원국은 고의로 상표권 또는 저작권을 상업적 규모로 침해한 경우에 적용될 형사절차와 처벌을 규정해야 한다(제61조).

3 취득과 유지 및 관련당사자 간 절차

각 회원국은 지적재산권의 취득이나 유지의 조건으로 TRIPs의 규정에 부합되는 합리적인 절차와 형식의 준수를 요구할 수 있다(제62조 제1항). 지적재산권의 취득에 있어 권리의 부여 또는 등록을 요건으로 하는 경우, 회원국은 보호기간이 부당하게 단축되는 것을 방지하기 위하여 부여 또는 등록을 합리적 기간 내에 허용하도록 보장해야 한다(제62조 제2항).

4 경과조치

TRIPs는 개발도상국 및 최빈개발도상국에 관한 경과조치를 규정하고 있다. 개발도상국의 경우 제3조(내국민대우), 제4조(최혜국대우), 제5조(보호의 취득 또는 유지에 관한 다자간협정)의 규정을 제외한 본 협정의 적용일을 2000년 1월 1일까지 연기할 수 있다. 최빈개발도상국의 경우는 2006년 1월 1일까지 10년간 연기할 수 있으며, TRIPs 이사회에 의해 연장될 수 있다.

5 분쟁해결

TRIPs상 지적재산권분쟁은 WTO설립협정에 부속된 분쟁해결양해(DSU)가 적용된다. 다만, 분쟁해결양해(DSU)에 우선적으로 적용되는 몇 가지 특별규칙을 규정하고 있다. WTO설립협정 발효 후 5년간 GATT1994 제23조 제1항 제(b)호 및 제(c)호, 즉 비위반제소와 상황제소는 제한된다.

01 서비스무역일반협정(GATS)에 대한 설명으로 옳지 않은 것은? 2003년 행정 · 외무고시 변형

① 점진적으로 서비스무역을 확대함으로써 모든 무역당사국의 경제성장을 촉진하는 것이 목적이다.

② 1994년 GATT와 비교하여 최혜국대우원칙에 있어 광범위한 예외가 인정된다.

③ GATS의 경우 내국민대우원칙이 회원국의 일반적 의무가 아닌 구체적 약속의 형태로 규정되어 있다.

④ 투명성원칙은 각 국가의 시장상황 차이를 감안하여 전면적으로 적용되지 않는 것으로 하였다.

GATS

투명성원칙은 서비스무역에 관한 협정(GATS)상의 주요원칙이다.

답 ④

02 WTO의 '서비스무역에 관한 일반협정'에 대한 설명으로 옳지 않은 것은? 2001년 행정 · 외무고시 변형

① 전문과 6부 29개 조문 그리고 8개의 부속서 및 각국의 양허계획서로 구성되어 있다.

② 서비스무역을 규율하는 최초의 범세계적인 다자간 무역협정이다.

③ 서비스무역에서도 최혜국대우원칙이 적용되나 폭넓은 예외가 인정된다.

④ 국방, 치안 등 정부제공 서비스도 포함된다.

GATS

국방, 치안 등 순수 공공서비스는 서비스의 범위에서 제외되었다.

답 ④

03 WTO의 '서비스무역에 관한 일반협정'의 범위 및 적용대상이 되는 서비스무역의 유형에 관한 설명으로 옳지 않은 것은?

2001년 행정 · 외무고시 변형

① 한 회원국의 영토에서 다른 회원국 영토 내로의 서비스 공급

② 한 회원국의 정부가 비회원국의 정부에게 제공하는 모든 서비스 공급

③ 한 회원국의 영토 내에서 다른 회원국 소비자에 대한 서비스 공급

④ 한 회원국의 서비스 공급자에 의한 다른 회원국 영토 내에서의 상업적 주재를 통한 서비스 공급

GATS

GATS는 회원국 간 서비스 거래에 적용되는 규범이다.

답 ②

---

04 '무역 관련 지적재산권에 관한 협정(TRIPs)'에 관한 설명 중 옳은 것은?

1996년 외무고시 변형

① TRIPs는 지적재산권에 관한 첫 국제규범이다.

② TRIPs는 무역 관련 지적재산권의 사용에 관한 적절한 기준과 원칙, 무역 관련 지적재산권의 효과적인 이행 및 이 분야의 정부 간 분쟁의 다자적 예방과 해결을 목적으로 한다.

③ 서비스무역에 관한 GATT와는 달리 최혜국대우와 내국인대우에 관한 기본규정이 채택되지 못 하였다.

④ TRIPs에서 규정된 주요 지적재산권은 저작권과 저작인접권뿐이다.

TRIPs

선지분석
① TRIPs는 국제협약플러스 방식을 채택하고 있는바, 기존의 산업재산권 보호에 관한 파리협약, 문화예술작품의 보호에 관한 베른협약 등 다수의 협약이 그대로 적용된다.
③ 최혜국대우와 내국민대우에 대한 기본규정을 채택하고 있다.
④ 산업재산권분야 등도 포함하는 포괄적인 규정을 두고 있다.

답 ②

제 4 편

WTO설립협정 부속서 2 및 부속서 4

출제 포커스 및 학습방향

분쟁해결양해(DSU)는 거의 매년 출제되는 분야이다. 협의, 패널, 상소, 이행 등 분쟁해결 절차별로 규범의 내용들을 철저하게 숙지해야 한다. 절차법이므로 기한, 기산점, 절차의 전개과정 등을 세심하게 암기해야 한다.

참고

WTO 분쟁해결절차 흐름도

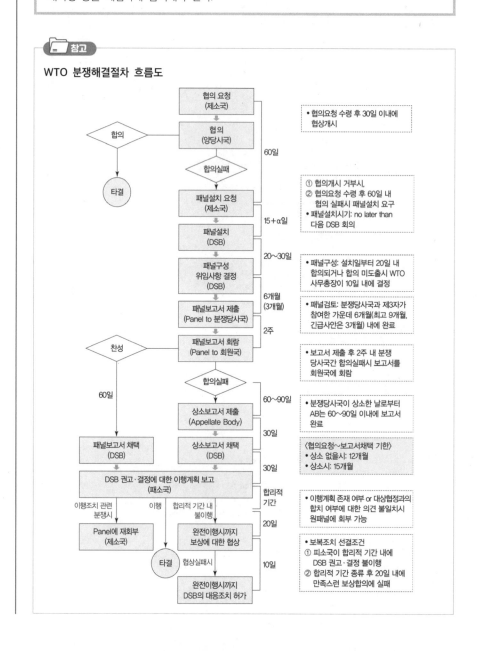

제1절 | 서설

1 서론 - DSU의 의의

GATT 분쟁해결방식은 외교적 방식과 사법적 방식 간의 일진일퇴적 선택에 의해 이루어져 왔으나 WTO에서는 사법적 방식이 우세하게 되었다. 분쟁해결양해(DSU)는 WTO체제하에서 통상 관련 분쟁을 해결하기 위한 포괄적 구조를 예정한 것이다. 분쟁해결양해(DSU)에 따른 분쟁해결제도는 WTO협정에 규정된 회원국의 권리·의무를 보전하기 위한 것이며, 국제관습법상의 해석 규칙에 따라 협정규정을 명백히 하기 위한 것이다. WTO 분쟁해결제도는 기본의 GATT 분쟁해결제도를 발전시켜 훨씬 효율적인 것으로 평가되고 있다.

2 제소사유

1. 의의

제소사유란 WTO 분쟁해결절차를 개시할 수 있는 사유를 의미하며, 이는 GATT1994 제23조에서 규정하고 있다. GATT 제23조 제1항에 의하면, 다른 체약국이 GATT에 따른 의무의 이행을 태만히 한 결과 또는 다른 체약국이 GATT의 조항에 저촉 여부를 불문하고 어떤 조치를 적용한 결과 또는 기타 다른 어떤 사태가 존재하는 결과로서 GATT에 따라 직접 또는 간접으로 자국에 부여된 모든 이익이 무효화 또는 침해되거나, GATT 목적 달성이 저해되고 있다고 인정할 경우 체약국은 분쟁해결절차에 호소할 수 있다.

> **GATT1994 제23조 제1항 - 무효 또는 침해(Nullification or Impairment)**
> 체약국은 (a) 다른 체약국이 본 협정에 따른 의무의 이행을 태만히 한 결과, (b) 다른 체약국이, 본 협정의 조항에 저촉 여부를 불문하고, 어떤 조치를 적용한 결과 또는 (c) 기타 다른 어떤 사태가 존재하는 결과로서, 본 협정에 따라, 직접 또는 간접으로 자국에 부여된 모든 이익이 무효 또는 침해되거나, 본 협정의 목적 달성이 저해되고 있다고 인정할 때에는, 동 문제의 만족한 조정을 위하여 관계가 있다고 동 체약국이 인정하는 다른 체약국 또는 체약국들에 대하여 서면으로 사정의 설명 또는 제안을 할 수 있다. 동 사정의 설명 또는 제안을 받은 체약국은 사정의 설명 또는 제안에 대하여 호의적인 고려를 하여야 한다.

2. 위반제소(violation complaints)

위반제소는 다른 회원국이 GATT/WTO에 위반되는 조치를 취해 그 결과 자국의 GATT/WTO상 이익이 무효화 또는 침해되거나 협정 목적이 저해되는 경우에 소를 제기하는 것을 의미한다. 분쟁해결양해(DSU)는 대상 협정상 의무가 위반된 경우 그 의무 위반 조치는 일견(prima facie) 무효화 또는 침해를 구성하는 것으로 간주된다고 규정한다.

3. 비위반제소(non - violation complaints)

(1) 의의

비위반제소란 협정문의 명백한 위반 없이 이익의 무효화 또는 침해가 발생하는 경우에 제소하는 것을 말한다. 비위반제소는 협정위반에 따른 제소에 비해 실증하기가 매우 어려운 것으로, 협정 규정의 위반이라기보다 협정의 정신을 위배한 것이라 볼 수 있다. 비위반제소는 위반제소와 달리 '일응추정의 원칙'이 인정되지 않는다. 따라서 제소국 측에 입증책임이 가중된다.

(2) 인정이유

GATT1947의 기본 취지는 제2차 세계대전 이후 체결된 최초의 다자무역협상의 성과를 보장하는 데에 있었는데, 특히 협상참가국들 사이의 이익의 균형을 보전해야 할 필요성이 있었다. 이 점에서 GATT1947상의 의무에 위반하지 않았지만 GATT의 효과인 '이익의 균형'(balance of interest)이 훼손되었다고 주장하는 경우에 GATT1947 제23조상의 분쟁해결장치가 발동될 수 있게 하였다. 비위반제소절차는 실체법이 적용되지 않는 사건에서 훼손된 이익의 균형을 유지할 수 있는 가능성을 제공하여 일정한 한도에서 법의 허점을 메워주는 장치(loophole - closing - device)로서 의의를 가진다.

(3) 비위반제소절차의 전제 조건

비위반제소절차가 개시되기 위해서는 문제의 비위반조치가 '대상협정에 저촉하지 않는 조치'라는 것을 분쟁 당사국이 인정하고 또한 패널 또는 상소기구도 같은 취지의 인정을 행할 것이라는 전제조건이 충족되어야 한다(DSU 제26조 제1항).

(4) 개별 협정별 비위반제소

GATS는 명시적으로 비위반제소를 인정하고 있으나, TRIPs협정은 협정 발효 후 5년간 비위반제소절차를 배제하였다. 모든 상품협정이 비위반제소를 인정하는지는 명확하지 않으나 농업협정, 무역관련투자조치협정, 원산지규정에 관한 협정, 수입허가절차협정, 선적전검사협정, 세이프가드협정, GATT1994 등은 비위반제소를 명시하고 있다. 복수국간무역협정 중 정부조달협정은 비위반제소를 명시하고 있다.

(5) 요건

① **조치의 적용**: 패널은 구속적 정부조치뿐만 아니라 구속적 정부조치로 동일시되는 비구속적 정부조치도 포함하였다. 즉, 민간행위자의 순응 가능성(likelihood of compliance)을 수반하는 실질적으로 구속력이 있거나 강제적인 성격을 지니지 않는 정책성명이나 행정지도라 할지라도 '효과성'(effectiveness)에 기초하여 조치의 범위에 포함시켰다. 일본 - 반도체 사건에서 패널은 효과성을 결정하는 기준으로 '행위장려 · 행위억제 기준'(incentives · disincentives test)을 활용하였다. 패널의 검토 대상이 되는 조치는 현재 유효하게 적용되는 조치에 한정된다. 일본 - 필름 사건에서 패널은 공식적으로 철회되지 않은 낡은 조치(old measure)가 지속적으로 행정지도를 통하여 계속 적용될 수 있는 가능성이 있다고 판단하였다. 또한 주장된 조치가 공식적으로 폐지되었더라도 그 근본정책(underlying policy)이 지속적인 행정지도를 통하여 계속 적용될 수 있다고 하였다.

② **GATT에 따라 발생한 이익**: GATT 제23조 제1항 제(b)호는 'GATT에 따라 직접적으로 또는 간접적으로 발생하는 이익'을 언급하면서도 '이익'에 대한 개념을 정의하고 있지 않다. GATT 패널은 이익의 개념을 객관화하기 위하여 '합리적인' 또는 '정당한' 이익으로 그 범위를 제한하였다. EEC - 통조림과일 사건이나 EEC - 유지종자 사건의 패널 평결에 따르면 연속적인 관세협상에서 부여된 양허로부터 발생하는 이익이 개별적으로 시장접근의 개선에 대한 합리적인 기대를 발생시킨다. 한편, 관세양허협상 타결 시점에서 제소국의 시장접근에 대한 기대가 합리적인 경우에만 정당한 이익으로 보호된다. 문제된 조치가 협상 타결 시점 이후에 도입된 경우 시장접근에 대한 기대는 정당하다고 추정되며 피제소국이 이러한 추정을 반박할 입증책임을 진다. 반면, 문제된 조치가 협상 타결 시점 이전에 도입된 경우 제소국은 동 조치를 인식하고 있었을 것으로 추정되므로 제소국이 이러한 추정을 반박할 입증책임을 진다. 제소국이 입증하지 못한 경우 자신의 기대는 정당하다고 볼 수 없다.

③ **이익의 무효화 또는 침해:** 이익의 무효화 또는 침해가 인정되기 위해서는 관련 시장접근 양허로부터 발생하는 수입품의 경쟁적 지위(competitive position)가 합리적으로 기대되지 못한 조치의 적용에 의하여 전복되고 있다는 것이 입증되어야 한다. 패널은 일관되게 무효화 또는 침해를 관세 양허의 결과로서 수입품과 국내상품 사이에서 확립된 '경쟁관계를 전복하는 것'(upsetting the competitive relationship)과 동일시한다.

④ **인과관계:** 조치의 적용과 이익의 무효화 또는 침해 사이에 인과관계가 있어야 한다. 인과관계를 입증하기 위하여 자국의 주장을 뒷받침하는 상세한 정당성(detailed justification)을 제시해야 한다. 일본 - 필름 사건에서 패널은 제소국은 정부의 조치가 무효화 또는 침해에 '최소허용수준을 넘는 기여'(more than a de minimis contribution)를 하였는지가 입증되어야 한다고 판단하였다. 또한 패널은 이 사건에서 일본의 원산지 중립적인 조치가 미국의 수입품에 대해 본질적으로 상이한 영향(disparate impact)을 미치는 '사실상의 차별'(de facto discrimination)을 초래할 수 있음은 인정하였으나, 미국이 이를 입증하지 못하였다고 판정하였다.

(6) 입증책임

비위반제소를 제기하는 나라는 제소를 정당화하기 위한 상세한 근거를 제시해야 한다[DSU 제26조 제1항 제(a)호]. 비위반제소의 입증책임은 제소국에 부과되며 이는 위반제소와 다르다. 위반제소의 경우 위반조치가 있는 경우 반증이 없는 한 무효화와 침해의 추정이 발생하므로 추정을 뒤집기 위한 반증책임은 피제소국이 진다(DSU 제3조 제8항).

(7) 패널보고서의 채택 및 효과

비위반제소에 관한 패널보고서와 상소기구보고서는 역총의제로 채택된다. 따라서 패소국은 단독으로 보고의 채택을 거부할 수 없다. 비위반제소를 패널이나 상소기구가 인용하는 경우 비위반조치를 적용한 회원국은 당해 조치를 철회하지 않아도 된다. 다만, 이 경우 패널이나 상소기구는 분쟁 당사국에 대해 상호 만족할 만한 조정을 행하도록 권고한다[DSU 제26조 제1항 제(b)호].

(8) 보상

비위반제소에 관한 분쟁해결기구의 권고와 판정이 합리적인 기간 내에 이행되지 않는 경우 보상이 분쟁의 최종적 해결방법으로서의 상호 간에 만족할 만한 조정의 일부로 된다[DSU 제26조 제1항 제(d)호]. 위반제소의 경우 보상은 잠정적 수단으로서 위반조치를 협정에 합치시키도록 하는 권고와 판정의 완전 이행이 최우선된다(DSU 제22조 제1항).

(9) 판례

WTO의 경우 일본 - 필름 사건, EC - 석면 사건 등에서 비위반제소가 제기되었으나 모두 기각되었다.

관련판례

일본 - 필름 사건

본 건은 미국이 일본 시장에서 일본 기업들의 반경쟁행위를 문제삼아 WTO에 제소한 사건이다. 일본 기업들은 '계열(keiretsu, 系列)'이라는 관행을 유지하고 있었다. keiretsu에는 '수평적 keiretsu'와 '수직적 keiretsu'가 있다. 전자는 은행 등을 통해 직접적인 경쟁자(directcompetitor) 간에 특수한 관계를 맺고 있는 것을 말하며 후자는 제조업자와 부품의 공급자 또는 유통업자 간의 특수한 연대관계를 의미한다.

미국은 일본 내 최대필름제조업체인 후지사의 유통시장에 대한 특수한 결합관계를 문제삼았다. 미국은 후지사가 이러한 특수한 결합관계를 통하여 1차 도매업자로 하여금 자사의 제품만을 취급하게 만들어 결국 필름 및 인화지 유통시장을 단일 브랜드 시장구조로 만들었다고 주장하였다. 미국은 이러한 폐쇄적인 시장구조의 형성에 일본 정부가 상당히 깊숙이 관여해왔다고 주장하였다. 즉, 미국은 유통활동저해조치(distribution countermeasure)를 통해 코닥사가 도매시장에 접근할 수 없도록 하고 대규모점포법(Large Stores Law)을 통해 대체적인 시장접근방법의 모색도 거의 불가능하게 만들었으며 자유로운 판매촉진활동을 어렵게 하는 다양한 조치(promotion countermeasure)를 남발함으로써 후지사의 반경쟁활동을 조장하였다고 주장하였다. 미국은 이러한 정부조치가 각의(Cabinet), 통산성(MITI), 일본 공정취인위원회(공취위) 및 사적 기구(private entities)인 공정거래촉진위원회 등에 의해 취해졌다고 주장하였다. 미국은 유통활동저해조치, 대규모점포법 관련조치 및 판매촉진저해활동 등의 일본 정부 조치로 인하여 개별적으로(individually) 또는 집합적으로(collectively) 케네디 라운드, 도쿄 라운드 및 우루과이 라운드 시 일본이 제공한 양허에서 발생하는 미국의 정당한 이익이 무효화 또는 침해되었다고 주장하였다. 패널은 미국이 자신의 비위반제소를 정당화하기 위해서는 정부조치의 적용, 양허상의 이익의 무효화 또는 침해, 조치 및 무효화 또는 침해 간의 인과관계를 입증해야 한다고 판단하였다. 패널은 일본의 몇몇 조치들은 첫 번째 요건을 충족시키는 정부조치에 해당한다고 판단하였다. 그러나 그러한 정부조치라 하더라도 양허시점에서 미국에게 발생한 합리적인 이익을 무효화 또는 침해하였는지 여부에 대해서 미국이 입증하지 못하였다고 판시하였다. 따라서 미국이 제소대상으로 삼은 어떠한 조치도 비위반제소의 요건을 충족하지 못하였다고 평결하였다.

관련판례

EC - 석면 사건

1996년 12월 24일 프랑스 정부는 석면 및 석면함유제품의 생산, 수입 및 판매 금지 법안(Decree No.96 - 1133 of 24 Decemer)을 채택하였으며, 1997년 1월 1일부로 이를 시행하였다. 동법에서는 노동자와 소비자들을 보호하기 위하여 석면 또는 석면류를 포함하는 상품 등의 제조, 판매, 수입, 수출, 유통 등을 포괄적으로 금지하였으며, 예외적으로 온석면의 경우 산업재해의 위험이 보다 적은 기술적으로 입증된 적절한 대체물이 없는 경우에 한시적으로 사용을 허용하였다. 이에 대해 캐나다는 동 조치가 TBT협정 및 GATT1994 제3조에 위반된다고 주장하는 한편, 비위반제소도 같이 제기하였다. 패널은 비위반제소의 인용요건으로 정부 조치의 적용, 합리적 이익의 존재, 이익의 무효화 또는 침해 및 인과관계를 요한다고 하였다. 그러나 석면 수출과 관련하여 형성된 캐나다의 기대가 '합리적'이었다고 보기 어렵다고 하였다. 캐나다는 프랑스가 석면사용에 대해 보다 제한적인 기준을 채택할 것이라고 알 수 있었기 때문이었다. 결국 패널은 캐나다에 합리적 이익이 존재한다고 보기 어렵다고 보고 비위반제소를 기각하였다.

4. 상황제소

다른 회원국이 위반 또는 비위반조치를 취하지 않아도 그 나라에 존재하는 여하한 상태 때문에 자국의 이익이 무효화 또는 침해되거나 또는 협정 목적이 저해되는 경우에 제기하는 소를 의미한다. 예컨대, 수입국 정부는 어떤 조치도 취하지 않고 있는 경우에도 민간의 수입 카르텔과 수입품 불매운동(보이콧)을 방치하는 듯 수수방관하는 때에는 카르텔에 의해 수입제한 상태가 발생하고 이것에 의해 수출국의 이익이 무효화되거나 침해되고 또는 협정 목적이 저해될 우려가 있을 수 있다.

3 제소대상조치 및 제소조건

1. 제소대상이 되는 국가 조치의 범위

분쟁해결양해(DSU)에 의하면 중앙정부의 조치 외에 지방정부 또는 지방기관의 조치도 WTO규정에 의해 규제되므로 제소의 대상이 된다. 지방정부와 기관의 조치가 WTO규정에 위반되면 패널과 상소기구가 판정하고 분쟁해결기구가 그 취지의 판정을 실시하는 경우에는 문제의 패소국은 규정의 준수를 확보하기 위해 이용 가능하고 타당한 조치를 취해야 한다(DSU 제22조 제9항).

2. 제소와 법적 이익

WTO에 제소하기 위해서는 법적 이익(legal interest)이 있어야 하는가? 바나나 사건(Ⅲ)에서 패널과 상소기구는 WTO 분쟁해결절차의 제소국이 제소의 법적 이익을 가질 필요는 없다고 하였다. WTO는 국가의 조치가 '실제 무역에 주는 영향'에 대해 규율하는 것은 아니고, 상품과 서비스의 무역을 확대하기 위해 '경쟁기회를 보호'하는 것을 목적으로 한다. EC - 바나나 사건(Ⅲ)에서 EC는 미국이 EC에 바나나를 수출하지 않기 때문에 WTO 제소를 행할 법적 이익을 가지지 않고, 따라서 제소적격이 없다고 주장하였다. 패널은 EC의 주장을 기각했다. 패널은 상품 또는 서비스무역에 관해 잠재적인 이익을 갖는 나라는 그 경쟁기회를 확보하기 위해 패널절차에 제소할 수 있다고 하였다. 나아가 국가는 설령 관련된 무역에 잠재적 이익을 가지지 않더라도 타국의 조치에 대해 제소를 행할 자격을 가진다고 하였다. 상소기구 역시 DSU 제3조 제7항에 기초하여, 국가가 제소할지 여부에 대해 자기결정권(self - regulating)을 가진다고 보고 제소국이 법적 이익을 가질 필요는 없다고 하여 패널의 판정을 지지하였다.

3. 국내적 구제

국가가 타국의 조치에 대해 제소하기 전에 제소국의 기업과 국민이 조치를 취한 국가의 재판소에 미리 국내적 구제를 다하도록 하는 것은 필요하지 않다. WTO 분쟁해결절차는 정부 대 정부의 분쟁을 다루기 때문에 사인 자체는 설령 분쟁의 원인이 되고 있어도 WTO 절차에는 직접 관련하지 않는다. 따라서 사인에 의한 국내적 구제는 WTO 절차와는 다른 차원의 문제이기 때문에 국내구제의 완료가 WTO 절차의 전제요건이 되지는 않는다.

4 WTO 분쟁해결에 대한 적용법규

1. 서설

WTO 분쟁해결절차에서 적용되는 주된 법원(규정)은 WTO협정이다. 그러나 이외에도 관습법, 과거의 패널보고와 상소기구보고, 법의 일반원칙, 관련 국제협정, 학설 등이 보충적으로 원용된다. 국제사법재판소와 달리 분쟁해결양해에는 패널이나 상소기구가 적용하는 법원에 대해 명시적 규정을 두지 않고 있다.

2. WTO협정

국가의 조치가 WTO협정에 위반되는지 여부를 심사함에 있어서 WTO설립협정 및 부속서가 적용된다. GATT와 다른 분야별 개별 협정이 내용상 저촉되는 경우 개별 협정이 GATT에 우선한다(부속서 1 가에 대한 일반적 주해). 회원국의 조치가 동시에 복수의 협정에 저촉하는 경우 패널은 조치의 심사에 있어서 복수의 협정을 동시에 적용할 수 있다. 따라서 국가 조치가 상품무역과 서비스무역에 모두 관계되는 경우 GATT 및 다른 상품무역협정과 GATS가 모두 적용된다.

3. 관습법

(1) 조약법에 관한 비엔나협약의 조약해석규정

WTO 패널과 상소기구가 의존하는 관습법은 주로 조약법에 관한 비엔나협약의 조약해석규정이다. DSU 제3조 제2항에 의하면 분쟁해결의 목적은 국제법의 해석에 관한 관습법규칙에 따라 WTO협정의 규정을 명확히 하는 것에 있다. 이러한 해석규칙은 조약법에 관한 비엔나협약 제31조 및 제32조에 규정되어 있다. 패널은 문맥과 목적에 의한 원칙적인 해석방법이 애매한 결과를 초래하지 않는다면 보충적 해석방법을 동원할 필요는 없다고 하였다(인도 - 수량제한 사건). 그러나 조약의 원칙적 해석방법에서 조약규정의 의미가 확실치 않을 때, 특히 회원국이 특정 약속 교섭에서 행한 약속의 내용이 쟁점이 되는 경우에는 보충적 해석방법을 동원하기도 한다(캐나다 - 낙농품 사건, 한국 - 정부조달 사건).

(2) 다른 국제관습법

① **사전주의원칙(precautionary principle)**: EC - 호르몬 쇠고기 사건에서 패널은 사전주의원칙이 설령 국제관습법으로 간주된다고 해도 그것은 WTO협정에 명시된 규정에는 우선하지 않는다고 하였다. 상소기구 역시 사전주의원칙이 관습법의 원칙으로 폭넓게 받아들여졌는지의 여부는 명확하지 않다고 하였다.

② **최혜국대우원칙**: GATT/WTO의 최혜국대우원칙은 관습국제법을 법전화한 것이라고는 말할 수 없다. 상품 분야의 최혜국대우원칙은 근대 이후 특정 양국 간 통상협정에서 관세율이나 수량제한 등 특정 분야에서만 적용되었다. 서비스무역이나 지적재산권 분야의 최혜국대우원칙은 WTO 출범과 더불어 도입된 원칙이다. 또한 최혜국대우원칙에는 다양한 예외가 존재한다. 따라서 최혜국대우원칙이 법적확신을 가진 일반적 관행으로서의 국제관습법이라고 할 수 없다. 실제에서도 WTO 회원국들은 비회원국에 대해 상호조약을 체결하지 않는 한 차별적으로 취급하고 있다.

③ **GATT 체약국단의 관행:** WTO설립협정 제16조 제1항은 WTO 패널이 GATT 시대 체약국단의 결정, 절차, 관행을 지침으로 하도록 정하고 있다. 그러나 GATT 체약국단의 관행은 국제관습법에는 해당하지 않는다.

4. 법의 일반원칙

패널은 GATT 시대부터 필요에 따라 문언 해석에 있어 법의 일반원칙을 원용해 왔다. 첫째, '원칙에 대한 예외는 좁고 엄격하게 해석해야 한다'는 일반원칙이다. 예컨대, 반덤핑협정상 동종상품의 해석은 엄격하게 해야 한다고 하였다. 반덤핑조치가 최혜국대우원칙에 대한 예외를 구성하기 때문이다. 둘째, 금반언(estoppel)의 원칙이다. 미국 - 인도산 강판 사건에서 인도는 서면절차의 과정에서는 주장을 방치하였다가 이후 주장을 부활시켰다. 이에 대해 패널은 인도가 주장을 일단 방치하였다가 후에 부활시킨 것은 전언(前言)을 뒤집은 것이 되어 허용되지 않는다고 기술하였다. 패널에 의하면 이 사건에서 분쟁당사국인 미국과 심리에 참가한 제3국은 인도가 문제의 주장을 방기한다는 전언을 믿고 행동하였기 때문이다. 그 밖에도 텍스트무용화해석의 회피원칙이나 국가주권의 존중을 위한 완해해석원칙 등이 법의 일반원칙으로서 WTO 패널이나 상소기구에 의해 적용되었다.

5. 관련 국제협정

WTO협정에 인용된 국제협정과 WTO 회원국 간 국제협정도 WTO협정의 해석에 필요한 규정이 되고 있다.

(1) WTO협정은 다수의 국제협정을 인용하고 있다. TRIPs가 언급하는 산업재산권 파리조약, 저작권 베른조약, 저작인접권 로마조약, 반도체집적회로 워싱턴조약 등이 대표적인 예이다.

(2) WTO 회원국 간의 국제협정의 경우 양국 간 협정과 회원국 간 국제협정으로 나누어 살펴볼 필요가 있다. 우선 양국 간 협정의 경우 원칙적으로 GATT/WTO 다자적 분쟁해결절차에서 원용할 수 없으나 예외적으로 양국 간 협정이 GATT 와 밀접하게 관련되어 있고, 동 협정이 GATT의 목적과 합치하며, 분쟁 당사국 쌍방이 GATT 중재절차를 요청한 경우 예외적으로 GATT에서 원용될 수 있다(캐나다 - EC 관세 양허 재교섭권 사건). WTO 패널 및 상소기구도 양자 간 협정이 GATT와 관련되어 있고 WTO 패널 판정에 필요한 경우 이를 원용할 수 있다고 하였다(EC - 닭고기 수입조치 사건).

(3) 한편, 회원국 간 국제협정의 경우 모든 GATT 체약국에 의해 수락된 협정에 한해 GATT의 해석에 원용할 수 있다(미국 - 참치수입제한 사건Ⅱ). EC - 유전자변형식품 사건 패널 역시 WTO 전회원국을 구속하는 국제협정만이 WTO협정의 해석시 고려된다고 하였다.

6. 적용규정 간 충돌의 문제

(1) WTO체제 내의 규정 충돌

WTO체제 내의 규정 충돌에 대해서는 WTO협정 내에 관련 규정을 두고 있다. 우선 WTO설립협정과 다자 간 무역협정이 충돌할 경우 WTO설립협정이 우선한다(WTO설립협정 제16조 제3항). 둘째, 상품무역규정에 관해 GATT1994와 개별 협정이 충돌하는 경우 개별협정이 우선한다(부속서 1A의 해석을 위한 일반적 주석). 한편, 다자 간 상품무역협정의 특정 제 협정이 충돌하는지 여부에 대해서는 패널과 상소기구가 사례별로 결정한다. 지금까지 규정의 충돌이 인정된 사례는 없는바, 이는 패널과 상소기구는 관련하는 규정의 충돌을 인정하지 않기 때문이다. 패널과 상소기구는 오히려 관련 규정이 양립 · 중복해서 적용된다고 판단해 왔다.

(2) WTO규정과 비WTO규정의 충돌

충돌하는 것처럼 보이는 규정은 가능한 한 합치하도록 해석하고 그것들을 중복적용하거나, 신법우선의 원칙 또는 특별법우선의 원칙에 의해 해결해야 할 것이다.

7. 선례구속(stare decisis)성 인정 여부

채택된 패널보고서와 상소기구보고서는 패널 절차에 참고가 되어 WTO협정 해석의 보조적 수단이 된다. 그러나 이들은 선례로서 후의 패널과 상소기구를 구속하지 않는다. WTO는 선례구속의 법리를 가지지 않기 때문이다. 패널보고서와 마찬가지로 상소기구보고서도 분쟁당사국만을 구속한다. 또한 구속적인 선례는 되지 못한다. 과거의 패널과 상소기구가 어떤 판단을 내렸든지 새로운 분쟁사건에서 상소기구는 과거와 다른 판단을 내릴 수 있다.

8. 기판력(res judicata)의 문제

통상 국내재판소에서는 본안 판결이 일단 내려지면 동일 당사자 간에서 또는 동일 청구에 대해 최종적인 구속력을 가진다. 그러나 이러한 기판력에 대해 DSU는 다루지 않고 있다. 다만 패널은 몇 건의 사건에서 기판력이 사실상 WTO에서도 적용된다고 판단하였다. 인도 - 자동차 사건에서 패널은 기판력에 대해 처음으로 언급하였다. 패널은 기판력을 WTO체제의 기간(基幹, systemic) 문제로 삼은 뒤 기판력이 WTO 분쟁해결절차에서 적용되기 위해서는 일정 요건(동일 청구, 동일 당사자 등)이 충족되어야 한다고 하였다. EC - 인도산 침대용품 사건(EC - Bed Linen 사건) 이행 패널은 '원심 패널 보고 중에서 상소하지 않은 부분과 상소한 사항에 대해 상소기구가 재결한 부분은 분쟁의 최종적 해결로 간주되고 또한 본건의 분쟁 당사국과 패널에 의해 최종 해결로 취급되어야 한다'고 판정하였다.

5 분쟁해결기구(DSB)

DSU 제2조 - 실시(Administration)

1. 이 규칙과 절차를 실시하기 위하여, 그리고 대상협정에 달리 규정되어 있지 아니하는 한, 대상협정의 협의 및 분쟁해결규정을 실시하기 위하여 분쟁해결기구가 설치된다. 이에 따라 분쟁해결기구는 패널을 설치하고, 패널 및 상소기구보고서를 채택하며, 판정 및 권고의 이행상황을 감독하고, 대상협정에 따른 양허 및 그 밖의 의무의 정지를 허가하는 권한을 갖는다. 복수국간무역협정인 대상협정에 따라 발생하는 분쟁과 관련, 이 양해에서 회원국이라는 용어는 당해 복수국간무역협정의 당사자인 회원국만을 지칭한다. 분쟁해결기구가 복수간무역협정의 분쟁해결규정을 집행하는 경우 오직 그 협정의 당사자인 회원국만이 그 분쟁에 관하여 분쟁해결기구가 취하는 결정이나 조치에 참여할 수 있다.
2. 분쟁해결기구는 세계무역기구의 관련 이사회 및 위원회에 각각의 소관 대상협정의 규정과 관련된 분쟁의 진전상황을 통보한다.
3. 분쟁해결기구는 이 양해에 규정된 시한 내에 자신의 기능을 수행하기 위하여 필요할 때마다 회의를 개최한다.
4. 이 양해의 규칙 및 절차에 따라 분쟁해결기구가 결정을 하여야 하는 경우 컨센서스에 의한다.

1. 구성

일반이사회가 분쟁해결기구로 활동한다.

2. 임무

대상협정상의 협의 및 분쟁해결 관련 조항을 집행한다. 주요 임무로는 패널의 설치, 패널 및 항소기구보고서의 채택, 판정 및 권고안의 이행상태 감독, 대상협정상의 양허 및 기타 의무의 정지 허가 등이 있다.

3. 관할권

첫째, 인적 관할은 WTO 회원국으로서 비회원국이나 사인 또는 국제기구는 제소할 수 없다.

둘째, 물적 관할은 WTO 모든 협정에 적용된다. 단, 부속서3 무역정책검토제도(TPRM)는 분쟁해결양해(DSU)의 대상이 아니다.

셋째, 분쟁해결양해(DSU)의 규칙과 절차는 대상 협정상 분쟁해결과 관련하여 특정 규정이 있는 경우 이에 종속된다.

넷째, 분쟁해결기구(DSB)는 당사국의 요청이 있는 경우에만 해당 사안을 심리한다. 즉, 분쟁해결기구(DSB)는 스스로 제소할 권한을 갖고 있지 못하다.

DSU 제1조 - DSU의 대상범위 및 적용

1. 이 양해의 규칙 및 절차는 이 양해의 부록 1에 연결된 협정(이하 "대상협정"이라 한다)의 협의 및 분쟁해결규정에 따라 제기된 분쟁에 적용된다. 또한 이 양해의 규칙 및 절차는 세계무역기구설립을 위한 협정(이하 "세계무역기구협정"이라 한다) 및 이 양해만을 고려하거나 동 협정 및 양해를 다른 대상협정과 함께 고려하여 세계무역기구협정 및 이 양해의 규정에 따른 회원국의 권리·의무에 관한 회원국 간의 협의 및 분쟁해결에 적용된다.

2. 이 양해의 규칙 및 절차는 이 양해의 부록 2에 명시된 대상협정에 포함된 분쟁해결에 관한 특별 또는 추가적인 규칙과 절차에 따를 것을 조건으로 하여 적용된다. 이 양해의 규칙 및 절차가 부록 2에 명시된 대상협정의 특별 또는 추가적인 규칙 및 절차와 상이한 경우 부록 2의 특별 또는 추가적인 규칙 및 절차가 우선한다. 2개 이상의 대상협정상의 규칙 및 절차가 관련되는 분쟁에 있어서, 검토대상이 되고 있는 이러한 대상협정들의 특별 또는 추가적인 규칙 및 절차가 서로 상충하고, 분쟁당사자가 패널설치로부터 20일 이내에 적용할 규칙 및 절차에 대하여 합의에 이르지 못하는 경우, 제2조 제1항에 규정된 분쟁해결기구의 의장은 분쟁당사자와 협의하여 일방 분쟁당사자의 요청 후 10일 이내에 적용할 규칙 및 절차를 확정한다. 분쟁해결기구 의장은 가능한 한 특별 또는 추가적인 규칙 및 절차를 이용해야 하며, 이 양해의 규칙 및 절차는 상충을 피하기 위하여 필요한 범위 안에서 이용해야 한다는 원칙에 따른다.

4. 의결

분쟁해결기구(DSB)는 GATT의 전통에 따라 컨센서스로 의결한다. 단, 패널 및 항소기구의 판정 및 권고안을 의결하는 경우, 패널설치, 보복조치의 승인의 경우 역총의제에 의한다.

6 WTO 분쟁해결제도의 특징

1. 통합성

WTO 분쟁해결제도는 GATT와 달리 분쟁해결양해(DSU)로 단일화되었을 뿐 아니라, 분쟁해결절차의 구성을 체계화하였다.

2. 배타성

WTO 회원국 간 WTO협정의 위반, 무효화 및 침해 등에 관련된 모든 분쟁은 DSU의 규칙과 절차에 따라서만 해결할 것을 규정하고 있다. 나아가 분쟁해결양해(DSU)에 따른 분쟁해결에 의하지 않고 위반이 발생하였다는 결정을 내려서는 안 된다. 그러나 DSU는 패널 이외의 수단으로 분쟁을 해결하는 것을 금지하는 것은 아니다.

DSU 제23조 - 다자간체제의 강화
1. 회원국은 대상협정상의 의무 위반, 이익의 무효화 또는 침해 또는 대상협정의 목적달성에 대한 장애의 시정을 추구하는 경우 이 양해의 규칙 및 절차에 호소하고 또한 이를 준수한다.
2. 이러한 경우 회원국은 다음과 같이 한다.
   가. 이 협정의 규칙 및 절차에 따른 분쟁해결에 호소하지 아니하고는 위반이 발생하였다거나 이익이 무효화 또는 침해되었다거나 대상협정의 목적달성이 저해되었다는 취지의 판정을 내리지 아니하며, 분쟁해결기구가 채택한 패널보고서나 상소기구보고서에 포함된 조사결과 또는 이 양해에 따라 내려진 중재판정에 합치되도록 그러한 판정을 내린다.
   나. 관련 회원국이 권고 및 판정을 이행하기 위한 합리적인 기간을 확정하는 데 있어서 제21조에 명시된 절차를 따른다.

다. 관련 회원국이 합리적인 기간 내에 권고 및 판정을 이행하지 아니하는 데 대한 대응으로서 대상협정상의 양허 또는 그 밖의 의무를 정지하기 전에 양허 또는 그 밖의 의무의 정지의 수준을 정하는 데 있어서 제22조에 명시된 절차를 따르며 동 절차에 따라 분쟁해결기구의 승인을 얻는다.

 관련판례

EC - Commercial Vessels 사건

EC는 2003년 6월 한국을 WTO에 제소하였고(한국 - Commercial Vessels 사건), 이에 앞서 2002년 WTO 패널결정이 나올 동안 EC 조선업계를 보호한다는 구실 아래 한국과 경쟁하는 선종에 대해서는 한국 조선사와 수주 경합이 붙은 EC 조선사에게 수주가의 최대 6%에 해당하는 보조금을 제공한다는 규정을 채택하였고 독일, 덴마크, 프랑스 등 회원국은 국내이행규정을 마련하였다. 한국은 EC의 임시보호규정(Temporary Defense Mechanism: TDM)과 회원국의 이행 규정은 WTO 분쟁해결제도를 무시하는 자력구제로서 DSU 제23조 제1항, 제2항에 위배된다고 주장하였다. 한국은 DSU 제23조 제1항이 회원국의 자력구제(일방주의)를 포괄적으로 금지하는 조항이라고 언급하면서, TDM규정과 국내이행규정이 한국의 보조금협정 의무 위반을 시정하기 위한 것이나 DSU 절차에 호소하고 이를 준수한 것이 아니므로 동 조항 위반이라고 주장하였다. EC는 동 조항은 DSU 절차를 준수하라는 절차 규정이고 제23조 제2항에 나열된 문제에 대해 적용될 뿐이며 따라서 WTO협정과 양허의 중단 문제에 대해서는 WTO가 배타적인 관할권을 보유한다는 것을 선언한 것에 불과하다고 반박하였다. 패널은 회원국이 추구하는 위반시정행위는 제23조 제2항에 열거된 양허나 의무정지 외에 여러 가지가 있을 수 있으므로 제23조 제1항은 제2항에 적시된 문제에 국한하여 적용되는 것은 아니며 DSU상의 구제조치를 통해 얻을 수 있는 결과를 DSU 외의 다른 수단을 통해 일방적으로 추구하는 회원국의 모든 행위에 대해 적용되는 것이고, WTO 문제를 다른 국제법정에 회부할 경우에만 제23조 제1항 위반이 성립하는 것이 아니라고 해석하였다. 단, 한 회원국이 다른 회원국의 WTO에 불합치되는 행위로 인해 자국 내에 초래된 피해를 보충하거나 완화하기 위해 취한 조치가 부당행위를 한 회원국의 행위에 영향을 미치려고 고안된 것이 아니라면 그러한 조치까지 포함하는 것은 아니라고 부연하였다. 타국의 부당한 조치로 영향 받은 국내산업 구조조정 지원조치가 그 예가 된다. 패널은 TDM 규정이 한국을 겨냥하고 있는 점이 명백하며 EC 조선소가 TDM보조금을 수령할 수 있는 기간은 한국의 보조금에 대한 WTO 분쟁절차기간과 동일하므로 TDM이 한국의 보조금협정 위반행위를 시정하기 위한 것이라는 점도 분명하다고 보았다. 패널은 TDM규정이 한국의 보조금협정 위반행위에 대응하여 EC가 취한 조치이며 한국으로 하여금 WTO협정에 합치되지 않는 보조금을 제거하도록 유인하려는 것이 확실하며, WTO협정에 합치되지 않는 보조금을 제거하여 이전의 권리의무관계의 균형을 회복하려면 반드시 DSU 절차를 이용해야 하는 것이므로 EC는 제23조 제1항에 합치되지 않게 행동한 것이라고 판정하였다.

3. 신속성

협의기간 이후 분쟁해결에 실제로 호소하는 시점에서부터 패널이나 항소기구의 결정 및 권고를 이행하기 위한 합리적 기간의 최대치에 이르기까지 분쟁해결양해(DSU)상 절차상의 모든 주요 단계마다 명백한 최종기한을 설정하고 있다.

4. 사법성

특히 상설항소기구의 설치는 사법적 심사의 강화 측면에서 큰 의미를 가진다. 상소제도는 패널보고서에 법적 잘못이 있는 경우, 이를 재검토할 가능성을 열어 놓은 것으로, 분쟁해결절차의 사법화 측면에서 중요한 의미를 갖는다.

5. 자동성

GATT1947하에서는 패널결정에 대해 한 국가만이라도 반대하면, 채택이 불가능하였기 때문에 패널보고서는 구속력 있는 결정이 되기 어려웠다. 그러나 분쟁해결양해(DSU)에서 보고서의 채택을 봉쇄하는 것은 사실상 불가능하다. 역총의제의 도입 때문이다. 이는 종래 체약국에 있던 영향력을 패널과 항소기구로 옮겨 놓은 것으로, 패널 절차의 사법적 성격을 강화한 것으로 평가된다.

6. 구속성

DSU 제17조 제14항에 의하면 분쟁 당사국은 항소기구보고서를 조건 없이 수락해야 한다. 즉, 패널이나 항소기구가 행한 최종 결정과 권고는 당사국을 구속한다.

> 📁 **참고**
>
> **국제사법재판소(ICJ)와 WTO 분쟁해결제도 비교**
>
> | 구분 | 국제사법재판소(ICJ) | WTO 분쟁해결제도 |
> |---|---|---|
> | 관할권 | 원칙적 임의관할, 예외적 강제관할 | 강제관할 |
> | 의사결정 | 출석재판관 과반수 | 총의제, 역총의제 |
> | 소송절차 공개 여부 | 심리 - 공개
평의 - 비공개
판결 - 공개 | 심리 - 비공개
평의 - 비공개
판결 - 공개 |
> | 소송참가 | ○ | ○ |
> | 비회원국 제소자격 | ○ | × |
> | 상소 | × | ○ |
> | 재심 | ○ | × |
> | 이행감독 | UN안전보장이사회 | 분쟁해결기구(DSB) |

제2절 | 비사법적 해결절차

1 협의

1. 절차

협의는 GATT/WTO 분쟁해결절차의 필수적인 단계이다. 각 회원국은 GATT 제22조 제2항의 정신에 따라 대상협정의 운용에 영향을 미치는 자국의 영토 내에서 취해진 조치에 관하여 회원국이 표명한 입장을 호의적으로 고려하여야 하며, 적절한 협의기회를 부여하여야 한다(DSU 제4조 제1항).

2. 협의시한

협의요청이 있는 경우 회원국은 달리 합의하지 않는 한 협의요청 접수 후 10일 이내에 답변하여야 하며, 협의요청일로부터 30일 이내에 서로 만족할 만한 해결책을 모색하기 위해 성실하게 협의에 응하여야 한다. 10일 이내에 답변이 없거나, 30일 이내에 또는 달리 합의한 기간 이내에 협의에 응하지 않을 경우에는 협의요청 회원국이 직접 패널의 설치를 요청할 수 있다(DSU 제4조 제3항).

3. 협의요청방식

협의요청국은 분쟁해결기구 및 관련기구에 통고한다. 서면으로 문제가 되고 있는 조치, 제소의 법적 근거 등을 포함한 협의요청사유를 명시해 요청하여야 한다.

4. 협의의 결렬과 패널설치

협의요청일로부터 60일 이내에 협의를 통한 분쟁해결에 실패하는 경우, 제소국은 패널설치를 요청할 수 있다. 협의 참가국들이 협의를 통한 분쟁해결에 실패하였다고 동의하는 경우 60일 이전에도 패널설치를 요청할 수 있다(제4조 제7항).

5. 제3국의 참여

협의대상국이 아닌 회원국으로서 당해 협의에 실질적인 교역상의 이익을 가지고 있다고 판단하는 국가는, 협의요청 문서가 배포된 날로부터 10일 이내에 협의당사국 및 분쟁해결기구(DSB)에 협의 참여 의사를 통고할 수 있다. 원 제소당사국이 협의 참가 요청에 충분한 근거가 있다고 동의하는 경우, 제3국은 협의에 참가할 수 있다.

2 주선 · 조정 · 중개

1. 절차

주선 · 조정 · 중개는 분쟁 당사국이 동의하는 경우 시행된다. 비공개이며, 동 절차의 진행을 이유로 당사국이 향후 분쟁해결절차를 진행시키는 데 하등의 불이익을 받지 않는다(제5조 제2항).

2. 절차의 요청과 종료

분쟁 당사국은 언제든지 주선, 조정 및 중개절차를 요청할 수 있다. 동 절차가 개시되는 경우 이 절차가 종료되면 제소국은 패널설치를 요청할 수 있다. 당사국들이 동의하는 경우 주선·조정·중개절차는 패널진행 중에도 계속될 수 있다.

3. 사무총장의 직권조정

회원국들의 분쟁해결을 돕기 위해 사무총장은 공식적인 입장으로 자신의 주선·조정·중개를 제공할 수 있다(제5조 제6항).

제3절 | 패널절차

1 서설

1. 패널의 기능

패널의 기능은 분쟁해결기구(DSB)가 분쟁해결양해(DSU) 및 대상협정상의 임무를 수행하도록 도와주는 것이다. 이를 위해 패널은 분쟁의 사실, 대상협정의 적용가능성 및 동 협정과의 합치성을 포함하여 패널에 회부된 사안에 대해 객관적으로 평가하여야 한다. 또한 분쟁해결기구(DSB)가 요청하는 경우 분쟁해결기구(DSB)가 대상협정에 규정되어 있는 권고를 하거나 판정을 하는 데 도움이 되는 기타 조사결과를 제출하여야 한다(제11조).

> **DSU 제11조 - 패널의 기능**
>
> 패널의 기능은 분쟁해결기구가 이 양해 및 대상협정에 따른 책임을 수행하는 것을 지원하는 것이다. 따라서 패널은 분쟁의 사실부분에 대한 객관적인 평가, 관련 대상협정의 적용가능성 및 그 협정과의 합치성을 포함하여 자신에게 회부된 사안에 대하여 객관적인 평가를 내려야 하며, 분쟁해결기구가 대상협정에 규정되어 있는 권고를 행하거나 판정을 내리는 데 도움이 되는 그 밖의 조사결과를 작성한다. 패널은 분쟁당사자와 정기적으로 협의하고 분쟁당사자에게 상호 만족할 만한 해결책을 찾기 위한 적절한 기회를 제공하여야 한다.

2. 패널의 임무

패널은 분쟁당사국이 위임한 표준위임사항 또는 특별위임사항을 검토한다. 패널은 당사국이 인용하는 모든 대상협정의 관련규정을 검토하여야 한다(제7조).

2 패널설치의 요청과 패널의 설치

1. 패널설치의 요청과 위임사항(terms of reference)

분쟁당사국 간 협의 실패시 협의요청국은 패널설치를 서면으로 요청할 수 있다. 요청서에는 협의 개최 여부, 문제가 된 특정 조치, 제소내용에 대한 요약된 법적 근거를 적시해야 한다. 분쟁사안의 범주를 확정하는 위임사항 설정 시 표준위임사항과 다른 사항을 위임하는 경우 특별위임사항이 제시된 문안이 동 요청서에 포함되어야 한다(제6조 제2항).

2. 패널의 설치

제소국이 패널설치를 요청하는 경우, 늦어도 패널설치 요청이 의제에 상정되는 분쟁해결기구(DSB)회의의 다음 회의에서는 패널이 설치되어야 한다. 패널은 역총의제(reverse - consensus)에 의해, 즉 총의에 의해 패널을 설치하지 않기로 결정하지 아니하는 한 자동적으로 설치된다(제6조 제1항).

3. 패널의 구성

패널은 정부 및 비정부인사의 명부에 등재된 일정한 자격을 갖춘 패널위원 중 일반적으로 3인, 당사국 간 합의 시 5인으로 구성된다. 사무국은 분쟁당사자들에게 후보자들을 제안하고, 분쟁당사자들은 불가피한 사유가 없는 한 패널위원 후보자의 임명을 거부할 수 없다. 패널설치로부터 20일 이내에 구성에 대한 합의가 없는 경우 사무총장은 일방 당사국의 요청에 따라 분쟁해결기구(DSB) 의장과 협의한 후 패널을 구성한다. 한편 개발도상국과 선진국 간 분쟁 시 개발도상국의 요청이 있는 경우 최소 1인은 개발도상국 출신 패널위원을 선정하여야 한다. 패널위원은 개인자격으로 임무를 수행한다(제8조).

4. 패널의 병합

동일 사안에 대해 둘 이상 회원국이 패널설치를 요청하는 경우 절차적 효율성을 위해 별개의 제소를 가능한 한 하나의 패널로 병합하여 진행한다(제9조). 대표적 예로 미국 - Steel Safeguards 사건에서 8개국의 제소를 단일 패널에서 다룬 경우를 들 수 있다. 반면 EC - Beef Hormones 사건에서는 동일 사안에 대해 두 개의 패널을 설치하면서 양자의 패널위원 3인을 동일하게 구성하였다.

5. 제3자 참여

분쟁사안에 대해 중대한 이해를 가지는 회원국은 분쟁해결기구(DSB)에 제3자 참여를 통보할 수 있다. 참여국은 패널에 서면으로 의견을 제출할 수 있으며 구두변론에 참가하거나 분쟁당사국의 서면입장을 받아 볼 수 있다(제10조). 패널절차가 비공개를 원칙으로 하므로 이해관계국이 신속히 정보를 입수하고 이해를 개진할 수 있다는 데 의의가 있다. EC - Bananas 사건의 경우 20개국이 제3자로서 참여를 하였다.

3 패널절차의 진행

1. 패널작업일정과 시한

패널은 분쟁해결양해(DSU)에 첨부된 작업절차에 따라야 한다. 패널구성원들은 분쟁 당사국들과 협의한 후 가장 빠른 시일 내에, 가능하면 일주일 이내에 패널작업일정을 확정하여야 한다. 패널작업일정은 분쟁당사국들이 준비서면을 마련하는 데 필요한 충분한 시간을 부여하여야 한다. 패널구성 및 위임사항에 대한 합의로부터 분쟁 당사국에 최종보고서 제시까지는 원칙적으로 6개월 내에 이루어져야 한다. 부패성 식품 등 긴급을 요하는 분쟁의 경우 3개월 이내로 시한이 단축되며, 부득이한 경우 서면보고에 의해 최대 9개월까지 연장할 수 있다. 단, 개발도상국을 상대로 하는 경우 개발도상국에 주장을 준비·제출할 충분한 시간을 제공할 수 있다(제12조). 패널 시한을 설정함으로써 패널절차의 신속성과 효율성을 확보할 수 있다.

2. 패널절차의 비공개

패널의 심리내용은 공개되지 않으며 패널위원의 개별 의견은 익명으로 처리된다(제14조). 패널에 제출되는 서면입장은 비밀로서 취급되나 분쟁 당사국은 이를 입수하거나 자국의 입장을 공개할 수 있다. 공정성의 확보를 위해 패널은 심의중인 사안과 관련하여 일방 분쟁당사국과 의사소통이 금지된다(제18조). 패널보고서는 분쟁당사국이 참석하지 않는 가운데 작성되며 수집된 정부와 표명된 의견 등을 토대로 하여야 한다.

3. 패널의 작업중단

패널은 제소국이 요청하는 경우 12개월을 초과하지 아니하는 기간 동안 작업을 중단할 수 있다. 패널작업이 중단되는 경우 전체적인 작업시한은 패널 작업이 중단되는 기간만큼 연장된다. 패널작업이 12개월 이상 중단되는 경우에 패널 설치 권한이 소멸된다(제12조 제12항).

4 심사

1. 입증책임

미국 - Wool Shirts and Blouses 사건에서 항소기구는 분쟁당사국들 중 특정 쟁점에 대한 주장이나 사실관계를 제기하는 측이 입증책임을 진다고 판시하였다. 즉, 해당 국가는 자신들이 제기한 주장이 사실임을 추정할 수 있도록 하는 충분한 증거자료를 제시하여야 한다. 이를 충족시킬 경우 입증책임은 분쟁상대국으로 전환되며 이에 반박하는데 충분한 증거를 제시하지 못하는 경우 원래의 주장이 채택된다(제3조 제8항). 소위 '일응 입증'(prima facie case)이 성립되었다는 것으로 EC - Hormones 사건에서는 이를 피제소국이 효과적으로 반박하지 못하는 경우 패널이 제소국에 유리하게 판결하도록 하는 것이라 설명하였다. 단, 일응 입증이 성립하지 않는 경우라도 패널이 증거자료를 보충함으로써 제소국 주장의 입증이 가능할 수 있다.

2. 심리기준

DSU는 패널 판결 시 심리기준에 대한 명문의 규정이 없다. 단, EC - Hormones 사건에서 항소기구는 조사당국이 해당 사안에 대하여 객관적인 평가를 수행하였는지 여부가 패널의 심리기준이 되어야 한다고 판결하였다. 단, 반덤핑협정 제17조 제6항의 경우 조사당국의 판정에서 사실관계 판단 및 평가가 공정하고 객관적이라면 패널은 이를 수용하도록 규정하였다. 또한 복수의 해석이 존재하는 경우 이에 기초한 조치의 합법성을 인정해야 한다.

3. 정보요청권과 Amicus curiae brief

패널은 필요한 경우 적절한 개인이나 기관에 정보 및 기술적 자문을 구할 권리를 가지며, 모든 관련 출처로부터 정보를 구할 수 있고 사안의 특정 측면에 대한 의견을 구하기 위하여 전문가와 협의할 수 있다. 또한 패널은 일방 당사국이 제기하는 과학적 또는 기타 기술적 사항과 관련된 사실문제에 대하여 전문가검토반에게 자문보고서를 요청할 수 있고 이는 권고적 성격을 갖는다(제13조). 한편, Amicus curiae brief란 패널의 요청이 없이도 분쟁 관련 분야 전문가들이 자발적으로 정보를 제시하는 것을 말하며, US - Shrimp 사건에서 항소기구가 패널의 검토 권한을 인정한 후 이것이 관행으로 정착되었다.

> **DSU 제13조 - 정보요청권(Rights to Seek Information)**
> 1. 각 패널은 자신이 적절하다고 판단하는 모든 개인 또는 기관으로부터 정보 및 기술적 자문을 구할 권리를 갖는다. 그러나 패널은 회원국의 관할권 아래에 있는 개인이나 기관으로부터 이러한 정보나 자문을 구하기 전에 동 회원국의 당국에 통보한다. 패널이 필요하고 적절하다고 간주하는 정보를 요청하는 경우, 회원국은 언제나 신속히 그리고 충실하게 이에 응하여야 한다. 비밀정보가 제공되는 경우, 동 정보는 이를 제공하는 회원국의 개인, 기관 또는 당국으로부터의 공식적인 승인 없이는 공개되지 아니한다.
> 2. 패널은 모든 관련 출처로부터 정보를 구할 수 있으며, 사안의 특정 측면에 대한 의견을 구하기 위하여 전문가와 협의할 수 있다. 패널은 일방 분쟁 당사자가 제기하는 과학적 또는 그 밖의 기술적 사항과 관련된 사실문제에 관하여 전문가검토단에게 서면 자문보고서를 요청할 수 있다. 이러한 검토단의 설치에 관한 규칙 및 검토단의 절차는 부록 4에 규정되어 있다.

5 잠정검토단계(Interim Review Stage)

1. 사전단계

패널은 답변서와 구두변론내용을 고려하여 보고서 초안 중 기술적인 부분(descriptive sections: factual and argument)을 정리하여 분쟁 당사국에게 제출한다. 패널이 지정한 기한 내에 분쟁 당사국은 서면으로 이에 대한 논평을 제출한다(제15조 제1항).

2. 중간보고서(Interim Report)

분쟁당사국들로부터 논평접수 마감일이 지난 후, 패널은 기술적인 부분과 패널의 판단 및 결론을 모두 포함하는 중간보고서를 작성하여, 분쟁 당사국들에게 제시한다. 당사국의 요청이 있는 경우 추가적인 회의를 개최하여야 하며, 논평 기간 내에 분쟁당사국들이 논평을 제출하지 않는 경우 중간보고서는 최종 패널보고서로 간주되며 지체없이 회원국들에게 배포된다(제15조 제2항).

3. 최종보고서(Final Report)

최종 패널보고서는 잠정 재검토기간 중에 이루어진 논의사항이 반영되어야 한다. 잠정 재검토 단계는 패널보고서 작성기간 내의 범위에서 진행되어야 한다(제15조 제3항).

6 패널보고서의 채택

1. 보고서 검토 및 이의제기

분쟁해결기구(DSB)의 회원국들에게 패널보고서를 충분히 검토할 시간을 부여하기 위하여 패널보고서가 회원국들에게 배포된 날로부터 20일이 지난 후부터 비로소 분쟁해결기구(DSB)에서 보고서 채택을 위한 논의를 시작할 수 있다(제16조 제1항). 패널보고서에 이의가 있는 회원국은 적어도 패널보고서가 논의되는 분쟁해결기구(DSB) 회의가 개최되기 10일 이전에 반대하는 취지 및 반대 이유를 기재한 서면으로 제출하여 회원국들에게 배포되도록 해야 한다(제16조 제2항).

2. 채택방법(역총의제)

분쟁당사국이 공식적으로 항소의사를 표명하거나 분쟁해결기구(DSB)가 총의로 패널보고서를 채택하지 않기로 하지 않는 한 패널보고서는 회원국에게 배포된 날로부터 60일 이내에 자동적으로 채택된다(제16조 제4항). 역총의제는 일방 회원국에 의해 패널 절차의 진행이 저지되거나 지체되는 것을 방지하기 위해 도입되었다. 일방 분쟁당사국이 항소의사를 통보한 경우, 패널보고서는 항소절차 종료시까지 DSB에서 논의되지 아니한다.

3. 법적 구속력

패널보고서 자체는 법적 효력이 없으나, 채택된 패널보고서는 법적 효력을 갖는다. 따라서 패소당사국은 이행의무를 부담한다. 패널은 문제가 된 조치가 대상협정의 위반이라고 결론짓는 경우 그 조치를 대상협정에 일치시킬 것을 권고해야 한다. 또한 권고안의 이행방법도 제시할 수 있다. 그러나 채택된 패널보고서에 적시된 이행방법은 '권고'이므로 그 자체로서 구속력을 갖는 것은 아니다. 한편, Japan - Taxes on Alcoholic Beverages 사건에서 항소기구는, 채택되지 않은 패널보고서가 법적 지위는 결여하였더라도 판결의 논리는 관련 사안에 유용한 지침으로 검토될 수 있다고 밝혔다.

제4절 | 상소절차

DSU 제17조 - 상소심(Appellate Review)

상설상소기구

1. 분쟁해결기구는 상설상소기구를 설치한다. 상소기구는 패널사안으로부터의 상소를 심의한다. 동 기구는 7인으로 구성되며, 이들 중 3인이 하나의 사건을 담당한다. 상소기구위원은 교대로 업무를 담당한다. 이러한 교대는 상소기구의 작업절차에 정해진다.

2. 분쟁해결기구는 4년 임기의 상소기구위원을 임명하며 각 상소기구위원은 1차에 한하여 연임할 수 있다. 다만, 세계무역기구협정 발효 직후 임명되는 7인 중 3인의 임기는 2년 후 만료되며, 이는 추첨으로 결정한다. 결원은 발생할 때마다 충원된다. 임기가 만료되지 아니한 상소기구위원을 교체하기 위하여 임명된 위원은 전임자의 잔여임기동안 상소기구위원의 직을 수행한다.

3. 상소기구는 법률, 국제무역 및 대상협정 전반의 주제에 대하여 입증된 전문지식을 갖춘 인정된 권위자로 구성된다. 상소기구위원은 어느 정부와도 연관되지 아니한다. 상소기구위원은 세계무역기구 회원국을 폭넓게 대표한다. 모든 상소기구위원은 어느 때라도 단기간의 통지로 이용가능해야 하며 세계무역기구의 분쟁해결활동 및 그 밖의 관련 활동을 계속 숙지하고 있어야 한다. 상소기구위원은 직접 또는 간접적인 이해의 충돌을 이야기할 수 있는 분쟁의 심의에 참여하지 아니한다.

4. 분쟁당사자만이 패널보고서에 대하여 상소할 수 있으며 제3자는 상소할 수 없다. 제10조 제2항에 따라 사안에 대한 실질적인 이해관계가 있음을 분쟁해결기구에 통지한 제3자는 상소기구에 서면입장을 제출하고 상소기구에서 자신의 입장을 개진할 기회를 가질 수 있다.

5. 일반적으로 일방 분쟁당사자가 자기나라의 상소결정을 공식적으로 통지한 날로부터 상소기구가 자신의 보고서를 배포하는 날까지의 절차는 60일을 초과하지 아니한다. 자신의 일정 확정시 상소기구는 관련되는 경우 제4조 제9항의 규정을 고려한다. 상소기구는 60일 이내에 자신의 보고서를 제출하지 못할 것이라고 간주하는 경우, 지연사유를 보고서 제출에 소요될 것으로 예상되는 기간과 함께 서면으로 분쟁해결기구에 통보한다. 어떠한 경우에도 그 절차는 90일을 초과할 수 없다.

6. 상소는 패널보고서에서 다루어진 법률문제 및 패널이 행한 법률해석에만 국한된다.

7. 상소기구는 자신이 필요로 하는 적절한 행정적 및 법률적 지원을 제공받는다.

8. 여행경비 및 수당을 포함하여 상소기구위원이 업무를 수행하는 데 소요되는 비용은 예산·재정 및 관리위원회의 권고에 근거하여 일반이사회가 채택하는 기준에 따라 세계무역기구의 예산으로 충당한다.

상소절차

9. 상소기구는 분쟁해결기구 의장 및 사무총장과의 협의를 거쳐 작업절차를 작성하며, 동 작업절차는 회원국들이 알 수 있도록 통보된다.

10. 상소기구의 심의과정은 공개되지 아니한다. 상소기구보고서는 제공된 정보 및 행하여진 진술내용에 비추어 분쟁당사자의 참석 없이 작성된다.

11. 상소기구보고서에 표명된 개별 상소기구위원의 견해는 익명으로 한다.

12. 상소기구는 제6항에 따라 제기된 각각의 문제를 상소심의과정에서 검토한다.

13. 상소기구는 패널의 법률적인 조사결과와 결론을 확정, 변경 또는 파기할 수 있다.

1 의의

1. 상소기구의 설립

UR 협상과정에서 패널보고서 채택을 기존의 총의제로부터 역총의제로 개편함에 따라 사실상 자동적인 보고서 채택의 보완책으로서 상소기구 설치를 통한 재심사 필요성이 제기되었다. 그 결과 상소기구는 분쟁해결양해(DSU)의 규정에 따라 WTO 출범과 함께 상설적 기구로서 설립되었다. 이는 GATT 분쟁해결절차상 가장 혁신적인 것으로 WTO체제의 안정성과 예측가능성을 제고한 것으로 평가된다.

2. 상소기구의 특징 및 구성

상소기구는 패널에서 항소된 분쟁을 심리하며 이는 최종심이자 법률심이다. 제소가 있는 경우 사후적으로 구성되는 패널과 달리 항소기구는 법률, 국제무역 및 대상협정 전반의 주제에 대해 전문지식을 갖춘 공인된 권위자인 항소기구위원 7인으로 상설 구성되어 있다. 상소기구위원의 임기는 4년이며 1회에 한하여 연임할 수 있다. 상소 요청이 있는 경우 상소기구위원 중 3인이 무작위로 선정되어 부(division)를 구성하여 판결한다. 상소기구위원은 자기 국적과 상관없이 모든 사건에 배정될 수 있으며, 항상 독립성을 유지해야 한다.

2 상소적격 및 물적 관할권

1. 상소적격

상소는 분쟁 당사국만 할 수 있으며 제3국은 상소적격이 없다. 다만, 실질적 이해관계가 있음을 분쟁해결기구(DSB)에 통고하고 패널절차에 참가한 제3국은 제3자로서 상소에 참여하여 항상 기구에 서면입장을 제출하고 의견을 진술할 기회를 가질 수 있다(제17조 제4항).

2. 물적 관할권

상소기구는 패널보고서에서 제기된 법률문제와 패널의 법률적 해석에 대해서만 심리한다(제17조 제6항). 따라서 상소대상이 아닌 사실문제 및 패널이 다루지 않은 법률문제는 상소심에서 다루어지지 않는다. 사실관계와 법률관계의 구분이 모호한 경우 법률해석의 문제로서 항상기구의 관할대상이 된다.

3 주요 절차 규정

1. 분쟁처리기간

상소절차는 항소제기일로부터 최종보고서 제출까지 60일을 초과할 수 없다. 부패물 등 긴급성을 요하는 분쟁 시 기한을 단축할 수 있으며 어떠한 경우에도 최대 90일을 넘을 수 없다(제17조 제5항). 원칙적으로 패널 설치일로부터 패널보고서 또는 상소보고서 채택 심리까지의 기간은 상소 요청이 없는 경우 9개월, 상소절차 이용 시 12개월을 초과할 수 없다(제20조).

2. 상소절차

상소기구의 작업절차는 분쟁해결기구(DSB) 의장과 사무총장의 협의로 작성된다(제17조 제9항). 심리과정은 공개하지 않으며 상소보고서는 제공된 정보와 진술 내용에 비추어 분쟁당사국의 참석 없이 작성된다(제17조 제10항). 상소절차는 분쟁당사국 중 일방이 분쟁해결기구(DSB)에 서면통보나 상소기관사무국에 상소장을 제출하는 것으로 시작되며, 분쟁당사국 간 합의 시 언제든 상소를 철회하고 절차를 종료할 수 있다.

3. 상소심의 판정

상소기구는 상소심리과정에서 제기된 모든 법률적 쟁점 또는 문제들에 대해 검토한 후 법률적 판정(legal findings)과 결론(conclusions)을 지지(uphold), 변경(modify) 또는 파기(reverse)할 수 있다(제17조 제13항). 단, 패널 평결 파기 시 이를 다시 심리하도록 원패널에 사건을 반송하는 '파기환송권'은 없다.

4. 상소기구 보고서의 채택

보고서 배포 후 30일 이내에 분쟁해결기구(DSB)가 보고서를 채택하지 않기로 총의로서 결정하지 않는 한 상소기구보고서는 자동 채택된다. 분쟁 당사국들은 상소기구의 보고서를 무조건 수락해야 한다. 회원국들은 상소보고서에 대해 자국의 입장을 표명할 권리를 갖는다(제17조 제14항).

제5절 | 이행

1 의의

이행제도란 패널이나 상소기구의 보고서가 분쟁해결기구(Dispute Settlement Body: DSB)에 의해 역총의제(Reverse - Consensus)에 의해 채택된 이후 WTO 규범에 위배판정을 받은 국가가 WTO 규범에 위반되는 자국의 법률이나 행위를 일치시키는 것과 관련된 절차들을 의미한다. 여기에는 이행방법의 제시, 이행기간 설정, 분쟁해결기구(DSB)에 의해 감독, 보상 및 보복조치 등이 포함된다.

분쟁해결기구(DSB)의 권고안 또는 판정을 신속하게 이행하는 것은 분쟁을 효과적으로 해결하는 데 필수적이므로 분쟁해결양해(DSU)는 권고안 및 판정의 이행절차를 강화하고 있다. 주요 이행절차 및 불이행 시 제재방안으로서 보상과 보복조치에 대해 설명하고, 분쟁해결과정에서 제기된 다양한 이행 관련 쟁점 및 입법론을 제시한다.

2 이행절차

1. 이행의 권고 및 권고이행방법의 제안

분쟁해결양해(DSU) 제19조 제1항에 의하면 패널이나 상소기구는 패소국의 문제가 되는 조치가 대상협정(covered agreement)에 합치되지 않는다고 결정하는 경우, 패소국에 대해 해당 조치를 대상협정(covered agreement)에 합치시키도록 권고해야 한다. 또한 패널이나 상소기구는 권고를 이행하는 방법을 제안(suggestion)할 수 있다. 이행방안의 제시가 재량사항으로 되어 있는 것은 특정 조치가 WTO협정을 위반하였을 경우, 해당 조치를 대상협정(covered agreement)과 일치시키는 다양한 방법이 있을 수 있으므로 패소국의 사회, 문화, 경제, 정치적 환경에 따라 적합한 방법을 자체적으로 선택할 수 있는 여지를 준다는 취지이다.

> **DSU 제19조 - 패널 및 상소기구의 권고**
> 1. 패널 또는 상소기구는 조치가 대상협정에 일치하지 않는다고 결론짓는 경우, 관련 회원국에게 동 조치를 동 대상협정에 합치시키도록 권고한다. 자신의 권고에 추가하여 패널 또는 상소기구는 관련 회원국이 권고를 이행할 수 있는 방법을 제시할 수 있다.
> 2. 제3조 제2항에 따라 패널과 상소기구는 자신의 조사결과와 권고에서 대상협정에 규정된 권리와 의무를 증가 또는 감소시킬 수 없다.

2. 이행의사의 통보

패널 또는 상소보고서가 채택된 날로부터 30일 이내에 개최되는 분쟁해결기구(DSB) 회의에서 관련회원국은 분쟁해결기구(DSB)의 권고 및 판정의 이행에 대한 자기나라의 입장을 분쟁해결기구(DSB)에 통보한다.

3. 합리적 이행기간(reasonable period of time)의 설정

패소국이 분쟁해결기구(DSB)의 결정 및 권고사항에 대해 이행할 의사를 밝혔으나 현실적으로 즉각적인 이행이 불가능할 경우, 분쟁해결양해(DSU)에서는 '합리적 이행기간'을 설정할 수 있도록 배려하고 있다. 합리적 이행기간을 설정하는 방법은 세 가지가 있다.

(1) 분쟁당사국, 즉 패소국이 제안하여 분쟁해결기구(DSB)가 승인한 기간

(2) 만약 분쟁해결기구(DSB)가 위 제안을 승인하지 않는 경우 분쟁 당사국 양측이 보고서가 채택된 날로부터 45일 이내에 이행기간에 대해 합의한 기간

(3) 합의에 이르지 못할 경우 관련보고서가 채택된 날로부터 90일 이내에 구속력 있는 중재에 의해 확정된 기간. 중재로 확정하는 경우 합리적 이행기간은 패널 또는 상소보고서 채택일로부터 15개월을 초과할 수 없으나 특별한 사정에 따라 단축되거나 연장될 수 있다.

> **DSU 제21조 제3항 - 합리적 이행기간의 설정**
>
> 패널 또는 상소보고서가 채택된 날로부터 30일 이내에 개최되는 분쟁해결기구 회의에서 관련 회원국은 분쟁해결기구의 권고 및 판정의 이행에 대한 자기나라의 입장을 분쟁해결기구에 통보한다. 권고 및 판정의 즉각적인 준수가 실현불가능한 경우, 관련 회원국은 준수를 위한 합리적인 기간을 부여받는다. 합리적인 기간은 다음과 같다.
> 가. 분쟁해결기구의 승인을 받는 것을 조건으로, 관련 회원국이 제의하는 기간. 또는 이러한 승인이 없는 경우에는,
> 나. 권고 및 판정이 채택된 날로부터 45일 이내에 분쟁당사자가 상호 합의하는 기간. 또는 이러한 합의가 없을 때에는,
> 다. 권고 및 판정이 채택된 날로부터 90일 이내에 기속적인 중재를 통하여 확정되는 기간. 이러한 중재에 있어서 중재인을 위한 지침은 패널 또는 상소기구권고 이행을 위한 합리적인 기간이 패널 또는 상소기구보고서가 채택된 날로부터 15월을 초과하지 아니하여야 한다는 것이다. 그러나 특별한 사정에 따라 동 기간은 단축되거나 연장될 수 있다.

4. 분쟁해결기구(DSB)에 의한 감독

분쟁해결기구(DSB)는 채택된 권고안 또는 판정의 이행상황을 지속적으로 감시한다. 모든 회원국은 권고안 또는 판정이 채택된 이후 언제든지 이행문제를 분쟁해결기구에 제기할 수 있다. 권고안이나 판정의 이행문제는 원칙적으로 이행을 위한 합리적인 기간이 확정된 날로부터 6개월 이후부터 분쟁해결기구(DSB)의 의제에 상정되며, 문제가 해결될 때까지 계속 분쟁해결기구(DSB)의 의제에 포함된다. 이러한 분쟁해결기구(DSB) 회의 개최 10일 전까지 패소당사국은 권고안 또는 판정의 이행에 관한 진전상황을 서면으로 보고해야 한다(제21조 제6항).

5. 이행분쟁과 이행패널

(1) 이행분쟁의 절차

분쟁해결기구(DSB)의 권고 및 판정의 이행조치가 적절히 취해지고 있는지 또는 그 이행조치가 WTO협정에 비추어 적절한지에 관해 당사국 간에 의견이 불일치하는 경우 해당 분쟁은 다시 패널에 회부될 수 있다. 이 경우 가능한 한 원심을 담당했던 패널이 사건을 다시 회부받아 심리하는 것을 원칙으로 하며, 이행패널(compliance panel)은 사건이 회부된 날로부터 90일 이내에 보고서를 회람해야 한다. 만약 90일 이내에 보고서를 완성하는 것이 불가능한 경우, 분쟁해결기구(DSB)에 연기사유를 제출예정일과 함께 서면으로 제출해야 한다. 분쟁해결양해(DSU)에는 최대 소요시간에 대해 명시되어 있지 않다.

권고 및 판정의 준수를 위한 조치가 취해지고 있는지 여부 또는 동 조치가 대상협정에 합치하는지 여부에 대하여 의견이 일치하지 아니하는 경우, 이러한 분쟁은 가능한 한 원패널에 회부하는 것을 포함하여 이러한 분쟁해결절차의 이용을 통하여 결정된다. 패널은 사안이 회부된 날로부터 90일 이내에 보고서를 배포한다. 패널이 동 시한 내에 보고서를 제출할 수 없다고 판단하는 경우, 지연사유를 패널보고서 제출에 필요하다고 예상되는 기간과 함께 서면으로 분쟁해결기구에 통보한다.

(2) 이행패널의 설치 및 심사과정

DSU 제21조 제5항은 이행패널이 '권고 및 결정의 준수를 위한 조치가 취해지고 있는지 여부 또는 동 조치가 대상협정에 합치하는지 여부에 대해 의견이 일치하지 않는 경우'에 설치하도록 되어 있다. 따라서 결과적으로 위반조치의 철회와 관련하여, 새로운 이행조치가 단순히 분쟁해결기구(DSB) 권고 및 결정에 합치되면 되는지, 아니면 대상협정에 합치되어야 하는지가 문제된다. 상소기구는 '미국 - 새우' 보고서에서 제21조 제5항의 심사기준은 새로 이행된 조치가 '대상협정'에 합치되는지 여부라고 판시하였다. 한편, 이행패널의 설치에 앞서 협의를 개최해야 하는지에 대해 '멕시코 - 옥수수액상과당' 사건에서는 이행패널과 상소는 협의가 반드시 필요하지는 않다고 암시하였다. 이행패널판정에 대해 상소할 수 있는지가 문제되었으나, 현재 WTO 회원국 사이에 상소가 가능한 것으로 공감대가 형성되었고, 실제 상소절차가 이루어지고 있다.

3 불이행과 제재조치

1. 보상 및 양허 또는 그 밖의 의무의 정지는 권고 및 판정이 합리적인 기간 내에 이행되지 아니하는 경우 취할 수 있는 잠정적인 조치이다. 그러나 보상이나 양허 또는 그 밖의 의무의 정지는 관련 조치를 대상협정에 합치시키도록 하는 권고의 완전한 이행에 우선하지 아니한다. 보상은 자발적인 성격을 띠며, 이를 행하는 경우 대상협정과 합치하여야 한다.
2. 관련 회원국이 제21조 제3항에 의거하여 확정된 합리적인 기간 내에 대상협정 위반으로 판정이 난 조치를 동 협정에 합치시키지 아니하거나 달리 권고 및 판정을 이행하지 아니하는 경우, 동 회원국은 요청을 받는 경우 합리적인 기간이 종료되기 전에 분쟁해결절차에 호소한 분쟁당사자와 상호 수락할 수 있는 보상의 마련을 위하여 협상을 개시한다. 합리적인 기간이 종료된 날로부터 20일 이내에 만족할 만한 보상에 대하여 합의가 이루어지지 아니하는 경우, 분쟁해결절차에 호소한 분쟁당사자는 대상협정에 따른 양허 또는 그 밖의 의무를 관련 회원국에 대해 적용을 정지하기 위한 승인을 분쟁해결기구에 요청할 수 있다.
3. 어떠한 양허 또는 그 밖의 의무를 정지할 것인지를 검토하는 데 있어서 제소국은 다음의 원칙과 절차를 적용한다.
   가. 일반적인 원칙은 제소국은 패널 또는 상소기구가 위반 또는 그 밖의 무효화 또는 침해가 있었다고 판정을 내린 분야와 동일한 분야에서의 양허 또는 그 밖의 의무의 정지를 우선 추구하여야 한다는 것이다.
   나. 동 제소국이 동일 분야에서 양허 또는 그 밖의 의무를 정지하는 것이 비현실적 또는 비효과적이라고 간주하는 경우, 동일 협정상의 다른 분야에서의 양허 또는 그 밖의 의무의 정지를 추구할 수 있다.

다. 동 제소국이 동일 협정상의 다른 분야에서의 양허 또는 그 밖의 의무를 정지하는것이 비현실적 또는 비효과적이며 상황이 충분히 심각하다고 간주하는 경우, 다른 대상협정상의 양허 또는 그 밖의 의무의 정지를 추구할 수 있다.

라. 위의 원칙을 적용하는 데 있어서 동 제소국은 다음 사항을 고려한다.

(1) 패널 또는 상소기구가 위반 또는 그 밖의 무효화 또는 침해가 있었다고 판정을 내린 분야 또는 협정상의 무역, 그리고 동 무역이 제소국에서 차지하는 중요성

(2) 무효화 또는 침해에 관련된 보다 더 광범위한 경제적 요소와 양허 또는 그 밖의 의무의 정지가 초래할 보다 더 광범위한 경제적 파급효과

마. 동 제소국이 나호 또는 다호에 따라 양허 또는 그 밖의 의무를 정지하기 위한 승인을 요청하기로 결정하는 경우, 요청서에 그 사유를 명시한다. 분쟁해결기구에 요청서를 제출함과 동시에 제소국은 관련 이사회, 그리고 또한 나호에 따른 요청의 경우에는 관련 분야기구에도 요청서를 송부한다.

바. 이 항의 목적상 "분야"란 다음을 의미한다.

(1) 상품과 관련, 모든 상품

(2) 서비스와 관련, 주요 분야를 명시하고 있는 현행 "서비스분야별분류표"에 명시된 이러한 분야

(3) 무역관련 지적재산권과 관련, 무역관련지적재산권에관한협정 제2부 제1절, 또는 제2절, 또는 제3절, 또는 제4절, 또는 제5절, 또는 제6절, 또는 제7절에 규정된 각 지적재산권의 범주, 또는 제3부 또는 제4부상의 의무

사. 이 항의 목적상 "협정"이란 다음을 의미한다.

(1) 상품과 관련, 세계무역기구협정 부속서 1가에 열거된 협정 전체와 관련 분쟁당사자가 그 회원국인 경우 복수국간무역협정

(2) 서비스와 관련, 서비스무역에관한일반협정

(3) 지적재산권과 관련, 무역관련지적재산권에관한협정

4. 분쟁해결기구가 승인하는 양허 또는 그 밖의 의무의 정지의 수준은 무효화 또는 침해의 수준에 상응한다.

5. 분쟁해결기구는 대상협정이 양허 또는 그 밖의 의무의 정지를 금지하는 경우, 이를 승인하지 아니한다.

6. 제2항에 규정된 상황이 발생할 때에 분쟁해결기구는 요청이 있는 경우, 분쟁해결기구가 컨센서스로 동 요청을 거부하기로 결정하지 아니하는 한, 합리적 기간의 종료로부터 30일 이내에 양허 또는 그 밖의 의무의 정지를 승인한다. 그러나 관련 당사국이 제안된 정지의 수준에 대하여 이의를 제기하거나, 제소국이 제3항 나호 또는 다호에 따라 양허 또는 그 밖의 의무의 정지에 대한 승인을 요청했을 때 제3항에 명시된 원칙 및 절차가 준수되지 아니하였다고 주장하는 경우, 동 사안은 중재에 회부된다. 이러한 중재는 원패널위원의 소집이 가능한 경우 원패널, 또는 사무총장이 임명하는 중재인에 의하여 수행되며 합리적인 기간의 만료일로부터 60일 이내에 완결된다. 양허 또는 그 밖의 의무는 중재의 진행중에는 정지되지 아니한다.

7. 제6항에 따라 행동하는 중재인은 정지의 대상인 양허 또는 그 밖의 의무의 성격을 검토하지 아니하며, 이러한 정지의 수준이 무효화 또는 침해의 수준에 상응하는지를 판정한다. 중재인은 또한 제안된 양허 또는 그 밖의 의무의 정지가 대상협정에 따라 허용되는지 여부를 판정할 수 있다. 그러나 중재에 회부된 사안이 제3항에 명시된 원칙 및 절차가 준수되지 아니하였다는 주장을 포함하는 경우, 중재인은 동 주장을 검토한다. 중재인이 동 원칙 및 절차가 준수되지 아니하였다고 판정하는 경우, 제소국은 제3항에 합치하도록 동 원칙 및 절차를 적용한다. 당사국은 중재인의 판정을 최종적인 것으로 수락하며, 관련 당사자는 제2차 중재를 추구하지 아니한다. 분쟁해결기구는 중재인의 판정을 조속히 통보받으며, 요청이 있는 경우 그 요청이 중재인의 판정에 합치하면 분쟁해결기구가 컨센서스로 동 요청을 거부하기로 결정하기 아니하는 한 양허 또는 그 밖의 의무의 정지를 승인한다.

8. 양허 또는 그 밖의 의무의 정지는 잠정적이며, 대상협정 위반 판정을 받은 조치가 철폐되거나 권고 또는 판정을 이행하여야 하는 회원국이 이익의 무효화 또는 침해에 대한 해결책을 제시하거나 상호 만족할 만한 해결에 도달하는 등의 시점까지만 적용된다. 제21조 제6항에 따라 분쟁해결기구는 보상이 제공되었거나 양허 또는 그 밖의 의무가 정지되었으나 조치를 대상협정에 합치시키도록 한 권고가 이행되지 아니한 경우를 포함하여 채택된 권고 또는 판정의 이행을 계속해서 감독한다.

9. 대상협정의 분쟁해결규정은 회원국 영토 안의 지역 또는 지방 정부나 당국이 취한 조치로서 대상협정의 준수에 영향을 미치는 조치에 대하여 호소될 수 있다. 분쟁해결기구가 대상협정의 규정이 준수되지 아니하였다고 판정을 내리는 경우, 이에 대한 책임이 있는 회원국은 협정준수를 확보하기 위하여 취할 수 있는 합리적인 조치를 취한다. 보상 및 양허 또는 그 밖의 의무의 정지에 관한 대상협정 및 이 양해의 규정은 이러한 준수를 확보하는 것이 불가능한 경우에 적용된다.

1. 의의

분쟁해결양해(DSU)는 분쟁해결제도의 실효성 확보를 위해 패소당사국이 합리적 이행기간 내에 WTO협정에 위반된 조치를 합치시키지 않는 경우 그 이행을 보장하기 위해 보상제도와 보복제도를 규정하고 있다. 보상 및 보복조치(양허 및 기타 의무의 정지)는 권고 및 판정이 합리적인 이행기간 내에 이루어지지 않는 경우 잠정적으로 취해지는 조치이다. 분쟁해결절차의 최종목표는 어디까지나 관련조치를 대상협정에 일치시키도록 하는 권고안의 완전한 이행이다. 보상은 자발적이어야 하며 대상협정과 상충되지 않아야 한다(제22조 제1항).

2. 보상(compensation)

(1) 의의

보상은 위반조치의 즉각적인 철회가 현실적으로 어려운 경우, 패소국은 보상을 제공할 수 있다. 보상을 제공하는 것은 어디까지나 자발적인 선택이기 때문에 이를 강요할 수 없다.

(2) 보상협상

패소당사국이 합리적 이행기간 내에 협정 위반으로 판정된 조치를 동 협정에 합치시키거나 다른 방법으로 권고안 및 판정을 이행하지 못한 경우, 패소당사국은 제소당사국의 요청에 따라 합리적인 이행기간 '종료 이전에' 상호 수용 가능한 보상안 마련을 위한 협상을 개시해야 한다(제22조 제2항). 보상협상은 합리적 이행기간 만료일로부터 20일 이내에 타결되어야 한다.

(3) 보상의 법적 성격

보상은 위반조치의 철회 대신 취할 수 있는 이행방안이 아니다. 분쟁해결양해(DSU)는 보상은 위반조치를 대상협정에 합치시키도록 하는 권고의 완전한 이행에 우선하지 않는다고 명시하고 있다. 또한 분쟁해결양해(DSU)는 보상이 위반조치가 철회될 때까지의 '임시적인 조치'(temporary measure)에 불과함을 강조하고 있다(제22조 제1항).

(4) 보상과 기준 대상과의 합치성 문제

보상은 피소국이 행하는 자발적인 성격의 조치로 '대상협정'(covered agreement)에 합치해야 한다(제22조 제1항). 따라서 GATT의 기본원칙이 적용되어야 하므로 보상은 승소국에게만 차별적으로 행해지기보다는 최혜국대우의 원칙과 다자 간 협정의 성격을 고려하여 모든 WTO 회원국들에게 혜택이 돌아가야 한다. 보상은 피해액만큼의 관세 인하 내지는 수입쿼터의 확대나 비관세장벽의 철폐 형태로 이루어지고 있다.

3. 보복(Retaliation)

(1) 의의

위반조치가 철회되지 않고 보상협상도 타결되지 않은 경우 제소국은 최종적인 제재수단으로 양허 또는 그 밖의 의무를 정지(suspension of concession or other obligations)할 수 있다. 양허란 GATT/WTO의 다양한 협정을 통하여 자유무역질서를 신장시키기 위해 관세의 인하를 비롯한 여러 가지 비관세장벽의 철폐 등에 대해 이루어진 회원국들의 합의를 말하는 것으로, 이는 동시에 WTO 회원국들의 의무가 된다. 따라서 양허나 그 밖의 의무의 정지는, 이러한 의무를 피소국에 대해서 철회하는 것으로, 관세 인상 및 비관세장벽을 높이는 결과를 낳아 실질적으로는 해당 국가에 대한 보복조치를 의미하게 된다.

(2) 보복조치의 승인

합리적 이행기간 만료일로부터 20일 이내에 만족할 만한 보상에 대해 합의가 이루어지지 않는 경우, 모든 제소당사국은 패소당사국에 대해 대상협정상의 양허 또는 기타 의무의 적용을 정지할 수 있도록 승인을 요청할 수 있다. 제소국은 분쟁해결기구(DSB)에 양허 또는 기타 의무의 정지에 대한 허가를 요청함에 있어 요청사유를 명시해야 한다. 제소국은 분쟁해결기구(DSB)뿐만 아니라 관련 이사회, 관련 분야 기구에도 요청서를 제출해야 한다. 제소국의 요청이 있는 경우, 분쟁해결기구(DSB)가 총의로 그 요청을 거부하기로 결정하지 않는 한, 이행을 위한 합리적 기간 종료 후 30일 이내에 분쟁해결기구(DSB)는 양허 또는 기타 의무의 정지를 승인해야 한다.

(3) 보복조치의 범위

첫째, 제소국은 원칙적으로 패널 또는 상소기구가 위반 또는 기타 무효화 또는 침해가 있었다고 판정을 내린 분야와 동일한 분야에서의 양허 또는 기타 의무의 정지를 우선적으로 추진해야 한다. 둘째, 제소국이 동일 분야에서의 양허 또는 기타 의무를 정지하는 것이 비현실적 또는 비효과적이라고 판단하는 경우, 동일 협정하의 다른 분야에서의 양허 또는 기타 의무의 정지를 추구할 수 있다. 셋째, 제소국이 동일 협정하의 기타 분야에서의 양허 또는 기타 의무를 정지하는 것도 비현실적 또는 비효과적이며, 상황이 충분히 심각하다고 판단하는 경우에는 다른 대상협정하의 양허 또는 기타 의무의 정지를 추구할 수 있다. 보복조치를 취함에 있어서 교차보복(cross - retaliation)이 인정되고 있다.

(4) 보복조치 결정 시 고려사항

제소국은 보복조치 결정시 다음 사항을 고려해야 한다. 첫째, 패널 또는 상소기구가 위반 또는 기타 무효화 또는 침해가 있었다고 판정한 분야 또는 협정하의 교역의 중요성. 둘째, 그러한 교역의 제소국에 대한 비중. 셋째, 무효화 또는 침해에 관련된 보다 광범위한 경제적 요소 및 양허 또는 기타 의무의 정지가 초래할 보다 광범위한 경제적 파급효과 등이다.

(5) 비례성

양허 또는 기타 의무정지의 수준은 무효화 또는 침해의 수준에 상응해야 한다. 즉, 비례의 원칙이 적용된다. 대상협정이 이를 금지하는 경우, 분쟁해결기구(DSB)는 양허 또는 기타 의무의 정지를 승인할 수 없다.

(6) 보복조치의 기간

양허 또는 기타 의무의 정지는 일시적이어야 한다. 즉, 대상협정에 위반되었다는 판정을 받은 조치가 철폐되거나, 권고안 또는 판정을 이행해야 하는 회원국이 이익의 무효화 또는 침해에 대한 해결책을 제시하거나 또는 서로 만족할 만한 해결책이 모색될 때가지만 적용된다. 분쟁해결기구(DSB)는 보상이 부여되었거나 양허 또는 기타 의무가 정지되었으나 문제가 된 조치를 대상협정에 일치시키도록 한 권고안이 이행되지 아니한 경우를 포함하여 채택된 권고안 또는 판정의 이행 문제를 계속해서 감시해야 한다(제22조 제8항).

(7) 보복조치 관련 분쟁 해결

① **패소당사국의 이의신청**: 패소당사국이 양허 또는 의무정지에 대해 이의를 제기한 경우 그 타당성 여부에 대한 판단은 중재절차에 회부된다. 패소당사국은 제안된 보복조치의 범위나 보복조치를 결정함에 있어 분쟁해결양해(DSU)의 원칙 및 절차를 준수하지 않았다는 점을 들어 이의를 제기할 수 있다. 양허 또는 기타 의무는 중재절차기간 중에 정지되지 아니한다(제22조 제6항).

② **중재**: 양허나 기타 의무정지의 이의에 관련된 중재절차의 중재자 또는 중재패널은 정지의 수준이 무효화 또는 침해의 수준에 상응하는지의 여부는 심의할 수 있으나, 정지대상인 양허 또는 기타 의무의 성격은 심의할 수 없다. 중재자는 제안된 양허 또는 기타 의무의 정지가 대상 협정하에서 허용되는지 여부를 결정할 수 있다. 중재자의 결정은 최종적이며, 따라서 당사국은 이를 무조건 수락해야 하고, 2차적인 중재를 요청할 수 없다. 중재자는 지체 없이 중재결과를 분쟁해결기구(DSB)에 통보해야 한다. 제소국의 보복요청이 중재결정과 일치하는 경우, 분쟁해결기구(DSB)가 총의로 보복요청을 거부하기로 결정하지 않는 한, 양허 또는 기타 의무의 정지를 승인해야 한다(제22조 제7항).

제**2**장 | 복수국간무역협정(PTAs)

제1절 | 서설

복수국간무역협정(Plurilateral Trade Agreements, PTAs)은 WTO설립협정 제4부속서에 포함된 협정들을 의미한다. 포함된 협정들은 부속서 1~3의 다자간무역협정(MTA)과 달리 동 협정에 가입한 WTO 회원국에게만 구속력이 있다. WTO협정이 발효된 1995년 1월 1일 당시 민간항공기무역에 관한 협정(Agreement on Trade in Civil Aircraft), 정부조달협정(Agreement on Government Procurement), 국제낙농협정(International Dairy Agreement), 국제우육협정(International Bovine Meat Agreement)이 있었다. 그러나 국제낙농협정과 국제우육협정은 1998년 1월 1일자로 종료되었다.

제2절 | 민간항공기무역에 관한 협정

1 연혁

민간항공기무역에 관한 협정은 1979년 도쿄 라운드 협상에서 체결된 협정으로 1980년 1월 1일 발효하였으며, 2006년 3월 1일 현재 30개국의 서명국이 있다.

2 목적 및 적용범위

민간항공기무역에 관한 협정은 민간항공기 및 부품의 자유무역의 확립과 항공기의 생산 및 판매를 보조하는 정부보조금 및 압력의 광범위한 사용에 대해 다자적 통제를 가하는 것을 목적으로 한다.

동 협정은 군용항공기를 제외한 모든 민간항공기, 모든 민간항공기 엔진 그리고 그 부속품 및 구성품, 민간항공기의 기타 다른 부품, 구성품 및 하부 조립품, 모든 지상 항공 시뮬레이터와 그 부속품 및 구성품에 대하여 적용된다(제1조).

3 당사국의 의무

민간항공기무역에 관한 협정의 서명국은 1980년 1월 1일까지 협정의 부속서에 기재된 각 관세 품번에 따라 관세목적으로 분류된 상품이 항공기의 제조, 수리, 유지, 재수선, 변경 또는 전환과정에서 민간항공기에 사용되거나 항공기에 포함된다면 그러한 상품의 수입에 대하여 또는 수입과 관련하여 부과되는 모든 종류의 관세 및 기타 부과금을 철폐해야 한다(제2조 제1항 제1호). 또한 민간항공기의 수리에 부과되는 모든 종류의 관세 및 기타 부과금도 철폐해야 한다(제2조 제1항 제2호). 서명국은 항공사, 항공기 제조자 또는 민간항공기 구매에 관련된 기타 기관에 대하여 다른 서명국의 공급자에 대한 차별을 유발시키는, 특정 공급원으로부터 민간항공기를 구매하도록 요구하거나 그러한 불합리한 압력을 행사하여서는 안 된다(제4조 제2항).

4 분쟁해결

민간항공기무역에 관한 협정은 고유의 분쟁해결절차를 두고 있으며, 관련 분쟁은 정부구매협정과 달리 WTO 분쟁해결제도에 제기될 수 없다. 민간항공기 제조, 수리, 유지, 수선, 변형 또는 전환에 있어서 자국의 무역적 이익이 다른 서명국의 조치에 의해 부정적으로 영향을 받았거나 받을 가능성이 있는 경우, 모든 서명국 대표로 구성된 민간항공기무역위원회에 동 사안을 검토해 줄 것을 요청할 수 있다. 요청을 받은 날로부터 30일 이내에 위원회가 소집되며 가능한 한 신속하게 사안을 검토하여 적절한 결정 또는 권고를 내릴 수 있다. GATT 제22조 및 제23조, DSU규정이 위원회에 의해 준용된다. 분쟁당사국들이 합의하는 경우 합의에 따른 절차가 동 협정의 관련 분쟁에 적용된다(제8조 제8항).

제3절 | 정부조달협정

1 서설

1. 개념

정부조달(government procurement)이란 중앙정부나 지방정부 또는 공공기관이 최종수요자로서 물품과 서비스를 구매하는 것을 말한다.

2. 배경

GATT1947하에서 정부조달은 제3조 제8항과 제17조 제2항에 따라 내국민대우의 적용의무가 예외적으로 면제된 분야였다. 국가들은 기술개발이나 특정 산업분야의 발전 등을 위한 국가정책수단으로 정부조달을 차별적으로 활용한다. 그러나 공공부문 팽창에 따라 정부조달시장에서의 차별적 관행이 자유무역 및 공정무역질서를 저해하는 장벽으로 인식하게 되었다. 이에 따라 도쿄 라운드에서 '정부조달협정'이 체결되었으나, ① 중앙정부기관의 물품 구매에 한정되고 ② 서비스, 수도, 전기, 운송, 통신 등이 제외되었으며 ③ 일정 금액(13만 SDR) 이상의 조달계약에 대해서만 적용된다는 문제가 지적되었다.

3. 협상목표

우루과이 라운드 협상은 기존의 정부조달협정 당사국 간에서 진행되었다. 정부조달에 관한 국제규칙과 절차를 공정하고 투명하게 하여 자유무역을 확대하고 기존의 '정부조달협정'을 개선하는 것을 주된 목표로 한다.

2 최종 협정문의 주요 내용

1. 주요 특징

(1) 정부조달협정은 복수국간무역협정의 하나로서 동 협정에 가입한 WTO 회원국 상호 간에 적용된다.

(2) 적용범위가 확대되었다. 즉, 상품뿐 아니라 건설 및 서비스 분야까지 확대적용된다.

(3) 입찰절차에 대한 구체적인 규정을 마련하고 이의신청제도를 강화하였다.

(4) 유보를 명시적으로 금지하였다.

2. 적용범위

정부조달협정은 첫째, 중앙정부, 지방정부, 정부의 통제 또는 영향력하에 있는 민간기업의 조달에 관한 법규, 규정, 절차 및 관행에 대해 적용된다. 둘째, 상품 및 서비스의 조달에 적용된다. 셋째, 구매, 리스, 임대, 할부구매 등을 포함한 모든 형태의 계약에 적용된다. 넷째, 각 회원국이 양허안에 정한 기준가 이상의 조달계약에만 적용된다.

3. 기본원칙

(1) 비차별원칙

정부조달협정의 적용을 받는 정부조달에 관한 법규, 규정, 절차, 관행과 관련하여 각 당사국은 다른 당사국의 상품, 서비스, 및 동 상품 또는 서비스의 공급자에게 '즉시 무조건적으로' 국내상품, 서비스 및 공급자에게 부여되는 대우보다 불리하지 아니한 대우를 부여해야 한다.

(2) 투명성원칙

당사국은 정부조달에 관한 자국의 모든 법규, 규정, 절차 및 관행의 내용을 명료히 하고 신속히 공개해야 한다. 투명성원칙은 정부조달법규의 자의적 해석 및 적용을 방지함으로써 무역장벽수단으로 이용되는 것을 방지하고 정부조달규범의 예측 가능성을 제고하기 위함이다.

4. 원산지규정

정부조달협정을 시행하기 위한 원산지 판정시 통상적인 국제무역에 적용되는 원산지규정이 동일하게 적용되어야 한다. WTO 원산지규정협정에 따라 원산지규정의 조화 또는 통일이 완료되면 정부조달에 대해서도 동일한 원산지규정을 적용한다.

5. 개발도상국에 대한 특별대우(Special and Differential Treatment: SDT)

당사국은 정부조달에 영향을 미치는 법규, 규정 등의 입안과 적용에 있어 개발도상국의 경제개발, 재정, 무역상의 필요를 충분히 고려하여 개발도상국으로부터의 수입 증대를 촉진해야 한다.

6. 이의신청과 분쟁해결

협정 위반을 이유로 공급자가 이의를 제기할 경우 당사국은 공급자가 조달기관과의 협의를 통해 해결하도록 권장한다. 당사국은 비차별적, 투명, 효과적인 이의신청절차(challenge procedure)를 마련해야 한다. 이의는 법원이나 조달결과와 이해관계가 없는 공정하고 독립적인 심사기관에 의해 처리되어야 한다. 정부조달관련 당사국 간 분쟁은 '분쟁해결양해(DSU)'가 원칙적으로 적용된다. 정부조달협정은 '복수국간무역협정'이므로 교차보복은 인정되지 아니한다.

7. 예외조항

(1) 당사국의 안보나 국방에 필수적인 조달과 관련된 경우 동 협정은 적용되지 않는다.

(2) 공중도덕 및 질서, 안전, 인간이나 동식물의 생명이나 건강, 지적재산권의 보호에 필요한 조치, 장애자 및 재소자의 노동에 의한 물품이나 서비스에 관련된 조치를 부과하거나 집행하는 것은 예외적으로 허용된다.

(3) 단, 동일한 조건인 국가 간에 자의적이거나 부당한 차별의 수단 또는 국제무역에 대한 위장된 제한을 구성하는 방법으로 사용해서는 안 된다.

3 한국의 양허 내용

우리나라는 1989년 한미통상협상에서 정부조달협정에 가입하기로 약속하고, UR타결과 함께 정부조달협정에 가입하였다. 한국은 중앙정부기관 중 대통령비서실, 경호실, 국가안전기획부, 비상기획위원회의 4개 안보 관련기관을 제외하였다. 중앙정부의 경우 물품 13만 SDR, 서비스 13만 SDR, 건설 500만 SDR 이상을 양허하였으며, 지방정부는 물품 20만 SDR, 서비스 20만 SDR, 건설 1,500만 SDR 이상을 양허하였다. 정부투자기관에 대해서는 물품 45만 SDR, 건설 1,500만 SDR 이상을 양허하였다.

01 다음 중 WTO 분쟁해결제도의 '대상이 되는 협정'에 해당되지 않은 것은?   2016년 7급

① 농산물협정
② 관세평가협정
③ 선적전검사협정
④ 포괄적경제동반자협정

WTO 분쟁해결제도

포괄적경제동반자협정은 일종의 FTA협정을 말한다. FTA협정은 WTO 분쟁해결의 대상협정이 아니다. 대상협정은 WTO설립협정과 부속서 1, 2, 4이다. 부속서 3의 무역정책검토제도는 대상협정이 아니다.

답 ④

02 세계무역기구(WTO) 분쟁해결제도에 대한 설명으로 옳지 않은 것은?   2015년 7급

① 1994년도 GATT 제23조 제1항 (b)에 규정된 형태의 비위반제소의 경우 이익의 무효화 또는 침해의 입증책임은 제소국에게 있다.
② 1994년도 GATT 제23조 제1항 (b)에 규정된 형태의 비위반제소의 경우 피제소국은 패소하더라도 GATT/WTO 협정상의 어떤 구체적인 규정을 위반한 것이 아니기 때문에 대상조치를 철회할 의무는 없다.
③ 분쟁당사국뿐만 아니라, 패널의 사안에 대한 실질적 이익을 갖고 있음을 분쟁해결기구에 통고한 제3국도 상소할 수 있다.
④ 분쟁해결기구의 상소기관에 의한 보고서 채택은 역총의제를 적용하기 때문에 그 보고서는 사실상 자동적으로 채택된다고 할 수 있다.

WTO 분쟁해결제도

상소적격은 분쟁당사국에 한정된다. 제3국은 상소적격이 없으며, 다만 상소절차에 참여할 수 있을 따름이다.

선지분석
① 비위반제소의 경우 위반제소와 달리 '일응추정의 원칙'이 인정되지 않으므로 제소국은 정부 조치의 존재, 무효화 또는 침해의 존재, 정부조치와 무효화 또는 침해 간 인과관계에 대해 적극적으로 입증해야 한다.
② 따라서 이 경우 보상이 최종적 해결책으로 권고될 수 있다.

답 ③

03 세계무역기구(WTO)의 분쟁해결제도에 대한 설명으로 옳지 <u>않은</u> 것은? 2013년 7급

① 협의요청 접수일로부터 60일 이내에 협의를 통한 분쟁해결에 실패하는 경우, 제소국은 패널의 설치를 요청할 수 있다.

② 패널은 분쟁당사자가 패널설치일로부터 10일 이내에 5인의 패널위원으로 구성하는데 합의하지 아니하는 한, 3인의 패널위원으로 구성된다.

③ 패널은 일정한 자격을 갖춘 정부인사로 구성되며, 패널위원은 자국 정부의 대표로서 활동한다.

④ 패널보고서에 표명된 개별 패널위원의 의견은 익명으로 처리된다.

WTO 분쟁해결제도

패널은 정부인사도 참여할 수 있으나, 개인 자격으로 임무를 수행한다.

답 ③

04 '분쟁해결규칙 및 절차에 관한 양해(DSU)'에 대한 설명으로 옳지 <u>않은</u> 것은? 2009년 9급

① 분쟁해결기구(DSB)의 일차적인 의사결정방법은 총의제이고 총의가 이루어지지 않는 경우 표결에 의한다.

② 보상 및 양허 또는 그 밖의 의무의 정지는 권고 및 판정이 합리적인 기간 내에 이행되지 않는 경우 취할 수 있는 잠정적인 조치이다.

③ 대상협정에 따라 부담해야 하는 의무에 대한 위반이 있는 경우, 이러한 행위는 일견 명백한 무효화 또는 침해를 구성하는 것으로 간주된다.

④ 상설항소기구(SAB)의 심리는 채널보고서에서 다루어진 법률문제 및 패널이 행한 법률해석에 국한된다.

WTO 분쟁해결양해

GATT의 전통에 따라 총의제에 의하나, 패널 및 항소기구의 판정 및 권고를 의결하는 경우는 역총의제에 의한다.

답 ①

05 세계무역기구(WTO) 분쟁해결절차 중 패널 구성에 대한 설명으로 옳지 않은 것은?

2015년 7급

① 자기 나라 정부가 분쟁 당사자인 회원국의 국민은, 분쟁 당사자가 달리 합의하지 아니하는 한, 그 분쟁을 담당하는 패널의 위원이 되지 아니한다.

② 패널 위원은 정부 대표나 기구 대표가 아닌 개인 자격으로 임무를 수행한다.

③ 패널 설치일로부터 20일 이내에 패널 위원 구성에 대해 합의하지 못하면 분쟁해결기구 의장이 패널 위원을 임명한다.

④ 선진국 회원국과 개발도상국 회원국 간의 분쟁시 개발도상국 회원국이 요청하는 경우, 패널 위원 중 적어도 1인은 개발도상국 회원국의 인사를 포함하여야 한다.

WTO 분쟁해결제도

20일 이내에 패널 구성에 관한 합의가 성립하지 않는 경우 당사자의 요청에 의하여 WTO 사무총장이 분쟁해결기구(DSB) 의장과 협의한 후에 임명한다.

답 ③

06 WTO 「분쟁해결규칙 및 절차에 관한 양해」에 대한 설명으로 옳지 않은 것은?

2020년 7급

① 회원국에게 패널보고서를 검토할 충분한 시간을 부여하기 위하여 동 보고서는 회원국에게 배포된 날로부터 20일 이내에는 분쟁해결기구(DSB)에서 채택을 위한 심의의 대상이 되지 아니한다.

② 패널의 심의는 공개되지 아니하며, 패널보고서는 제공된 정보 및 행하여진 진술내용에 비추어 분쟁당사자의 참석없이 작성되고, 개별 패널위원이 패널보고서에서 표명한 의견은 익명으로 한다.

③ 패널 또는 상소기구는 조치가 대상협정에 일치하지 않는다고 결론짓는 경우, 관련 회원국에게 동 조치를 동 대상협정에 합치시키도록 권고하며, 자신의 권고에 추가하여 패널 또는 상소기구는 관련 회원국이 권고를 이행할 수 있는 방법을 제시할 수 있다.

④ DSB는 채택된 권고 또는 판정의 이행상황을 지속적으로 감시하고, 제3국을 제외한 분쟁당사국인 회원국은 권고 또는 판정이 채택된 후 언제라도 그 이행문제를 DSB에 제기할 수 있다.

WTO 분쟁해결양해

모든 회원국이 권고 또는 판정이 채택된 이후 언제라도 그 이행문제를 분쟁해결기구(DSB)에 제기할 수 있다(DSU 제21조 제6항).

답 ④

07 세계무역기구(WTO) 분쟁해결절차상 보상과 양허의 정지에 대한 설명으로 옳지 않은 것은?　　　2020년 9급

① 권고 및 판정이 합리적인 기간 내에 이행되지 아니하는 경우 취해지는 잠정적인 조치이다.

② 분쟁해결기구가 승인하는 양허 또는 그 밖의 의무의 정지의 수준은 무효화 또는 침해의 수준에 상응하여야 한다.

③ 보상은 자발적인 성격을 띠며, 이를 행하는 경우 대상협정과 합치하여야 한다.

④ 양허 또는 그 밖의 의무의 정지의 승인은 총의제(consensus)에 의한다.

WTO 분쟁해결절차

양허 또는 그 밖의 의무의 정지는 DSB에 의해 역총의제로 승인한다.

선지분석
① 보상과 양허정지는 잠정조치이므로 패소국이 판결을 이행할 때까지만 적용된다.
② 이를 비례성원칙이라고도 한다.
③ 보상은 관련국 간 협상을 통해 취해진다. 또한 보상조치를 발동함에 있어서 최혜국대우의무 등을 준수해야 한다.

답 ④

---

08 'WTO 정부조달에 관한 협정'에 대한 설명 중 옳지 않은 것은?　　　2002년 행정·외무고시 변형

① 정부조달협정은 중앙정부, 지방정부, 국영기업을 포함한 당사국이 양허한 기관이 구매하는 물품에 적용된다.

② 상기 협정의 적용대상에는 당사국이 약속한 일정한 금액 이상인 상품, 서비스 및 건설부문의 구매가 포함된다.

③ 상기 협정에 관한 분쟁에 대해서는 WTO의 '분쟁해결규칙 및 절차에 관한 양해'를 적용할 수 있다.

④ 상기 협정은 WTO의 모든 회원국에게 적용된다.

정부조달협정

WTO 정부조달에 관한 협정은 복수국간무역협정에 가입한 당사국 상호 간에 적용된다.

답 ④

MEMO

MEMO

MEMO

해커스공무원
패권
국제법

기본서 | 국제경제법

개정 4판 1쇄 발행 2023년 9월 5일

지은이	이상구 편저
펴낸곳	해커스패스
펴낸이	해커스공무원 출판팀

주소	서울특별시 강남구 강남대로 428 해커스공무원
고객센터	1588-4055
교재 관련 문의	gosi@hackerspass.com
	해커스공무원 사이트(gosi.Hackers.com) 교재 Q&A 게시판
	카카오톡 플러스 친구 [해커스공무원 노량진캠퍼스]
학원 강의 및 동영상강의	gosi.Hackers.com

ISBN	979-11-6999-459-0 (13360)
Serial Number	04-01-01

공무원 교육 1위,
해커스공무원 gosi.Hackers.com

해커스공무원

· **해커스공무원 학원 및 인강**(교재 내 인강 할인쿠폰 수록)
· 해커스 스타강사의 **공무원 국제법 무료 동영상강의**
· 정확한 성적 분석으로 약점 극복이 가능한 **합격예측 모의고사**(교재 내 응시권 및 해설강의 수강권 수록)